序　言

2001 年 9 月 11 日之后，我决定写一本关于警察执法的书。我住在离双子塔不远的下曼哈顿地区。9 月 11 日那天，我在纽约的大街上四处奔波。先是匆匆赶到医院献血，却发现已不需要；心急如焚地寻找未来岳父，那些时日他一直在世贸中心旧址附近处理业务，幸运的是，他已安全抵达其女儿位于格林威治村的住处；随后我目睹了那些令人触目惊心、痛不欲生、噩梦般的事件——和其他许多人一样。那天，以及随后的日子，我加入了一些团体，沿着西侧高速公路，一边哽咽着，一边尽我们所能，向最快奔赴过来的以及其后源源不断的救援人员给予精神支持。他们是（现在仍然是）我们的英雄。

然而，"911"事件之后的几个星期，我的所见所闻一直令我心烦意乱。有人说，我们需要放弃个人的自由，给政府留有更多的余地来保护我们，甚至连最高法院的法官也这么说。2001 年 9 月 29 日，空气中仍然弥漫着令人难忘的遭受破坏的气息，桑德拉·戴·奥康纳法官到我任教的纽约大学法学院，参加弗曼大厅的动工仪式。她提醒聚集在那儿的悲伤的人们："与以往任何时期相比，我们的个人自由将会受到更多的限制。"她说，9 月 11 日的事件将"促使我们重新审视与刑事案件的监视、窃听、移民等相关的一些法律"。

我已经教授 30 年的宪法和刑事诉讼法，因此，对于人们经常讨论的维护社会安全与保护个人自由之间的矛盾紧张关系，我并不陌生。但是，研究了 30 年的警察执法规范，我却想明确大家到底在谈论什么。我会问他们，现在应该允许政府做什么。如果他们能够举例说明——通常他们不能——我会指出："但是警察已经被允许这样做了。最高法院若干年前就这么说了。"然后，轮到他们感到惊讶了——大多数人都不知道法院对警察执法的态度是多么的宽容。

实际上，今天这个国家的警察执法主要由最高法院（及其下级法院）根据相关宪法解释来管理。其中特别重要的是《第四修正案》，禁止"不合理的搜查和扣押"。警察无论在街上使用武力，还是从空中监视市民，都会告诉人们，法院已经制定了他们必须遵守的规则。我一直认为，在保护我们至关重要的自由权利方面，司法部门的记录是令人失望的。我决心找到一种方式来表达我的想法，向他们解释规范警察执法的重要性。

但是，当我在考虑如何措辞准确表达我的想法时，我意识到：为什么适用于政府其他部门的最基本的规则无法适用于警察呢？为什么警察执法的待遇如此不同？

对于政府的其他部门——也就是说，对于环保部门或工作场所安保部门、税收，或市县、州和联邦政府每天的日常工作——民主治理是最重要的。在政府采取行动之前，我们要求事先制定规则并公开公布，以便公众知道这些规则是什么，并且在公众有机会提出建议之后才会被采纳。这就是民主所需要的。

但当涉及警察执法，民主治理机制似乎消失了。警方自行决定如何执法。管理警察执法的规范通常是不公开的，且未接受公众的评议就被采用。相反，对于警察执法，我们总是在事件发生、出了问题之后才去弥补：通过民事审查委员会、监察长，特别是通过法院来解决问题。

这是民主的巨大失败，只会南辕北辙，适得其反。如果我们对警察执法总是事后关注，没有提前预防，那么我们将会陷入不停清理混乱的泥沼中，无法自拔。

这本书的目的是唤起人们为国家的治安执法负起责任。在警方行动之前，制定出来各尽其责的规则和政策。鼓励所有人思考如何正确理解宪法中关于警察执法的规定。因为不是也不可能仅是法庭和警察的工作决定我们作为一个社会如何被治理——这是我们所有人的责任。

最近发生的事件清楚地表明，如何令警察正确执法是现今社会所面临的最紧迫的挑战之一。无论是监控的日益泛滥、街头频繁使用武力，还是基于对公平、歧视和种族的考虑，许多人已经清楚地认识到必须对现状进行改变。问题是我们如何改变以到达我们的目的地。

　　鉴于本书的性质，以及21世纪美国的不幸现实，大家将会读到一个又一个关于警察偏离法律轨道执法的故事。这些故事牵涉从普通警察到国家安全局局长的每一个人。大家会认识许多完全不应该经历其经历的那些无辜的人们（大家也会认识很多违法犯罪的人，尽管我们仍旧对逮捕他们的方式提出疑问）。

　　即便如此，这绝对不是一本关于描述治安管理失败的书。我想在一开始就讲清楚。在本书中，我将反复提到两个负有责任的群体，但是警察不在其中。

　　首先，法庭是造成今天警察执法困境的部门，他们在我们赋予他们的主要任务之一——保护我们的基本自由——上做的事情令人震惊。我的人生与法官息息相关，他们中许多人是我的好朋友。即便如此，我仍然认为司法部门应该感到羞愧。面对那些警察做了最不恰当、最令人不快的事情的情况，许多法官没有站出来提出抗议。说句公道话，评价警察的是非对错非常困难。我将解释为什么会这样，为什么期望法官独自完成评价工作是错误的。其中主要的教训之一是，法官们不应该被迫独自完成评价工作。但事实仍然如此。

　　第二个群体是其他所有人。我们已经放弃了作为民主国家公民的最基本的责任：管理那些以我们名义行事的人。对公民使用武力并对其进行监视的权力——定义了警察执法、对其进行区分的权力——可能是维持秩序所必需的，但这些是我们赋予公务员的最可怕的权力。如果我们必须在我们的社会中管理什么，那就是它。然而相反，我们犯了错误，失败了。

　　警察执法的真正问题不是警察，而是我们。我们需要对以我们的名义所做的事情负责。我们需要做出决定、给予指导，即使这是一件困难的事情——当然它确实是。我们需要在管理警察执法方面发挥积极作用。

　　我已经拿出时间、付出精力（和金钱）证明我的观点是不是正确的了。除了写这本书，在许多人和团体的帮助下，我已经开始进行纽约大学法学院的警察执法研究项目，试图吸取以往教训，付诸实际行动进行改变。参与警察执法研究项目是我做过的对我个人而言最有价值的事情之一。

　　事情是这样的：执法人员是我们在警察执法研究项目中的长期合作伙伴。在过去的几年里，我有幸认识了一些人，他们奋发进取，兢兢业业，革故鼎新，忠心耿耿。在执法领域，有些事情是偏离了法律的轨道的。但他们知道这一点。他们正在努力纠正这个错误。只是没有我们他们做不到。他们也不应该被迫这么做。他们值得，也需要我们的支持。

这就是我写这本书的原因。

巴里·弗里德曼

2016 年 6 月

目 录

引言 警察执法问题

结婚周年纪念

查尔斯·卡特和埃塔·卡特在马里兰州巡逻队度过了他们结婚40周年纪念日。

查尔斯,65岁,在一家零售店工作了29年。埃塔,64岁,做了23年的幼儿园老师,教授孩子们"阅读、写作和数学"。他们为自己唯一的孩子——获得发展心理学博士学位的女儿——感到无比自豪。因此,当女儿结婚后,搬进新家,作为学校心理医生开始工作时,一直是慈爱父母的卡特夫妇,租来货车,装上家具,开车去佛罗里达帮她布置新家。布置结束后,他们又租了一辆厢式货车,装满了新婚夫妇无处存放的物品,返回费城的家中。[1]

那是7月炎热的一天,卡特夫妇一路向北,快到中午的时候,马里兰州警察,警士保罗·奎尔把他们拦停下来。他说查尔斯——尽管他没有任何交通违法记录,而且经常自驾去佛罗里达旅行——驾驶汽车"摇摇晃晃""'之'字行驶"。奎尔从缉毒犬支队调来一只缉毒犬。这对老夫妇被迫在烈日下坐在湿滑的马路牙子上,而警察则打开他们租来的货车,把车上的个人物品全部卸在公路上。另一位碰巧路过的警察也被邀加入检查。他们检查了所有物品。他们拆下货车的门板,拆散了一台小冰箱,打开了一桶还未拆封的洗涤剂,搜捡了六盒婚礼请柬,拆了一袋花生和一盒早餐麦片。(后来奎尔形容那辆货车装满了"垃圾")其中一名警官甚至还坐在卡特夫妇家的椅子上休息了一会儿。他们什么也没有发现——因为根本就没有什么违禁物,也没有任何迹象表明有任何违禁物。[2]

但这还不是全部。那只叫"蜘蛛"的缉毒犬围着货车跑来跑去,在卡特夫妇的行李旁大小便。他们女儿的结婚礼服被扔在地上。要不是埃塔包得好,"它就毁了"。埃塔有频繁使用洗手间的需要,所以他们在车上准备了一个便携式马桶。不一会儿,埃塔起身要求允许她上厕所,但被告知,如果她再站起来,他们两人都会被戴上手铐。埃塔不得不等着(不像缉毒犬"蜘蛛"那样),最后无奈尿在衣服里,潮乎乎地坐着地上,直到这一切磨难结束。她宽松的衬衫使她免于再次遭遇难堪,最终他们得到允许离开,到达服务区进行休息,好好整理一下自己。[3]

回顾一下整个事件,马里兰州警方认为这些巡逻警的所作所为没有任何问题。州警察局长出面作证,认为州警采取的行动没有任何不适当的或与州法律不一致的。内部事务调查也没有发现任何不当行为。副总警监欧内斯特·莱瑟·伯里,州警巡逻队的主官,同样也认为所发生的一切都是完全正当的。[4]

最后,当卡特夫妇提出赔偿经济损失时,警方律师努力为其当事人辩护,不断强调卡特夫妇的财产未受损。但在 7 月的那一天,受到损失的不是卡特夫妇的财产,而是他们的安全感,他们对法律的信仰,对执法的信任都受到了致命的打击。之后,在无数个不眠之夜里,在无时无刻的焦虑中,卡特夫妇脑海里一遍又一遍地回想那天发生的事情,他们反复提到的词是"耻辱"。[5]

警察执法的冰山一角

查尔斯·卡特在法庭宣誓时说:"难以想象,作为 20 世纪晚期的美国公民,我们会在结婚 40 周年纪念日遭受警察如此的对待。"但对于那些经历了过去几年的人来说,不幸的是,这并不难想象。相反,我们无法忽视一个事实,那就是美国警察执法存在严重问题。[6]

警察执法只是政府的一项职能,然而却是特殊的职能。执法警察被授予充分的权力。他们可以对我们使用武力,对我们进行监控。不仅是警察和那些人们看到的穿着制服巡逻的人如此,还有那些每天努力工作保护我们安全的人,从联邦调查局每位探员到国家安全局的情报分析员，都是如此。

　　拥有这些权力——使用武力、进行监控——是界定警察执法的标准，也是区分不同类别警察执法的标准。警官被授予这些权力，因为维持治安至关重要：如果缺乏基本秩序，社会根本无法正常运转。但我们不断面临的风险是，他们将会滥用这种令人敬畏的权力。事实一直如此。

　　2013 年 6 月，由于爱德华·斯诺登事件，整个美国尽人皆知，多年来联邦政府一直在暗中搜集国人的电话、电子邮件和互联网交易记录，多多益善。仅仅两个月后，联邦法院一名法官发现，纽约市警察局的"拦停、盘问和搜身"，咄咄逼人，侵犯了纽约数十万人的权利。大约 8 个月后，也就是 2014 年 4 月，洛杉矶县治安官办公室决定对加利福尼亚州康普顿市的整个城市进行空中监视，直到被发现都没有告知任何人。[7]

　　随后，在 2014 年夏天，警察执法问题在全国范围内爆发。一个又一个非裔美国人——通常手无寸铁——死于警察之手的视频在人们心中留下了深刻的烙印。从密苏里州的弗格森，人们走上街头，抗议迈克尔·布朗被警察射杀——在这里，装备高度军事化的警察将武器对准平民，举国哗然——到史坦顿岛，一名警察跪压在埃里克·加纳身上，致其窒息而死。在大街上，加纳大口喘着气："我无法呼吸了！"到北查尔斯顿，警察从背后向试图逃开的沃尔特·斯科特连开数枪，致其死亡。到芝加哥，一名警察几秒钟之内向拉克·麦克唐纳连开了 16 枪，即使当时他已经倒地了，枪击还没有停止。但是，警方却一直隐瞒真相长达一年多，可以说这件事已经被人们淡忘了。几乎每过一周，就有一些警察执法错误被披露出来。2016 年 7 月，一个恐怖的多事之周，全国人民在脸书上收看了明尼苏达州警察枪击一名非裔美国人的直播，而一个手机视频显示在巴吞鲁日也发生了另一起类似的枪击——接着，从达拉斯传来令人震惊的画面，一个疯子（声称为了报复）枪杀了 5 名正在一场和平抗议活动中维持秩序的警察。多年来，一直未进入人们视野的这些事件，现在吸引了举国上下全部的注意力。它催生了许多民众运动，如"黑人的命也是命"（Black Lives Matter）、"百万正义连帽衫"（Million Hoodies for Justice），也促成了多次国会听证会、特别调查、市政厅辩论，以及成立了 21 世纪警察执法总统特别工作组。[8]

过去三年来——从辖区警察到国家安全局——滥用警察执法权的新闻几乎从未间断，这一事实表明，必须立即行动起来。更让人难以企及的是，这一切还只是冰山一角。

看穿表面

物理学告诉我们冰山的 90％ 藏在冰面以下。警察执法到底有多少事情是隐藏在冰面以下的仍不为人知，很难得到确切的数据——一般情况下根本得不到任何数据。弗格森枪击案发生后，联邦调查局局长詹姆斯·科米问了属下一个看似简单的问题："有多少非裔美国人被警察开枪打死？"他们无法回答。尽管这个国家有庞大的行政机构，但你无法确定警察多久开一次枪，在哪里、对谁使用武力。但是可以肯定的是，部分造成无法统计的原因是过时的记录以及庞大的工作量。[9]

但是让我们面对现实吧：警察喜欢避开公众进行执法是引起麻烦的最大原因。政府的各级机构已经养成了保密的习惯。当政府得到法院授权可以从电信公司获取有关手机蜂窝基站记录时，通常都会坚持对该授权保密。尽管警察早期干预系统需要依靠警方的纪律调查记录预估未来可能产生的问题，但是这些记录通常受到州法律的保护，不得披露。美国联邦调查局及警方共谋隐瞒了"魔鬼鱼"（Stingray）系统的使用。"魔鬼鱼"系统是一种手机追踪技术，在没有任何合理理由的情况下，广泛收集无数美国人的数据材料。这个问题直达政府最高层。乔治·W·布什总统——在讨论国家安全监控问题时——向民众保证，任何时候只要你听到美国政府谈论窃听……都需要法院授权。因为我们重视宪法，没有什么——即使涉及国家安全——可以改变宪法的地位。那是 2004 年的承诺。2005 年，全国民众就了解到国家安全局秘密窃听计划正在做着总统所承诺的绝不能够做的事情。[10]

每年 800 万次搜查 …… 甚至更多

尽管仍带着保密的面纱，州立法机关和法院所颁发的法令已经迫使警方透露了一些他们的工作内容：他们做了什么，为什么做，以及取得了哪些成绩。浮现出来的画面并不美丽。

经过简略的分析,结果显示,在一个只有 3 亿多人口的国家,仅对行人和机动车,州县警察每年就进行了 800 多万次搜查。这个庞大数字,既不包括对家庭或工作场所的搜查,也不包括联邦政府的搜查。[11]

这个数字也不包括警方大量的统一行动,虽然人们通常称之为"搜查"或"扣押",但是法庭不会给这些行动贴上"搜查"或"扣押"的标签。例如,在一些州——如佛罗里达——最常见的是警察登上州际巴士进行毒品搜查。搜查程序基本如下:当所有乘客坐到座位上准备出发时,治安官办公室的警官出现在车门口。司机下车,警察上车,车门关上了。一名警官站在车前部,手握枪套,面对乘客。另一名警官要求乘客确认他们随身携带的行李。与此同时,乘客被迫坐在座位上等待。一名佛罗里达警官作证说:"在过去的 9 个月里,他本人搜查了 3000 多个包。"[12]另一份法庭记录显示,约有 7.8 万名巴士乘客曾经遭到类似的搜查。[13]

法庭表示,此类行动不是"搜查"或"扣押",因为对这些遭遇感到不满的人们完全可以不理会警方的要求,继续做自己的事情。如果用法律术语表述,法庭认为人们已经"同意"警方的搜查,这一概念是当今法律最大的闹剧之一。人们"同意"被警察搜查,数量之多以至于一些法官也不愿意使用这个词来形容正在发生的事情。以洛杉矶为例。在 2006 年的两个季度里,洛杉矶警察局要求 16228 名驾驶员同意对他们的车辆进行搜查:其中 16225 人同意,只有 3 人拒绝。在同一时期,被拦停的行人中同意搜查的占 99.9%。当人们没有携带违禁品时,他们会"同意"。而当他们的箱子里装满毒品时,他们也会"同意"。[14]

人们屈服于这些侵扰,因为他们觉得自己别无选择。一名巴士查禁警官承认,"乘客拒绝接受搜查的情况非常罕见","绝大多数人……认为合作是他们的责任"。当查尔斯·卡特说他被"命令"下车时,马里兰州的律师对这种说法提出了质疑,问道:"您为什么会认为……'请您下车好吗?'——这个问题是命令呢?"卡特的回答反映了我们大多数人的想法:"如果警察问我什么或告诉我什么,那就是命令。"[15]

武力使用

武力使用可以说是政府对其公民所能做的性质最严重的事情。武力是警察执法的核心，是警察的职责之一，是警察工作的一部分。但是今天使用武力的文化是，先使用武力，其后再问问题。那些备受瞩目的枪击事件提醒我们注意到了这个问题，但我们仍对其一知半解，知之甚少。

仅就枪击事件而言，数字庞大。2015 年，近一千人被警察枪击致死，其中有 10% 的死者没有携带武器。以休斯敦为例，当地警察，无论是否当班，2013 年至 2015 年两年期间枪击致死 32 人，其中包括 4 名青少年。一名 26 岁的学生，身穿连帽衫，试图从一名不当班的警察手中逃脱，随后遭到枪击身亡。在其之前的枪击事件中，一名警官杀死了一位坐在轮椅上双腿截肢者，死者手里只拿着一支钢笔。[16]

然而，问题远不止于使用枪支。在戴维斯分校，加利福尼亚大学警察局的约翰·派克警督毫不留情地向和平抗议者撒了胡椒粉喷雾后，一度成为互联网热搜。这并不是唯一一次。在中学，管理人员经常向学生喷撒胡椒粉喷雾；亚拉巴马州的一桩诉讼案指控学校对 300 多名高中生使用了一种旨在引起"剧烈疼痛"的喷雾剂，包括"咳嗽，灼痛，失明和皮肤蜕皮"。选择泰瑟枪是明智的，可以替代致命武器；然而，仍然有数百起泰瑟枪致死案发生，部分原因是警察——没有按照制造商的指示——将其用于孕妇、残疾人和倒在积水里的人。一名保姆向南达科他州的警察报警称，一个 8 岁的孩子拿了一把水果刀，可能用刀刺了自己的腿（她没有）。在场的 4 名警察，包括 1 名训练教官，用泰瑟枪击中女孩的胸部，泰瑟枪的击打瞬间将她抛向身旁的墙壁。[17]

没有什么比频繁调用特警更能说明问题的了——每年大约 5 万至 8 万次（再次说明，没有人能够确定准确的数字）。一个周日早晨，伊拉克战争老兵亚历克斯·霍顿醒来，发现自己被枪口顶着，他成了他在战争时经常进行的突袭的目标，仅仅因为霍顿的房东未能及时通知多疑的邻居，霍顿住进这个公寓，而他自己的公寓正在维修。为什么不在破门而入之前进行调查？霍顿后来问值班指挥。回复："事先进行调查是不符合行动标准的，因为会延迟对犯罪嫌疑人的逮捕。"佐治亚州特警队对一项毒品交易迅速做出反应，强行闯入一户人家，无意间将"一枚闪光弹扔进婴儿游戏围栏里"。那里并没有犯罪嫌疑人（他在其他地点已被逮捕，并未调用特警）。这个孩子之后经历了无数次手术，身上的伤疤伴随终生。"这是否会让我们在下一个行动中更加谨慎？"警察对记者说，"是的，女士，下次会更谨慎的。"[18]

监视（技术是把双刃剑）

监视也是警察工作中必不可少的一部分。但是，政府实施秘密监视对言论和自由构成了巨大威胁。因为先进的技术，我们与他人的沟通更加便捷，但也因同样的先进技术，政府的监视如影随形，无处不在。

多年来，美国国家安全局以国家安全为借口，一直在收集民众的电话通信数据。然而，2013 年，作为"半球行动"（Operation Hemisphere）的一部分，美国缉毒局也采取了同样的行动，与美国电话电报公司密切合作，收集早自 1987 年以来通过美国电话电报公司系统拨打的每个电话记录。[19]

如今，政府能够通过你手中的手机对你进行追踪，通过你桌上的电脑记录你最私密的想法，并从空中密切监视你。警察可以在几分钟之内提取手机内容，并将其下载到联邦调查局管理的"报亭"中。政府密探使用恶意软件入侵、监控私人电脑，或者秘密激活网络摄像头监视它们的主人。配备着可以追踪到单个行人摄像头的警用飞机对整个街区进行监视。无人驾驶飞机瞬时无所不在，经过战争洗礼的"捕食者"（Predator）无人机、蜂鸟（Hummingbird）无人机和蚊子（Mosquito）无人机可以在人们毫不知情的情况下获取其 DNA 样本。闭路电视摄像头和机动车车牌识别器已经随处可见；面部识别软件的使用与日俱增。[20]

所有监视的信息量是庞大的，几乎没有监管的政府数据库，存储着所有人的记录。联邦政府斥资 20 亿美元建造了一个国家安全局数据存储设施，大约比国会大厦大五倍。在联邦政府资金的支持下，州警和地方警察部门一直致力于创建融合中心，收集、合并现有的数据库。这些数据库包括我们的信用记录、驾驶员信息、房地产信息、犯罪记录（如有这些记录），等等。[21]

真正令人疯狂的东西

这些都是警察日常执法的一部分；那些真正令人发指的——其中还有很多人们完全没有注意到的——还未被提及。两名教授与警方在匿名小镇"米德尔堡"开展了一项"与警察同行"的研究，据他们估计，每年每 100 名居民中约有 6—7 人次遭到非法搜查。其中一个案例，警察毫无理由地拦下了一名骑自行车的人，并威胁说，除非同意进行体腔检查，否则就"砸烂他的蛋蛋"。[22]

对人体的侵犯是令人反感的。各地警察都曾以最苍白无力的借口对路边的行人进行过肛门和阴道指检。两名20多岁的女性被迫指检，而她们的孩子正坐在后排座上。另两位女性接受了相同的检查，而警察却懒得在两次检查之间更换手套；什么也没找到。有吸毒嫌疑的人如果没有按照要求小便的话，就会被绑在轮床上，强行导尿。一名不愿进行导管插入术的人最终被泰瑟枪制服。[23]

人们遭受了本不该遭受的羞辱，生命安全受到威胁。一架纽约警察局的直升机在拍摄一场未经许可的自行车夜间骑行时，中途停了下来，对一对夫妇在屋顶做爱的场面进行拍摄，长达4分钟。这名涉案男子表示，他"通常非常支持警方的监视"——"警方认为，这样做更多的是出于一种职业敏感性——这是他们的专业精神。"警方抓住了持有毒品的青少年，并恐吓他们成为线人，导致他们最终死于黑社会的疯狂杀戮。联邦探员从一名参与毒品犯罪的妇女那里获得了一部手机，在她不知情的情况下，使用了她的照片，包括她只穿着内衣的和她未成年儿子的照片，创建了一个假的脸书账户来抓捕其他犯罪嫌疑人。[24]

人们希望这些事件应该归咎于警队里的败类，但类似的事件却太常见了。

为了利益的警察执法

不要忽视这些行为背后令人不安的动机，这点非常重要，它与警察执法的目的恰恰相反：筹措资金。

弗格森事件引起全国关注，市政当局利用警察谋取金钱利益已到了非常严重的地步，而这些金钱往往来自那些最贫困群体。美国司法部在弗格森事件中发现："执法规划不是由公共安全需求，而是由城市财政收入的增长点决定的。"此后，密苏里州总检察长起诉本州13个市县，指控他们通过超额收取交通罚款增加额外收入，超出了州法律允许的范围；密苏里州的诺曼底通过这种方式获得了近40%的收入。发生在密苏里州的现象也正在全国上演。[25]

但与国家的财产没收法相比，市政筹款并不算什么，没有那么丢人现眼，令人不齿。起初，没收财产的理由是，犯罪分子的不义之财被没收，犯罪行为就会被遏制。因此,法律允许警方收缴财产,分享收益。在普通刑事案件中,政府必须排除合理怀疑后才能证明犯罪分子有罪。但是财产没收的标准要低得多,追回财产的负担通常也都转嫁给了受害者。法律遭到滥用;随便一个借口,私人财产被没收,执法机构中饱私囊。一名 22 岁的青年男子带着所有积蓄,共 1.6 万美元现金,离开密歇根州前往洛杉矶开始新的职业生涯;缉毒局探员在没有任何违法证据的情况下,没收了所有现金。缉毒局解释说:"我们不需要证明这个人有罪。这笔钱本身就有罪。"[26]

实际上,市县、州和联邦警察每年都会没收房屋、汽车及数百万美元的现金,其中大部分属于无辜的人。对许多人来说,财产没收会使其经济遭受重创;这些不是盈余的资金,而是口袋中仅剩的交通费,是辛苦挣来的工资,用于治病和家庭日常开销。而与此同时,警方把罚没的钱花在了一些华而不实、惹人注目的事情上,如购买一辆价值 9 万美元的跑车;向治安官的母校捐款 25 万美元;花 2 万美元用于竞选广告;购买足球票;购买用于员工烧烤聚会的烈酒和桶装啤酒。[27]

被警察拘留的人

你可能坐在那里想,"这与我无关;我不是罪犯。"卡特夫妇不是,前文提到的大多数人也都不是。这种事不关己、明哲保身的态度本身就是问题。现今的警察执法模式,每个人都可能成为执法目标,每个人都应该严肃对待这个问题。

当然,如果我们没有认识到这种警察执法往往针对少数族裔和社会下层,对其打击最大的话,我们就是自欺欺人。细致一些的调查也证实了这一点。也许现在明确卡特夫妇是非洲裔美国人是一个恰当的时机。他们诚实善良、工作勤恳,不应遭受这种不公平待遇。莱瑟伯里副总警监——在该案中为警察行动辩护的主管(他自己也是非洲裔美国人)——承认在马里兰州拦停检查站点存在"明显"的种族差异。他认为警方的执法站不住脚。正如联邦调查局局长科米最近鼓足勇气所说的那样,是时候面对"残酷的现实"了——直指无意识的(和有意识的)种族偏见在警察执法中所起的作用。如果美国联邦调查局局长能公开承认这一点,现在也是我们应该承认的时候了。[28]

虽然本书的主要内容是与我们每个人密切相关的警察执法,但阅读过后不应该错过警察执法中无法否认的种族和阶级所起的作用。书中有一章专门讨论了种族形象定性问题，而种族问题在其他各章中都有所提及。尽管如此，正如我亲爱的同事、2011年去世的、批评种族理论家德里克·贝尔所说，解决警察执法中种族主义问题的最佳方式，是意识到警察执法的弊病毋庸置疑将会影响到每一个人。贝尔所秉持的观点——他称之为"利益融合"——是如果有更多的人意识到某个问题给他们带来的直接影响，那么他们就会致力于解决这个问题。[29]

如果认为这里所描述的那种警察执法是发生在"其他"人身上的事情，不会影响到自己，那么这种想法就太天真了。不坐灰狗巴士，就不用担心那些搜查？那么美国铁路公司呢？数学家亚伦·海泽尔从美国卫生研究院离职，乘坐火车卧铺去新的工作单位。缉毒局来了，坚持让他允许他们搜查他的车厢。当他不同意时，他们强迫他离开车厢，认定他在贩毒。他们是怎么"知道"的？（他们错了）只是因为海泽尔订了卧铺，没有托运行李就独自上路了？这难道不是卧铺车厢的功能吗？当这件事发表在《大西洋》上时，许多人来信说同样的事情在他们身上也发生过。[30]

如今，警察执法故意不加选择：它针对我们所有人。美国国家安全局的数据收集是"批量的"，意味着该机构需要收集每个人的信息。我们都经历过酒后驾车盘查和机场安检；我们在市区驾车时，车牌识别器会记录下我们的行驶位置。即使是在本应只针对犯罪分子的执法中，由于警方的疏忽也会使无数无辜的人陷入警方的陷阱。成千上万的美国人正在经历这种警察执法。[31]

"禁毒战"导致大量激进的警察执法行动，其中一些行动完全是舍本逐末、背道而驰。例如，缉毒局的"行动流程"鼓励州、市县警察尽可能多地设立拦停检查站，从而挖出毒品贩子。[32]堪萨斯的"行动流程"操作手册特别匪夷所思。它告诉警员们依靠"大量的拦停检查站"抓获携带毒品的人，并解释这让"普通的巡逻变得兴奋、刺激"。警员们得到命令不可"种族形象定性"，而是要寻找曾使用或运输毒品的"迹象"，例如，"行李""快餐包装纸""每个人都持有的汽车电话/寻呼机"（"每个人都持有"如何帮助识别毒贩是令人非常不解的），以及是否贴有"免责声明"，如"警察或宗教符号"。警员们受到培训要注意肉眼可见的"迹象"，比如"心灵之窗的眼睛"。然而，眼睛所做的任何动作似乎都暗示着与毒品有关："眼睛睁得大大的(瞠目结舌)"或"闭上眼睛希望你走开"。还有"口干""揪耳朵""玩胡须"等等。加利福尼亚州的一份立法报告——基于这种业余心理学而录制的拦停检查的录像带——总结道:"旅行者不得不站在路边,这非常常见,花费 30 分钟或更长时间,不断重复回答各种问题,他们的家庭成员、职业、婚姻状况、移民身份,是否有案底,是否曾吸食毒品、喝酒取乐等。"[33]

反恐战争同样导致了不公正、不加区分地侵扰民众。联邦政府鼓励地方官员制作 SARs ——可疑活动报告(suspicious activity reports),并将其输入国家数据库。洛杉矶采用的可疑活动参照标准包括"使用双筒望远镜""做笔记"和"画图表"。一位颇有成就的摄影师因为拍摄波士顿附近一件著名的公共艺术作品而被拦下;在纽约,一名新闻系学生在退伍军人事务部大楼前拍照后遭到讯问,警方将其拍摄照片删除。[34]

这些案例数不胜数,基于很少或根本没有证据的情况下,普通公众遭受执法人员的人身侵犯。对于那些似乎认为马里兰州警方没有做错任何事情的人,卡特夫妇表示抗议,自愿"接受测谎,并提供大量材料证明他们的声誉"。这似乎是举证责任的倒退,不是吗?[35]

警察执法,不受(大众的)控制

问题是,我们应该如何应对这一切?

尽管这个问题急需答案,但除非我们明确了问题本身,我们才能开始回答。但是我们并没有理解问题。尽管所有的媒体、所有的特别工作组和政府报告、电视谈话节目、社区论坛、学术会议,都在关注这个问题,大家仍然对警察执法的核心困难视而不见。

我们甚至没有把所有的事件,尽管它们很麻烦,作为同一种现象进行考虑。每个都是琐碎小事,毫无关联,各自寻找自己的解决方案。警察枪击平民事件让人们关注种族偏见。无人机和手机追踪技术提出个人隐私和技术的关系问题。弗格森事件引发人们对警察军事化的恐慌。财产没收突出了为了经济利益而执法的问题。与此相比,国安局的行动完全是另一回事。[36]

然而,如果我们"连点成线"——用"911"事件委员会情报收集报告中流行的一句话——我们可以发现所有事件之间的内在联系。[37]

这是民主治理的彻底失败。

想想看：在加利福尼亚州，理发师和理发师学院有一整套规章制度。同样，该州对"路边休息区和观景点"进行了严格的监管，并针对报纸分发机制定了严格的规定。在佛罗里达州，穿越大片乡村，有一部专门针对（大家可能已经猜到了）柑橘种植管理部的行政法规。这部法规规定了柑橘"旺季品种"的颜色，并且还规定了如何将"默考特蜂蜜橘"与"森博斯特蜜橘"或"坦盖洛橘柚"区分开来。[38]

然而，在这两个州，都没有多少关于无证搜查的规定。大多数的警察执法都是在没有授权的情况下进行的，但这两个州的立法机构都认为，除了对警察进行大致的指导外，他们不适宜干涉警方太多事情。警方有权决定何时以及以何种方式介入人们的生活。[39]

所以可以问问自己，以下哪一项更重要：是规范路边拦停市民进行阴道、肛门搜查，还是规定报摊的大小、对"森博斯特蜜橘"的分类？

坦率地说，美国的警察执法——从过分热情的辖区警察到国家安全局——已经失去了控制。

这丝毫不夸张；这是深思熟虑后对事实的陈述。这肯定也不是专门针对警察的，他们的工作异常困难，经常得不到工作所需的支持。问题在于我们其他人。

问题应该出在"无许可的警察执法"。对于警方应该做什么（或不应该做什么），我们显然未能提供明确的指导。如果说有任何指导的话，也只是模糊不清的指令。我们坚持，首先保障人身安全和低犯罪率。但是，当警察尽其所能保障人身安全和低犯罪率之后，我们却开始指责他们的做法。错的是我们，是我们没有具体说明希望如何被管理，是我们基本上回避了这个问题。

没有什么——任何事——比脱缰的行政权力对个人自由的破坏更大的了，也没有什么行政权力能够比进行监视和使用强制力的权力更大、更可怕的了。全球民主治理和宪政的历史过程都是一场漫长的斗争，发明创造出各种制度来控制这种权力。尽管将美国国家安全局的情报收集工作和大都会警察局在"警察执法"的标题下进行的盘查搜身联系在一起似乎是将两码事混为一谈，但事实并非如此，原因即为此。拥有使用武力和实施监控的权力再次将警察与政府其他部门区别开来。

在警察执法和管理方面,我们备受赞誉的民主问责制和民主透明度制度在很大程度上被抛在一边。这个国家的警察机构——从州县警察到联邦调查局——几乎没有民主指导。警察机构的典型授权法案只是简单地授权其执行刑法,但对于如何执行却几乎只字未提。我们已经通过了一些关于"如何"执法的法律——比如联邦政府关于窃听的规定,州县政府关于限制无人机驾驶或酒后驾车拦停盘查的规定——但是这些法律都没有构成一个完整的法律框架。[40]

人们可能认为警察执法很特殊,在某种程度上与众不同,证明了民主道路存在捷径。但是大家都错了。可以肯定的是,有些时候——尽管比大家想的次数要少——保守秘密对于警察执法是至关重要的。在这种情况下,警察执法可能需要一些特别程序。然而,在很大程度上,警察机构获得民主管理的自由通行证已经成为一种习惯,而不是绝对必要的。在芝加哥或西雅图等地的一些警察队伍,他们随时可以在互联网上向公众提供自己的行动指南。甚至一些城市,比如洛杉矶,警察部门的政策由一个定期听取公众意见的专门委员会制定。就像政府其他部门的运作一样。[41]

我们可以进行民主的警察执法;我们只是未这样做。

我们是如何走到今天的

今天的警察执法很大程度上脱离了民主管理,这并不完全是偶然的。但是这也不是我们起初计划的那样。相反,为了应对历史、社会和技术发展的一系列偶然的、未完全经过深思熟虑的决定,产生了警察这个高度军事化和富有侵略性的庞然大物,而我们对它的控制却少之又少。

直到 19 世纪中叶,我们才组建了类似于今天的警察队伍的组织。但在大都市警察部门出现后不久,这个组织就卷入了 20 世纪初非常普遍的市政贪污腐败中。警察部门收受了养活政治机器的钱。因此,为了解决这个问题,我们决定将警察与政治分开,并使之专业化。警察部门开始承担起军事职责,警官们也加入了公务员队伍。[42]

然而,到了 20 世纪 60 年代,将执法与充分的公共监督分离开来的不良影响是如此明显，因此——我们今天经常听到的——关于社区警务的想法诞生了。随着贫民区被烧毁，民权运动者和越南战争的抗议者在城市街头和大学校园与警察经常发生冲突，很明显，警察过于自治，不够专业。由林登·约翰逊任命的总统委员会得出的结论是，当务之急是加强警察与当地社区之间的联系。很多人赞同他的观点。警察们应该走出巡逻车，在辖区巡逻，了解他们所服务的人，帮助他们解决实际问题，听听当地居民的意见。[43]

但是，社区警务在警察文化中从未完全流行，而且很容易被取代。当金融陷入紧缩时代，警察预算被削减时，社区警察往往是最先离职的。尼克松在20世纪70年代宣布对毒品宣战；20世纪80年代可卡因泛滥的时候，执法机构进入了全面战斗模式。正当毒品战争似乎已经不受欢迎的时候，恐怖主义为警察机构维持战备状态提供了又一个正当的理由。[44]

在此期间——过去30年左右时间——警察监管我们的模式发生了根本性的转变。

直到20世纪80年代，警察执法主要还是被动的。基本都是找到坏人，然后把他们关起来。这一模式大家都很熟悉，如果没有发生新的或不同的事件，缺乏民主治理也就不那么引人注目了。警察进行人身搜查、入户搜查，拘留人们并对他们进行审问。即使事情出了岔子，也没有人会想到需要一本详细的规范手册来重新掌控局面。[45]

然而，如今的警察执法日益复杂，越来越需要有预见性，每天都在影响着我们每一个人。任何人一旦有了做坏事的念头就对他进行阻止，使其放弃违法犯罪打算。这意味着要进行全方位的监视，动用大规模的武力。这也是闭路电视摄像头无处不在的原因，我们蜿蜒穿过机场的安全警戒线，在酒后驾车的盘查处等待检测，国家安全局大量收集我们的数据。在新的警察系统中，各地部门加大力度部署自动车牌识别系统和面部识别软件——很快就会有足够多的无人机——时时刻刻跟踪我们的行踪。他们利用软件预测犯罪行为将发生在何处，由谁来实施。这也是为什么穿着军事作训服、扛着重型武器的警察已经变得不足为奇了。如今的警察执法是有规章制度的：在事前规范人们的行为，而不是事后抓捕罪犯——而我们都成了它的目标。[46]

让我们明确一点：执法措施可能恰到好处；也可能矫枉过正。问题的关键是，我们无从了解两者的区别——实际上，就民主治理而言，两者并无区别——除非公民获得机会参与其中。

这也是警察执法几乎完全失去的东西。

警察执法与宪法

没有公众参与的警察执法是糟糕的方式，目前的教训远不止于此——尽管它确实是。相反，我认为，从宪法的角度看，未经许可的警察执法是完全不合法的。

对大多数人来说，同时提到宪法和警察执法，就会让人联想到同时讨论法院和《人权法案》的司法执行。人们普遍认为，当提及宪法和警察执法时，应该由法官进行负责——而且应该是。

现在已经很明显，我以为的这种共识是一个巨大的错误。

我们利用宪法控制政府。《人权法案》是之后的成果，是在宪法颁布 4 年后才被批准的，因为如果没有得到承诺而增加额外保护，有些人拒绝支持原先的宪法。在我们的宪法体制下，最重要的、最核心的是人民的意志——由我们选举和任命的政府官员来实现。

通过相互关联的三个部分，本书解释了应该如何理解宪法（以及，就此而言，包括许多州的宪法）来规范警察执法。

本书的第一部分是我称之为的民主的警察执法。我认为，太多警察执法已误入歧途，因为我们——人民——未能对此承担责任。过度保密和缺乏民主监管导致了警察权力的不当使用和滥用。我提出了一些方法来解决这个问题。[47]

只有到第二部分，我们才会转向《人权法案》（以及其他限制警察执法的修正案）。在这一部分，争论是，保护这些权利不是法院的唯一工作，法院已经把他们的职责弄得一团糟。宪法对政府施加的限制必须得到所有政府官员的尊重——在公民的监督下——不管法院认为哪些权利是得到允许的。

最后，第三部分整合了美国宪政的两个方面：大众控制和个人权利，解释了它们如何帮助我们应对 21 世纪警察执法面临的两个巨大挑战：科技和恐怖主义。

警察执法"问责制"

尽管大家都在谈论让警方"负责任"，但是执法警官会告诉你，他们已经被各种规范和监督淹没了。监察长、民事投诉委员会和特别监督员越来越多，监督着地方和联邦的警察机构。当然还有法院。法官们制定了许多监管警方的准则，比如搜查、扣押，以及审讯等。

虽然"问责"的形式很多，但在这些问责中，每一种形式都至少占有两种致命缺陷中的一种。本书第一部分的目标，致力于了解何为民主的警察执法，着力解释如何解决民主警察执法中出现的问题。

首先，现今的警察执法中，大部分的"问责"方式并不是民主控制。"问责"完全缺乏透明度；我们对警察执法规范知之甚少。公众几乎没有任何机会了解警察执法规范，制定警察执法规范时也没有征求公众的任何意见。民事投诉委员会最多只服务一小部分公众，并且大多仅限于调查有关警察不当行为的投诉。监察长办公室本身不是民主机构。法院也不是，是独立于民主控制之外的。即使是可以雇佣和解雇警察局长的市长，也不能代替通过民主程序采用的警察执法规范。

与此密切相关的是，如今的警察执法监督大多是事后审查，而我们需要的是事态恶化之前就制定好政策。大多数的监督是关于警察的不当行为，警察机构的日常运作也同样需要关注。这也是政府其他部门的运作方式。是的，当一名警察开枪杀死一位平民时，一些官方机构应该对此进行调查。当一群政府官员自己决定开始收集我们的私人电话或互联网通信信息时，当然也应该进行调查。

但是，现在最迫切需要的——也是警察执法中明显缺失的——不是审查，而是准则：在官员行动之前制定的准则，书面的、公开的、有公众参与意见的书面准则。

立法机构可以制定这些准则——毫无疑问，他们应该制定更多的准则——但是警察机构自己也可以制定相关准则。是的，警察自己可以制定。毕竟，他们是专家。大部分政府也是通过与其关系密切的机构制定自己的工作规范。但是大部分这些机构的工作规范都是公开的，是在公众的参与下制定的。也就是说，在该机构起草了政府规范的初稿后，会发布给公众发表意见建议——然后根据公众的意见建议进行修改,确定最终的工作规范。警察机构如果没有照此方式确定自己的工作规范是毫无道理的。[48]

警察执法的宪法限制

当然,根据我们的宪法——以及各州的宪法——实行民主制远远还不够。由此引出了本书的第二部分——宪法限制下的警察执法。

联邦和州宪法的其他部分——尤其是权利法案——制约了警察的行为。联邦宪法中最主要的《第四修正案》(*The Fourth Amendment*)对"搜查"和"扣押"做出了规定。与此相关的还有宪法《第一修正案》(*The First Amendment*)中的言论自由和集会自由条款、正当程序条款(任何人"未经正当法律程序都不得被剥夺生命、自由或财产"),以及宪法对平等和不受歧视的基本保证——《平等保护条款》(*The Equal Protection Clause*)。

在这部分,我着重阐述了法院在解释宪法如何适用警察执法时把事情弄得一团糟。法院没有要求授权,而这是他们必须要做的,他们降低了《第四修正案》的"合理理由"标准,没有设立合适的底线确定哪些人是执法目标、哪些人不是执法目标。他们对明目张胆的人身和财产侵犯未加制止,也没有采取措施解决普遍存在的种族歧视。更重要的是,法院未能认真对待过去几十年警察执法的变化,从过去的被动反应、抓坏人、到如今以遏制犯罪的名义对我们所有人进行主动监控。某种程度上,法庭还停留在安迪·格里菲斯电视剧中那个宁静的年代,当时的警察执法更像科幻惊悚片《少数派报告》所描述的样子。[49]

因此,在某种意义上,第二部分为法院开出了一个治疗处方,法院应该恰如其分地执行宪法对警察执法的限制和约束。内容包括搜查令、合理理由、种族形象定性、盘查搜身、禁毒、设置路障、甚至包括机场安检。

如果考虑第一部分所讨论的观点,即大众应该更多地参与警务工作之中,则宪法制约显得更加重要。这是因为,虽然民主治理有其优势——也是宪法规定的基本要求——但多数人有时也会践踏少数人的权利。的确,民主警察执法是否会改善这些少数人的现状,这是一个公平的问题,将在结论中讨论解决。[50]但是,目前为止,做好以下两点已足足有余。首先,将警察执法交由警方和法院治理,而不是坚持各方民主参与，对少数人来说效果并不像预期的那样好。是时候给民主治理一个机会了，同时要时刻记住，即使是多数人也不可以侵犯基本的宪法自由。

第二，必须记住，无论用何种标准来衡量，第二部分提出的改进方案不仅仅适用于法院。宪法的执行是政府所有部门的责任，也是所有立法机关和行政人员的责任。更重要的是，制宪者们制定了详细的州宪法和联邦宪法，以便我们所有人都能理解并关注我们的自由。制宪之初的理念是，当民选官员侵犯了这些自由时，人民会起到约束的作用，并拉响警报，把那些官员赶下台。[51]

21 世纪警察执法的错误

最后，第三部分结合了前面讨论的所有内容来解决 21 世纪警察执法的两个问题：科技和恐怖主义。这一部分解释了我们如何通过结合民主与宪政警务的思想来应对看似棘手的挑战。

第三部分的核心是要认识到在讨论宪法和警察执法时，基本思路上的错误。尽管这些主题在保卫国家安全的相关讨论中最能引起共鸣，但事实是，它们几乎渗透到当今警察执法的方方面面。

安全和隐私

人们通常认为，宪法中监管警察执法的主要条款《第四修正案》保障了公民的隐私权。《第四修正案》的一个重大突破应该发生在 20 世纪 60 年代，当时最高法院判定，人们的权利并不仅仅取决于警察是否碰巧侵犯或损害了当事人的财产。法官们说："《第四修正案》保护的是人，而不是地方。"他们首次指出，一个人"试图保护隐私"也应受到保护。[52]

不幸的是，对隐私的关注弊大于利。人们开始狡辩，就像他们讨论警察不应该被束缚时经常做的那样，"我没有什么要隐瞒的。"英国政府曾运用这一逻辑，在建设庞大的闭路电视网络时争取公众支持。他们的口号是："如果你没什么可隐瞒的，你就没什么可害怕的。"或者，正如谷歌的首席执行官埃里克·施密特所说："若要人不知，除非己莫为。"[53]

我们都不应该因为想保护隐私而感到内疚。一些人认为，在一个我们把一切都交给脸书、照片墙和其他网络社交工具的世界里，隐私根本无法得到保护。早在 1999 年,时任太阳微系统公司的首席执行官斯科特·麦克尼利就曾说过一句名言:"无论如何,你没有任何隐私可言。克服它。"但民调显示,人们没法克服这种情绪。大多数美国人不希望商店和在线零售商监控他们的在线活动或收集他们的数据。他们希望对自己的信息有更多的控制权。这种直觉是对的。我们已做的、想做的、有权做的许多事情,在超出我们的预期受众范围的情况下被公之于众时,仍然可能使我们显得伤感、愚蠢,或令我们尴尬万分。决定人们想在脸书上发布什么是一回事,而抵制美国社会对个人数据的大规模窃取是另一回事。这并不是犯罪,人们不应该因为想要保留自己的私生活不被公之于众而觉得自己像个罪犯。[54]

　　然而,不论大家观点如何,《第四修正案》不只牵涉隐私,它还牵涉着安全。读一读《第四修正案》,它规定:"不得侵犯人民保护其人身、房屋、文件和财物的权利,以防止不合理的搜查和扣押。"比如,强迫你坐在自己的尿里,收集你打过的所有电话的数据,或者带着全副武装的特种部队涌入你的家中,这些是对"隐私"的轻视,是对宪法应该保护的权利的轻视。这关乎人们的个人安全,关乎每个人对此的感受。即使我们,作为一个社会,已经把我们的很多隐私上传至脸书、谷歌及类似网络工具,这些公司也不会利用这些信息把我们带走。但政府可能会。在规范警察执法时,必须牢记这种个人安全感。[55]

此安全对彼安全

　　就隐私而言,谈论《第四修正案》的最大危险之一是,它引发了我们是否应该或必须以隐私换取安全的讨论。这种关于"隐私"—"安全"或"自由"—"安全"权衡的讨论很常见,但考虑太过简单。我们有时确实会利用隐私或自由换取安全,如果真实发生,显然我们需要认真对待自己的安全。正如明智的法官所观察到的,"宪法不是自杀协定",也不应该是自杀协定。如果宪法准则限制政府保护我们免受严重威胁,那么坚持这样的宪法准则是完全愚蠢的。[56]

　　但宪法条款并不是用来束缚我们的;它们的目的是通过阻止鲁莽或愚蠢的行动来加强我们的安全。制宪者既不愚蠢也不鲁莽,许多人冒着生命危险为独立而战。他们从根本上理解自由的价值,同时也充分理解政府出于权宜之计而采取果断行动的必要性。[57]

让我们把紧急情况放在一边，先来考虑一下宪法的普通条款实际上如何帮助我们做出明智决定的。诸如分权、制衡、司法审查、授权以及合理理由——这些并不是简单地阻碍了工作的完成，而是确保正确完成工作的工具。制定宪法的目的是为了打破人们普遍持有的一个观点：即大多数时候，审议——公众审议——可以产生更好的想法和结果。有时鲁莽行事是人之常情。以任务为导向、时刻面对巨大危险的警官，如果鲁莽行事，尤其可以理解。而这正是宪法制度所要防范的。

然而，即使在真正紧急的情况下，宪法程序也可能是有利行动，而不是妨碍行动的。我的同事斯蒂芬·赫尔姆斯是一位专攻宪政和国家安全的政治学家，他在阐述这一观点时，讲述了发生在他女儿身上扣人心弦的故事。他女儿遭遇了严重事故后被紧急送往急救室。女儿急需输血，而他迫切要求赶紧输血。与他们的着急相反，急救室的医护人员进行了一项复杂而耗时的程序，从她的腕带上念出她的名字和血型，并将其与献血者的血液进行比较。然后，令人抓狂的是（快点儿），他们互换角色，再来一遍流程。在外行人看来，这是一个愚蠢的、可能致命的拖延。但是，这些看似恼人的协议之所以必须存在，是因为谨慎的决策者已经意识到，死于输入错误血型的人，要比因输血延误而死的人更多。正是在紧急情况下，人们会鲁莽行事，犯错误，伤害他人，甚至自杀。这就是为什么应急响应人员会被详细的规则和程序所妨碍的原因。他们要不断地演练这些程序。紧急情况下，事先的应急计划和广泛征求过意见的程序更加重要，而不是相反。真正保护我们的自由——我们的安全不受政府侵犯——意味着要制定指导（当然，也要限制）政府的准则，当出现问题时，政府就不会做出糟糕或过激的反应。[58]

功效

最后，认真对待与警察执法相关的宪法最有力的论据之一是，这样做实际上我们更安全。这也是"隐私"与"安全"辩论中经常被忽略的一点。允许政府收集我们所有的电话信息是否有助于提高我们的安全性？还是说，考虑到利用现代技术，这是一项成本高昂、耗时耗力的工作，似乎很有吸引力，但实际上却没有什么价值？有一些专家——像我们其他人一样，不希望自己的家庭被炸成碎片——持有后一种观点。考虑到警察执法的保密性，通常很难评估所采取的措施是否奏效。在政府的其他部门，我们依靠成本效益分析来评估政策。然而，正如著名智库维拉司法研究所在 2014 年的一份报告中所说："尽管成本效益分析是一种完善的经济手段，但在刑事司法中还没有得到广泛应用。"[59]

我们所有人都关心的问题应该是效率。那些负责管理这个国家的人是以事半功倍、卓有成效的方式来管理这个国家的吗？以一种既能保证我们的安全，又能确保我们的自由不被侵犯的方式？没人指望警察能做到尽善尽美，但我们能够尽量做得完美吗？正是出于这个原因，我们需要预先对警察执法进行民主审查，制定一套有效的宪法准则，而不是简单地授权给警察自由行动。随之而来的一个不变的主题是，在民主和宪法的保证下，警察执法能够使我们更安全。[60]

共同解决警察执法中出现的问题

考虑到政府的过度干预——到目前为止这应该是显而易见的，随后还会有更多——以及对这些行动有效性的严重质疑，是时候抛开标签和政治，团结起来解决问题了。是时候统一处在对立政治立场的各方意见，共同关注我们的刑事司法系统。这是一个健康的信号。[61]

解决执法中出现的问题是我们所有人的责任，包括警察。当前形势最有希望的一个方面是，越来越多有思想、有献身精神的执法人员正在认识到我们面临的问题和挑战。他们认识到，要使警察执法发挥最佳效果，就必须得到人民的信任。为了获得这种信任，人民必须参与警察执法决策。但是同样，如果没有与警察本人进行互相尊重、严肃认真的对话，人们不可能做出明智的警察执法决策。

归根结底，这是一个教训：是我们所有人都应该承担起管理警察执法责任的时候了。长久以来，我们一直因为涉及安全的威胁（真实的和想象的）而战战兢兢，被既要严格保密又要灵活处事的主张搞得晕头晕脑。我们选择置身事外，不被何为警察执法的底线所困扰。如果置身其中，我们就损害了我们的自由和安全。当谈到警察执法时，是时候认真对待宪法了——不仅仅把宪法当作一套基本原则，规定了允许做什么禁止做什么，而是把其作为民主管理现实社会最重要的功能之一的指南。

第一部分
民主的警察执法

民主的警察执法理念是，与政府其他部门一样，人民应该对警察执法负责，警察机构对人民的意愿有求必应。当然，美国的民主并不意味着任何时刻都由人民当家作主。如果执着如此，人民的正常生活将受到严重的影响。准确地说，民主的警察执法意味着人民的代表以公开和透明的方式为我们做出决定。这些代表可以是警务人员，具备警察执法的专业知识。但是，民主的警察执法所需要的，说到底，是在警方采取行动之前就制定好规则，让公众有机会参与制定这些规则，让每个人都能够了解这些规则。

将这种熟悉的政府管理模式应用到警察执法中存在一定的挑战。这些挑战部分由历史原因造成；很长一段时间以来，我们让警方自己做决定。从根本上改变我们做事的方式是一个巨大的转变。更重要的是，人民的代表认为为警察制定规则没有多少益处，所以警察没有受到严密的民主控制。因此，我们需要一种方法，激励民众参与警察执法管理。然后，即使我们克服了这些障碍，我们也必须考虑到警察执法的特殊性。一般的管理需要透明度，但是警察执法有时需要一定程度的保密。所以，要出台相应办法协调好这两方面的关系。

第一部分的内容包括如何应对挑战，以实现民主的警察执法。第一章回顾了警察执法历史，讨论了执法透明与保密问题。第二章讨论了制定公共规则来规范警察执法的必要性，为什么立法者没有制定这些规则，以及警察机构是如何制定这些规则的。第三章回答了许多人可能会问的问题，这个问题需要尽快解决——为什么法院不能监督警察呢？第四章解释了法官是如何帮助推动警察执法民主化进程的。

第一章 秘密警察执法

如果对正在发生的事情一无所知,公众就无法参与制定警察执法政策。事情就是这么简单。显而易见,对民主治理至关重要的是"透明度"。然而,大部分的警察执法历史都笼罩着一层神秘面纱。有些保密是必要的,但大部分保密只是维持一种习惯。为了实现民主的警察执法,必须清理出何种警察执法需要保密、何种警察执法需要揭开其神秘面纱。

秘密

2014年2月11日是"反击的日子"。全球更注重消费者利益的许多互联网公司,如红迪网、轻博客和魔斯拉,以及电子前沿基金会、人权观察和大赦国际等组织,赞助了一系列活动,反对大规模监控。芝加哥的游行活动——从芝加哥环的戴利广场出发到蒂莫西·奥图尔的酒吧,以晚宴活动结束——由"第四芝加哥"主办。"第四芝加哥"是一个无党派政治团体,主要由致力于恢复宪法《第四修正案》权利的个人组成。[1]

弗雷迪·马丁内斯也出席了在芝加哥举行的活动。马丁内斯是一名年轻的技术人员,拥有物理学学位,他在书中读过一种执法设备,并产生了浓厚的兴趣。这种执法设备能够收集手机信号,其工作原理是让手机误以为它是一个手机信号塔。然后手机发出联结信号,显示他们的唯一身份号码——IMSI,即国际移动用户识别码——以及他们的位置。[2]

尽管它有不同的名称——如蜂窝基站模拟器、国际移动用户识别码捕捉器——但是这个设备通常被称为"魔鬼鱼"。这是一家国防设备承包商巨头哈里斯公司为执法部门打造的众多品牌之一。"魔鬼鱼"甚至可以捕获手机谈话内容——实际上可以窃听手机。但是，它对监听的手机并不加辨别，使用的时候，"魔鬼鱼"会捕获附近所有的手机数据。[3]

马丁内斯的兴趣既有技术方面的，也有政治方面的。他怀疑芝加哥警方使用该设备进行大规模监控，尤其是对和平抗议活动进行监视。有此怀疑的人不止他一个。已公开的文件显示，迈阿密警方在美洲自由贸易区的示威活动中使用了"魔鬼鱼"。《基督教科学箴言报》的一篇报道称，芝加哥也发生了同样的事情。马丁内斯开始怀疑，利用科技力量以毒攻毒，"魔鬼鱼"可能失败。[4]

当马丁内斯在对付"魔鬼鱼"的技术难题时，他的一个朋友建议他提交一份信息自由申请。因此，他给芝加哥警察局发了一封电子邮件："我正在寻找有关国际移动用户识别码捕捉器的购买及接收记录，这些捕捉器通常被称为'魔鬼鱼'（哈里斯公司的一个商标）。"[5]

最终，马丁内斯在他的律师马特·陶皮克的帮助下，以信息权为由起诉了芝加哥市。作为回报，他们得到了几张此国际移动用户识别码捕捉器公司的发票。据当地哥伦比亚广播公司报道："芝加哥警察局最终承认，他们早在 2008 年就购买了手机信息拦截装置。"报道指出，哥伦比亚广播公司 10 个月前提出相同问题的时候，芝加哥警察局"予以否认"。[6]

马丁内斯和陶皮克提交了更多的信息自由申请，试图得到关于使用"魔鬼鱼"设备的一系列重要问题的答案。为什么使用这种设备？监视什么？警方是否事先申请搜查令或获得法官的其他许可？法官是否知道警方在使用这种设备？拦截收集的数据是否存储在某个地方？如何使用这些数据？谁拥有访问权？有没有协议规定何时以及如何使用"魔鬼鱼"？使用"魔鬼鱼"是否符合宪法？芝加哥警察局是否做过相关分析？[7]

就像拔牙一样。芝加哥警察局聘请了一家高级律师事务所，花了 10 多万美元回绝这些请求。警方利用各种说辞转移注意力，不承认存在此类设备。如果存在此类设备,遵照法院的命令,它们将从公众视线中消失。无论如何,这些信息都是受联邦法律保护的国家安全机密。同时这也是商业机密,等等。[8]

芝加哥警察局的回应不仅没有回答问题,反而引起了更多的疑问。法庭记录一定会对公众保密,但当案件结束后,他们会根据《信息自由法》的要求定期解密这些文件,但是为什么这些记录没有得到公开呢? 哈里斯公司已经提交了公开的专利文件,其中包含许多要求公开的信息,这怎么可能是一个商业秘密呢? 关于"魔鬼鱼"使用的相关宪法问题,为什么没有法律意见书呢?[9]

但是,真正令人奇怪的事情是,当芝加哥警察局与马丁内斯和陶匹克玩"我有一个秘密"的时候,执法部门使用"魔鬼鱼"的新闻在全国各地不断出现。就像雨后春笋,他们努力保守的秘密已经根本算不上什么秘密了。

随着细节浮出水面,事情变得更加奇怪。阿纳海姆警察局发布了一封关于使用"魔鬼鱼"的告知书(基本上毫无实质内容)。记者注意到,阿纳海姆的信看起来非常像圣地亚哥发布的那封。乔治亚州谷内特县也是如此。在马丁内斯的案件中,芝加哥警察局提供了一位名叫莫里森的联邦调查局特工的宣誓书,内容是为什么这些事情必须保密。谷歌搜索显示莫里森在全国各地都提交了类似的宣誓书。[10]

事实证明,至少十年来,联邦政府一直在资助州和地方执法部门购买"魔鬼鱼"——但这笔钱引来了一条大鱼:执法部门不能透露有关"魔鬼鱼"的任何信息。任何时候都不能够泄露:对法官,对公职人员,在法庭上,宣誓后,什么也不能说。与哈里斯公司签订的合同里明确了这些内容。为了确保事情清楚明了,联邦调查局还要求地方执法部门签署保密协议。随着整个事件的披露,很明显联邦调查局正在精心策划一场不提供任何信息的行动。[11]

警方认为这种猫捉老鼠的游戏让我们更安全。他们不可能回答有关"魔鬼鱼"用途的问题,因为"就像拼图游戏一样,每个细节都可能有助于把政府正在做的事情的所有信息拼凑起来"。正如当地执法部门在一份准备好的新闻通讯稿中所说的那样,回答这些问题将"使犯罪分子具有如何躲避这些设备监控的能力","并不是每个人都这么认为"。"这太荒谬了,"电子前沿基金会的律师哈尼·法克赫瑞说:"这是为了保密而保密。实际上已经不仅仅是一个公共安全问题了。"[12]

保密的成本

毫无疑问，"魔鬼鱼"在执法中扮演着重要角色。一位圣路易斯的法官似乎对执法部门如此"广泛"地使用"魔鬼鱼"感到不安，但他表示，尽管如此，它们仍在创造"奇迹"。"他曾处理一个案子，利用'魔鬼鱼'抓获了一个杀人犯。"美国联邦调查局称，很多情况下我们可以利用这项技术："通过使用'魔鬼鱼'系统，我们抓获杀人凶手，锁定绑架案犯，追踪毒品贩子，寻回失踪儿童，戳穿恋童癖者。"[13]

但是就如生活中的许多事情一样，是否值得为这些鬼鬼祟祟的行为付出代价，是否有必要对"魔鬼鱼"的使用保密。弗莱迪·马丁内斯和马特·陶匹克对此持怀疑态度。

一方面，马丁内斯和陶匹克对如何部署"魔鬼鱼"，尤其是警察是否在监视和平、合法抗议者存有疑虑。芝加哥警察局在使用"魔鬼鱼"方面曾经有一段糟糕的历史。几十年来，它的"红色小队"——来自一位相当保守的法官的话——"监视、渗透和骚扰各种各样的政治团体"，其中包括那些"不仅合法……而且无害"的团体。马丁内斯和陶匹克都担心芝加哥警察局利用"魔鬼鱼"技术建立抗议者的数据库。"我们只是不知道，"陶匹克说，"他们未透露任何信息。"[14]

即使"魔鬼鱼"只用于完全合法的刑事案件，马丁内斯和陶匹克也有足够的理由怀疑警方没有对法官说实话。政府的大部分电子监控都需要法院给予某种授权——有时甚至需要搜查令。从哈里斯公司合同中的保密条款和联邦调查局的保密协议来看，警方是否准确地向法官解释了他们想要做什么了吗？在北卡罗来纳州夏洛特市，当地媒体通过《信息自由法案》的规定获得了一些文件后，法官们得知问题的答案是否定的。事实证明，夏洛特-梅克伦堡警察局自2006年起就开始使用"魔鬼鱼"，但是2010年前，警方一直都懒得到法院申请授权。其后，当他们去法院时——2010年到2014年之间——他们并没有向法官坦白自己的所作所为。法庭记录显示，超过500起案件可能都使用了"魔鬼鱼"，但执法部门一直没有明确表态。（据《夏洛特观察家报》报道，自从这一切公之于众以来，夏洛特-梅克伦堡警察局已经"修改"了它的档案——这是夏洛特-梅克伦堡警察局的原话——"提高了程序的有效性，提供了更大的透明度。"）[15]

保守秘密已经影响了刑事案件的判决,还有可能推翻原先的判决结果。如果法官由于信息有误而下达命令,或者人们在没有任何法庭命令的情况下受到违反宪法的监视,那么警方发现的任何证据最终在审判时都不能采用。夏洛特的检察官不得不仔细检查那 500 起案件的文件,以确保没有导致判决撤销的内容。"那是我们热切的希望,"代理地方检察官说。华盛顿塔科马的检察官也面临类似的困境。[16]

同样,很明显,由于保密的需求,一些被告可以逍遥法外,轻易逃脱惩罚。根据保密协议,联邦调查局有权迫使地方检察官撤销案件,而不需披露使用"魔鬼鱼"的证据。联邦调查局声称从未如此行事,但证据表明,根据所签署的保密协议,一些案件已经被撤销,或者被告得到了宽大处理。在佛罗里达州的塔拉哈西,两名携带 BB 型气枪的男子偷走了一部手机和价值 130 美元的大麻。他们很快就被逮捕了。当被告的辩护律师询问警方怎么会这么快就抓住了他们的当事人时,本案的目击证人——一位叫科尔比特的警官——说他们订购了一个数据库,通过这个数据库找到的。不可能,律师指出,这是一种预付费的"一次性"手机。压力之下,科尔比特承认:"我们确实有特殊的设备,在必要的时候确定手机所处的方位。"当被进一步追问时,他拒绝回答,"因为与联邦调查局签有保密协议"。案件结果:一项至少需要入狱 4 年的罪行,最终只判了 6 个月缓刑。[17]

此外,人们对执法部门已经失去信任。马特·陶匹克谈到这种虚假保密时表示:"执法部门经常以'怀疑'为名收集信息,却以'保密'为借口回避事实,这种做法损害了他们的信誉。"法官们已经勃然大怒。在巴尔的摩——2007 年到 2015 年间,记录显示"魔鬼鱼"的使用超过 4000 次——一名法官警告警方,如果他们不详细说明追踪手机的方法,将被认定为藐视法庭。检察官即使没有证据,也选择认定警方藐视法庭。从那以后,马里兰州受理上诉的法院裁定,警方必须有合理理由和搜查令才能使用"魔鬼鱼"追踪手机。在塔拉哈西一案中,辩护律师不顾保密协议的干扰,把该装置呈上了法庭。辩论时,政府认为它不应该受佛罗里达州公开记录法令的约束。法官弗兰克·谢菲尔德在法庭上质问道:"执法部门有什么权力像国家安全局一样,躲在规则背后,偷听并窃取人们的信息?"[18]

但是,所有这一切的背后,是更根本的、已岌岌可危的民主治理本身。我们如何管理尚未了解的东西？佛罗里达州斯泰森法学院前院长布鲁斯·雅各布森在看到一份保密协议副本时说："这使我想起了发生在极权主义国家的情况：你不知道到底发生了什么。"美国公民自由联盟在纽约州伊利县提起的一宗《信息自由法案》诉讼中，法官提到了撤销刑事起诉的秘密协议，当时联邦调查局耸耸肩，说："如果那指令不会影响公众，那么什么指令都不可能影响公众。"[19]

关心民主问责，而非其他，推动着马丁内斯和陶匹克奋勇直前。事实证明，芝加哥从 2005 年就开始使用"魔鬼鱼"。马丁内斯担心，等我们开始讨论这个问题的时候，它已经是既成事实了。"我们应该十年前就讨论这个问题。"陶匹克坚持，即使使用魔鬼鱼是符合宪法的，"我反对不经讨论就使用它的想法"。[20]

就像魔鬼鱼可以在执法中发挥真正的作用一样，"保密"在执法中也占有一席之地。那些致力于保护我们安全的人，在某些情况下，只需要我们的信任。让他们去做他们的工作。正如马特·陶匹克所说，问题是它的界限在哪里。

早期警察执法

执法部门需要多少自治权？由于早期混乱的警察执法历史，看起来实际情况似乎更加棘手。我们养成了一个坏习惯，给予执法部门太多的空间，远远大于它所需要的。

在管理警察方面，宪法远远没有发挥其作用，这在很大程度上是因为起草宪法的时候，没有人预料到我们今天能够拥有如此庞大的警察组织。制宪者们所面临的"警察执法"问题——其中一些严重到足以引发美国革命，致使宪法《第四修正案》的通过——主要是关于税收和税收征缴。

早期的美国人不愿接受警察执法：18 世纪的执法部门充其量不过是治安官、巡警和夜间警卫这些组织松散的力量。他们常常因缺乏最基本的支持而无法完成工作，这一点在奥尔巴尼倒霉的治安官赫尔曼努斯·斯凯勒身上得到了印证。法庭因斯凯勒未能逮捕两名擅闯民宅者而对其处以 20 英镑的罚款，尽管斯凯勒一直试图解释这些人非常危险。法庭记录显示，就在斯凯勒被罚款的当天，其中一名擅闯民宅的男子因"袭击和伤害奥尔巴尼的治安官赫尔曼努斯·斯凯勒"而被通缉，这证明了斯凯勒所说的"他们非常危险"（那时可怜的斯凯勒也接到上级命令去逮捕犯罪嫌疑人）。守夜人——在某些司法管辖区是可以通过花钱买到的职位——成了许多人的笑柄。《纽约公报》1757年将守夜人称为"一帮整天无所事事、醉醺醺、昏昏欲睡者，他们一生中从未平息过任何夜间的骚乱……"半个世纪后，《路易斯安那公报》在谈到守夜人说："这就像用狼来看守羊群一样。"[21]

然而到了19世纪中期，因为"公民混乱"——或者对其有所了解——美国人克服了对"绝对的警察专制"的担忧。于是，正如1833年的一份报告所解释的那样，开始"有必要"在每个大城市里建立一支力量，"在每个大城市里……一些聪明且富有经验的人在时间上加大投入，利用各种技能追踪、抓捕……强盗、入室行窃者、扒手和其他重刑犯。"1829年，在罗伯特·皮尔爵士（因此得名"伯比斯"）指导下成立的伦敦警察部队就是这种模式——美国大致照搬了这种模式。[22]

然而，这些早期的警察队伍，并不比守夜人好到哪里去。警察分发制服、警棍、手铐和哨子，到街头巡逻，制止违法犯罪。（后来发了枪）他们的工资很低，所以如果他们借机溜出去喝一杯或打个盹也是可以理解的。1895年，西奥多·罗斯福是纽约警察局长，他走上街道视察队伍，惊讶地发现下属们"在餐馆里睡着了，或者离开了岗位"。一天深夜，罗斯福甚至发现一名警察"睡在人行道中央的一个黄油桶里，他的鼾声大得街对面都能听见"。[23]

19世纪的警察既无能又暴戾恣睢。费城的第一位市警察局长上任仅一年就不得不解雇三分之一的警力，认为自己的队伍"毫无价值，整日醉醺醺的，完全无法胜任自己的工作"。将近25年之后，1872年《费城纪事》的一篇文章生动描画了当时的警察："一群男人，仅仅因为一时心血来潮，或遭到轻微的抵抗，或由于一时的怒气，就拔出手枪，寻衅滋事，把一件无关紧要的小事闹得甚嚣尘上，沸沸扬扬。"[24]

不负责任的种子

一群乌合之众如何演变成今天独立、神秘、军事素质过硬的队伍，大约一百年前就已注定了。激发警察治理的导火索是腐败，因决疣溃痈，民怨沸腾，最终无法再被忽视——腐败威胁着民主治理。

1875年5月24日，探长亚历山大·S·"挥棒手"·威廉姆斯从纽约警察局退休。1917 年 3 月 25 日，去世。《纽约时报》对这两件事进行了长篇报道，因为威廉姆斯探长不是一名普通的警官。[25]

威廉姆斯的绰号来自他的巡逻工作以及"在公众集会上行动积极"。他曾说过一句流传甚广的话："警棍比最高法院的判决更能维护法律的尊严。"他被分配在纽约最难管理的辖区之一；执勤的第一天，他就把辖区内两个最大的麻烦制造者从平板玻璃窗扔出去。他不喜欢"击球手"这个绰号——他曾被叫过亚历克斯，也很喜欢"沙皇的里脊肉"，讣告里也这么叫他——但是，当被市长叫"挥棒手"时，他也为自己辩护："问问市长，哪一个我拿棒子打过的人不是罪有应得？他知道他找不出一个来。"[26]

然而，当威廉姆斯从警队退役时，他并不是自愿的。他职业生涯的结束并不是因为警棍，而是因为"索取"。威廉姆斯退休的时候——只拿一半的退休金，每年只有 1750 美元——是一个富有的人，他的净资产远远超过了他微薄的工资。他的财产包括康涅狄格州的一处房产，一艘私人游艇。负责调查纽约罪恶和腐败的莱克委员会问他是如何得到这一切的时候，他只回答说："我在日本买了房地产，现在它增值了。"[27]

威廉姆斯加入莱克委员会的道路是崎岖的，但如果这条路是由一个人铺成的，那么这个人就是查尔斯·亨利·帕克赫斯特牧师。帕克赫斯特是预防犯罪协会的会长，这是一群匡扶正义的纽约市民，对社会中日益增长的丑陋恶习感到震惊。起初，帕克赫斯特认为警方没有尽责，希望公众能纠正这一问题。但后来，"我开始明白"，警察"保护犯罪行为，培养罪犯，并从中牟利"。腐败一直蔓延到高层。在一次布道中，帕克赫斯特称市长和他的工作人员是"一群满口谎言、弄虚作假、酒气熏天、骄奢淫逸的堕落鬼"。人们不断累积的怒火（尤其是共和党人的愤怒情绪）促成了奥尔巴尼一项法案的通过。得益于这项法案，以及从私人来源募集的资金，最终莱克委员会被委以重任。[28]

莱克委员会运行之初就发现了严重的暴力事件和贪污现象，令人瞠目结舌。近一万页的笔录详细记录了警方已成体系的"敲诈、勒索和腐败"行为。市民经常受到警察及其同伙的虐待、殴打和监禁，甚至因他们的假证词而被定罪。所有的事情，从警察的工作，到开妓院，再到诚实的商人支付的"保护费"，都有价钱，而且明码标价。被偷的财产以一定的价格"寻回",用以补偿当铺老板和警察。妓院的老板们想打烊也不可以,只能继续开门营业以满足警察的狮子大开口。[29]

但莱克委员会发现的另一件事情立刻引起了公众的关注:选举舞弊盛行。"纽约市的大部分选区,"莱克委员会宣称,"几乎所有针对选举权的犯罪要么是警方所为,要么由警方首肯允许,总是为占主导地位的纽约市的民主党组织谋取利益,这个组织通常被称为坦慕尼协会。"[30]

事实证明,纽约是一个城市机器和警察力量勾结的地方,污秽不堪。警察购买工作,作为政治恩惠,他们被安置在警局里。然后,他们从市民处搜刮钱财,贿赂上级,反哺城市政治机器。[31]

警察过度依赖民选领导人在全国各地司空见惯,但这与坦慕尼的渎职行为无法相比。在一个腐败滋生的地方,政治领袖和警察之间的联系仍然是产生严重问题的根源。奥古斯特·沃尔默,加利福尼亚州伯克利的第一任警察局长,是他那个时代最伟大的警察改革人物之一。在 1917 年的一份报告中,他谴责了那个"不文明、无知、野蛮和贪污的时代",指出在那个时代"任命警察的唯一条件是政治影响力和野蛮暴力"。[32]

"专业化"与自治

如果问题出在警察腐败、不文明、与政客关系太密切上,那么解决问题的答案很明显:把他们与政治隔离。警队自治,或"专业化",这一点非常重要。专业警察不受政治的控制,这种独立性是警察执法的基本条件,但事实证明——尽管自那以后进行了许多改革——警察执法很难摆脱政治的影响。直到今天,这也是我们不愿管理和约束警察的部分原因。同时,这也是我们缺少民主的警察执法的原因之一。[33]

对于像沃尔默这样的改革者,以及他的学生 O. W. 威尔逊(曾当过如芝加哥警队等几支主要警队的主官)来说,警察专业化是"科学"和"高效"的警察执法。我们今天所熟悉的许多事物都起源于 20 世纪初。警方正式开始保存犯罪记录,如开始保存并坚持至今的犯罪统计报告。建立犯罪实验室,普及法医技术,如今天广泛使用的指纹技术。警察的雇用标准——以及他们一旦上岗后的培训——

正在提高。[34]

即使这种新的"专业"模式是正确的，实现它也不容易。直到1931年，通常以其主席、总检察长名字命名的威克沙姆委员会，即国家执法与守法委员会发现，腐败现象在禁酒时期的警察执法中普遍存在。警方经常采用"三度手段"——通过类似酷刑的手段来逼供。在纽约，威克沙姆委员会从一些正义人士处了解到了一些关于"固定"指控、"勒索式逮捕"，以及一支处于坦慕尼协会控制下的警队的报道。[35]

与美国南部或西部等乡村地区相比，城市实际上是专业警察执法的绿洲。在南部或西部地区，治安员的执法方式令人厌恶，特别是对待非裔美国人的时候。1936年，在布朗诉密西西比案中，最高法院推翻了一项州控谋杀罪名，这在当时可谓是非同凡响的一步。此案中，一名被告曾两次被吊在树上，而他和其他人的后背则被鞭打得血肉模糊，只有供认罪行才能逃脱进一步的惩罚。1946年，艾萨克·伍达德从战场上归来，因为对白人公交司机不够尊重，双眼被南卡罗来纳州的执法人员打瞎了，从而成为新生民权运动的战斗号角。[36]

尽管如此，警方还是不断地做出了改变。可能用"专业化"这个词形容警方还不太合适，因为它让人联想到那些在没有监督的情况下完成工作的训练有素的人。事实上，警察机构是按照军事路线组织起来的等级森严的官僚机构。命令自上而下逐级传达。但是，随着与时俱进的机构革新，如公务员制度，警察逐渐摆脱了党派政治的束缚。可以依据以前的类似于奖励或者功绩雇用警官。当证实两党联合组成的警察委员会在管理这支队伍时不是一个明智的选择时，警察局长们就被赋予了更大的自治权。[37]

日渐月染，这些系统科学的、教育良好的、做事高效的——专业的——警察从其他责任中解放出来，专注于打击犯罪。19世纪末20世纪初，警察不仅要对付罪犯，还要帮助被工业化社会所抛弃的人。他们提供各种社会服务，甚至为无家可归者提供住房。但是，当国家面临真实的、人为制造的犯罪浪潮时——没有什么比充斥着枪支的禁酒狂欢更扣人心弦的了——整个社会开始接受这样的观点：警察的职责就是追捕坏人。[38]

到了20世纪50年代，如果说有什么标志性的图像能反映改革时期的警察执法,那就是配有双向无线电的锃亮的警车。在社区步行巡逻的警察已被视为过时。机动车巡逻的警察从社区和社会问题中解放出来,对违法犯罪做出更快速的反应,迅速逮捕违法犯罪分子。无线电技术能够保证总部对行动的全面控制,保证接到电话能够派遣附近警员迅速出警。现在,执法是否成功可以通过出警时间和犯罪率的统计数据进行衡量。[39]

专业化的失败

然而一切都变了,每况愈下。

警察执法专业化在动荡的 60 年代完全崩溃了。1963 年到 1968 年,几个"漫长而炎热的夏季",美国的贫民区被暴乱点燃。克纳委员会——由林登·约翰逊总统负责,对所发生的事情进行评估——提出了一个尖锐的问题:它发现"警察和贫民社区之间深深的敌意是造成混乱的主要原因"。警察"不仅仅是星星之火":"警察和……少数群体之间不断的摩擦一直是容易引起双方互相不满、造成紧张局势、最终导致混乱的主要根源。"[40]

美国大学校园的情况也好不到哪里去;面对学生的抗议,警察对知识分子和当权派的孩子们进行了猛烈的打击。新保守主义学者描述了如何"多亏纽约市警察局,大部分哥伦比亚大学校园成为激进派的领地",因为警察"已经失控","不仅对付抗议者,对那些无辜的旁观者或教职员工也毫不手软"。[41]

事实证明,"自治"的问题在于,它让警察可以自由地做出自己的决定,而其中许多决定几乎算不上"专业"。这一点由电视转播的引起全国关注的一系列骚乱画面表现得很明显。观众看到南方的伯明翰和塞尔玛的警察用消防水龙头、鞭子和恶犬攻击和平抗议者,无论他们是大人还是小孩。1968 年的民主党大会上,芝加哥警方——O. W. 威尔逊口中的"专业化"警方——使用梅斯毒气和"没有任何控制的警察暴力,不加区分地"攻击人们,尤其是记者和摄影师,这些人"并没有犯法,而且遵守秩序,毫无威胁"。一份官方报告决定"称其为警察发起的暴乱"。[42]

最终,犯罪统计数据成为成功的衡量标准后,警方却未能以自己的标准来衡量自己:犯罪率上升到了令公众警醒的水平。对犯罪的恐惧似乎比犯罪率上升的速度还要快;这个话题牢牢地抓住了整个国家,成为 1968 年总统选举的两个决定性问题之一(另一个问题是越南战争)。[43]

因此,人们开始寻找一种新的模式,了解警察执法、正确实施警察执法的其他方式。

社区警务

在混乱的 20 世纪 60 年代中期,由于"意识到国内犯罪问题的严重性以及人们对此的忽视",约翰逊总统指派了另一个一流委员会——犯罪委员会——调查混乱原因并提出建议。犯罪委员会的报告《自由社会中犯罪活动的挑战》(*The Challenge of Crime in a Free Society*)揭示了专业化过程和改革过程中出现的弊端。[44]

警察的不当行为导致了公众对警察信任的缺失。犯罪委员会解释说:"除非公众比现在更充分地参与执法,否则警察机构无法维持公众的和平生活、控制犯罪行为。"然而,"太多人不信任警察",尤其是经常与警察打交道的男孩和年轻男人更是如此。因此,"在这些社区,公民不举报犯罪或拒绝配合调查是很常见的"。犯罪委员会和克纳委员会同时说明了公众不信任警察的原因,"委员会观察员在犯罪率高的社区……看到警察对市民有明显的身体虐待","他们也听到了谩骂","看到了不同程度的人身骚扰"。[45]

委员会坚持认为,既然伤口必须愈合,那么警察和社区必须学会合作。虽然委员会很清楚,"市民对警察的敌意就如同对和平的破坏、对秩序的颠覆……警察对市民的冷漠或不公平待遇也是如此","主动作为的责任显然应该由警察承担",因为他们都是有组织、有纪律的,同时也因为他们是公务员,曾宣誓保护社区的每个角落。委员会建议,特别是在少数族裔社区,建立社区关系"机制"。它还表示,应该成立一个"广泛代表社区的""公民咨询委员会",以"解决警察和社区之间的冲突问题"。"这是一项紧迫的任务,"委员们坚持道。[46]

警察执法并没有出现太多变化。直到 20 世纪 80 年代末,一些进步人士开始接受"社区警务"的理念。休斯敦警察局长李·P·布朗——第一位担任一线城市警察局局长的非裔美国人——在 1989 年的一份宣言中阐述了这一切,彻底抛弃了早先的职业主义运动所主张的一切。那些在大城市里,由管理中心控制的呜呜作响、响应紧急呼叫的警车,最终变成了难题,而不是解决方案。警官们需要做的是从车上走下来,在辖区巡逻,与当地社区保持联系,而不是花费大量时间走街转巷,东奔西跑。应该"鼓励他们发挥创造力,对社区问题主动回应"。警队应该"认识到社区参与的价值",应该分散权力,由此警察就可以"与居民进行日常互动,并让他们时刻了解社区情况"。布朗还主张"权力共享",意思是"允许社区参与决策过程"。[47]

当比尔·克林顿总统在1994年的国情咨文中承诺要让10万名新警走上街头时,社区警务前景光明,迎来了随后的蓬勃发展。同年晚些时候,面向社区警察服务办公室在司法部成立。在接下来的6年里,州县政府获得了近90亿美元的拨款,用以支持社区警务工作。到1999年,美国司法统计局的报告显示,足有四分之一的警察是"社区警察"或与此类似的警察。[48]

镇上来了一位新警长,讲的正是警察与社区之间的良好合作关系。也许代表人民和警察之间隔阂的那面墙就要倒了。

社区警务的失败

早在克林顿将全国的注意力和资源集中在社区警务上之前,批评者就迫不及待地对这一理念提出了质疑。脾气暴躁的曼哈顿地方检察官罗伯特·M·摩根索给人们对警方新方向的乐观情绪泼了一盆冷水。某种程度上,"社区警务……让人回想起某位警官分配到一个固定区域的宁静岁月,所以他熟悉这个地方的居民,了解他们的问题",然后,他于1990年在《纽约时报》的专栏上发表了一篇文章——《"明智的执法官员"都不会反对》。像这样的改革"早就该进行了"。[49]

但摩根索认为,社区警务对警察的要求过高,超出了政府事先的准备,无法培训他们获得足够的能力。新的巡警将是一名市政监察员——是联系其他市政服务机构的渠道,是社区自我管理的催化剂。摩根索宣称:"对这项了不起的任务,没有人会真的相信在警察学院待上5个月就能得到足够的训练。"[50]

摩根索并不是唯一一个持怀疑态度的人。正如许多观察人士指出的那样,社区警务就像形容美人一样,仁者见仁,智者见智。各种各样的描述,有"各种未整合的项目的大杂烩,缺乏主要目标或主题",只是"一个流行词",因为"与它相关的各种活动似乎没有什么共同点"。社区警务计划无固定模式，无所不包，以至于甚至雇佣特警队也位列其中。[51]

可以肯定的是，各种活动络绎不绝，有些活动令人期待，也卓有成效。如此多的联邦资金被投来投去，人们当然希望如此。社区警务的一个方面，也许是最突出的一个方面，强调解决问题，警方将与社区合作，解决根本问题。例如，科罗拉多州斯普林斯警察局因被起诉而停止逮捕无家可归的营地居民后，它的一个部门取消了这些营地，设法通过社会服务网络来帮助重新安置这些居民。2010年，社区成员之间卓有成效的合作减少了洛杉矶帮派之间的暴力斗争。警察开始组建竞技联盟；像"邻里守望"这样的许多项目成为国内警务的固有特征。[52]

但社区治安也有其阴暗面，即所谓的"维持秩序"警务。1982年3月《大西洋月刊》发表了一篇改变游戏规则的文章，题为《破碎的窗户》（*Broken Windows*），作者乔治·克林和詹姆斯·Q·威尔逊认为，对于混乱的秩序不能放任，不能不闻不问，因为它会滋生更多的混乱。"如果大楼里的一扇窗户坏了，而不加以修理，剩下的其他窗户很快就会被打破。"然后，混乱秩序滋生了对犯罪的恐惧，这反过来创造了一个使犯罪行为欣欣向荣的环境——"许多居民会认为犯罪，尤其是暴力犯罪，正在增多，他们会相应地改变自己的行为。他们将减少在街上行走的次数，当在街上行走时，他们将与同伴保持距离，不与人对视，嘴巴紧闭，脚步匆忙。"答案是，无序社会一出现，我们就去追随它。[53]

在实际应用中，激进的、维持秩序的警察执法只会恶化警察与社区的关系。在纽约市，鲁迪·朱利安尼市长把这个问题摆到了桌面，他不仅严厉打击跨跳旋转栅门和抢擦汽车挡风玻璃的人，还经常拦截搜身当地居民。在全国各地，类似的措施"破坏了刑事司法系统的合法性"，并在急需警方帮助的社区中进一步滋生了对警察的敌意。乔治·梅森以证据为基础的犯罪中心的政策解释，不仅要通过严肃认真的辩论搞清楚维持秩序的警察执法是否能够减少犯罪，"还有观点认为，破窗警察执法的所有有效性监管……可能会以牺牲公民满意度、损害公民对警方合法性的认知为代价。"[54]

李·布朗及其他人提倡的社区警务，呼吁深刻的哲学变革，但大多数警察队伍根本不买账。韦斯利·斯科根是芝加哥人，长期研究警察执法工作。2008年，他写了一篇题为《改革为何失败》的文章，哀叹社区警察抱负的消亡。"警察，"他写下了与其他人类似的结论，"对平民发明的计划持怀疑态度。"他将此归结为"警察文化"："美国的警务被'我们与他们'或'局内人与局外人'的导向所主导，这种导向假定制定警务计划的学者、政治家和社区活跃人士不可能理解他们的工作。"简而言之，"他们不喜欢平民影响他们的行动优先次序，或者决定他们的行动是否有效。"[55]

因此，20世纪60年代，警察和警察社区之间的信任缺失造成许多麻烦。2014年夏天，这种互不信任再次引发恶性事件，即密苏里州弗格森的迈克尔·布朗被枪杀事件。面对一个接一个的"警官卷入"的枪击事件，全国各地骚乱和抗议，不信任是显而易见的。这个国家不能再忽视这样一个事实：警察仍然保持着"我们对他们"的观点，远离社区，即使不总是专业的，也是自主的，也不怎么欢迎他人的干预或批评。

因此，紧随着这次国内秩序混乱，又有一位总统任命了另一个委员会——21世纪警务特别工作组——来提出更多的建议。"鉴于问题的紧迫性，"巴拉克·奥巴马说（或许无意中呼应了林登·约翰逊的观点），该组织将在90天内报告以后应该如何做。这些建议很有说服力。由于警方与他们管辖的社区之间仍然严重缺乏相互信任，特别工作组呼吁执法部门"培育一种透明和问责的文化制度，以便建立双方信任，既合情又合法"。报告强调说，如果执法部门被看作是来自外部的势力，对社区实施控制，就无法取得社区信任。[56]

为保密而保密

问题是，如果没有透明度，就永远不会有信任和责任追究。不这么想的人都是在做白日梦。如果人们认为警察有所隐瞒，就不再会信任他们。除非人们知道执法部门在做什么，否则无法进行城市治理。如果人们想要对警察的工作有发言权，警察工作的透明度是至关重要的。

然而，尽管这是一个基本的事实，在某种程度上，今天的警察执法仍然笼罩在难以理解的秘密之中。

2012年早些时候，洛杉矶县治安官部门使用一架飞机飞过加利福尼亚州康普顿市 10 平方英里的上空,用高分辨率相机记录了下方整个城市发生的一切。整整九天,这架飞机拍摄的视频如此清晰,以至于警察可以看到车祸现场、抢夺项链案,以及其他很多事情。居民们并不知情;甚至市长也被蒙在鼓里。当监控被公之于众时,洛杉矶警察局的一名警官告诉记者:"这个系统对公众来说是保密的。很多人对'天空之眼',也就是'老大哥',抱有疑虑,所以为了减少这些抱怨,我们基本上都是保密的。"[57]

类似的声明——人们会不高兴,所以我们保密——如果有任何其他政府官员说同样的话,会让人瞠目结舌。康纳斯多夫在《大西洋月刊》上发表文章称:"这种态度应该让一名公职人员立即被解雇。"设想一下,学校董事会的领导说:"我们决定把最好的老师送到一所我们认为对孩子最有好处的学校,但我们知道这会给人们带来麻烦,所以我们保持沉默。"[58]

这不仅仅是秘密;这是对公众的推诿,彻头彻尾的谎言。警察们在法庭听证会上对事实遮遮掩掩,以至于有了一个口语化的名字——"作证"。1987 年芝加哥的一项研究发现,76％的警察说他们经常"歪曲事实"来确定合理理由;1992 年对同一城市的法官和律师进行的一项调查估计,在排除证据的案件中,警察直接作伪证的情况占 20％。这是合理的,因为如果警察在法庭上实话实说的话,坏人就会逍遥法外。(一名警察称这样的谎言为"上帝的工作"。)纽约 1994 年的莫伦委员会称警察作伪证"可能是刑事司法系统中最常见的警察腐败形式"。但是同样的歪曲事实也出现在政府高层——比如总统在没有授权的情况下窃听美国人的海外电话的问题上欺骗了国家,或者国家情报系统负责人在收集大量数据的问题上欺骗了国会。[59]

不仅仅是警察变坏了;这是一种文化。当警界出现问题时,"蓝色沉默之墙"就会竖起来,家丑不可外扬。2010 年 9 月,一名联邦法官判决一名被缉毒局特工殴打的受害者获得 83 万美元的赔偿。她特别强调要报警,要求警方处理堪萨斯城警探马克斯·赛弗特,赛弗特努力掩盖这起事件。赛弗特随后被开除出警队,失去了部分退休福利。法官称赛弗特的遭遇是"可耻的",称他"受到排挤、听信流言蜚语……被视为贱民"。芝加哥的一个联邦大陪审团在一桩案件中也采用了类似的"沉默准则",案件涉及一名醉酒的下班警察殴打一名女酒吧侍者,因为她拒绝为其上更多的酒。一名报道此案的当地记者描述了"警察亚文化的弱点":"蓝幕,警察之间的一种理解,他们应该无条件地互相掩护,而对一名警察同伴的指证相当于背叛了他们之间的团结。"当司法部调查新泽西州收费公路沿线的种族形象定性时,新泽西州警方努力不让联邦调查人员知道这些数据。[60]

但是,把那些真正丑陋的东西放在一边,告知公众关于执法的最基本的信息,对健全执法监督至关重要,但这些经常不被公众所知晓。21世纪警务特别工作组谴责道,即便是有关使用武力的数据也少得可怜。当人们无法了解枪支的使用频率,无从知晓多少枪击数据时,又怎么能指望他们去信任警方呢?《卫报》和《华盛顿邮报》的报道让政府蒙羞,他们原可以在收集信息方面做得更好。当原告要求纽约一家法院移交纽约警察局拦截盘查数据时,纽约警察局表示反对,称这将"泄露有关具体警察执法的信息,比如地点、拦截的频率和模式"。美国公民自由联盟对全国范围内特警队的使用情况进行了分析;被联系的警察机构中超过一半拒绝回答。根据加州大学洛杉矶分校的一位法学教授所说,她在进行一项重要的、有关警察如果因为不当行为而被追究责任,他们会被追究到何种程度的研究时——毕竟,如果没有人付钱,如何能够建立一个问责制度呢——她对拒绝提供数据或拒绝解释地方政策感到震惊。[61]

这一切是对正常状态的公共事务处理的一种颠覆,如果是正常状态的公共事务处理,政府官员需要向其服务的公众汇报他们的工作。著名的法律哲学家杰里米·沃尔德伦直言不讳地指出:"在一个民主国家,负责任的人民代理人应该向人民交代自己的所作所为,而拒绝交代是一种纯粹的傲慢无礼。"[62]

20世纪60年代,美国著名的行政管理学者肯尼斯·卡尔普·戴维斯对芝加哥警察局进行了深入研究。他的结论是,芝加哥警察局的高层官员未能理解"他们不是私营企业的所有者"。

他们为公众服务。在民主制度下,公众成员——选民——是他们的老板。老板有权知道发生了什么。[63]

现在应该清楚的是,事物变化越多,它们就越保持不变。重新回到"魔鬼鱼"的话题,弗莱迪·马丁内斯和马特·陶匹克会说,肯尼斯·卡尔普·戴维斯的观察是一个持续存在的问题。他们是对的。2015年8月,《华尔街日报》报道称,执法部门正在使用名为"猎狼犬"（Wolf-hounds）和"颈静脉"（Jugulars）的新设备，它们比"魔鬼鱼"便宜，但功能基本相同。鉴于"猎狼犬"和"魔鬼鱼"在技术上存在差异，执法部门似乎认为，在部署这些设备之前不需要进行司法审查。他们也没有在公开场合说太多。巴尔的摩警察局发言人表示："我们不能透露任何与使用这种设备相关的法律要求。如果这样做了，可能会暴露我们使用它的方法，进而影响它为公共安全方面所起的作用。"这话是不是听起来很耳熟？[64]

划出界线

警方一直承诺他们早就承诺过的会公开对"魔鬼鱼"的做法——现在又轮到了"猎狼犬"。他们不能回答问题，因为公开场合的解释会使罪犯能够熟练地逃避警察的侦查。[65]他们解释说，警察执法就像一场猫捉老鼠的游戏，猫越来越聪明，老鼠随之适应。警方对调查策略保密的时间越长，他们保持优势的时间就越长。

很公平——至少有时是这样。但重要的是我们绝对不是老鼠，没有必要保守的秘密应该对我们公开。这就是为什么划出可行的界限很重要。

在现实中，对保密的需求并没有看上去那么迫切。当许多警察为了逃脱眼前的监管而违反规章制度——从部署特警的规范，到如何获得搜查许可，到是否使用"魔鬼鱼"，没有什么合情合理的理由可以把公众蒙在鼓里。

关键是，我们应该区分出警务管理政策和行动细节之间的不同。行动细节——无论是关于具体调查的细节，还是调查技术的细节，如果被披露，将会提高犯罪分子反侦查的能力——都是不应该被披露的事情。警察不应该公开他们安装窃听装置的位置，也不应该公开他们秘密行动的细节。在警察局网站上公布处理枪击事件的程序并不是我们所期望的或想看到的。但是，那些管理策略究竟是否会被使用——当然，在不损害执法实施的前提下，这些策略必须公开或进行公开辩论[66]。

例如"魔鬼鱼"。可能有一些行动方面内容需要保密。（如果整个事件都不保密，就会更容易有这种感觉。）但是公众肯定有权利——有责任——参与回答问题，如将来他们究竟是否会使用（一些司法或执法机构，通过法院裁定或者执法规范，未经授权禁止"魔鬼鱼"的使用），是否可能使用其对抗议者进行资料收集，数据会存储在哪里,谁可能读取数据,警察是否需要授权,或什么时候需要授权使用"魔鬼鱼"。[67]

最重要的是,在保密和公开秘密之间有一条清晰的界限,这条界限永远不能被跨越,那就是如康普顿警察提出的论点:如果我们告诉人们我们要做什么,人们会很生气,也许会让我们停下来,所以我们没有告诉他们。如果人们知道警察在做什么,他们就会阻止他们这样做,这样人们就不会知道,这永远不应该是一个可以接受的论点。

这正是马特·陶匹克和弗莱迪·马丁内斯所认为的"魔鬼鱼"之战的意义所在。马丁内斯对保密行为是为了揭发坏人的说法嗤之以鼻。"这不是技术问题,每个人都知道技术,窃听电话,久经考验的真实技术都是公开的……但它们是非法的,人们可以说不。"话题一致:"这是空洞的,编造的理由,督促人们远离,可能会导致它的使用减少。""如果我们让人们知道我们在做什么,人们会和我们争论,然后他们可能会限制我们使用它,危及我们的国家安全。""但是,"他说,"这不应该是我们在一个民主国家做事的方式。"[68]

从2014年6月开始,参议员帕特里克·莱希和查尔斯·格拉斯利——参议院司法委员会的高级成员——开始向司法部长询问"魔鬼鱼"的情况。这两位民主党和共和党的主要领导人经常意见相左,但是在增加"魔鬼鱼"政策的透明度上,他们意见一致,不谋而合。[69]

自此以后,美国联邦调查局的态度逐渐转变。首先,它声明保密协议"不应被理解为阻止执法人员可以向法院或检察官承认使用了这种技术"。既然如此,就不要在意保密协议读起来完全是相反的意思了。随后是全面的政策评估。最后,司法部宣布,从今以后,联邦调查局在使用"魔鬼鱼"之前需要获得法庭授权(人们只能猜测像芝加哥这样的城市,当地警方在做什么)。[70]

类似情景不断发生,周而复始。当公众要求增加透明度和信息公开时,政策就会改变。民主国家理应如此。只有信息的公开透明,才能建立政府与公众之间的相互信任。也只有信息的公开透明,政府才能克己奉公,尽职尽责。

即使对警方的限制有损社会的安全稳定是千真万确的,人们仍然相信警方把公民的最大利益放在首位。警方认为他们的工作至关重要、不可或缺,这点也许毋庸置疑。但民主意味着需要公民自己做出这些决定，即使是陈词滥调、乏善可陈的决定。

当然，增加信息透明度只是一切的开始。据此，可以明确政府官员——那些为我们工作的人——在做什么。但是无论如何增加信息透明度也无法让我们满载而归，除非我们获得信息后有所行动。我们应该如何行动是下一章的主题。

第二章　不立法的立法机构

　　警察执法之所以与众不同是因为政府垄断武力的使用、监督法律的执行。如果滥用这些可怕的力量，事情出了差错，后果可能是毁灭性的。考虑到警察执法可能导致的悲剧后果，至少可以说，很多的警察执法缺少明确的规章制度的规范约束，更不用说受到那些经过公众参与制定并审查的规章制度的制约了，这是令人非常不安的。发生这种严重的疏漏是有原因的：事实证明，要让执法者为警察执法制定规章制度非常困难。

突袭

　　2008 年 7 月下旬，马里兰州乔治王子县缉毒部查禁班的警员肖恩·斯卡拉塔收到一条消息，联邦快递包裹藏有近 30 磅的大麻被邮寄到伯温山庄一个地址，华盛顿城外的一个城郊社区里。[1]

　　由于包裹是通过联邦快递地面运送的，而不是隔夜的空运，斯卡拉塔有一些时间进行调查。他开车经过那个地址，是郊区街角一所整洁的砖房。他从车辆登记和消费者数据库记录中得知，房子的主人是崔尼蒂·汤姆斯克和沙伊·卡尔沃——崔尼蒂·汤姆斯克是包裹的收件人。斯卡拉塔已申请到搜查令，包裹一送到联邦快递就可以进行搜查。里面确实藏有毒品。[2]

　　因此，7 月 29 日，一支来自乔治王子县治安官办公室的特警队在汤姆斯克和卡尔沃的住所附近集结。行动计划让一名警员冒充联邦快递员递送包裹。一旦包裹被送进该住址，缉毒小组将获得另一张搜查令搜查该处房子。[3]

斯卡拉塔的同事、警长戴维·马蒂尼向特警队和缉毒组布置完行动计划后，假扮的快递员尝试投送包裹。应门的女人解释说，家里有几只凶猛的狗——它们已经跳到了纱门上——她要求快递员将包裹放在门廊上。包裹在门廊处大约放了15分钟，才有一个男人从屋里走出来，带着两只拴着狗绳的黑色拉布拉多寻回犬。[4]

马蒂尼从附近的一辆车上监视着这名男子在街上遛狗。马蒂尼认为这名男子的行为有些奇怪——他当时正在查看街上的几辆汽车——于是断定他正在"反监视"。马蒂尼和那个人四目相对，还挥了挥手打了招呼。遛完狗回来后，那个人捡起门廊上的包裹，进了房间。一旦包裹进入房间，法官就签发了进入该住所的搜查令。[5]

特警队全副武装，戴着黑色面罩、防护镜、凯夫拉头盔、防弹背心，手持冲击锤、防弹护盾、MP5和M16冲锋枪，以及口径为40的格洛克23自动手枪。警员小威尔伯特·亚伯勒带领一个五人小队绕到房子后面，这时厨房里的一位中年妇女发现了他们。队员们大叫着"治安官办公室"，并用冲锋枪指着她。通过窗户他们可以看到她明显受到了惊吓，像是在尖叫。[6]

亚伯勒认为，被那名女子看到使他们"陷入了危险"，于是决定带他的手下从前门进去。尽管搜查令要求警察必须敲门并给居民回答的时间，但队伍中两名"违规"警员直接用冲击锤把门撞开。一进门，他们就发现了那个女人，原来她是汤姆斯克的母亲乔治亚·波特（Georgia Porter），当时她正在厨房用一只煎锅做饭（她在做番茄酱）。他们用冲锋枪指着她，命令她趴在地上。吓瘫了的她没有按照指示去做，就被按倒在地上，戴上手铐，全身被搜查。[7]

其他人还没来得及赶到波特那里，狗就出现了，汪汪地叫着。队员们说，两只狗一边狂吠不止，一边龇着牙朝他们冲了过来。亚伯勒朝年龄大一些的那只狗佩顿开了两枪，打中佩顿的胸部，佩顿是根据传奇人物沃尔特·佩顿的名字命名的。佩顿抬头看了看警察，好像还要朝他们冲过来，警员爱德华·萨金朝佩顿头部开了一枪。蔡斯——那个年龄小一些的、更胆怯的拉布拉多犬——逃走了，显然吓坏了。[8]

当萨金在厨房看守波特时,蔡斯跑了回来。狗和萨金看到对方都感到很"震惊";那只狗立刻掉转尾巴跑掉了。然后萨金听到了更多的枪声——蔡斯也被击中了,很可能是在逃跑的时候。[9]

沙伊·卡尔沃正在楼上换正装,准备参加晚上的一个会议,被楼下发生的事情吓了一跳。听到警察说他们正在上楼,他大喊:"请不要开枪!"特警队命令卡尔沃双手高举倒退着走下楼梯——这可不是一件容易的事。然后卡尔沃也被按倒在地上,双手被塑料手铐绑在背后。当时他只穿了条拳击短裤。[10]

不久之后,崔尼蒂·汤姆斯克从马里兰州州政府的财政工作岗位上下班回来了。被告知刚才发生的一切——房子被袭击,丈夫和母亲被铐住,两只狗被射杀——她情绪激动,几乎快疯了。虽然她的名字出现在联邦快递包裹上,但她控制不住自己。[11]

卡尔沃和乔治亚·波特被绑了两小时,而缉毒小组则搜查整座房子,寻找毒品交易的证据。到处是他们踩踏的狗的血迹。卡尔沃被转移到厨房,一只狗的尸体就躺在他眼前。他要求斯卡拉塔把他的手铐解开,说他们是被陷害的;他家没有人对毒品负有责任。斯卡拉塔拒绝了。他认为卡尔沃坐在厨房的一堆刀子旁是一种危险——但奇怪的是,斯卡拉塔一直把他留在那里——因为他"情绪不稳定"。原因是,卡尔沃对他的狗被射杀表示愤怒。当动物管理部门把狗的尸体抬走时,卡尔沃哭了,并试图与警察讲道理。(另一方面,马蒂尼在证词中说,如果卡尔沃是无辜的,那么对于他的狗刚刚被射杀,他就太"冷静"了。)[12]

当缉毒队认为他们发现了一些东西时,他们欢呼雀跃,兴奋异常;结果却是68美元现金,装在一个标着"庭院旧货出售"的信封里。[13]

斯卡拉塔最后断定,这所房子里的人很有可能没有犯过什么罪。这并没有那么疯狂。包括萨金和马蒂尼在内的乔治王子县警察都很清楚,毒贩给无辜的人邮寄包裹——有时是假地址,有时是真地址——然后趁房主去拿包裹之前把包裹从门廊上抢走。[14]

于是警察拖着疲惫的脚步离开了,留下卡尔沃和汤姆斯克收拾他们乱糟糟的家和被打碎的生活。他们尽自己的最大努力收拾好房间,擦掉狗血,重新摆放了四处散落的物品。前门从铰链上被撞了下来；这对夫妇在楼下的一个充气床垫上过夜，担心会有毒贩来偷大麻。警察既不道歉也不提供任何帮助。[15]

几天后，斯卡拉塔逮捕了本应将包裹送到汤姆斯克-卡尔沃住所的联邦快递司机——实际上是其中的两个人——他们在两个不同的毒品交易中运送了超过400磅的大麻。两人都没有被起诉；因为他们"配合"警察追查到了真正的毒品贩子。[16]

尽管警方逮捕了联邦快递司机，但马里兰州警方在洗刷卡尔沃罪行方面行动迟缓。他们告诉媒体，卡尔沃和他的家人是"贩毒相关人员"。曾因突袭而受到批评的乔治王子县警察局长梅尔文·海伊这样解释："在某些方面，人们认为这是一次有缺陷的警察行动……但事实并非如此。因为地址确实存在；而且包裹上的名字也符合。"[17]

"做普通的事"

当特警队的突袭被证明是错误、卡尔沃穿着短裤被制伏戴上手铐时，警方了解到另外一个不争的事实：卡尔沃是伯温高地市的市长。斯卡拉塔说这无关紧要，如果他知道这个事实的话，他也会采取同样的行动。他说，很多政客都被毒品腐蚀了。[18]

不过，事实证明，这个事实的确很重要，因为卡尔沃有必要也有能力去了解与此相关的一些事情。卡尔沃热情洋溢、脚踏实地、身材魁梧、相貌英俊，富有嘲讽社会的幽默感。根据他自己的说法，他是一个兼职政策专家。每月收入150美元的伯温高地市的市长是他的兼职工作。他的全职工作是服务政府做政策研究。由于警方仍然拒绝承认他是无辜的，卡尔沃一开始就决定必须了解整个事件的来龙去脉。崔尼蒂和沙伊发现，要继续他们的生活，他们必须了解为什么他们心爱的宠物被谋杀，为什么他们宁静的家园被全副武装的人入侵，而这些人恰巧是政府的工作人员。因此，政策专家卡尔沃开始了解目前为止还不太了解的特警队的做法。[19]

令卡尔沃惊讶的是，发生在他身上的事并没有什么特别之处——他和崔尼蒂以及她的母亲乔治亚所经历的一切实在太普通，基本是例行公事。在人仰马翻的最初时刻,卡尔沃躺在楼梯底层的地板上,心想一定是出了什么"可怕的错误"。但在随后对新罕布什尔州自由联盟的演讲中,卡尔沃解释说,他错了。"这不是一个错误。事实上,这只是惯例。""他们只是在做他们的工作……他们只是例行公事。"[20]

在过去的几十年里,高度军事化的特警队伍像葛藤一样遍布美国各地。特警队(SWAT,"特殊武器和战术"的缩写)是达里尔·盖茨的创意,他当时是洛杉矶警察局的警长,后来成为该局局长。在盖茨看来,20世纪60年代的城市动荡似乎是一场游击战争,盖茨咨询了曾参加越南战争的老兵,实施了特警队的理念。起初20年,这样的队伍很少,他们的任务也有限,但是在80年代,联邦资金大量投入反毒品战争中,国防部开始给国内平民队伍提供军用装备,对他们进行训练,像用巧克力棒哄小孩子一样。至21世纪初期,近80%的小城镇拥有特警队,就像20世纪90年代末期,近90%的大城市拥有特警队。事实上,斯卡拉塔使用乔治王子县治安官队的原因是,乔治王子县的两个警队已经有任务在身。[21]

如果你不使用特警队,就很难证明特警队的存在是合理的,这就是为什么今天特警队的突袭和早餐麦片一样常见。早期特警队的任务只针对特殊情况:设置路障、劫持人质、劫机、越狱。如今他们每年的行动多达5万到8万次。大多时候他们被召去执行搜查令,就像普通警察过去做的那样。在整个马里兰州,2014年特警队部署的任务,93%是为了执行搜查令。在乔治王子县,由特警队执行缉毒令是标准的操作程序。斯卡拉塔证实,平均下来,他每周三次执行缉毒令搜查:乔治王子县警察局的特警队每天至少要执行一项这样的任务。这对警察来说是件好事,因为根据现行的罚没法,警察部门可以保留他们所攫取的大部分毒品收益。最近一年,乔治王子县的预算显示,缉毒缴获的钱至少有250万美元。[22]

可以想象,当特警队的数量像这样不断壮大时,就会面临人才流失和培训不规范的风险。这些人不是海豹突击队。乔治王子治安官特警队的成立,得益于许多警官为此进行的艰苦的游说,很明显,他们发现这比他们所做的守卫战争纪念碑和执行驱逐令的工作更令人兴奋。他们中的一些人在进入警队之前,已经在仓库或保安工作岗位上度过了死气沉沉的若干年。他们渴望做一些更酷的事情。他们参加了为期两到三周的"初级特警队学校:入室、清理房间……射程、针对毒气的部署……闪光弹",除此之外,再无其他训练。汤姆斯克-卡尔沃任务的简报只有十分钟。对佩顿胸部先开了两枪的亚伯勒警员,甚至无法背诵用来约束警察应对平民不断升级的暴力行为时使用武器的条令。[23]

当警方全副武装承担国内执法任务时,就会出现一种军事思维模式。沙伊·卡尔沃平时不遛狗,他好奇为什么街上停着陌生人的汽车;他在进行"反监视"。乔治亚·波特平时不为家人做饭;她是一名"嫌疑犯",必须"保护起来"。她还没有从炉边抬起头来,就被一群向她冲来的全副武装的人吓坏了;她使特警队"陷入危险"了,威胁了他们的"目标"。警官的安全是最重要的,也许应该如此,但"行动"也应该如此。萨金作证说:"队伍进入房间时不能被人或狗打断……如果有威胁,不管是狗还是人,都必须被清除。"[24]

出了问题人们受伤不可避免。拉德利·巴尔科,记者、作家、警察军事化方面的首席专家,他有一张在线突袭图,上面显示了特警队所有失败的任务。执法人员会被认作擅闯者而被射杀——他们甚至会被同事误伤(误杀)。人们的日常生活被打乱了。1994年,波士顿75岁的牧师阿奇琳·威廉姆斯在家中遭到突袭时倒地身亡。2006年,俄亥俄州伊利里亚的杰里·阿吉正在煮鸡蛋的时候,门被冲击锤砸开了,这个错误让他的女友颜面尽丢。("她全身赤裸,他们甚至不让她穿任何衣服,"阿吉说,"我当时气得发疯,以为她被强奸了。")2008年,来自密歇根州伍德黑文的克里斯蒂·科恩被拖出淋浴间,被迫裸体站立,直到警察看到了她的订婚照,才意识到他们走错了地方。2011年1月,在马萨诸塞州的弗雷明汉,一名特警队员在一次突袭中配枪意外走火,杀死了一位68岁的祖父。警方已经在屋外逮捕了他们正在寻找的嫌疑人,没有发生任何意外,但还是决定继续实施室内搜查。再晚些时候,仍在2011年,一名伊拉克战争老兵误将一次夜间特警队突袭误认为入室行窃,被枪击中22次;该特警队当晚进行了数次突袭,最终在一所房子里发现了一小袋大麻。[25]

然而,警察有时会对整件事漠不关心。卡尔沃是对的:对于我们这些"平民"来说,那些非比寻常,甚至毛骨悚然的事情,对于警察来说,只是例行公事。当斯卡拉塔被问及为什么在派遣特警队进入汤姆斯克-卡尔沃住所之前不进行更多的调查,为什么不在谷歌上搜寻一下沙伊·卡尔沃这个名字时,斯卡拉塔的回答:特警队的行动即是他的调查。"为了让我确定包裹的收件人……是否参与或不参与"和"收集证据……的方式不会威胁队员的安全……那才是我会使用的技术和工具…… 我不知道还有其他我可以做的但没有利用这个工具的方式。"当萨金被问及他为什么向狗开枪时,他解释说:"那时我没有时间从使用冲锋枪改为使用胡椒喷雾。"但是——卡尔沃的律师追问道——在射程内的乔治亚·波特怎么办?我们做了什么来保护她?萨金回答说:"那不是我们的选择。"[26]

我们都需要问的一个问题是,为什么政府军队使用城市战争战术,每年大约5万次闯入美国家庭是司空见惯的事情。为什么警察要破门而入,使用转移注意力的闪光弹,携带的武器远远超出了这项工作在大多数情况下可能需要的范围?卡尔沃说,在美国的大城市和小城镇发生的事情看起来像是来自"阿富汗或伊拉克""战区"的镜头。[27]

监察制度的失败

这是有原因的。经过一番调查,沙伊·卡尔沃终于找到了原因,确定:这不是警察的错。尽管他很想,但他不能恨他们,也不能责怪他们。他们只是在做他们分内的工作。然而,真正的原因是"领导"的失败,"监察"制度的失败。[28]

卡尔沃得出结论,我们的错误是"依靠警察自己监察自己"。我们只是事后介入,去"责备或解雇某人"。他表示,我们的首要目标不应该是"抓到那些做坏事的人",而应该是"防止他们做坏事"。要做到这一点,我们需要"质疑警方,不是因为他们是坏人,而是因为我们生活在这样一个国家,在这个国家,三权分立是地方政府成功运行的关键"。[29]

如果让警察"自我监察",那么我们就放弃了经过时间检验的三权分立制度,从而违背了民主治理的基本原则。我们常说我们是法治的,而不是人治的政府。这句话源自约翰·亚当斯,并被写入了1780年的《马萨诸塞州宪法》(*Massachusetts Constitution*)。虽然这句话言辞简单,但其表达的理念却是普世的,甚至可以说是普通常识。在以"常识"两字命名的书中,托马斯·潘恩解释说:"在美国,法律为王。因为,正如在专制政府中,国王即法律,在自由国家,法律应该是王;而且没有其他的王。"[30]

让法律为王，而不是让国王成为法律，意味着要有适当的规则——如果你愿意，可以是指令——告诉那些管理者他们可以做什么、不可以做什么。想想那些耳熟能详的民主呐喊，如政府必须建立在"被治理者的同意"或"官员对人民负责"的基础上。如果没有原则——公开的、民主的原则——告诉那些警察哪里可以进、哪里不可以进，这些民主永远不会实现。[31]

从申请驾照到减少温室气体排放，无论简单还是复杂，美国都有自己的规则。如果没有合理的明确的立法授权，政府官员不能随意行动。如果立法机关把权力交给这些官员，那么他们就必须制定行使权力的规则——必须是我们都能够看到、评论和质疑的规则。除非发生无法预料的紧急情况，这些规则必须在行动部署之前制定完成，而不是事后的解释，因此我们——以及法院——可以根据他们是否按照规定行使权力来衡量官员们的所作所为。这就是法治国家的内涵，在法治国家中，官员对他们所服务的人民负责。[32]

但讽刺的是，当涉及警察执法时，我们就抛弃了这个非常基本的原则。同样讽刺的是，因为警察——使用武力和通过监控来治理这个社会——是最严肃，也是最具威胁的政府职能。这一点现在应该很清楚了。如果颁发驾照的人违规行事，这不太可能摧毁其他人的生活。是时候纠正所犯的错误了。警察执法并不是这样的。使用武力和胁迫、进行监控和间谍活动，都是非常严重的问题。然而，对于政府所有机构，我们唯独让经常使用武器的警察机构随心所欲地行事，而不需要遵守公开审查的规则。

尽管已有一些现成的法律，但总的来说，很少有相关立法指导美国警察的所作所为。典型的对警察机构的授权法规只是简单地授权它最大限度地执行刑事法律，却很少或根本没有说明警察在执行这些法律时可以使用什么方法。以美国联邦调查局为例。根据一条联邦法令在司法部内设立了一个调查局，并授权司法部长任命官员"侦查……任何针对美国的罪行"。仅此而已。纽约市宪章要求警察"维护公共和平，阻止犯罪，发现和逮捕罪犯，镇压暴乱、暴徒和暴动，驱散非法或危险的集会，保护人身和财产权利"，这是非常广泛的权力，且没有多少额外的立法指导。[33]

我们需要的是一套深思熟虑、贯彻到底的指令，告诉警察和探员们如何行使令人难以置信、一手遮天的自由裁量权。自由裁量权是警察执法中重要且不可缺少的一部分,应该在规范的范围内行使权力。警察可以在任何地方设置路障吗?或者,是否有关于何时、何地、如何做的指导方针,或者是否有批准行动命令的规范? 吸毒的人被抓后是否可以转变成线人? 是否应该禁止利用未成年人? 是否应该禁止将人置于危险的境地? 什么时候应该出动特警队? 如何训练和装备特警队?

发生在沙伊·卡尔沃身上的事情——特别是,他的两只拉布拉多犬被射杀——是因为政府没有制定足够的规章制度。尽管行动小组明白,对于毒贩来说,拥有"好斗的狗"是"常见的",但并没有规章制度或指示来规范警察应该怎么做。他们都没有接受过任何对付动物的训练。当指挥官意识到现场有狗时,他临时准备了一下,把胡椒喷雾递给了萨金。这并不是标准配置。当这些乔治王子县的普通警察忙前忙后出任务时,他们携带了各种非致命的武器,比如胡椒喷雾、警棍和泰瑟枪。这是规定。但在特警队中没有类似的规定,他们自己决定携带什么,而非致命武器显然不在他们的常用武器清单上。[34]

在卡尔沃一案的证词陈述过程中,沙伊·卡尔沃的律师一次又一次地问这个问题:是否有"规则、条例、政策或一般命令"来规范警官们的行动? 他的观点是,是否有人授权了警察的行动? 有没有人事先想过,制定规则来确保一切正常,确保人们不会受伤? 一次又一次,答案是否定的。向平民部署行动提供搜查令,没有规范;培训,没有规范;应对动物的准备工作,没有规范;使用何种装备,没有规范。[35]

为什么推卸责任

事情演变成这样并非偶然。并不是我们忘记了制定规则来管理警察执法。作为一个社会,某些体制结构在起作用,使警察能够无所顾忌地任意行事。最多我们会安慰自己,法院在履行职责——但是我们将在下一章看到,法院没有能力履行职责,事实上也没有履行职责。所以无人监管警察,他们只能自己管好自己的事。

立法机构没有监管警察,因为他们看不出监管警察对他们有什么好处。如果站在立法者的角度考虑问题，他们制定法律时，有赢家也有输家。国会改选的时候，有朋友也有敌人。在决定采取某一立法议程，而不采取另一立法议程时，要不断考虑这将如何影响投票结果。[36]

立法政治说到底是组织政治。那些举足轻重的人聚在一起游说立法机关，让其知道他们想做什么——以及不想做什么。这种游说过程让立法者知道，如果他们通过一项特定法案，他们可能会结交哪些朋友或树了哪些敌人。因此，无组织的大众有时只能坐以待毙。这就是当人们谈到"特殊利益集团"胜出时的意思。[37]

在警察执法方面，最有组织的利益群体是警察本身，以及他们的近亲——检察官。警察工会的势力尤其强大。一旦推出了影响警察执法的法律，这些组织就会闻风而动。检察官和警官要么去敲议员们的家门，要么在立法听证会上作证。他们游说的目标是让他们独立完成自己的工作：更多的权力和更少的监管。从警察和检察官一贯的为了完成任务而不顾一切的角度来看，只有从这方面理解才说得通。[38]

另一方面，受警察执法影响的人通常组织性不高，甚至根本没有组织。强势的警察执法总是把最沉重的负担不分比例地压在少数族裔和不太富裕的人的肩上，这已经不是什么秘密了。那些被压迫的人不断地在立法过程中进行抗争。但问题远不止于此。你可能会想，"发生在卡尔沃身上的事可能会发生在我们每个人身上。"这完全有可能。但问题是我们往往是在事情发生之后才去想这件事，但到那时却为时已晚了。[39]

大多数人对警察执法的担忧，通常是一种会成为犯罪受害者的普遍担忧。在过去大约 50 年的时间里——即使是在犯罪率下降的时候——美国政治的噩梦一直是违法犯罪以及对犯罪的恐惧。因此，立法者通过"严厉打击犯罪"、实行"零容忍"和颁布类似"三振出局"等法律，成就了自己的事业，确保了自己的连任。[40]

鉴于整个社会对犯罪的恐惧，你可以理解为什么立法者不愿意采取措施来束缚警察的手脚。这句话的意思是，没有人愿意在竞选时被竞争对手宣扬说他们对违法犯罪态度软弱。[41]如果立法者制定制度来规范警察——即使是最微不足道的——然后出了差错，他们就会被指控最近发生的恐怖犯罪是他们的错。[42]

在房子被突袭搜查之后，沙伊·卡尔沃实际上设法通过了最温和的警察条例;吸取教训使这条法律得以通过。卡尔沃在他的职业生涯中一直与立法程序打交道,他认为一个好的起点应该是制定一部法律,规定警方报告特警队行动的频率。也许,如果这些信息得以公开,那么特警队的过度使用就会得到控制,或者人们会采取一些措施来应对。但即使是这一小步也需要策驽砺钝,不懈努力;执法部门竭尽全力打压它。刑事司法政策基金会的负责人埃里克·斯特林指出:"袭击市长、杀死他的狗,以及其他完全无辜的白人,促成一次相对较小的立法行为……执法部门对此有一个非常坚决的、下意识的反对。""那项法律甚至已经不存在了;它于 2014 年到期,没有续期。"[43]显然,让马里兰州的执法人员追踪发生了多少次特警突袭,实在是太过分了。

有些人不以为然,忽视对警察执法的立法,辩称这个体系中存在问责制。许多治安官参加选举。市长或市议会可以让警察局长离职。联邦调查局局长服从总统的意愿。这个观点似乎是说,如果警察执法出了问题,这些警官就会失业。[44]

但事实上,这种选举问责制只会加剧问题的恶化。如果整个社会对犯罪猖獗现象过于焦虑,民选官员是其首当其冲的针对目标。如果犯罪率上升,选民就会愤怒,市长或其他当选官员就会发现自己面临失去工作的危险。因此,市长们明智地把打击犯罪作为自己的职责,这样的话,只要事实如此,警方就可以获得更多的执法自由。[45]

要求市长对警察采取强硬措施的人寥寥无几。2013 年,比尔·德布拉西奥当选为纽约市长,这是一场在很大程度上关乎警察执法的选举,尤其是对有色人种进行拦停和搜查。但是你认为选举候选人有几次会与强势的警察对着干? 即使是在纽约,媒体也花了数年时间监督纽约警察局的做法,才达到目前的水平。作为市长,德布拉西奥仍然需要警察。在他当选一年后,全国上下都看到了电视画面上的一排排警察默默转身背向市长,以示强烈不满,他不得不努力寻求弥补措施。[46]

我们都不想对警察的所作所为承担责任。大多数人知道自己的家人身心安全后只想上床睡觉,这种想法无可厚非。因为没有问太多问题。

问题是,我们选出的官员也没有履行监督警察的职责。在警察执法这个话题上,这些官员宁愿扮演鸵鸟,自欺欺人,这是完全不可接受的。这违反了我们最基本的原则。这也是事情出了差错的主要原因。

警察自我管理

还有另一种解决办法：警察可以制定管理自己的规章制度。实际上，这是多数行政机关实施法治的主要途径。立法机关太忙了，没有时间制定政府部门运作所需的所有规章制度。因此，他们通过法律，大笔一挥，告诉行政官员，他们应该完成什么，并授权这些官员制定自己的规章制度。[47]

警察为自己制定规章制度具有一定的优势。法院和立法机关通常因为执法人员所具有的专业知识给予他们足够的尊重；只要他们掌握了专业知识，他们就是为自己制定规章制度的最佳人选。此外，警察会更倾向于遵守自己制度的规章制度。正如一位警察规章制度制定的倡导者多年前所说："警察，在半军事传统中组织起来，遵循传统，按章行事，如果他们在制度规章制度过程中占有一席之地，那么他们就不会那么勉强了。"[48]

历史上，曾有一个短暂时期，由警察制定规章制度是理所当然的。20 世纪 50 年代，人们经常抱怨警察工作不力，因此美国律师协会的分支美国律师基金会开始着手研究这一问题，并安排了许多研究人员进行实地调查研究。但是，大约 13 周后，当所有研究人员重回总部基地接受"清理"再培训时，所有参与实地调查研究的人员都清楚地意识到，他们原先认为自己所了解的有关警察执法的一切都需要扔进垃圾桶。在密尔沃基的第一个夜晚，美国律师协会的调查员和当班的警察在酒吧里度过了一夜。在底特律，调查人员亲眼看到"警察照例闯入住宅搜寻证据或者实施逮捕"，以及"骚扰同性恋者"，成群释放"妓女班"，对妓女放任自流。在密歇根州的庞蒂亚克，人们围观警察殴打一名非裔美国人，造成严重伤害，只是因为这名非裔美国人在打保龄球时给他们拍了照，这是城市联盟（Urban League）着力调查"警察暴行"的部分内容。[49]

美国律师协会参与研究的律师们震惊了——在今天人们很难理解这怎么会成为一条新闻——警察在日常工作中行使了极大的自由裁量权。与那个职业警察时期典型的"自上而下"遵守规定的形象截然相反。事实证明，当时实际实行的规章制度是由巡警"自下而上"制定的。这一点在美国律师协会项目的后续研究中得到了证实。[50]

一旦开始关注，人们对警方自由裁量权的担忧有增无减，并在 1967 年约翰逊总统犯罪委员会的报告中占据了突出地位，该报告给出的建议是尽快制定相关规章制度。委员会指出："立法机构和警察行政人员还没有详细界定如何实施以及在什么条件下实施某些警察惯例。"因此，"迫切需要立法和行政政策来指导警察应对不同事件以适应不断变化的世界。"委员会建议："政策部门应制定和解释相关政策，为警察需要行使自由裁量权的常见情况提供具体指导。"[51]

警察队伍必须遵守规章制度的观念很快就赢得了大量的拥护者。许多专家和法官力主制定警察规章制度。波士顿大学的律师和犯罪学专家与波士顿警察局合作，起草并实施了有关调查程序的规章制度；亚利桑那州立大学的另一组专家学者与来自国内各警察部门的精英合作，开展了另一项规章制度制定的示范项目。美国法律学会和美国律师协会都起草了一套指导警察执法的规章制度范例。[52]

不过，最终，规章制度的制定以失败告终。毫无疑问，制度制定失败的原因一部分是因为随着犯罪率的持续攀升，约翰逊后时代国家采取了更为保守的政策，人们对警察施加更多限制的观点基本上被政府置若罔闻。但由于我们刚刚看到的原因，没有任何动力驱动政府管理警方执法，也没有动力坚持警察要遵守规章制度，更没有人提供必要的资源来实现这一点。因此，警察过度使用自由裁量权的问题依然存在。[53]

准确地说，警察确实有规章制度——不断制定规章制度的一个成果是警察的规章制度比 20 世纪 60 年代多——但是这套规章制度还不够全面，仍然不是警察应该拥有的一整套规则。警察系统使用内部规范手册、标准操作程序或所谓的总则管理规范自己的队伍。然而，不幸的是，制定规章制度的整个过程非常随意。每个司法管辖区，可能会有关于使用武力、储存和处置没收财产的条文规范，甚至有对被捕者进行脱衣搜查的条文规范，但有关线人、征求搜查同意、特警队行动或无人机使用的规范少之又少，或根本没有相关规范。[54]

从印第安纳州的波杜克到艾奥瓦州的基库克，并不是每一支警察队伍都需要编写自己的规范手册。对美国 1.5 万多个警察部门来说，这将是一个不可能实现的负担，其中许多警察部门只有 25 个人的警力或者更少。当立法机关通过法规，规定规范手册必不可少时，各个警察部门通常会相互照搬，或借鉴美国法律学会或全国统一州法律专员会议等著名机构起草的法规范本。然后，他们对这些法律范本进行修改，以满足当地的需要。在警察系统，也有类似的政策制定实体。虽然 20 世纪 60—70 年代起草的规范已经过时——而且，说实话，这些规范往往不实用，不利于警察现场执法——但在一些紧迫的问题上仍然有可供借用的规范政策。例如，当无人机的使用在警队中流行起来，并引起社区的担忧时，国际警察局长协会发布了使用无人机政策的指导方针，包括使用无人机需征求社区的意见，禁止使用携带任何武器的无人机，并敦促无人机记录的图像要么被抹去，要么提供给公众审查等。[55]

　　然而，不幸的是，即使是现成的规章制度范本，也常常无法被警方采用，因为——与前面的讨论一样——没有让警方采用这些规章制度的情况发生。2004年，两名拿着泰瑟枪的西雅图警察拦住了马莱卡·布鲁克斯，因为他在一个学校区域超速了 12 英里。他们给她开了张罚单，但她拒绝签字。签名只是说明她收到了罚单，不能代表承认其他任何行为。但布鲁克斯不是糊涂了就是纯粹因为固执。她当时怀有 7 个月的身孕，当警察决定逮捕她时，她告诉了警察这个事实。布鲁克斯拒绝下车，警察也没能把她从车里抬出来，警察们随后还私下讨论了朝孕妇身体哪个部位使用泰瑟枪最好。幸运的是，他们最终决定没有朝她的腹部使用泰瑟枪，而是对她的腿和脖子进行了电击，直到她从车上摔下来，一动不动。随后的诉讼接踵而至。这些本可以完全避免：警察行政研究论坛与美国司法部已经合作起草了泰瑟枪使用指南。根据这些使用指南，布鲁克斯作为孕妇、消极抵抗者，根本用不着使用泰瑟枪来对付。但没有任何一方强迫西雅图警方就此按政策实施相关措施。[56]

人民的意志

　　警察队伍确实规定了相关规章制度，但是即便如此，这些规章制度仍然没有经受住民主问责的基本考验。如果警察自己决定该怎么做，那么就没有沙伊·卡尔沃所说的"监督"了。我们不知道如果让人民选择如何管理他们的社会，警察的所作所为是否就是人民的选择。

联邦调查局就是一个很好的例子。正如我们所看到的,国会在正式立法方面对该局的指导微乎其微。但是司法部长已经加快了步伐,制定了相关规则来管理联邦调查局特工所作所为:《司法部长关于联邦调查局国内行动的指导方针》(*The Attorney General's Guidelines for Domestic FBI Operations*,AGG)。更有利的是,根据这些指导方针,联邦调查局已经颁布了极其详细(可能过于详细)的规范手册《国内调查和行动指南》(*The Domestic Investigations and Operations Guide*,DIOG)。尽管联邦调查局手册的大部分内容对外保密,但值得称道的是,《国内调查和行动指南》本身在很大程度上是公开的,并且可以在互联网上搜索得到。[57]

然而,仅仅因为你能看到联邦调查局的规章,并不意味着你对他们的行为有任何发言权。基于同样的原因,我们无法相信联邦调查局的行为像大多数美国人认为的那样。相反,有大量证据表明,如果公众有发言权,联邦调查局的规定在某些重要方面会有所不同。

下面一条例证非常重要。2002年——正值"911"事件后,美国考虑在伊拉克采取军事行动——一名联邦调查局特工参加了托马斯·默顿中心主办的反战集会。回来后他给主管写了一份备忘录,标题是"关于匹兹堡反战活动结果的报告"。当联邦调查局根据《信息自由法案》(*Freedom of Information Act*)的要求公开发布了备忘录时,局长罗伯特·穆勒在国会听证会上被质询了。司法委员会的资深民主党参议员帕特里克·莱希质问:"联邦调查局怎么可以仅仅因为他们反对伊拉克战争就对守法公民进行间谍活动?"他是对的。这不正是我们出台《第一修正案》的原因吗?[58]

在被问及联邦调查局为何要调查国内政治活动时,穆勒局长表示,整件事情被误读了:这是对正在进行的恐怖主义调查的一部分。穆勒对国会解释说:"联邦特工不是因为反战活动出现在活动现场,而是因为联邦调查局正在追踪一个我们'感兴趣的人'。我们正在试图确认这个人的身份。联邦调查局的特工们并不关心政治异议。"[59]

然而,事实证明,穆勒的解释完全是编造的。据司法部检察长的调查,事实是,参加集会的探员是一名需要工作的新雇员,主管指出,感恩节后的第二天是

"过得很慢的工作日"，把他送到那里去"看看他们在干什么"。（听起来很像联邦调查局在调查一场反战集会。）[60]

对国内和平集会进行间谍活动还不够糟糕；一旦事件公之于众，联邦调查局官员就编造了详尽的解释来掩盖他们的行踪。其中最令人发指的是，特工正在调查一名叫法鲁克·侯赛尼的人，被认为是与托马斯·默顿中心有联系的恐怖主义嫌疑人。然而，检察长的结论是，这些"判断是不正确的"，并指出，几年后侯赛尼去世时，匹兹堡为他设立了纪念日，因为他对社区做出了杰出贡献。（检察长免除了联邦调查局局长说谎的责任，但明显指出各级联邦调查局官员的系列行为是令人反感的，也许是不折不扣的非法行为。因为缺乏监督，我们不知道什么是纪律，如果有的话。）[61]

就目前而言，在这件事情中，值得注意的是，尽管秘密调查反战集会明确违反了当时联邦调查局的规定，并引起了很大的轰动，但按照今天的规定，这完全是合法的。司法部已经做出改变，从禁止联邦调查局调查合法示威游行转变为鼓励联邦调查局做此类调查。尽管长期以来，公众一直不赞成联邦调查局对国内政治运动进行间谍活动。但这还不是最重要的。在国会没有任何正式参与的情况下，联邦调查局局长再次大笔一挥，将联邦调查局从一个负责调查"离散事件"的执法机构转变为一个被授权收集"一切重要信息以服务于形势全面分析及情报收集"的情报机构。无法让人理解，在没有正式民主程序批准的情况下，一个机构的根本任务的转变是如何发生的，但这正是如今警务界的发展现状。[62]

因此，2002年联邦调查局试图掩盖这件事，因为它公然违反了相关规定，尽管在今天这是完全可以接受的。《司法部长指南》（*The Attorney General's Guidelines*）规定，联邦调查局特工有权参加他们希望参加的任何示威或集会，甚至各种宗教仪式。他们可以这么做，不需要任何基于事实的怀疑或判断。我们不知道这种现象有多普遍，但它确实在发生。2007年，加利福尼亚州奥兰治县一座清真寺的管理人员与联邦调查局联系，报告说有个人进入他们的清真寺，宣传恐怖阴谋，并试图招募其他人。由于他的所作所为，他已被禁止进入清真寺。当清真寺得知他是联邦调查局的线人，利用联邦调查局提供的电子设备监视清真寺时，惊讶万分。一个有着犯罪前科的线人，工资每月高达1.1万美元。他甚至得到允许可以引诱社区里的女性并发生性关系,从而记录他们的枕边谈话。[63]

如果存在公共立法程序,那么最新的《司法部长指南》是否会得到批准不得而知——联邦调查局有执行这些准则的一套规定。也许会得到批准。公众对恐怖主义的担忧往往给政府很大的回旋余地。但当哥伦比亚特区的警察对和平抗议活动进行类似调查时,市议会谴责了这种行为,并通过了立法禁止这种行为。同样,在《国内调查和行动指南》的指导下,特工们可以绘制出"不同民族社区集中的地点"。穆勒局长一度授权特工人员查清清真寺的数量。当洛杉矶警察局宣布了一个公开方案处理这件事时,人们都惊呆了,最终整件事都被扔进了垃圾桶,不了了之。[64]

司法部长已经授权联邦调查局处理一些事情,很多人认为这些事情肯定是有问题的,可能根本不反映民意。没有反映民意至关重要,一般来说,警察执法都没有反映民意。警察遵循规章制度做事和按照公众认可的规章制度做事是有区别的。

有意义的规则

公众参与制度的制定不仅保证警察所遵守的制度符合公众意愿,也确保了所制定的制度言之有理。公众审查的一大优点是,如果有人认为政府的制度与治理的初衷适得其反——甚至有害——那么就会有人提出这些观点,而这些观点也会得到考虑。实际上,法官如果处理得当——面对警察系统以外的其他政府部门——那就是撤销这些政府部门没有根据事实所指定的规章制度。当政府其他部门采用他们自己指定的规章制度时,公众不仅可以发表意见,当受到影响的个人认为政府制定的规章制度不合理时,他们可以在法庭上对此提出质疑。因为警察的规章制度没有公开,或者不存在,所以法官的这种制度审查也不存在。[65]

例如,目前根本不清楚联邦调查局调查的新规定是否使我们更加安全。根据旧规定,联邦调查局人员需要有事实依据才能开始某些调查,或进行特别的侵入性监视。但现在,许多调查手段根本不需要任何事实依据。联邦调查局认为,它需要在没有任何事实依据的情况下进行这类信息的收集,因为"在犯罪活动的早期阶段就发现和阻止犯罪活动,并从一开始就防止犯罪的发生,比让犯罪阴谋和活动取得实效更可取"。[66]

对于在犯罪阴谋得逞之前就将其揭露出来的想法，是很难进行辩驳的，但是允许没有任何依据的调查继续进行则可能是在浪费有限的资源，而这些资源可能是其他地方急需的。正如一位评论员所指出的那样，联邦调查局"吸干了它能涉足的所有信息"——包括从商业供应商那里收集我们的信息——然后"将信息传播给其他政府机构，并无限期地保留这些信息"。这些信息数量庞大；超过了联邦调查局或其他政府机构所希望处理的信息。一些事实依据，诸如宪法规定的"合理理由"标准（这个词明显没有出现在司法部长为联邦调查局制定的指导方针中）不仅保护了我们的权利，还确保了警察不会把所有的时间都花在劳而无功的追捕上，在每一块祈祷垫毯下面寻找并不存在的坏人。今天许多人认为政府的反恐策略缺乏重点，对我们所有人都不利。[67]

问题是，在缺乏公共规则制定的情况下，联邦调查局可以随心所欲地行事，从不顾及反对者的意见，即使那些反对者在什么能保证我们的安全以及什么会给我们带来伤害的问题上是正确的。也许联邦调查局是对的，但问题是公众没有参与进来，根本不知情。

同样的问题在许多特警任务中也大量存在，比如袭击崔尼蒂·汤姆斯克和沙伊·卡尔沃家的那一次。不可否认的是，每年5万到8万次的特警突袭像一场飓风一样带来巨大的财产和生命损失。我们一直应该问的问题是，当政府采取行动时，几乎每一个政府部门都会被质问，这种维持治安的成果是否值得所付出的成本。[68]

成本效益分析不属于警察执法范畴，但这是办事有力的政府的主要工具之一，用来确保以公众的名义制定的规则是有意义的。然而，将成本效益分析应用于警察执法还处于起步阶段。不管是盘查还是获得同意之后的搜查，或者是特警队的行动，都没有计算方式计算其成本。[69]

证据表明，频繁行动的特警队很可能已误入歧途。一直以来的规定是，警察进入住宅前必须敲门，并给住户时间开门。然而，特警队因其特殊性，获得并一直执行"不需敲门"的搜查令；突然袭击是他们的标志。在丹佛，1999年执行了146次"不需敲门"搜查令。在这些搜查中，只有49起案件被起诉，其中仅有2起被判入狱。一般的重罪案件中，大约21%的被告最终进了监狱；在丹佛的"不需敲门"

案中,只有 4% 的被告最终被判入狱。[70]换句话说,在这些案件中,特警突袭的受害者是否有罪并不明显,更不用说异常危险了。

警察执法及特警队使用方面的专家提出了一系列建议,立法机关应考虑控制特警队的使用:从基础训练标准到特警队的特别许可证,到提高部署特警队之前的情报阈值和更精确的威胁分析矩阵(太多的袭击建立在不可靠告密者所提供的不准确的情报上;突袭经常发生在错误的地点)。这些已不是不可能的事情:更先进的警察队伍已经在使用它们了。特警队已就是否转向如"遏制还是呼叫出门"等策略展开辩论:集结力量,命令居民走出家门,以便在外面进行安全处理。有时候突然袭击很重要,但有多少次,嫌疑人真的不会屈服于压倒性的武力?[71]

同样,这里的重点不是如何确定正确答案。正是因为缺乏公众的参与和争论,加上经常因此引发的成本效益分析,我们不知道什么才是正确的。这正是沙伊·卡尔沃所指出的问题所在。

即使有公共规则制定,也不意味着警察必须听取公众的所有意见。当法院审查其他机构制定的规则时,他们会尽其所能地遵从具有合理依据的规则。但关键是,法院正在遵循一个公开的程序,并已得出基本合理的结论。20 世纪 70 年代,当哥伦比亚特区警察决定从事起草规章制度的工作时,他们寻求并采纳了公设辩护人和公民自由律师的反馈意见。一位作者并不支持警方收集公众反馈,但他仍然承认:"公众的参与将促进产生成熟、平衡的政策立场。"[72]

这不正是我们正在寻找的吗?

无论如何,必须制定基于民主的规章制度

就其本质而言,警察执法是一项侵入性和强制性的事业。这就是我们付钱给警察做的事:利用他们的存在,在必要的时候还可以使用监视和使用武力,来阻止犯罪并将违法者绳之以法。这是一项特别的责任。即使在治安状况良好的情况下,损失也可能是毁灭性的。正如我们所见,警察执法经常出现问题。

如果没有民众的参与和严格的控制,任何其他政府部门都不可能行使这种权力。没有监督的警察执法是民主的巨大失败。无论是由立法机构通过,还是由警察机构自己通过,都需要透明、基于民主的规章制度。

人们可能反对这个结论。事实上，人们可能竭尽全力最后一次回避问题，这个国家至少半个世纪以来一直在做的一件事：监督警察不是法院的工作吗？难道我们不能相信法官会监督警察，让其他人自由地关注其他事情吗？

正如我们即将看到的，法院控制警察的想法是我们逃避自己的责任对自己所讲的一个童话。这纯粹是虚构的。一旦这一点弄清楚了，我们就再也没有借口逃避监管警察执法这项严肃的工作了。

第三章　不能判决的法庭

许多人似乎认为,监督执法是法官的责任。因为宪法规定了警察可以做什么,不可以做什么,而法院则对宪法进行解释。正如前两章所述,警察执法为什么能够脱离民主监管,其部分原因是历史原因(19世纪末20世纪初警察执法腐败和政治腐败),部分原因是政界人士根本不想做这项工作。但是,法院监督警察的这个普遍观念,使其他所有人得以逃避对警务工作的责任。

是时候面对事实了。法院不能胜任规范警察执法的任务。充其量,法院所能做的就是在事后宣布警察的所作所为是否符合宪法。他们没有能力(也确实不应该)制定出详细的警察执法政策,防患于未然。即使他们有能力并且最终制定了这样的规则,这仍然不等同于对警察执法的民主控制。事实上,法院在民主方面所负的责任甚至不如警察本身。

法院敏锐意识到了他们在监管上的薄弱点,也许是太多了。当涉及对警察的监管时,与维护人们的权利相比,法官们更容易否定人们的权利。我们一直认为法院在监督警察,实际上法官却让警察部门随心所欲,为所欲为。这在很大程度上解释了为什么我们身处今天的境地。

脱衣搜查

乔治亚州克莱顿县位于亚特兰大南部。1996年10月31日,克莱顿县警察局的赞尼·比林斯利警官被安排在西克莱顿小学向五年级特雷西·摩根班的学生讲授反毒品 D. A. R. E. 课程。比林斯利来到教室后，一个学生向摩根报告说，他为郊游准备的一个装有 26 美元的信封不见了，从老师的桌子上消失了。在教室内一番寻找无果后，摩根在副校长的允许下，把搜寻重点转向了学生。她让学生们翻遍课桌，把书包和口袋都掏空了，但是什么也没有找到。[1]

摩根和比林斯利决定带学生去洗手间，对他们进行更彻底的搜查。在男厕所里，比林斯利警官解开裤子，把裤子褪到脚边，做出示范表示他希望男生们做什么。然后，比林斯利"目测检查了男孩们的内裤，以确保信封不在里面"。在女厕所里，"摩根让女生褪下裤子，把裙子或衬衫撩起来。大多数女孩还被要求解开胸罩，露出胸部，以确保信封不会藏在胸罩下。"有几个女生说，在这个过程中，她们被手直接摸到。其他来上厕所的学生都停下来观看。一些学生说，他们受到停学甚至入狱的威胁，除非他们同意被搜查。[2]

联邦法官依据托马斯告发审理了此案。"托马斯诉罗伯茨"案（Thomas v. Roberts）发现，"高度侵入性"的搜查侵犯了学生的宪法权利。[3]这一点似乎显而易见。但他们也决定不追究任何人对非法搜查的责任。法官们的结论是，法律不够明确，无法让比林斯利和学校的老师注意到，不能用这种方式对小学生进行脱衣搜查。这个结论有点令人费解，因为就在 4 年前，同一个法院，在一个类似案件中，也说过同样的话：对小学生的脱衣搜查违反了宪法，但法律不明确，不能追究任何人的责任。[4]究竟怎样才能让法律变得更明确？

但以下是真正需要值得注意的事。2012 年 2 月，在托马斯案中起诉克莱顿县的同一位律师再次提起诉讼，涉及在克莱顿县另一所学校进行的另一次脱衣搜查，这一次是针对一个名叫 D. H. 的七年级男孩。被指控持有大麻的 3 个男孩被脱衣搜查，他们诬告 D. H. 藏毒。当警察把 D. H. 带进来，当着其他男孩的面对他进行搜查时，其中一个男孩承认他们撒谎了。警察质问他们："把他带进办公室之前，你为什么不告诉我这些？"但还是命令 D. H. 脱下衣服，并且脱光。D. H. "乞求被带到洗手间进行搜查"，但是仍被迫在原告、副校长和警察面前脱光了所有的衣服。（当然）什么也没找到。[5]

警察和学校官员一直在违反宪法对学生进行脱衣搜查，因为法院不能就此对他们进行处罚。[6]就这么简单。法律书籍中充斥着此类搜查的报道。从幼儿园到十二年级的孩子概莫能外。搜查可以在私底下进行，但也会当着其他学生、教师、警察和管理人员的面进行。之所以被搜查，仅仅因为三块钱不见了，或者是因为老师认为一个学生的生理特征看上去在吸毒。学生们毫无缘由受到羞辱，权利受到侵犯。这种情况不断发生。[7]

2011 年，最高法院审理了一件脱衣搜查案，尽管发现是明显的侵犯权利的行为，但仍然拒绝做出任何处罚。在"萨夫德联合学区诉雷丁"案（Safford Unified School District v. Redding）中，13 岁的萨凡娜·雷丁因受到指控服用非麻醉性止痛药，被告知要脱掉衣服，然后检查她的胸罩和内裤。最高法院以 8 比 1 的票数通过了"因为没有理由怀疑毒品会带来危险，也没有理由怀疑毒品藏在她的内衣里"，这次搜查侵犯了雷丁《第四修正案》的权利。但是，再一次，被告没有付出任何代价，因为——即使在所有之前的案件中，对学生们进行脱衣搜查是违反宪法的——法律仍然不够明确，无法让他们知道自己做错了什么。持不同意见的史蒂文斯法官略带戏谑地指出："不需要宪法学者就能得出结论，对 13 岁儿童的裸体搜查在某种程度上是对宪法权利的侵犯。"[8]

如果政府官员不为违反宪法付出代价，那么这些违反宪法的行为将继续下去。然而，法院无法履行自己的职责并施加这些惩罚。事实上，与公众的印象相反，法院发现很难监管诸如监视和使用武力之类的警察执法行动。公平地说，这不仅仅是因为法官不愿意做这项工作（尽管部分原因确实如此）。他们也意识到自己不适合这样做。

因为没有其他人愿意这样做，监督警察的工作落到了法院的肩上。但事实证明，将这项工作交给法院显然是一个错误。

黄金时刻

法院负责监督警察的理念来源于一个重要历史时期，短暂而又辉煌，刻在大众心中，挥之不去。

20 世纪五六十年代，当时由首席大法官厄尔·沃伦领导的最高法院开始着手改革国家刑事司法系统。在一个又一个具有里程碑意义的决议中，法官们设定了各州必须遵守的最低限度的立宪规则。这些宪法规则规范了搜查和扣押、警察获取口供的方式以及刑事被告有权获得律师辩护的权利等规定。[9]

基于两个原因，法官们肩负起这项任务。首先，也是最明显的，是因为没有其他人愿意做这件事情。美国著名刑法教授赫伯特·帕克指出，认为只有法院有"发言权"而"无动于衷"的想法是"幼稚或虚伪"的。[10]

第二，在许多具有开创性的案件中，被告大都是黑人，而沃伦法庭勇于承担重任，致力于消除美国社会存在的严重不平等。有些人认为，刑事诉讼判决只是种族司法公正这一更广泛议程的一个组成部分。[11]

这两个原因也解释了这场刑事司法"变革"为何出人意料地受到欢迎。当警方抱怨必须遵循其中一项规定时，《纽约时报》的安东尼·刘易斯说，这一决议反映了一种拒绝"容忍警察不当行为"的"国家道德情操"。"吉迪恩诉温赖特"案（Gideon v. Wainwright）中，要求为刑事案件被告提供律师的决定受到广泛认可，被誉为是明显但简单的正义举措。就连吉迪恩曾经服刑的佛罗里达州州长也承认了这一点："在这个社会意识日益觉醒的时代，一个无辜的人因为……无法为自己辩护而被判处劳役，这是无法想象的。"[12]

但是，在20世纪60年代末，这股潮流与最高法院改革警察和国家刑事司法的努力背道而驰。随着贫民窟的日益增多和暴力犯罪的增加，通讯员弗雷德·格雷厄姆评论道，"作为美国政治的捣蛋鬼"，"恐惧"是每个人的口头禅。林登·约翰逊指定专门的犯罪委员会来研究此事，他说："恐惧困扰着……太多的美国社区。无论我们住在哪里、拥有多少，它都会袭击我们所有人。"[13]

1968年，理查德·尼克松在其竞选活动中利用了这种恐惧气氛，与法院对抗。"我们的一些法院和他们的判决，"他认为，"在削弱和平力量方面做得太过分了，而不是打击这个国家的犯罪势力。"在选举期间，国会也在追查法院：国会听证会上最主要的展示是一张图表，显示了针对沃伦法院的被告保护决议而上升的犯罪率。[14]

尼克松获胜后，法官们开始畏缩不前，不再承担保护人们的责任。尼克松担任总统期间，最高法院出现了许多空缺，他任命了那些关心犯罪、关注刑事犯罪的人担任法官，填补了这些空缺。随后法律条文开始出现变化，从片纸只字到连篇累牍,修改的频率越来越快。但无论如何变化,这些法律条文几乎总是让警察随心所欲、恣意妄为。[15]

修宪

如何将宪法适用于警察,有两件事至关重要。首先是律师所称的"实体法",即具体的法律法规。警察或学校管理者可以对学生进行脱衣搜查吗? 在什么情况下? 其次,同等重要的,正如发生在克莱顿县学校的事件所表明的,是"补救措施"。如果被告侵犯了受害人的权利,会面临什么惩罚? 在许多人看来,没有任何补救措施的"权利"根本就不是"权利"。脱衣搜查是违规的又有什么关系,因为没有惩治措施,他们仍然可以继续?[16]

最高法院未能规范警察执法,既关乎权利,也关乎"补救措施"。

如果违反《第四修正案》将会有什么惩治措施,宪法没有任何规定,主要原因是《第四修正案》的通过,人尽皆知。如果人们的权利受到了侵犯,可以起诉要求金钱赔偿。如果行为特别恶劣,可以要求惩罚性赔偿。当时,这些赔偿被称为"惩戒性"损害赔偿——指侵犯人树立了一个坏的"榜样",警告其他不法行为人不要从事同样的行为。[17]

当政府官员侵犯人民的权利时,普通法对此毫不宽容,这一点令人吃惊,即使这些官员因为诚实而犯了错误,或者这些官员只是听从包括总统本人等的上级的命令。美国"波士顿"号护卫舰指挥官乔治·利特尔舰长费了许多周折才明白这一点。1799 年,美国与法国的海战正酣,但这场战争并未正式宣战。总统下令所有像利特尔一样的舰、船长扣押任何被认为是美国的船只,如果这些船只驶向或刚刚离开法国港口。按照命令,利特尔扣押了离开法国港口的行动十分可疑的"飞鱼"号(the Flying Fish)。但是总统正在实施一项国会法律,只允许扣押前往法国港口的确认的美国船只。"飞鱼"号原属于丹麦,所以根据国会的规定,利特尔犯了两次错误。在"利特尔诉巴雷姆"案(Little v. Barreme)中,最高法院命令利特尔支付 8000 多美元(约合今天的 17 万美元)的赔偿金。首席大法官承认,他为此感到难过,但总统的命令"不能改变交易的性质,也不能使这个行为合法化,如果没有总统的命令,这个行为将是明目张胆地非法侵入"。[18]

相当艰难。但为了保证人民的权利不受到侵犯的话，此举也是相当有效的。最后，国会为利特尔舰长买了单；这是政府的惯例，经常以这种方式赔偿他们的官员。尽管如此，开始的日子里，赔偿是不确定的，在任何情况下，当权利受到侵犯时，必须有人为此付出代价。[19]

然而，到了 20 世纪中叶，由于各种至今仍不清楚的原因，普通法的补救措施正在失去作用。其结果是，警察按自己的意愿行事，而不受惩罚，以至于在刑事审判中，警察可以恬不知耻地作证他们在没有搜查令的情况下踢开了一户人家的门。[20]

所以最高法院决定介入。

实施证据排除法则

1957 年 5 月 23 日，俄亥俄州克利夫兰市审理了一起创造最高法院历史的补救措施案件。当时克利夫兰最流行两件事：非法彩票和拳击。因发生摩擦冲突，警察破门而入，进入了多莉·马普的家。马普意志坚定、特立独行。（这次行动的主要指挥官卡尔·德劳警官描述：她"狡猾""鲁莽"。）她嫁给了克利夫兰拳击界传奇人物吉米·比文斯，因遭受虐待而与他离婚，但她仍然活跃在拳击界。[21]

1957 年 5 月 20 日，一枚炸弹在"那个孩子"唐·金的家中爆炸。他长大后成为一名传奇的拳击运动推广人，但当时他深陷于非法彩票。金担心自己的生命安全，于是报警，警方的调查指向了维吉尔·欧格特里。三天后，警方接到匿名举报，说欧格特里在一个特殊的地方居住。多莉·马普和她 15 岁的女儿就住在那里；她把一楼的公寓租给寄宿生居住。于是德劳警官和克利夫兰臭名昭著的"特别调查"小组的另外两名成员一起出发进行调查。[22]

当警察出现在马普家时，她很惊慌，打电话给她的律师。律师告诉她在没有搜查令的情况下不要让警察进来。德劳没有搜查令，所以她没有开门。律师赶过来维护马普的权利，但警察也不让他进门。几个小时后，更多的警察过来增援，德劳警官厌倦了等待，决定结束对峙。警察撬开纱窗，打碎了一扇窗户。当马普要求搜查令时，德劳把一张纸在她面前晃了晃。马普抓起它，把它塞到上衣里；德劳随后跟了进去。（经过多次诉讼，政府才承认从来没有搜查令。）[23]

因为他们认为马普要求出示真正的搜查令是"故意挑衅"，所以警察在搜查她的家时，把她与另外一名警官铐在一起，后来又把她铐在栏杆上。他们最终发现他们要找的人没有住在马普的家里，而是住在楼下租客的公寓里。但这并没有阻止他们拆散马普的房子。马普描述了这次搜查："他们翻开抽屉，搜查厨房橱柜、衣柜，检查药片成分——我吃了一些减肥药。我猜他们想在药包里找到某些人。房间里到处都是他们的人。"[24]

接下来马普知道，她自己也要受审。在马普卧室的一件行李里，警方发现了彩票用具和四本"淫秽"书籍。这件行李是前一位房客留下来的；马普只是把他的东西清理干净，也因此她被指控拥有非法彩票用具罪名不成立。奇怪的是，尽管这些书都放在同一个行李箱里，但她还是被判因持有不道德文学在州感化院服刑7天。[25]

最高法院最初受理马普的案件，以裁定俄亥俄州的淫秽法是否符合宪法，因为该法不需要证明她看过这些东西。但在俄亥俄州和美国公民自由联盟摘要中一段离经叛道的文字的激励下，大法官们认为，回答一个长期存在的问题的时机已经成熟：州法院是否应该放弃警方通过违反宪法所获得的证据。"淫秽"书籍显然是在侵犯马普权利的情况下被没收的；如果这些书因为违宪不能作为证据，俄亥俄州就不可能对马普提起诉讼。[26]

自1914年起，联邦法院就开始适用这项禁止任何非法获取的证据的法则，称为"证据排除法则"。正如大法官们在采纳该法则时所解释的那样，如果证据可以违反《第四修正案》而被获取并提交给法庭，"《第四修正案》的保护……毫无价值，而且……还不如从宪法中删除"。我们再次听到这类观点，即没有补救措施的权利是没有意义的。但将"证据排除法则"适用于联邦法院是一回事；让所有州都效仿则是另外一回事了。因此，直到1949年，在"沃尔夫诉科罗拉多"（Wolf v. Colorado）一案中，法官们没有将"证据排除法则"强加于各州，希望他们自己能够努力采取有效补救措施，解决非法搜查和扣押的问题。[27]

1961年，当"马普诉俄亥俄州"（Mapp v. Ohio）案进行到最高法院诉讼时，大法官们已经放弃了各州政府应该承担约束警察责任的想法。克拉克大法官在为法庭撰文时说，现在是时候"关闭唯一一扇仍然敞开的审判室大门，这扇门是在官方公然滥用这一基本权利的无法无天行为中获得的证据"。[28]

因此，在马普案中，法官对各州实施了"证据排除法则"。

"证据排除法则"有什么问题？

补救措施较难补救。如果没有恰当的补救措施，政府以及为其工作的警察将会随意侵犯公民权利。但如果补救措施的处罚看起来太过严厉，法官将回避使用这些处罚。这两种选择都不利于保护我们的权利。事实上，"证据排除法则"存在的问题已经导致法官们批准了许多糟糕的警察执法，只是为了避免强制执行这些措施。

人们，包括一些法官讨厌"证据排除法则"，甚至鄙视它。不难找到原因。警察抓到一个装满一车毒品的人，或者更恶劣的，逮捕了一个强奸犯或杀人犯，法官会因为警察违反了一项规定而不能采用某些证据。这种情况通常被描述为"技术性的"原因。事实上，这些有利的证据可以证明被告有罪，然而却被放弃了——没有证据，被告很可能会逍遥法外。[29]

似乎一直被人们忽略的是，被告得以释放所付出的代价并不是因为"证据排除法则"，而是因为实施《第四修正案》所付出的代价。当马普诉俄亥俄州案判决出炉时，警方怒不可遏。纽约警察局长迈克尔·墨菲直截了当地说："我想不出最近在执法领域能有任何一个决定会产生如此剧烈的影响，警方受创严重……从高层管理人员到数千名徒步巡逻警员，每一人都必须接受再次培训。"但是，马普案之后，为什么警方要求警察再培训？马普并没有改变已经约束了州和地方警察的《第四修正案》。马普认为，政府不得使用违反该修正案的证据。这些愤怒的官员真正想表达的是，在马普案之前，他们可以肆无忌惮地侵犯人民的权利，并且逍遥法外。墨菲局长的副手莱昂纳德·赖斯曼对《纽约时报》坦言了这一点，或许比他的本意更为坦率。他将马普案描述为一个"打击"，要求警方"重新组织自己的思维"，他说："在此之前，警官们懒得拿出搜查令……感觉是，为什么要这么麻烦？"[30]

"证据排除法则"确实放过了一些坏人，但这是完全可以预料的。正如最高法院告诉我们的，"证据排除法则"主要起"威慑"作用，其理念是，丧失人人认为应该坚持的信念的威胁将促使警察整顿自己的行为，或者引导我们促使他们这么做。

如果人们不想让证据白白作废,那就遵循宪法的规定。如果"证据排除法则"得到认真对待,并且因违反宪法定期撤销定罪,那么那些有问题的行动和政策就会得到改变。[31]

"证据排除法则"存在严重的问题;这些问题只是与困扰大多数人的问题不同而已。所有问题都源于一个事实:在"证据排除法则"案件中,法官了解的案例样本不具有代表性。这样想吧:警察在外面做他们该做的事。他们的策略有时有效,有时无效。但在"证据排除法则"的案例中,法官们只看到警察的策略起作用的一个例子。他们抓到坏人了。法官们几乎从来没有见过这种策略被证明无效的案例。[32]

不具有代表性的案例样本产生的第一个问题是,因为法官不想放过任何一个坏人,他们会保护警察在破获案件中的所作所为,不管他们的所作所为有多过分。以 1988 年"默里诉美国"案(Murray v. United States)的判决为例。在那起案件中,警察怀疑被告在仓库里藏有毒品。所以他们就像最高法院告诉我们的那样——"强行进入"。看到毒品确实在那里,他们才做了他们应该事先做的事情:他们去找法官申请搜查仓库的搜查令。最初的强行闯入行为严重违反了法律和宪法,证据应该被驳回。但法院没有这样做:他们根据搜查令批准了随后的搜查。面对被告有 270 包大麻的事实,你可以理解为什么司法系统,特别是在禁毒战争最激烈的时候,不愿意浪费这些证据,让被告溜之大吉。但仍然如此。[33]

第二个问题更严重:一旦法院批准了警方在破获某件案件中的所作所为,它实际上就允许了警方在随后的所有案件中继续使用相同的策略。每一件案件都不仅仅是尽力把坏人送进监狱的例子。每件案件都是下一个案子的先例。默里案的判决实际上告诉了警察:当然,去吧,在没有搜查令的情况下偷看吧,见鬼。或者,正如持有异议人士所指出的那样,法院"削弱了授权条款的严肃性,破坏了'证据排除法则'的威慑功能"。[34]

令人不安的是,由于法官在这些案件中的裁决是基于一个不具有代表性的案例样本,他们不知道他们所保护的警务策略是否真的有效,也不知道警察是否正在利用它来侵犯许多不为人知的平民百姓的自由,而在这一个案例中,只是碰巧幸运而已。法官所看到的只是抓住了这个坏蛋。正如本书引言所提到的,警察经常在许多人身上使用这些策略，但收效甚微。警方承认他们每周搜查了 1500 名公交车乘客，几个月以来并没有抓到任何人，如此巨大数量的市民被强行搜查，没有得到任何明显的回报。但法官在大多数"证据排除法则"案件中看不到这样的汇总数据；他们只看到一个碰巧被抓到的坏人。如果他们看到这些搜查策略总体上是多么的无效，他们的裁决可能会大不相同。[35]

法庭因为不喜欢"证据排除法则"的效果不仅可能导致错误的判决，而且可能导致最高法院从司法系统里废除掉"证据排除规则"。例如，如果警方非法获得证据，但可以辩称，他们没有触犯任何法律，他们无论如何都会找到证据的，就如默里仓库案那样。而如果警察违反了法律，但能够说服法庭这只是一个"善意"的错误，往往他们获得的证据会得到承认。2011 年，在"戴维斯诉美国"（Davis v. United States）一案中，大法官将"证据排除法则"称为"苦药丸"，社会应将其作为"最后手段"吞下，这无疑是法院判决的趋势。[36]

金钱损失，以及失败的原因

那么，传统的补救办法呢？起诉警察要求赔偿金钱损失？许多声称关心宪法基本权利的知名人士，包括一些著名法官，认为金钱损害赔偿比"证据排除法则"更合理。通过强迫警察个人、警察队伍和政府为警察执法失误的受害者进行赔偿，将最先确保警察遵守规章制度。至少在法庭上，最后的胜利者是无罪的人。[37]

至少在书面上，有联邦赔偿金的补救办法。就在法官们裁决马普诉俄亥俄州一案的同时，他们还决定，如果州法律不允许无辜者在法庭上追讨金钱损失，他们将根据联邦法律制定一个政策来实现这一点。[38]

但实际上，最高法院的金钱损害赔偿几乎不可能成真。

将金钱赔偿强加给警察之前要加倍小心。这是校正补救措施的一个常见问题。一方面，如果我们不对不当行为给予真正意义上的惩罚，那么，正如我们所看到的，这种不当行为将不会停止。另一方面，如果处罚太严厉，警察的行为将会"矫枉过正"，如果有人在楼栋里尖叫"救命"，警察会想，"天哪，如果我跑进去，法院后来裁定我不应该这样做，我可能会失去我的房子。"我们也不希望这样。就像金发姑娘的麦片粥既不冷也不烫一样，在阻止警察的不当行为方面，人们都希望做到一清二楚，分毫不差。[39]

最高法院试图解决这个问题，给予受《第四修正案》约束的政府雇员（无论是警察还是学校行政人员）所谓的"诚信"豁免权，正是这种豁免权让那些进行脱衣搜查的人逍遥法外。如果个别官员违反了"明确规定"的规则，那么他们会支付金钱赔偿金；但如果他们行动时法律规定不明确的话，那么让他们支付赔偿金似乎是不公平的。[40]

问题是，正如我们在脱衣搜查案中所看到的，法官不愿意惩罚警察，导致他们经常以法律不明确为借口，无法判给金钱赔偿金。事实证明，在一名官员被追究责任之前，必须以几乎完全相同的事实的裁决为参照，且该裁决由同一管辖区的上诉法院判定。即便如此，法院也不追究警察的责任。

法官讳莫如深、噤若寒蝉的例子不胜枚举。因怀孕的马莱卡·布鲁克斯在超速行驶后拒绝离开她的车，西雅图警察三次用泰瑟枪枪击她时，联邦上诉法院认为，这些官员有权享有"诚意豁免权"，因为相关的判例法没有规定"每一个通情达理的警官都会理解……无可争辩的是，在这种情况下用泰瑟枪枪击布鲁克斯构成了过度使用武力"。爱达荷州一名州级警察怀疑杰森·米勒酒后驾车，在没有申请任何授权的情况下，他强行将一根导尿管插入米勒体内。然而，这名骑警并没有承担任何责任，因为"美国搜查和扣押法尚未制定出警察何时可以对犯罪嫌疑人实施非自愿的无授权的导管插入术"。当17岁的德玛瑞斯·斯蒂恩骑着自行车从佛罗里达州一辆行驶的警车旁飞奔而过时，警察从车里用泰瑟枪枪击了斯蒂恩。斯蒂恩的自行车撞坏了，摔倒在警车的车轮下，被压身亡。虽然斯蒂恩的死是"悲惨和不幸的"，联邦法院还是给予了这名警官豁免权，因为没有任何案件"划出明确的界限，或显示警察在警车上用泰瑟枪枪击骑自行车逃跑的人是过度使用武力"。2011年，发生了一起与斯塔福德搜查惊人相似的案件，堪萨斯州学校管理人员收到一名学生的"举报"，称另一名15岁的十年级学生将大麻藏在内衣里。管理人员不顾这名学生的抗议，触摸了她的隐私部位，并强迫她"把衬衫和内衣掀开"，最终并没有发现毒品。联邦法院认为，无论是斯塔福德，还是其他类似案例，都没有"明确这个更特殊的问题"，这究竟是什么意思？[41]

太不可思议了，对吧？现在找到问题的症结了。无论这种行为有多么令人发指，或者禁止这种行为的法律有多么明确，法院都不能让警察承担责任。但警察也是人：如果法院一直愿意授权他们的所作所为，那么他们就会继续先前的做法。这正是警察执法失控的原因。

人们可能会认为，即使法院不愿意让警察个人承担赔偿金，他们也愿意追究相关部门的责任，或者州或市政府的责任。在私人雇佣的行业里，如果雇员所开卡车撞倒人，雇主就付钱。雇主雇了司机，把卡车交给他，如果必须付钱解决争端，所有雇主都会确保他们的雇员在以后的行事中更加小心。威慑就是这样起作用的。

不幸的是，最高法院也给了警察的雇主最高权限的自由通行证。法官们已经决定，根据宪法，绝大多数情况下州政府不能被迫支付赔偿金。在地方政府实体——一个镇或一个警察队伍——承担责任之前，它必须事先制定官方政策。现在，是否真的有第 22 条军规的存在？正如我们一再看到的，这些政策并不存在，这就是为什么糟糕的事情不断发生的原因。但根据最高法院的规定，政府如果没有政策，就不必为此付费。（也许这正是我们如此迫切需要的警察执法政策却一直没有制定的部分原因。）[42]

缺乏安全感的法官和不明确的限制

在这一点上，法官似乎不关心我们的权利，不惜任何代价保护警察。但这不是事实，也不是人们所希望的那样。只是法官们已发现自己处于非常困难的境地。警察执法是复杂的，法官缺乏足够的信息来判断他们的策略是否必要。所以，因无法判断什么是正确的，法官只好以公共安全为名让警察为所欲为。

问题是，当法官拒绝说"不可以"时，警察就失去了他们迫切需要的规章制度。或者说是其他人迫切需要的规章制度。所有的政府都需要规则来运作，尤其是警察。对于一个准军事组织来说，法律有时称之为"界限"的规章制度是最重要的。面对一个接着一个的紧急情况，警察需要知道凡事有所为，有所不为。

碰巧，最高法院很乐意制定明确的规章制度，告诉警察他们能做什么，但却不敢告诉他们什么不能做。有各种各样的明确规定让警察留有能够搜查的余地。当警察拦下一辆机动车时，他们可以命令所有人从车里出来，即使没有任何理由怀疑他们中的任何人有不当行为。如果机动车司机违反了法律，哪怕极其微不足道，比如没有系安全带，警察也可能会逮捕她。当警察酌情决定再次逮捕某人时，无论罪行多么轻微，他们都可以搜查此人的身体。当一个人单独被安置在检查设施里时，那么光身搜查，包括隐私处的检查都是毋容置疑的。以此类推。[43]

当制定这些"是"的规则时，法官告诉我们（这是事实），警察需要明确的规章制度规定他们可以做什么。他们会说："一个唯一的、为人所熟知的标准对于指导警察执法是必不可少的，因为警察的时间和专业知识有限，当面临特定情况时，无法细致思考并权衡社会和个人利益。"[44]

但是，当民众要求制定一个关于警察不可以做什么的规章制度时，法官们总是集体失声。突然之间，规章制度的明确困难重重。法官告诉我们，警察的所作所为只能在案发后，在损害发生后，根据"全局"来评估。警察是否必须告诉人们他们不需要同意就可以进行搜身或财产搜查？不。必须审查每个案件的事实，从"全局"确定同意是否是自愿的。在将缉毒犬的警示反应视为可能的搜查原因之前，是否有具体的训练指南或记录？没有。"我们拒绝了僵化的规则制定、'界限'测试和机械化的调查，转而采用了一种更灵活、考虑一切因素的方法。"[45]

不遵守明确规定的规章制度的严重后果随处可见。以所谓的"同意搜查"为例，正如我们所看到的那样，每年都有成千上万的人同意接受搜查。史蒂文斯法官举了一个案例，在这件案子里，他的同事甚至对警察要求司机同意搜查之前应该告知他们可以自由通行不做任何要求——"普通公民一再决定'同意搜查'，除了他们认为他们有法律义务'同意搜查'可以解释以外，其他任何假设都不能令人满意地解释为什么他们会同意这样做。"[46]

具有讽刺意味的是，最高法院的法官们似乎最不能说不；他们在州高级法院的同事们有时也会这样做，结果发现他们限制警察的决定被大法官们推翻了。也许大法官们的不情愿是可以理解的：他们一下子就为整个国家制定了所有的法律，并且很明显地担心他们的有限知识不会妨碍到警察。但是，在没有其他人监管的情况下，人们相信法院在监管警察，这完全是一种错觉。法院也没有监管。[47]

警察执法的新世界

无论法院如何能力非凡来规范警察行为，但警察执法方式已经发生了根本性的变化，严重削弱了法院的监管能力。一直到 20 世纪，警察执法都是被动的，目的是逮捕那些违反（或打算违反）法律的人。但现在，在科技的帮助下，警察执法越来越主动，越来越深入社会，让法院很难划清什么是允许的，什么是不允许的。所以，再一次，他们大多数情况都是表示同意。[48]

今天的警察执法脱胎于法学教授克里斯托弗·斯洛博金所说的"盘剥式"监视，他所表达的是，警察执法的目的是"例行地监视公民……在这些被监视的人当中，大多数人都是无辜的"。闭路电视的摄像头在公共场所盯着我们，车牌识别系统在道路上捕捉我们的信息，而飞机——不久后就是无人机——在空中巡逻。从酒后驾车到移民执照和登记检查，我们被各种路障拦住。在酒吧、夜总会、垃圾场，甚至理发店，都会无缘无故地进行"行政"搜查。我们的数据由各级政府大量收集，并"融合"在一起，形成档案。新的警察执法侧重于监视和情报收集，其使用程度之频繁令十几年前的人们无法想象。[49]

在"反应式抓捕罪犯"的警察执法模式下，警察所做的是基于怀疑——是否有足够的理由（"合理理由"）认为这个人或那个人不好。但在新的警察执法模式下，由于没有犯罪嫌疑人，因此也没有怀疑，宪法保护，如"合理理由"就没有任何价值了。相反，法院的结论是，他们的工作只是平衡相互竞争的价值观。一方面法院会考虑警方对个人隐私的侵犯程度。另一方面，他们会评估对个人的隐私侵犯在多大程度上有助于政府遏制或查获违法犯罪行为。[50]

权衡新的警察执法是一项非常有价值的工作。对学生或雇员进行毒品测试，或在公共场所出动警犬，大量收集数据，或设置高速公路路障，以保护公共安全，或进行毒品战争，或反恐战争，值得吗？相互制衡的东西往往是"不可比拟的"——若同日而语，简直是风马牛不相及。在法律上，这种平衡往往被嘲笑为众所周知的"主观"。如果像这样衡量值观，难道民主制不比把决定权交给法官更好吗？当警察执法受到争议时，民主制是不刊之论，因为无凭无据，无法认定法官有足够的证据材料进行判决，或有能力判断警民双方的是非对错。[51]

例如，如何衡量一个特定的执法行为是否侵扰了他人？比如警犬的嗅闻或搜查某个人的垃圾。克里斯托弗·斯洛博金教授与其同事决定，通过对不同学生和市民（莫名其妙地包括一些澳大利亚学生）进行调查，检验最高法院在这方面的直觉与普通人的想法是否吻合。最高法院与公众的许多看法是一致的。在公园的灌木丛中搜查,或在机场必须通过安检的金属探测器,并不是什么大不了的事。但对人体隐私部位的搜查则需审慎对待。尽管如此,在一些新警察制度中常见的问题上,法官们的直觉与公众的直觉相去甚远。在许多案件中,法官们认为警犬的嗅闻甚至不是触发《第四修正案》保护的"搜查"。他们称强迫尿检的行为"微不足道",然而,在 1 分(不严重)到 100 分(严重)的范围内,人们认为,强迫小便并被人听到的侵扰程度达到 72.49 分,警犬的嗅闻达到58.33 分。[52]

至于这些策略是否必要,或者是否奏效,就如我们所了解的,法官没有足够的证据决定,所以他们只会偏向政府。例如,大法官签署了对俄克拉荷马州特库姆塞所有参加课外活动的学生的药物测试。依据什么？根据联邦法律,学区必须填写文件,以获得联邦无毒品学校的资金。文件表明,1994 年至 1996 年间,"不到5‰"的学生说他们使用过非法药物,而在 1996 年至 1998 年期间,"有毒品存在,但没有被确定为主要问题"。毒品问题的证据是站不住脚的,这些问题主要基于一些老师的证词,他们觉得有些学生行为怪异。不过,这足以让法官们认为强迫毒品检测是可行的。[53]

法官们急于批准警察的新做法,似乎这是他们的不二之选,无须在鱼与熊掌之间进行权衡。在学校毒品检测案中,最高法院权衡了"样本采集的最小侵入性"与"青少年滥用毒品问题"之间的关系。在一起酒后驾车路检案中,最高法院则权衡了对(单个)"普通司机"的侵犯与"酒后驾车问题的严重性及国家根除酒后驾车的现实利益"。[54]

快速发展的技术进步只会让最高法院的工作变得越来越不可能。1971 年,威廉·O·道格拉斯法官指出:"古人所说的'窃听',我们现在称之为'电子监视',但把两者等同起来,就是把人类的第一批火药等同于核弹。"道格拉斯法官指的是带着窃听器的警方线人。如果一名线人是一颗"核弹",我们很难想出一个恰当的比喻用来形容国安局窃取我们所有的电话记录的行为,也无法描述无人机于他人的后院所进行的监视。[55]

今天的警察执法策略和技术要求制定详细的数据驱动规则。什么情况下泰瑟枪的使用是合理的？闭路电视所录视频应该存储多长时间,谁可以观看？应该什么时候部署特警队,配备什么装备？无人机的政策是什么,既能兼顾隐私问题,又能最大限度地发挥其价值？法院可以让警方有所收敛,但也仅此而已。因此,再一次,他们倾向于服从警察,没有人留下来站好最后一班岗。

民主问责制的失败

即使法院能够解决这些错综复杂的政策导向问题,但民主的警察执法有一个要求是他们永远无法实现的:民众血统。对学校儿童进行脱衣搜查,使用泰瑟枪,部署特警队,以及记录街上的人,这些规定(至少在一开始,也就是说,作为一个政策问题,甚至在我们讨论宪法问题之前)都是人民的责任,而不是法庭的责任。大多数联邦法官和许多州和地方法官不是由人民选举产生的。即使法官是选举产生的,他们的工作仍然是在事实发生后对警察执法的合宪性做出裁决。从一开始法官就不是被雇来制定规则的。

加州州长杰里·布朗从未理解这一教训。三年内,他两次否决了旨在规范警察执法的立法措施,认为这项工作应该交给法院和宪法,而不是人民。2011 年,加州议会通过了一项法律,推翻了加州最高法院允许警方搜查被捕者手机的决定。为什么要否决？因为布朗的否决通知书解释了"法院更适合解决与宪法搜查和扣押保护有关的纷繁复杂的具体案例"。其后,在 2014 年,立法机构通过了一项措施,在没有特定例外的情况下,禁止在没有搜查令的情况下使用无人机。不同意,州长说。虽然"毫无疑问,在这种情况下,搜查令是可以接受的",但这项法律"可能会添加额外条件,超出联邦或州宪法的要求"。[56]

这种把警察执法交给法院的倾向,在一个自认为是民主国家的国家里,是最不健康的习惯之一。如果州长认为这些措施在法律依据上是错误的,他应该照实说,而不是装腔作势,把它推到法庭上。警察执法机关窥探我们的私生活,用武力强迫我们的朋友、邻居和家人服从。在一个有秩序的社会中,使用武力和监视可能是必要的,但同时是罪恶的,决不能轻率地使用或未经事先考虑而使用。规范这些是我们的责任。如果我们试图把这项工作强加给法官,尤其是那些能力缺乏的法官,我们就无法履行这一责任。

鉴于第二章讨论的政治僵局，我们面临的挑战是如何让我们这个社会承担起监管警察的工作。这是一个棘手的问题。但正如我们即将看到的，尽管他们还有其他的缺点，但事实证明，法官们仍有办法帮助大家走出困境。

第四章　促进民主的警察执法

规范警察执法需要规章制度和政策。有关部门需要事先拟定这些规章制度和政策,然后广泛采纳公众的意见和建议,最后形成切实可行的规章制度。有时,警察执法以一种爆炸性新闻被媒体曝光之后,才促成了一些规章制度的制定。但一般情况下,没有制定任何规章制度。正如我们所看到的,立法者和警察并不急于制定这样的规章制度,而法院也不可能制定。那么,该怎么办呢?

事实证明,法院在这方面起着至关重要的作用,他们应该发现,与裁决警察行为是否合宪相比,制定规章制度更容易、更合情合理——规章制度可以促使其他机构承担起监督警察执法的责任。本章通过阐述法院如何督促立法和行政机构履行职责结束了对民主警务的讨论。因为人们无法接受没有民主授权的警察执法。

报告

2014 年 8 月,任何在此时拿起报纸或打开电视的人,都对以下事件非常熟悉。这些图片如此震撼,以至于一年后人们仍然可以在许多出版物上看到这些图片。不过,现在重要的不是那个月发生了什么,而是那个月之前发生了什么,之后又发生了什么。[1]

2014 年 8 月 9 日,密苏里州弗格森警察局的达伦·威尔逊警官开枪打死了一名手无寸铁的黑人少年迈克尔·布朗。一天后,在弗格森的西弗洛里桑大街及其周边地区,爆发了大规模的示威。虽然许多抗议者和平示威,但也有些人变成了暴力分子。这些暴力分子向警察投掷石块或瓶子。一些地方发生了抢劫。[2]

然而,贾梅尔·鲍伊在《斯莱特》杂志上的报道,引起了整个国家的共鸣,"弗格森最引人注目的照片不是周六的示威游行或周日晚上的骚乱,而是警察的照片。"照片中有一名狙击手站在军车上。士兵排成的人墙——不,应该更正为警察,在照片中,他们似乎与在伊拉克或阿富汗的美国军队没有什么不同——穿着迷彩服,用自动武器指着一个身高体瘦、扎着脏辫的黑人,他的手臂高举在空中。凯夫拉头盔,夜视镜,橡皮子弹雨点似的打向手无寸铁的平民。到处都弥漫着催泪瓦斯的烟雾。[3]

不断有报道称,示威现场看起来像一个战区。突然之间,弗格森和加沙或乌克兰一样——就如《纽约时报》所报道的——"就像东欧一个混乱不堪的角落,而不是美国的中西部"。在弗格森事件之前,担心警察"军事化"的质疑声就像一颗石子掉到大海中,无法翻起什么涟漪。然而一夜之间,这些彻底改变了。明尼苏达州的共和党州参议员布兰登·彼得斯说:"这些照片让人感到震惊。"他的共和党同僚、自由意志主义者、肯塔基州参议员兰德·保罗说:"弗格森的画面和场景更像是战争,而不是传统的警察行动。"[4]

的确,让我们花费一点时间,关注一下那些被称为弗格森政治精英们不得不发表的评论。密苏里州州长杰伊·尼克松"被看到的画面惊呆了——警队过度军事化、防地雷反伏击车(MRAP)轰隆轰隆,车轮滚滚,警察的枪口对着街上的孩子们"。(MRAP 是"防地雷伏击保护"的意思,看过弗格森事件的电视转播之后,防地雷反伏击车在每个人的脑海里反复浮现着,尽管我们在街上看到的其实是熊猫系列反伏击车。)该区国会代表威廉·莱西·克莱愤愤不平道:"我亲眼看见了,带着夜视功能的高性能狙击步枪正对准和平行使宪法权利的选民。"密苏里州参议员克莱尔·麦卡斯基尔坚持说:"必须非军事化——警方的反应已经成为问题的根源而不是解决办法。""在我们力求重建执法部门和当地社区之间的信任之际,"司法部长埃里克·霍尔德权衡道:"军事装备和车辆的部署发出了截然相反的信息,我对此表示高度关切。"就连总统也直言不讳,在一场新闻发布会上,弗格森事件与伊拉克冲突热度相当，"我知道，许多美国人对在我们国家中心地带看到的画面深感不安。"[5]

尽管他们的关切无疑是真诚的，但他们——和其他人一样——不应该感到惊讶。

从20世纪90年代开始，美国政府向州和地方执法部门捐赠或以其他方式补贴购买了数10亿美元的军事装备。虽然允许捐赠的法律最初是作为禁毒战争的一部分通过的，但"911"袭击后，反恐战争成为提供购买装备资金的主要理由。仅从2009年到2014年，就有约180亿美元的资金或物资从军队转向国内警察机构。圣路易斯地区区域应急反应系统的尼克·格雷格纳尼负责弗格森的装备收购，他解释说："我们关注的是恐怖主义，但也可以对其他类型的应急反应进行交叉处理……联邦政府对此没有任何限制。"这些设备主要按照国防部的"1033"计划，由国防后勤局的执法保障办公室分配（座右铭："从对敌战士到犯罪斗士。"）但至少还有11个其他项目的资助，其中包括国土安全部和司法部的拨款。[6]

尽管这些设备的绝大多数都是没有争议的——从活页夹到计算机到办公桌——其中很大一部分是军用级的，联邦政府称之为"严控设备"，差不多有50万件。飞机，装甲车，弹药，榴弹发射器，还有防地雷反伏击车。《星条旗》杂志称，口径在0.50以上的武器"不费吹灰之力就能击碎引擎，因此被它击中会毁了你的每一天"。还有刺刀——尽管在美国街头，执法部门用刺刀可以发挥什么用途是一个许多人觉得值得讨论的问题。[7]

这些装备的分配像分发万圣节的糖果一样。北卡罗来纳州有16架军用直升机和22架榴弹发射器；田纳西州有31个防地雷反伏击车和7架榴弹发射器；佛罗里达州格外出色，获得了47辆防地雷反伏击车，36架榴弹发射器，7000多支步枪。然后是学校：得克萨斯州的5个区和加利福尼亚州的5个区收到了战略物资，包括防地雷反伏击车和榴弹发射器。密西西比州的海恩兹社区学院和中部佛罗里达大学各有一架榴弹发射器；海恩兹还有两架M16自动步枪。[8]

全国震惊，总统下令重新审查这些计划。他的办公室请来了来自联邦机构、执法机构、学院和民权组织的代表。2014年12月，他发表了一份报告。报告解释说，特别是在地方预算削减的情况下，这些项目在帮助执法部门"执行保护美国人民安全的重要任务"方面"很有价值",但从那时起,它迅速走下坡路。[9]

报告只有几页,虽是平淡无奇的官样文章,但仍一石激起千层浪,招来猛烈的批评。这些项目"透明度不够",没有纳入"地方政府的标准预算程序,也没有得到文职(非警察)政府的批准"。后果是,地方官员和普通民众常常被蒙在鼓里。另一个后果是,"设备数量激增……与执法部门的规模和培训能力不符"。负责分发物资的"国防部"表示自己无法评估哪些设备是必须的,因为他不具备"民事执法行为的专长"。然而,执法部门本身也表达了担忧,那些警察局长及其他负责人"缺乏足够的培训,不知道何时以何种方式分配这些设备"。"培训尚未制度化,特别是在保护公民权利和公民自由方面,或者说装备的安全使用。"这些训练"可能无意中鼓励了军事战术和装备的使用"。联邦政府的各个项目之间没有进行有效的协调,因此,联邦政府中可能没有一个实体能够跟踪这些装备的使用。如果某个特定的警察队伍因为"滥用资金或设备或违反宪法"而未申请到某一个项目,那么,很简单,它可以继续申请其他项目。[10]

也许程序简化是要付出代价的。联邦政府花费数 10 亿美元将军事设备装备至各地方执法部门。这些装备没有经过民政部门的审核,也没有提出评估设备的需求。尽管当地警方缺乏部署或使用这些设备的适当培训,但他们还是拿走了这些设备,并且确确实实进行了部署;事实上,该计划的一个最低要求是"要么使用要么失去":这些设备必须在接收后的一年内部署完毕。[11]

弗格森事件之后的政策变化

尽管在很大程度上,公众并不知晓当地执法部门购买并装备了军用级设备,但在弗格森事件之后,情况发生了很大的变化。"2014 年 8 月,密苏里州弗格森市抗议者与装备精良的警察之间的冲突,"博兹曼(蒙大拿州)《每日记事报》报道称:"引发了一场关于警察队伍军事化的全国性讨论。"那次全国性的讨论与在州立法机关、市议会、社区和社区协会开展的讨论相比,远没有那么重要。美国的民主是分层次的:除了非常重要的国家需求,州和地方政府可以自由地做出自己的选择。弗格森事件之后,许多州、市机构开始在不同地区采取不同的政策——这是健康民主进程起作用的标志。[12]

州参议员尼亚·吉尔代表新泽西州第 34 个立法区。她来自蒙特克莱尔，一个位于纽约郊外的大学城。吉尔是非裔美国人，也是民主党人。她从法学院毕业后担任公设辩护律师，然后进入政界。她在州议会服务了 7 年，然后进入州参议院，任州参议院临时议长。[13]

弗格森事件之后，吉尔向新泽西州总检察长询问了该州有哪些军用级装备，以及部署在什么地方。经过锲而不舍地坚持，她发现最终结果令人既震惊又不安。不仅有大量"更适合出现在战区，而不是社区"的装备，而且"大多数军事装备，如突击步枪和榴弹发射器……都部署在郊区社区，而社区对它们一无所知"。因此吉尔决定开始着手做些什么。[14]

在吉尔的努力下，2015 年 3 月 16 日，共和党州长克里斯·克里斯蒂签署了 S2364 号法律，并在新泽西州议会两院一致通过。两党双赢的秘诀是什么？她的法案对社区是否应该拥有 1033 种装备不置可否。相反，它制定了一项规定，即警方在登记使用 1033 件装备或购买任何特定物品之前，"必须由当地管理机构大多数成员同意通过的决议批准。"她说，"社区地方政府的意见是大家达成共识的要素。"无论是农村共和党人，还是大城市地区的代表，甚至警察自己。她解释说："执法部门希望有一个制度，这样，如果他们需要培训，或者需要部署装备，他们就会按照制度要求明白自己要做什么。使机制透明化，他们就会支持我们了。"[15]

新泽西州是国内第一个采取行动的州；蒙大拿州紧随其后。蒙大拿州的主要推动者是一位持自由市场、小政府主义观点的共和党人，来自苏必利尔的众议员尼古拉斯·施瓦德勒。他的做法不同：蒙大拿州法律禁止执法部门从联邦政府接收任何装备，这些装备有一个清单——包括武装无人机、手雷和榴弹发射器、消音器、军备装甲车（尽管他们仍然可以用自己的资金购买）。此外，如果执法部门"要求持有军事装备过剩计划的财产"，必须提前两周发布公告。[16]

发生在新泽西州和蒙大拿州的事情也在美国其他州和城镇重现。加利福尼亚州戴维斯市议会给警察局长 60 天限期，让他们制定一个计划，清理掉该市的防地雷反伏击车。戴维斯市长说："当涉及来自华盛顿的帮助时，我们有一个长长的愿望清单。但坦克，或防地雷反伏击车，不论你把它叫什么，不在名单上。"圣地亚哥联合学区退回了所有防地雷反伏击车。学区负责人辛迪·马滕认为，学校的安全问题应该通过"学生、校方工作人员、家长、社区成员、执法人员和其他人"共同解决。学区警察局长鲁本·利特尔约翰表示同意："不能让这种防御工具使公众失去对我们的信任，相信我们是有能力保护好学生们的，否则就失去了它们的价值。"纽约州伍德斯托克镇委员会通过了一项决议："声明它从未接收，将来也不会接收或为其警察部门采购军事武器和/或重型装甲车，现在或将来都不会。"董事会成员凯西·马拉雷利得知人口只有2万的弗格森拥有价值400万美元的军用设备时，感到"震惊"："一个小镇居然装备这么多军事设备，这太荒谬了。"[17]

当人民参与进来时，警察执法就会做出改变

人民可以团结一致，就警察执法做出决定。当人民这样做的时候，政策往往会改变。

关于这些努力，首先受到关注的是如何跨越意识形态的不同。皮尤慈善信托基金观察到，针对弗格森事件的立法方面的应对措施"得到了红州和蓝州的民主党和共和党的支持"。美国公民自由联盟是新泽西州的一个重要组织；蒙大拿州的努力得到了州权利组织《第十修正案》中心的宣传和推动。（《第十修正案》中心也支持州参议员吉尔的措施。）弗格森事件之后的其他一系列改革也出现了同样的现象：限制市政当局从交通罚款中抽取资金。密苏里州议会通过一项类似措施的法案时，主要支持者是一位白人共和党人；另一位提案人是在弗格森事件抗议活动中被捕的非裔美国民主党人。"如果圣路易斯茶党联盟和美国公民自由联盟站在同一战线上，"茶党联盟领导人比尔·亨尼西说，"我们必须走正确的道路。"[18]

当人们把注意力集中在警察执法上时，制定相关政策的讨论就会特别活跃。2012年，西雅图市用国土安全部的经费购买了两架龙翔者X 6（Draganflyer X6）旋翼航拍无人机。这次购买出现在市政府的无争议事项日程表上——打算不经辩论就实施——但有人注意到了，爆发了一场辩论大战。随后市议会举行了几次公开听证会，在会上，反对者称议会成员为"白痴""骗子"，甚至是"纳粹分子"。够了，西雅图市长喊道，并下令处理掉无人机。事实证明，处理无人机比预期要困难很多——制造商不会收回它们——但最终西雅图将它们质押给了洛杉矶市。吸取了什么经验教训？西雅图警察局的发言人说："当涉及无人机时，与公众就你的

计划进行公开对话是很重要的。"[19]

当西雅图的无人机转给洛杉矶后，如何与公众进行对话的经验教训也随之而来。警方负责人贝克坚持说，在完成公众参与的流程之前，这些无人机将一直被妥善保管，不会升空。"洛杉矶警察局现在不会，将来也不会放弃公众对我们的信任，会妥善处理任何一件警用装备。"他把这些无人机移交给洛杉矶警察局的检察长。洛杉矶警察委员会主席在推特上说："我们在进行无人机升空的公众参与流程时，需要把这两个烫手山芋放到冰箱里，暂时搁置。"这个决定仍然争议不断。随后，作为回应，"提倡无人机自由的洛杉矶警局没有无人机，洛杉矶！"（Drone-Free LAPP No Drones, LA！）组织成立。一年半后，无人机仍然停飞。[20]

在洛杉矶北部的圣何塞，符合规定的公众参与流程带来了完全不同的结果——一个有利于执法的结果。和西雅图一样，公众对即将采购无人机的消息感到越来越愤怒。但圣何塞警察局很快得到了这一信息，一再为没有"更好地沟通"购买无人机一事道歉。最终，一直广受关注的圣何塞社区委员会挺身而出。它授权了一个为期一年的试点项目，得出的结论是"无人驾驶航空系统（UAS）可以成为有用的工具"，"如果国防部继续与议会、委员会和公众公开合作，公众的担忧就可以得到缓解"。委员会对其参与并在最终结果中发挥的作用感到自豪。"我们正在参与一个非常重要的进程，"委员尼克·拉博斯基说。"我们正在展示如何解决此类争议的样板做法。"[21]

这些对话固化了符合传统的政治等级：上层社会与警察一起做决定，治理国家。在加州门罗公园，一项立法令警方非常不安，这项立法限制了无人机和红绿灯摄像头数据的保留时间。警察局长罗伯特·琼森告诉市议会："我个人认为没有必要制定这项法令。这是双方相互信任的问题。"委员会成员雷·穆勒回击道："我们在使用科技方面一直很积极。如果我们不信任你，我们就不会给你这些先进设备。这是对权力的审慎制约。"北卡罗来纳州的达勒姆市的数据显示，尽管并没有发现更多的违禁品，但警方对黑人进行搜查的可能性是白人的两倍，因此，该市通过了特别的许可搜查制度。警察局长老约瑟·L·洛佩斯很懊恼："在达勒姆市，你们的警察局长是波多黎各裔的，你要指控他种族主义？"达勒姆教会、协会和社区组织的领导人马克·安东尼·米德尔顿牧师回答说："他必须了解谁在管理这座城市。他现在肯定知道了。"[22]

因为不易达成共识，所以这类对话必不可少。在坚定的党派支持者看来，事实确实如此。正如新泽西州的尼亚·吉尔指出的，"如果社区认为有必要，我仍然坚持参与该项目；也许他们希望警察能够装备夜视镜，而不是装备刺刀和攻击性武器。"对弗格森事件的强烈反对令许多地区退回了已装备的防地雷反伏击车。但实际上，这些装备可以发挥其他更有价值的作用。得克萨斯大学警察局局长迈克尔·海丁斯菲尔德向媒体解释说，他们社区详细讨论了如何对付持枪枪手，最终认为防地雷反伏击车是必不可少的。"其实我们拥有的是一个装在轮子上的装甲集装箱，里面没有任何与之相关的武器，侧面刷着警察的图标。"（"紧急救援"）同样，吉尔立法通过后，许多新泽西州的海滨城镇决定购买更多的军用车辆，以便在风灾、洪灾时进行救援。综观全国，军用车辆在暴风雨中营救受灾市民方面起到了至关重要的作用。[23]

事实上，各司法机构得出了不同的结论——经过辩论——这是一个充满活力的民主国家的标志。吉尔说："事实上，我们发现人们的看法各不相同。一些人想得到这些东西，另一些人想得到那些东西。"这放之全国而皆准。戴维斯和伊利诺伊州的桑加蒙县都放弃了防地雷反伏击车，但得克萨斯州的爱丁堡综合独立学区保留了它的两辆悍马、载货卡车、M4 和 AR－15 突击步枪。得克萨斯州的阿莱多学区放弃了 M16（和 M14）步枪，而犹他州的黄岗岩学区和内华达州的华秀县学区并不打算销毁他们的步枪。洛杉矶统一学区保留了它的步枪，但是放弃了 3 个手榴弹发射器，最终也放弃了防地雷反伏击车。[24]

得克萨斯大学警察局局长海丁斯菲尔德明确表示，重要的是要有一个开放的议事过程，从而得出合理的结果。"社区需要了解的是，他们的警察机构将如何使用这些装备，是否经过了深思熟虑、三思而行、避免狂热冲动的议事程序……我认为这是应该做出判断的地方，而不是简单地说，该局收到了某种装备。"[25]

值得注意的是，提高了事件的透明度，与公众进行了有效对话之后，政策明显发生了改变。似乎已有很多这样的例子，但还会更多。例如，当华盛顿州市民得知一些警察在使用"魔鬼鱼"手机追踪器时，州议会通过了一项法律，不仅要求使用"魔鬼鱼"时必须出示搜查令，而且特别要求警察向法官详细描述这项技术及其影响。两院一致通过此项法律。"魔鬼鱼"立法也在弗吉尼亚州、明尼苏达州和犹他州通过。当得克萨斯州报道了警察在路边进行人体隐私部位搜查时，得克萨斯州议会通过了一项法案，禁止在没有司法部门搜查令的情况下进行此类搜查。[26]

所有这些都表明，对警察执法的保密及缺乏针对警察执法的辩论是有害的。如果公众参与到事件的讨论，情况会有所不同。此外，民主的要求也需要进行这些讨论。

解决麻烦

如何启动此类有目共睹的公共行动，是非常困难的。在大多数地方，警察执法的实施没有通过任何形式的公众参与的讨论，没有遵守普遍审查制度，问题清单很长：线人的使用、同意搜查协议、如何进行合理合规的拦停和搜查、车辆追捕、公共摄像头图像的收集和保存、设置路障（检查酒驾等）。还有很多很多。[27]

这不足为奇。正如我们所见，如果放任自流，那些必须参加选举的立法者宁愿不去监管警察。那么如何改变这个窘况呢？如何做才能够使立法机构承担起他们的责任，即使他们不愿意？

新泽西州美国公民自由协会的政策主管艾瑞·罗斯马林可以回答这个问题。在弗格森事件之前，罗斯马林一直在新泽西州研究军事化问题。他尝试获得研究所需的基本信息——比如新泽西州警察队伍都配置了哪些装备——但他所有的努力都受到了阻挠。他曾提交"信息自由"申请，但都被拒绝了。[28]

然后，他解释道，弗格森事件发生了，并且"改变了我们谈论这个问题的方式"。在弗格森事件之前，这个问题是"深奥的"，但是"现在人们对我们谈论的问题有了视觉上的感受。毫无疑问，弗格森事件影像的传播改变了人们对这个问题的看法，也改变了各种政治考量"。这在新泽西州成为一个"热门故事"，随之州政府"开始发布之前拒绝提供的许多数据。许多事实浮现在人们眼前：手榴弹发射器，刺刀，M16 自动步枪——这已经成为一个地方性问题，人们也以一种前所未有的方式参与其中。如果不是弗格森事件导致'军事化'受到广泛关注，这一切就不会发生了"。[29]

罗斯马林总结了立法政治主要的经验教训：事件必须得到突显，这一点至关重要。公众的注意力是撬开许多卡住的石头的杠杆。一旦公众开始关心、媒体开始介入，那么立法者就再也无法回避这个问题：他们被迫选择立场，倾听意见，也许还得采取行动。

新闻和媒体可以影响事件的突显性，利益集团同样也可以影响。如果足够突显，这些事件就可以推动立法进程。以执法机构管理电子监控所依据的联邦法律《电子通信隐私法》（*The Electronic Communications Privacy Act*）为例。除非电信行业不想继续浪费时间和金钱回应政府的收集数据的要求，否则我们永远不会有这样的立法。因此，他们提出问题，并努力游说立法。[30]

当然，相关利益集团也可以阻止立法，在这方面，正如我们所讨论的，执法机构是非常强大的一方。当《电子通信隐私法》需要修订时，即使技术团队的主张也很难被采纳，因为执法机构的重要组成部分持续反对拟议的修订措施。[31]

克服执法机构方面的阻力需要持之以恒，坚持不懈。罗斯马林指出，新泽西州还有其他悬而未决的法案引起了美国公民自由联盟的兴趣——从独立检察官负责的警察枪击案，到警察培训，再到执法记录仪的使用。但在实施这些措施的听证会上，如果法案获得通过，"从警察工会到高级警官，再到巡警，每一级警务人员"都会谈论"对公共安全的威胁，对警察士气的破坏"。还会出现"连锁反应：戴着警徽的警察走进听证室，告诉你街上会血光四溅"。[32]

警察工会是一支强大的力量——也许比警察局长还要强大。他们带来了"支持，金钱，选票"，罗斯马林解释道。"他们会拉票，打电话给银行，他们正在以一种警察改革运动没有也不可能有的方式参与进来。"作为一名立法者，你不希望"普通选民收到一封邮件，说某参议员投票反对试图保护你的警察"。这种压力"如果没有其他方式可以抵消，则很难承受"。[33]

到目前为止，问题的核心应该是非常明显的。在制定警务工作规章制度方面存在巨大的空间。但人们很难聚集足够的"动力"开启进程，形成共识，克服执法部门的反对意见。在某种程度上，吉尔参议员通过制定法案巧妙地将这一问题转移到了立法的轨道上。但在一定程度上，这是弗格森事件的功劳。而弗格森事件比较罕见。[34]

不过，事实证明，可能有一个完全不同的解决方案。一个令人惊讶的解决方案。

督促立法机关

几年前，有两位法学教授意见不合。两人都在哥伦比亚特区的乔治·华盛顿大学法学院任教。两人都是刑事诉讼专家。[35]

在技术日新月异的世界里，人们对如何处理政府搜查制度的分歧已不复存在。曾在司法部研究计算机犯罪问题的奥林·克尔认为，法院应该出面，让立法机构来做这项工作。科学技术是复杂的，日新月异，法院不知道该怎么做，他们也无法制定出人们需要的涵盖广泛的管理事务制度。奥林·克尔的同事丹尼尔·索洛夫的专长是隐私法，他的观点与奥林·克尔截然相反：不是那样的，法院可以从当事人那里获得所有他们需要的信息。而且，无论如何，立法机关做得并不好。[36]

他们的辩论让人想起了 20 世纪 80 年代的一场广告宣传。酒吧里发生了争执。关于喝啤酒？但正如你所想，不是的。关于哪种啤酒更好？——也不是，这是一场关于什么品质促使一款特定的啤酒（米勒淡啤）如此之好的争执。"不胀肚子"，一部分人叫道。"不"，其他人反击道，"味道好"。[37]

当然——对于米勒淡啤和克尔、索洛夫来说——答案是，为什么不能两者兼而有之？为什么法院和立法机关不可以在警察执法方面进行合作？

事实上，这就是制定我们至关重要的警察执法立法的过程。例如，1928 年，在"奥尔姆斯泰德诉美国"（Olmstead v. United States）的案件中，最高法院认为《第四修正案》未对政府窃听做任何规定。就宪法而言，政府可以随心所欲。"此后不久，有人在回答奥尔姆斯泰德的质问时说，国会明确禁止未经授权的窃听，以及泄露或公布电话通信内容。"这是最高法院在 1967 年"伯杰诉纽约"案（Berger v. New York）的裁决中所表述的，其中提到了国会 1934 年的《联邦通讯法》（*Federal Communicatious Act*）。关键是，最高法院拒绝监管窃听行为迫使国会通过了这项法案。[38]

事实证明，伯杰案的决定和奥尔姆斯泰德案一样，具有引发立法的效果。在伯杰案中，最高法院驳回了纽约的窃听法认为它在许多方面与《第四修正案》相悖。对伯杰案的回应引发了这一领域有史以来最重要的联邦法规之一的制定——1968年《综合犯罪控制和安全街道法》(*The Omnibus Crime Control and Safe Streets Act*)第三章,通常称为《窃听法》(*The Wiretap Act*)。第三章全面规范了国内各地警方的窃听行为。该法令将最高法院在伯杰案中的意见作为导向,尽管在某些方面超出了最高法院所说的《第四修正案》的要求。[39]

人们从这种司法—立法互动模式总结了3条有趣的经验教训,说明了立法机构的立法困难重重,及其原因。

首先,尽管事实证明,法院在保护宪法自由和规范警察管理方面令人失望,但围绕这些问题,法院在采取民主行动方面发挥重要作用。

第二,正如法院在伯杰案和奥尔姆斯泰德案中所表明的那样,似乎法官采取了某种极端的立场,才会启动回应司法裁决的立法行动。哪个方面的立法并不重要。奥尔姆斯泰德案法官认为,窃听完全不受宪法标准的限制。而伯杰案法官则认为,根据宪法规定应该严格对待窃听。这两件事件促成国会——从某种意义上来说是被迫的——启动立法程序作为回应。[40]

最后,尽管任何一个极端决定都可能促进立法,但考虑到围绕警察执法的利益集团政治的本质,人们有理由认为最好的工具将是限制政府行为的保护人民权利的法规。因为,正如我们所看到的,围绕警察执法最集中、最成功的利益集团是警察本身——及其在预防犯罪方面的合作伙伴,检察官。[41]

让我们再直截了当一些:如果法院说警察不能做某事,至少警察未履行相关规定;如果警察认为他们拥有权力很重要,他们就会到立法机关要求得到授权。戳戳政府的牛屁股,它就会跳起回应。然后人们继续进行这一领域迫切需要的民主辩论。

虽然这一策略有效地激励了立法行动,但它仍存在一个很大的问题。由于担心缺少信息,缺乏专业知识,法院极不情愿做出对警方不利的裁决。但现实情况更糟。[42]

困难在于,立法机关不能对宪法裁决——包括根据《第四修正案》所做的裁决——置之不理,即使最终证明这些裁决是愚蠢的或造成适得其反的后果。除非我们通过一项宪法修正案,或者最高法院改变了主意,改变了自己的立场,否则我们就只能坚持宪法所做裁决,被其所困。第一种方法几乎不可能发生,第二种方法也很少见。

这也是法官根据宪法对警察说"不"如此谨慎的另一个原因。我们已经了解保护权利的裁决是如何刺激立法行动的。但法官们不愿意频繁这样处理，因为这可能会束缚警察的手脚，结果会带来更大的麻烦。

授权警察

然而，如果法院未向警察说"是"或"不"，而是以某种方式要求对民众负责的机构自己考虑这个问题，那又如何呢？换言之，如果法院能坚持在警察执法之前，立法者通过民主的、负责的规章制度来规范警察的行为，那会怎样呢？

"犹他州诉西姆斯"案（Utah v. Sims）就是这样的。[43]

1988 年 7 月 27 日上午 9 时 30 分左右，路易·西姆斯在犹他州内菲城外的 15 号公路上行驶时，被犹他州高速公路巡逻队的"万能"路障拦停。犹他州高速公路警察保罗·曼格尔森警官当时是负责人，他是一名思想激进的缉毒执法者。西姆斯停了下来，警察要求其出示驾照和行驶证。这时，巡警卡尔·霍华德闻到酒味，并在车后座上看到一个打开的容器。他让西姆斯下车，要求允许搜查。西姆斯同意了。霍华德在后排乘客的烟灰缸里发现了几个烟屁股，所以他接着要求搜查后备厢。在后备厢里，曼格尔森在一个手提箱里发现了两塑料袋的大麻。这时，西姆斯说"再也没有了"，但是——曼格尔森相信他已经具有充足合理的理由——他继续搜查着。他在后备厢放备胎的地方发现了一公斤重的可卡因。[44]

西姆斯辩称，犹他州没有法律授权设置路障，因此这次设置的路障是违法的，所有对他不利的证据都应该无效。这种情况如果放在其他大多数州，西姆斯应该已经在服刑的路上了。路障拦停所有车辆对驾照和行驶证进行检查；西姆斯显然违反了"开箱法"；他同意了搜查；而且这一网收获巨大。这正是法院不愿放弃证据的情况，因此他们竭尽所能批准警方的所作所为。正如犹他州最高法院所指出的，其他州的法院根据赋予警察执行刑法的一般权力中，推断出了人们允许设置这样的路障。[45]

但西姆斯不仅走了，犹他州最高法院裁定他甚至不必缴纳州政府征收的 40 万美元的税单。犹他州法院——综合了犹他州上诉法院以及最高法院的意见——指出,该州其他类型的路障有具体的立法批准。无论是搜查运载牲畜的大卡车,还是根据鱼类和狩猎法搜查所有机动车,"人民的集体意志"都是通过"他们选出的代表""来表达的"。但在这里,没有任何法律能够逃避"政治问责责任"。因此:搜查无效。[46]

在驳回西姆斯搜查案时,犹他州法院强调了对警方执法进行某些审查的重要性。法院指出,在该州,警察认真执行搜查前必须获得搜查证的规定,以此来遏制警察的过度执法行为。但设置路障通常是在没有获得搜查令的情况下发生的,因为没有"合理的理由"相信有人做了错事。因此,犹他州法院说,有一个预先制定好的法规至关重要。"行政部门未参与制止滥用行政部门的执法权力的搜查令及成文法相关规定的制定。"上诉法院强调了这样一个事实,即"没有来自公路巡逻队或任何其他来源的书面政策来指导设置路障的执法行为"。[47]

这类需要立法授权的决策在美国是非常罕见的,但是在其他国家,这些决策都是固定连接到系统中、必须执行的。例如,在"R 诉斯宾塞"(R. v. Spencer)案中——加拿大最高法院的一项判决——在被告的硬盘上发现了大量儿童色情内容。不过,当时警方掌握的只有一个匿名用户账户,他们知道这个账户上保存了非法图片。此案的问题是,警方在前往账户持有人的互联网服务提供商(ISP)那里查明实际用户是谁之前,是否需要搜查令。在分析这个问题时,审理斯宾塞案的法庭提出了加拿大的标准做法。在这种情况下,只有以下搜查是"合理的":(a)经法律授权;(b)法律本身是合理的[即宪法];以及(c)以合理的方式进行搜查。第一个问题非常关键,值得关注。[48]

在我们这样一个对自己的民主传统如此自豪、表面上如此依赖于人民意愿的国家,忽略了——警察的行为是否得到法律授权——这个最根本的问题是很奇怪的。除了习惯使然,没有什么理由可以进行解释。法院已经习惯了用宪法的方式来裁决,以至于他们不会停下来问一下警察机构所做的事情是否有明确的授权。

法院应该强制进行民主审议和立法行动,而不是用许多制定有缺陷的宪法规则来扰乱警察执法。他们只需停下来问一个最简单的问题,这很容易做到:"这里发生的事情是否符合现有的民主问责制度的要求,是否获得其授权?"如果有明确的授权,那么法院必须解决宪法所存在的问题。但如果没有,仅凭这一点就足以证明警方的执法行为无效。但是直到警察执法机构获得明确的民主授权之前——从立法机构获得授权，或者在公众的参与下颁布自己的规章制度，我们并未一直以一个宪法保障的国家那样合理行事。

需要特别授权时

某种程度上，如果没有任何法律赋予执法警察做某事的权力，显然法院不应该授权警察进行执法。毕竟，没有正式授权，任何政府机构都不能采取行动。但是，正如我们所看到的，警察机构执行法律时，通常被赋予非常广泛的权力。难道这些就足够了？法院还有介入的余地吗？[49]

法院在每一个案件中都应该扪心自问，现有的给予警方的全面授权是否足以涵盖警方的所有作为。对于有着悠久历史的为公众熟知的警察执法策略——例如，基于某些原因实施的交通拦停——答案很可能是肯定的。但是，在某些情况下，这种古老的授权形式是否能够全面考虑所发生的一切则受到了不同的质疑。而且质疑越来越普遍。例如，当警察使用入侵性技术行使常规的权力时，如无人机和热传感器，超出了包括立法者在内的任何人的想象，那么要求警方回到立法机关并获得特定的许可似乎完全是合情合理的。同样，所有新开发的规划，具有主动性、威慑性的警察执法——路障、闭路电视、行政搜查——所有这些，也不可能出现在那些只知道用最一般的术语授权警务人员的人的脑海中。因此，再一次——如同犹他州法院在西姆斯案中得出的结论——警察执法前必须获得立法授权，或者至少制定相关规章制度进行规范。

在这种情况下——至少在警察管辖范围之外——美国法院通常的做法是明确"宪法怀疑"，即看似宽泛的法规涵盖了相关的具体情况。他们说，实际上，我们不确定宪法是否允许这样做，因为没有明确的证据表明这一行动是民主授权的，所以我们不会允许这样做。例如，在"肯特诉杜勒斯"案（Kent v. Dulles）中，最高法院被问及一项将签发护照的权力"交给国务卿自由裁量权"的法律是否包括国务卿能够决定以某人是共产主义者为理由而拒绝签发护照。肯特认为，基于这种理由拒绝签发护照，侵犯了其根据《第一修正案》选择参加任何政治运动的权利。最高法院没有回答《第一修正案》的问题，而是通过否决了政府想要的权力回避了这个问题，称它不会基于此"轻易推断出国会在授予或拒绝护照方面给予国务卿不受约束的自由裁量权"。换句话说，除非国会明确表态，赋予国务卿拒绝签发其护照的权力，否则最高法院就会认为根本没有这种权力。[50]

　　同样的策略——在立法机构明确表态之前对当局的所作所为进行狭义的解释——在加拿大儿童色情案件中表现得也很明显。有一条法令——有案可查——允许"合法当局"获取匿名用户的信息，但是这是否包括所谓的"合法当局"在没有获得授权的情况下直接询问互联网服务提供商？在解决这一问题时，法院认识到它需要在这一特定案件中当一次"超级恶棍"。"问题不在于斯宾塞先生为获取儿童色情制品而隐瞒他使用互联网的行为是否具有合法的隐私利益，而是人们是否普遍对他们在家中用于私人目的的计算机的订户信息有隐私利益。"考虑到隐私利益的利害关系，法院决定必须将"合法权限"解释为对互联网服务提供商的要求"不仅仅是执法部门的一个赤裸裸的请求"。如果这是错误的，那么警方可以回到议会获得明确的授权。[51]

　　请注意，这种——基于对现行法规而不是宪法的狭义解释的——裁决对我们所有人都有利。得出不需要搜查令的结论将使每个人在互联网使用中的隐私处于危险之中。另一方面，坚持把搜查令作为一个宪法问题可能会错误地打破平衡，因为法院面对的只有一个案件，无法想象其他案件都会有搜查令的问题。通过可查案例简单、狭义地解释法律，没有其他相关补充解释，立法机关可以自由思考这个问题，如果必要或者适当的话，立法机关可以提出一系列需要搜查令的情况，以及其他不需要搜查令的情况——甚至采用某些程序直接解码互联网服务提供商地址。

　　关于警察执法，宪法中有大量的例子，在这些例子中，询问立法机关的想法似乎是很有意义的事情。然而，最高法院在尊重制度制定机构意见的同时，也常常无视或忽视他们的意见。例如，为了引用《第四修正案》，某些物品必须是"搜查"或"扣押"。"在弗吉尼亚州，警察逮捕了一名男子，但他犯的事并不属于可逮捕的罪行"；随后，他们因"合法逮捕"对他进行了搜查，并发现了毒品。人们会认为逮捕是不"合法"的，因此搜查是无效的。然而，最高法院说："没有任何历史经验可以表明，那些批准《第四修正案》的人将其理解对立法机构可能实施的任何搜查和没收进行限制的额外保证。"什么？人们可能会认为，"立法机构实施的"说明了什么是合理的，什么是不合理的。[52]

同样，最高法院对警察监视是否构成受《第四修正案》管辖的"搜查"的检验是，一个人在这种情况下是否有"合理的隐私期待"。看起来，如果某个州禁止某些窥探行为——比如非法侵入他人的私人领地或者翻捡别人的垃圾——这将是一个非常明确的声明，说明我们拥有何种隐私权，以及警察可以做什么，不可以做什么。相反，在对警察执行行动的裁决中，最高法院毫不避讳地无视州法律保护隐私的条款，坚持自己的观点，即允许警察应该做什么，不应该做什么。[53]

最高法院热衷于通过宪法裁决来规范警察执法，而不是把任务转给立法机构，这与这个国家所依赖的民主原则根本不符。这个国家由人民统治。不是警察，也不是法院。当警察执法出现问题时，法院的首要任务必须是确保人民有自己的发言权，如果没有，那么就坚持让人民发声。

鼓励民主警务

法院需要做的是，不要将自己视为警察执法的最终决定者，而是将自己视为制度制定者的合作伙伴——无论是立法机构、行政机构，还是警察本身——以确保警察执法不仅符合宪法精神，而且符合民主精神。法院不应如此迅速地介入并宣布某案件符合宪法或违宪，法院更应该专注于民主进程的顺利进行并制定出规范警察执法的健全制度。

最高法院在一些重大案件中起到了很大的作用，它明确要求立法机构采取行动，甚至提供了一份指导图示，说明哪些事情是被允许的。在之前讨论的伯杰案中，尽管最高法院以缺乏足够的宪法保护为由否决了纽约的窃听法，但大法官们明确表示，窃听有其存在的理由，而且他们对需要做什么也要求得非常具体。在另一个名为基思的案件中，作为国家安全调查的一部分，政府在没有搜查令的情况下监视了被告。基思认为，国内安全调查仍然需要法院授权，但是对政府持有的国家安全具有特殊性的论点，法官们不仅做出了回应，甚至提出了具体的建议，认为哪些措施可能有效，从而促使美国通过了《外国情报监视法》(*Foreign Intelligence Surveillance Act*，简称 FISA)。[54]

当此类情况发生时,这种跨机构的协调合作是非常成功的。联邦法规,如《窃听法案》和《外国情报监视法》——虽然在今天可能已经过时——但在他们的时代,是两党切合实际、寻求合作立法方面取得的巨大胜利。之所以可以实现立法,正是因为大法官们发挥激励作用的同时,仍然采取开放合作的决策过程,以确保警察的指导方针符合宪法的规定要求。[55]

事实上,法院可以激励警察寻求民主授权。正如我们所看到的,法院往往只是简单地"遵从"警察的所作所为。然而,遵从不应该等同于慷慨。批准或否决都可以成为强有力的工具,让警察在执法前获得公众的支持。[56]

对于法院来说,遵从流程透明的政府决策并有机会让公众参与是一回事;而遵从流程不透明的警方的决定则是另一回事。在警察执法的某些方面,应当适当地遵从警方的决定。例如,最高法院曾表示,法官应"适当重视"一名警官的"经验和专业知识",以判读某一系列事实是否足以令人怀疑,从而可能有足够的合理理由进行搜查。另一方面,在诸如是否在空中部署无人机、是否派遣特警队执行搜查令、在高速公路上设置路障,或收集所有美国人的电话记录等问题上,遵从警方的决定是没有意义的。尽管我们非常乐意听一听警方对这些问题的看法,但归根结底,这些都是需要公众判断的问题,而不是警方单方面的命令。[57]

法院应该学会如何将"尊重"作为一种工具——当警察遵守制度并采取行动时,法院为其创造一个安全的港湾。20 世纪 70 年代,哥伦比亚地区上诉法院对一个案件的处理完美地诠释了法院应该如何运作。此案中的问题是,警方将犯罪嫌疑人带回案发现场供证人辨认,由证人辨认得到的鉴定证据是极其不可靠的,而且随着时间的推移会越来越不可靠。尽管如此,因为警方费尽心思才制定出一个似乎足够合理的规定,法官们非常乐意遵从这项规定,而不是代替他们做出自己的判断。法官们指出:在这起案件发生后,[警方]实施了一项规定,将现场和现场附近的"证人辨认"限制在"60 分钟"内。"我们在这项规定中看到了一种谨慎和值得赞扬的行政努力,以平衡'辨认'的新鲜性及其固有的暗示性之间的关系,并在嫌疑人不是罪犯的情况下,平衡'辨认'与'被辨认'双方在记忆仍然新鲜的时候继续追踪的需要。我们认为没有必要在这个时候通过司法程序声明并干预任何更严格的时间标准。"[58]

如果立法机构或警方意识到法院会遵从合理的公共制度，他们起草这些制度可能性会更大。如果他们一直受到尊重，不管发生什么问题，那么他们则失去了制定公开问责制的动力。

这是一个真正的机会，立法机构和法院都应该抓住这个机会。当被问及新泽西州的立法机构会通过哪些关于警察执法的立法，又有哪些警察执法立法会陷入困境时，参议员尼娅·吉尔给出了一个令人惊讶的答案。她说："你知道，我们并没有真正处理警察执法问题。"各州立法机构通常所做的不是"直接监管警察执法"，而是通过刑事法律的立法和政策的制定监管警察执法；例如："如果我们说这是三级犯罪，那么……就有相应的惩罚。"基于这个原因，她总结道："我们不一定有机会就警察执法进行更广泛的对话。"[59]

这位女士宣称自己"对亲近人民的政府抱有坚定的信念"——这代表一个已经失去的机会。尽管警察执法是地方政府的责任，应该在地方政府中加以管理，但是在州一级也是如此。毕竟，地方政府是州法律的产物。从执法记录仪及闭路电视到路障及特警队的部署，都需要制定法律。清单很长，而且所涉及的基本权利极为重要。地方政府往往缺乏解决问题的能力，因此，它也只能服从警察部门。州立法机构有时需要加强立法力度，但必须有人促使它这样做。[60]

我们在这个国家已经养成了一个非常坏的习惯。我们把警察执法交给警察，偶尔也交给法院。我们现在已经了解了法院在监管警察方面是多么的差劲。但是，如果他们开始问一个简单的问题：这是授权的吗？如果此后他们禁止警察在没有任何授权的情况下采取行动，那么法院就可以做出极大贡献。通过这种方式，法院可以帮助促进民主警务。

现在，需要做什么，以及法院如何帮助我们实现这个目标应该已经显而易见了。我们都需要对警察的行为负责，参与制定警察执法政策，给予指导。为了实现这一目标，执法机构做出的决定必须是公开和透明的。我们必须坚持，在警察行动之前有适当的规章制度，制度的制定必须有民众的参与、民主的投入。

因为政客们不愿意承担这一责任，法院可以发挥重要作用。通过禁止警察在没有民主授权的情况下采取行动，法院可以促使政治事务的实施。他们还可以奖励那些在行动前获得公众认可的警方,遵守现行制度的警方。

　　这并不是说每一条经民主授权的警察执法制度都是可以接受的。其中一些规定仍然可能违反宪法。这是警察等式的另一半,也是我们即将探讨的问题。我们将研究宪法中对警察机构应该如何运作的规定。但是,这个问题甚至不应该出现,除非或者直到人民对这个问题发表意见。这就是第一部分的重点:明确民主警务的重要性,需要制定由公众参与起草的公开透明的规章制度对警察执法进行规范管理。

第二部分

符合宪法的警察执法

宪法不仅要求民众参与警察执法。它也限制了政府的权力范围。《第四修正案》是宪法中与警察执法最相关的一部分，禁止了"不合理的搜查和扣押"。《平等保护条款》也发挥了作用：是反对歧视最具有约束力的规章制度。

第二部分解释了宪法的主要保障措施如何应用于警察执法。第五章讨论了各类授权：为什么警察执法必须经过法院的授权，以及在行动之前，警察如何利用现代科技更容易地获得法院的各类授权。第六章解释了警察执法过程中出现的各种问题——从拦停盘查到过于激进的缉毒行动——原因是因为法院没有严格执行宪法关于"合理理由"的要求。第七章转向新的警察执法；它帮助我们梳理思路，正确理解如何应用宪法历经200多年的保障措施管理现代警务工作，如设置路障检查酒后驾车、商业行政检查、缉毒行动和机场安全。最后，第八章探讨了普遍存在的情报收集问题——以及有关种族歧视等问题。

法院未能执行宪法的规定要求是导致警察执法出现问题的一个重要原因。根据前一部分对法院的批评，人们可能会有理由怀疑：我们是否可以依靠法院来正确处理这一问题？这个问题问得很好，但我们还是有希望获得满意答案的。

首先，虽然给人的第一印象比较封闭，但是法院可能会更加开放，更愿意接受不同的观点。在过去的几十年里，警察执法发生了翻天覆地的变化。虽然一直在努力跟上警察执法变化的步伐，但法院仍然不太明白宪法应该如何适用于新的警察执法。在很多情况下，法官犯了错误，不是因为坐地自划或顽固不化，而是因为心存困惑，百思不得其解。通常情况下，司法部门错得并不离谱，只要稍稍做几次纠正，有关警察执法的宪法看起来就会大相径庭、迥然不同。

第二，宪法不仅仅适用于法院，尽管我们已经习惯这样认为。即使法官没有履行职责，所有政府机构都必须遵守宪法。这一部分所阐述的有关宪法的观点，既适用于法院，也适用于警务人员和立法机关。警察机构和立法机构应该停止假设，如果法院说某项决定是符合宪法的，那么可以继续照做。这正是现在人们认识到的，许多警察执法是"合法但可怕的"。警务人员尤其应该扪心自问，他们即将采取的行动是否与宪法的程序要求相一致。

最后，每个公民都应该了解宪法的要求。有大量证据表明，不仅是政府官员，法院也与普通大众一样，对宪法的理解浮光掠影，不甚了了。这意味着公众应该具备一定的有关警察执法的宪法知识。第二部分着重介绍如何将历史悠久的宪法原则与新的警察执法秩序联系起来。

第五章　无搜查令的搜查

　　民主警务是为了确保警察执法符合人民的意愿,搜查令在警察单独行动中也起到与之类似的保障作用。警察闯入某户人家之前,或进行抓捕、扣押财产之前,政府另一个部门——司法部门——会进行审查,以确保即将发生的事情正确无误、符合事实。搜查令是防止错误发生的一种方法。正因如此,100 多年前最高法院已规定,《第四修正案》保证了搜查令的优先顺序,即在警察行动之前,必须持有司法许可证。

　　不过,在实际操作中,警察并未完全遵守并经常违反申请搜查令的规定。更糟糕的是,一些最高法院的法官近来开始争论《第四修正案》实际上并没有要求执法人员必须获得搜查令。因此,具有讽刺意味的是,当科技的发展使警察更容易获得搜查令的时候,法官们却在寻找借口为他们开脱。

　　这是个错误。

一件非同寻常的案子

　　联邦上诉法官在“弗伦茨诉塔科马市”(Frunz v. City of Tacoma)一案中的观点是:“事实令人瞩目。”案件确实引人瞩目,但也许不是法官们所认为的原因。[1]

　　苏珊·弗伦茨和她的丈夫泰德·昆特离婚了。昆特拥有房子的产权,并获得禁止弗伦茨进入他住所的限制令。但当昆特于 2000 年 11 月中旬搬到加利福尼亚后,他把房子送还弗伦茨,钥匙寄给了她的离婚律师威廉·迪波里托。重新开通电话、接通电源后,弗伦茨搬了进来——不久之后——就来了两位客人。[2]

因为弗伦茨的邻居克林顿·斯台普斯,警察开始介入。2000 年 11 月 18 日,斯台普斯报了警,告诉警察昆特让他照看房子,而他的前妻(弗伦茨)带着一个同伴住了进来。警察出警了,敲了弗伦茨的门。没人回答,他们就走了。4 个小时后,斯台普斯又打来电话,说有人敲了弗伦茨的门;他看见弗伦茨开门让那个人进去。这一次斯台普斯告诉电话接警员,法院对弗伦茨下达过限制令,禁止她进入前夫的房子。[3]

六七名警官返回,暗中观察屋里的人。他们堵住前门,从后门破门而入。弗伦茨听到门被撞开的声音,就去查看。她遇到一个警官,其用枪指着她的脸,枪口离她的头只有几英寸远。警察命令弗伦茨和她的客人趴到地板上——其中一人在那里狠狠地摔了一跤——然后他们都被铐上了手铐。一位客人被带到草坪上,五花大绑。[4]

警察确定没有逮捕令后,就释放了他们,但——莫名其妙地——仍然用手铐铐着弗伦茨。他们把她挪到椅子上,开始审问她。他们反复询问弗伦茨的名字,以及其他问题。每次她试图解释时,总会有人说"闭嘴",并坚持说:"你是个盗贼。"他们威胁说要把她关进监狱。即使一名警官在房间里发现了一些签着弗伦茨名字的文件,他们也拒绝相信她。天气寒冷,疲累交加,弗伦茨哭着让警察把她送进监狱,结束这场噩梦。[5]

最后,弗伦茨说服警察给她的离婚律师打了电话。幸运的是这天是星期六,迪波里托本人也在佛罗里达州,迪波里托的儿子接了电话,并让父亲和警察通了电话。最终,迪波里托证实了弗伦茨的说法,警察得到了满意的答案。他们直接起身离开。所需的出警报告甚至从未归档。[6]

面对事实,法官们玩起了"假如你是警察"的游戏。不然警察还能如何处理这种情况呢?警方的辩护律师坚持说他们做了唯一正确的事;他们遇到了紧急情况,所以就进入了房间。法官们提出异议;事件存有许多其他的可能性。例如,警察可以"询问邻居斯台普斯与丈夫昆特最后一次的联系时间,在那种情况下,邻居可能知道昆特已经搬出房子,住在另一个州"。他们甚至可以像一个半小时前那样敲门,礼貌地询问弗伦茨他们是否有权住在那里。[7]

但法官们最后指出的是(用他们的话来说)"最重要的"——警察未获得搜查令。法庭认为,"理智的警官",不会"在没有事先警告的情况下,手持枪械,从后门冲进房间,把住户——即房主,铐上整整一个小时"。他们会"设法取得搜查令……并监视房子,看是否有人进出"。[8]

陪审团判给弗伦茨 2.7 万美元的赔偿金,另外 11.1 万美元的惩罚性赔偿金。法官们认为,如果还有什么不足的话,那就是判决对警察太友好了。"塔科马的市民,"他们说,"不想在自己的家里受到陪审团认定的……警察对弗伦茨及其客人的不公平对待。"除了对冒然提出上诉的被告处以罚款外,法官还命令市检察官向市议会通报所发生的事件。法院意见书的作者是美国最著名的法官之一,倾向自由主义的保守派法官亚历克斯·科津斯基。[9]

虽然法院称"弗伦茨案件"的事实"令人瞩目",但是警察经常在没有搜查令的情况下进行搜查或扣押,尽管他们有足够的时间获得搜查令。事实上,现在的警察几乎从不在搜查前申请搜查令。与其他情况的警察执法一样,这个论断虽然缺乏数据支持,但是仍有一些确凿的证据。20 世纪 80 年代的一项研究得出以下结论:"绝大多数刑事调查都是在没有搜查令的情况下进行的",很少有执法人员申请搜查令。1991 年的另一项研究调查了 7 个总人口近 400 万的司法管辖区,发现在半年的时间里,只签发了 2115 份搜查令。2004 年,两位学者在美国一个中等城市进行实地调查,发现 115 次搜查中没有一次申请搜查令。即使是没有搜查令的入户搜查——这是弗伦茨案中深深困扰法官的一个因素——也很常见,只要上网几分钟就可以发现这一点。[10]

警方之所以不去申请搜查令,是因为最高法院对此即使不是完全的不屑一顾,采取的也是漫不经心、毫不在意的态度。既然法官能够批准警方在没有搜查令的情况下的所作所为,警方对于申请毫不费心也就不足为奇了。

发生在苏珊·弗伦茨身上的事虽然常见,但却完全可以避免。审理此案的法官认为此案非同寻常,并为之气愤是很正常的。对警方未能获得搜查令,人们希望法院的反应再强烈一些,从而督促警方申请搜查令——特别是现今科学技术的发展,申请的程序更加方便快捷。

申请搜查令的重要性

在经典电影《马耳他猎鹰》中，警方造访了私家侦探萨姆·斯帕德——由汉弗莱·鲍嘉饰演——的家，怀疑他枪杀了他的商业伙伴。他们问他带的是什么枪，斯帕德回答道："一支枪也没有。我不喜欢枪。"当被问及他家里是否有一支时，他否认了，并敦促警官们"四处看看"，然后他奚落他们："如果你们愿意的话，可以把这个垃圾场翻个底朝天。我不会告发你们的——如果你们有搜查令的话。"[11]

那是在 1941 年，当时，最高法院的先贤们完全支持斯帕德的坚持，要求警方出示搜查令。事实上，1877 年，在最高法院的首例《第四修正案》判决中，大法官们写道："在邮件中，[一个人的文件]只能在类似搜查令的授权下才能被打开和检查……当入户搜查文件时，必须申请搜查令。"此后，大法官们一再如此强调——直到现在。[12]

为什么要申请搜查令？通俗地说，"未授权"就是不正当的。同样，当涉及特定的搜查或扣押时：搜查令是一种由中立的第三方批准的形式——即治安官或法官——确认有充分的理由（"合理理由"）允许警察打扰人们的生活。警察——执行抓捕坏人的任务时——可能行动过于匆忙。他们可能会，就如苏珊·弗伦茨案中一样，对搜查某个人或某个地方的必要性过于自信。所有这些都是可以预见的，也是可以理解的。因此，搜查令申请的重要性不言而喻。正如罗伯特·杰克逊法官在 1948 年所做的解释，搜查令只是确保最终的搜查决定是"由一个……治安官做出的，而不是由分秒必争、一心求胜的缉捕罪犯的警官做的判断。"[13]

人类的直觉和经验支持申请授权的要求。无数次，当人们有了一个想法，尽管可以说服自己那是一个非常好的想法，但是当大声对别人说出来的时候，突然就退缩了？即使是对自己最好的朋友。有时候，一想到要告诉别人我们打算做什么，就会让我们畏缩，并意识到刚才看起来很聪明的事情实际上是愚蠢的。警察也不例外，不得不向法官报告这样一个简单的事实就会让警察停下来思考，问一下自己"我有这个权利吗"或者"这真的有必要吗"。这正是为什么，正如最高法院所说，"治安官有依据并深思熟虑的决定"要"优于警官的匆忙行动"。[14]

许多社会学研究支持这样一个观点：申请搜查令有助于制定更好的决策。研究显示,当人们被迫向第三方证明自己的决定正确时,这些决定往往更理性,较少带有主观偏见。例如,事实证明,如果当事人被迫考虑对对方最有利的辩论点,则法律纠纷在审判前得到解决的可能性更大;这使人们能够多维度地、均衡地看待问题。[15]

这就是搜查令的意义所在。给出理由。获得批准。多一道程序,可能就避免了不必要的追捕。因为,正如发生在苏珊·弗伦兹身上的事情一样,形象生动地说明警察犯下的错误可能会对无辜的受害者造成心灵创伤。

降低搜查令的要求

1967 年,在一个名为"卡茨诉美国"(Katz v. United States)的案件中,最高法院措辞坚决,重申了警察搜查前必须得到搜查证的要求。法官们强调,没有搜查令的搜查"本质上是不合理的"。这是法律的强制规定,意味着除非警察先拿到搜查令,否则法庭会认为他们的行为是非法的,是违宪的。卡茨案作为强制申请搜查令的案例,一再被引用。[16]

然而,从那时起,法官们用一个又一个例外打破了这项看似强有力的规定,以至于申请搜查令的"要求"现在看起来像是一片"瑞士奶酪"。[17]

需要明确的是,长期以来,法院对警方申请搜查令的要求也存在例外情况,但是这些"例外情况"必须言之成理、理由充足。其中"紧急情况"至为重要,也是警方在弗伦茨案中为自己的行为辩护(错误的)的理由。这个"例外情况"说明了一个显而易见的事实:如果没有时间,警方不必申请搜查令。从来没有一个法庭会在紧急情况下仍然要求申请搜查令。[18]

基于事态的紧急,司法史上长期存在无须申请搜查令的两种"例外情况"。无须申请搜查令警方就可以实施抓捕是已经约定俗成的了。显然犯罪嫌疑人不会在警方申领搜查令时还在原地乖乖地待着。同样,无须搜查令,警方可以对犯罪嫌疑人实施"合法逮捕",对其资产进行搜查,以便警察能够找到证据(否则很快就会被销毁)或武器(可能被用来伤害警察或其他人)。[19]

然而,最近,最高法院又确定了许多不需要按照"要求"申请搜查令的特例,以至于法律学者们甚至无法就具体数目达成一致:他们只是简单地称这个数字为

"庞大"或"巨大"。斯卡利亚法官称有 22 个。现在的特例包括移民检查站、受监管企业的行政搜查、经"同意"后的搜查、福利受益人、学生、假释犯和政府雇员的搜查、库存搜查、可移动集装箱的搜查、机动车搜查、船只搜查、火灾调查搜查等等——名单源源不断，持续增加。[20]

没有什么比所谓的"机动车特例"更能体现最高法院对搜查令的漠视。基本上，只要搜查机动车，大法官们不再需要搜查令。机动车显然是可以移动的：许多机动车搜查都可以判定为"紧急情况"，因此无须搜查令。但是最高法院却授权了不需任何理由对机动车进行搜查的特例——即使是无法移动的机动车，例如在某个案件中，车主被拘留，而警察恰好有钥匙。[21]

虽然法律对"机动车特例"已经做了规定，但是法官们却无法给出一个前后一致的解释，尽管他们试图尝试进行解释。他们认为警察搜查车辆时不需要搜查令，因为车上可以看到人。但房子也有窗户，这并不意味着警察可以直接入室搜查我们的物品。他们强调汽车属于运输工具，而不是储藏室；这一点似乎将汽车的后备厢排除在外，而且人们在旅行时和在家里一样需要人身、财产安全。法官们甚至建议，没有必要申请搜查令，因为州法律要求车辆进行登记——但是车辆登记似乎与搜查令申请没有任何关系。[22]

在卡茨案上宣布"无授权搜查""本质上不合理"后，近 50 年里，法院实际上——很大程度上因为禁毒战争的压力——转变了方向，取消了申请搜查令的"要求"，但是，问题的关键是，这些案例都不能解释为什么不需要申请搜查令。申请搜查令有益无害，没有什么不好的。正如第三章中所描述的，法院在事实发生之后默许了警察所做的事情，这种默许一而再再而三，直到规定本身已经有名无实，不再发挥任何作用。

质疑"搜查令申请"

但事实比这更糟糕。有迹象表明，大法官们——当然只是他们中的某些人——已经准备进行游说，鼓吹宪法并没有要求申请搜查令。又一次，他们中没有一个人费心对搜查令的申请提出违反政策的任何理由。相反，一些法官试图废除搜查令的使用，完全只是基于《第四修正案》中一些奇怪的文字表述，以及对其历史的特殊解释。他们在这一点上是错误的,重要的是要弄清楚原因,因为这场争论的反响远远超出了搜查令本身,弄清楚《第四修正案》的"合理理由"的要求,以及弄清楚我们如何纠正现代警察执法的大部分问题。

从《第四修正案》的文本开始(中间标入了数字)——注意确实有一些内容《第四修正案》的表述不明确:

> (1)人民的人身、住宅、文件和财产免受无理搜查和扣押的权利,不得侵犯。(2)除依照合理理由,以宣誓或代誓宣言保证,并具体说明搜查地点和扣押的人或物,不得签发搜查和扣押令。[23]

第(1)条确定了免受"不合理的搜查和扣押"的权利。然后,第(2)条禁止在没有"合理理由"的情况下签发搜查令,等等。但是,正如美国律师协会和美国法律协会的一个联合委员会 1966 年谈到该条款时所说的那样,"修正案没有把这两个条款联系在一起"。具体来说,"它没有用人们期望的字眼进行表述:所有没有搜查令的搜查……都是……不合理的。"你看到了吗?从表面上看,修正案似乎并没有明确要求必须申请搜查令。[24]

这一疏忽让人们有了提出"根本没有必要申请搜查令"的余地。两位著名学者——泰尔福德·泰勒于 1969 年撰文,阿基尔·阿马尔于 1994 年撰文——就对此提出了异议。根据他们的理论,未能及时坚持要求申请搜查令并不是一个错误。他们认为,这是刻意策划的,因为《第四修正案》的制定者不喜欢搜查令,而且几乎不会坚持要求申请搜查令。[25]

这种看似颠倒黑白的解读是如何让人觉得言之有理的,需要我们反思一下——泰勒和阿马尔告诉我们——在过去的日子里,非法搜查或扣押的补救办法是起诉违法者要求赔偿金钱损失。但如果搜查者有搜查令,那么几乎可以完全免责。换言之,从历史上看,搜查令就像"出狱自由"卡——可以称之为"随意搜查和扣押"卡。泰勒和阿马尔认为,滥用搜查令为英国官员免责,导致《第四修正案》的制定者蔑视搜查令,并对其加以控制。泰勒和阿马尔总结说,由于这段历史,把《第四修正案》解读为需要搜查令是错误的。《第四修正案》所要求的只是搜查和扣押必须"合理"。它还规定了使用搜查令的情况下,如何控制这些危险的搜查令。[26]

现在我们知道，事实上，英国人使用的被殖民地居民厌恶的"通用搜查令"——没有具体说明可以搜查或扣押什么人或什么东西，但却为搜查者提供了豁免权。这些逮查令是任意签发的。因此，英国警官可以获得完全的自由裁量权，这些自由裁量权经常被滥用，他们任意搜查任何人，扣押任何东西。请密切关注1772年波士顿市镇会议上的这一令人兴奋异常的信息——后面还会讲到——因为它让我们感受到殖民地居民对英国签发搜查令的感受：

> 因此，我们的房子，甚至我们的卧室，都暴露在被洗劫的危险之中，我们的大箱子、小箱子、不大不小的箱子都被这些恶棍强行打开，洗劫一空，只要他们乐意，说他们怀疑房子里有未付关税的物品。没有任何一个谨慎的人会冒险雇用这些恶棍，即使雇用他们当卑微的仆人。肆无忌惮地滥用这种权力的令人无法容忍的事件，在本港和其他海港城镇经常发生。这样一来，国内的安全环境与我们一点都没有关系，这种安全在某种程度上可以使不幸的人的生活变得幸福美满。这些官员可能会打着法律的幌子，打着通用搜查令的幌子，他们破坏住所的神圣权利，洗劫民宅，摧毁他们的安全，夺走他们的财产，在几乎不危及自己的情况下犯下最可怕的谋杀罪。[27]

尽管如此，泰勒和阿马尔理论的问题在于，尽管殖民地居民讨厌通用搜查令，但他们对"特定搜查令"相当满意，即那些基于合理理由并明确指出了要搜查的人或物。事实上，《第四修正案》通过时，他们已经开始坚持这些修正案。但是，正如我们即将看到的，泰勒和阿马尔没有考虑到这一点。

最高法院发挥作用

如果不是安东宁·斯卡利亚大法官接受了泰勒和阿马尔的历史观，并将其运用在"加利福尼亚诉阿塞维多"（California v. Acevedo）案中，泰勒和阿马尔的理论本可以保持它的本来面目——一个学术理论。当时他说的话现在听起来应该很熟悉了："《第四修正案》的条款中并没有规定在搜查和扣押前需要申请搜查令；它只是禁止'不合理'的搜查和扣押。""搜查令条款"规定了"对其签发的限制，而不是对其使用的要求"。这是因为"搜查令是使执法人员免受殖民地陪审团追责的一种手段"。[28]

斯卡利亚大法官起初只在阿塞维多案中发表自己的意见，但很快他为法院判决书的多数意见执笔，提出了同样的观点——甚至更糟糕的观点。1999 年，在"怀俄明州诉霍顿"（Wyoming v. Houghton）案中，他对政府搜查是否合法进行了两部分的测试。"我们首先应该搞清楚，"他说，"在制定修正案时，根据普通法，这一行动是否被视为非法搜查或扣押。"如果修正案的制定者们允许或禁止没有搜查令的搜查，那么事情就到此为止了。可是，"因为调查没有结果，我们必须根据传统的合理性标准对搜查或扣押进行评估，一方面评估搜查或扣押侵犯个人隐私的程度，另一方面评估它为提升政府合法利益所起的作用。"

看看刚才发生了什么。正如"卡茨诉美国"案所公布的，搜查令本身不再是不合理的。现在根本不需要搜查令，除非"修正案制定时的普通法"要求出示搜查令。（显然，1791 年《第四修正案》获得批准时，当时的普通法不可能为机动车、特警队的突击搜查、毒品检测或数字监控技术等设有专门的条款。）如果普通法没有要求搜查令，那么随之而来的问题——我们全部的自由——就会归结为法官对警察行为是否"不合理"所做的一般性评估。正如我们在第三章中所看到的，法官斯卡利亚呼吁的那种平衡测试给予法官签发搜查令的自由——通常都是对政府所做的事情予以批准。

卡茨案以来，人们对搜查令的坚持并没有完全消失；近来的案例似乎在这两种理论之间摇摆不定。但是，最近的霍顿平衡测试被用来证明许多搜查都是正当的，其中包括政府在没有搜查令的情况下收集蜂窝基站的位置数据，对因严重犯罪而被捕的人进行 DNA 测试，以及对私人教养院中的青少年进行脱衣搜查。搜查令已经失宠了。[30]

那么，到底谁是对的？杰克逊法官还是斯卡利亚法官？卡茨案还是霍顿案？为了弄清这一点，我们将简要回顾一下《第四修正案》制定早期历史上最重要的两个时刻：英国的"威尔克斯特"案，以及美国 18 世纪六七十年代反对"援助令"的斗争。

我们即将看到的是，历史和常识之间没有战争。相反，斯卡利亚法官犯了两个严重的历史错误。第一种是认为有关搜查令的法律一直由 1791 年的普通法确定。第二个问题是认同了搜查令在 1791 年是不受欢迎的论点。恰恰相反，批准

《第四修正案》的那一代人恰恰拥有最高法院一直以来所表达的对搜查令的偏好，直到最近才发生变化。

"威尔克斯和自由"……以及法律变革

18世纪60年代中期，英国镇压约翰·威尔克斯和其他持异议的新闻工作者，引发了美国独立战争前几年与政府搜查有关的一些著名的司法判例。"威尔克斯和自由"成为殖民地居民的战斗口号，特别是"自由之子"（因"波士顿倾茶事件"而出名），他们的行为激怒了英国人。这些案例非常重要，以至于威尔克斯和判决这些案例的法官卡姆登勋爵在美国都有以他们的名字命名的地方——从宾夕法尼亚州的威尔克斯-巴利到巴尔的摩金莺队（Baltimore Orioles）主场卡姆登球场（Camden Yards）。[31]

威尔克斯不像是个英雄。威尔克斯是英国一位富有的酿酒师的次子，受过良好的教育，知书达理，30岁出头的时候，给自己在议会买了一个席位。早年生活放荡不羁，曾加入人脉很广的一个组织，这个组织因其酒神节而被称为"地狱之火俱乐部"，成员花天酒地，醉生梦死，亵渎神明，也许还有定期的狂欢作乐。本杰明·富兰克林称威尔克斯为"一个品德败坏的逃犯和流放犯，一文不值"。[32]

威尔克斯在议会中从来没有出人头地，但在议会外却以一个匿名的小册子作者而声名鹊起。当乔治三世国王的政府开始出版亲政府的小册子《不列颠人》时，威尔克斯的回应是推出《北不列颠人》，对政府政策冷嘲热讽，极尽挖苦之能事。以前的新闻自由与今天不一样，有很多关于北不列颠的言论都被封锁了。当威尔克斯被一位著名的法国人问到新闻自由的范围有多大时，他回答说："我不知道，但我想知道。"[33]

作为对《北不列颠人》第45期的反击——这期以间接的方式攻击国王——政府大臣们决定是时候禁止该出版物的出版了。虽然大家都心知肚明是谁出版了《北不列颠人》，但口口相传和确凿的证据是两码事。因此，国务大臣哈利法克斯勋爵向他的下属签发了一份内容含糊不清的搜查令，"对一份具有煽动性的、叛国的名为《北不列颠人》第45期报纸的作者、印刷商、出版商进行严惩不贷、倾心尽力地搜查。"[34]

　　哈利法克斯勋爵的通用搜查令导致了各种不分青红皂白地搜查。在几乎没有任何证据的情况下，德莱登·里奇，一个早期版本的《北不列颠人》的出版商，与第45期没有任何关系，半夜从床上被拖出来，花费了6个小时搜查了所有的文件，14名熟练印刷工和佣工被捕，并被关押了4天。大约49人被抓。当然，威尔克斯就是其中之一。他的房子被拆毁，数百把锁被打破，许多文件被查封，其中包括与《北不列颠人》毫无关系的私人文件。他被带到伦敦塔，并从那里冉冉升起，成为代表英国自由的明星。[35]

　　威尔克斯和其他搜查的受害者起诉哈利法克斯及其下属，经历了许多场诉讼，取得了辉煌的成功。据说，政府总共支付了大约10万英镑的"损失费和判决费"。[36]

　　在判决这些案件时，法官们发表了激情洋溢的声明，批驳了"通用搜查令"——也就是所谓的"拖网搜查令"，它没有明确规定搜查对象、怀疑他们做了什么事的原因，也没有准确说明要搜查或查封什么。普拉特法官（后来以卡姆登勋爵的身份升为贵族）准许威尔克斯从伦敦塔获得自由后，主动表示："我认为搜查令是一件非常不寻常的事，我不知道有哪种法律可以授权这样做，也没有任何实践可以作为这样做的依据。"当威尔克斯控告官员的案件提交给他时，普拉特宣称："如果这种权力真的被赋予了一位国务大臣，而他又能将这一权力下放，它肯定会影响到这个王国里每个人的人身和财产，完全颠覆破坏了臣民的自由。"[37]

　　然而，这个案例真正重要的部分，并不是通用搜查令遭到非难——没有人否认这一点。相反，正是因为惩罚哈利法克斯和其下属的决定与先前存在的先例截然不同，这成为历史上具有里程碑意义的时刻。整个故事，是《第四修正案》获得通过的核心，使人们对斯卡利亚法官在霍顿案中提出的独特观点产生了怀疑，即普通法（以及我们的权利）是固定在某个特定时间点上的。

　　在威尔克斯案发生之前，英国已经使用了超过150年的通用搜查令，通用搜查令比之前没有搜查令的情况下强行入侵私人领地并扣押财产要好得多。决定追查威尔克斯的国王大臣们并没有轻率行事；他们仔细地参考了先例。[38]当代表威尔克斯案被告的律师提出他们的论点时，他们在很大程度上依赖于先前批准通用搜查令的案例。纽卡斯尔公爵本人也曾担任过国务大臣，他写信给一位朋友说：

"普拉特（我想）有点搞错了……如果我没有记错的话，我已经用同样的形式签了许多字。"在印刷商里奇一案中，"莫尼诉里奇"（Money v. Leach），副检察长德格雷坚称："过去一个世纪里，类似的搜查令也曾出现在本法庭上，但从未被驳回。"普拉特当司法部长时，也曾签发过一份通用搜查令。[39]

值得注意的是，当威尔克斯案提交法庭时，法官们毫不犹豫地一致认为这些长期存在的先例与人身安全相互冲突。在莫尼诉里奇案中，曼斯菲尔德勋爵说："据说其用途会证明它是正确的……用途具有很大影响力，但不会违背明确而坚定的法律原则。"他的同事雅茨法官表示赞同：搜查令"是非常糟糕的，即使从罗马建国之初就开始使用，也不会让它变得更好"。在"威尔克斯诉伍德"（Wilkes v. Wood）一案中，普拉特自己指出："根据先例，被告主张其有权根据通用搜查令强行入室，破门而入，没收他们的文件。"但他拒绝接受那些先例作为管辖理由，认为他们"完全颠覆了主体的自由"。[40]

这些说法一定有点奇怪。如果说长期的"用途"不会违反"坚定的法律原则"，那又意味着什么呢？法律本身的使用时间不是很长吗？从"罗马建立之初"就一直存在的东西怎么可能突然变"坏"并因此违法呢？[41]

对这个问题的回答解释了为什么斯卡利亚大法官声称《第四修正案》通过时的"普通法"必然对我们今天具有约束力。斯卡利亚法官和他的同事们没有承认（因为他们肯定知道）的是，普通法从远古时代就存在，但是一直不断变化着。美国最伟大的律师之一、最高法院法官约瑟夫·斯托里在 1837 年写道："事实上，普通法的性质并不是绝对固定的、僵化的制度……它是一个由基本原则和普遍司法真理构成的体系，随着社会的进步而不断扩大。""这种随社会进步而发展的能力"是普通法的"天才"之处。虽然这一变化从未被直接承认——因为赋予普通法基本地位的是它的明显的连续性——如果它不能逐渐适应，它早就在藤蔓上枯萎了。[42]

简而言之，威尔克斯案——对撰写《第四修正案》的人来说意义重大——代表了普通法的一个重要转变。在此之前，普遍使用的是令人讨厌的通用搜查令。之后，由于法官的行为，王室依靠法官的能力受到限制。普通法并不是像霍顿所暗示的那样固定不变的；相反，当"社会进步"要求改变时，普通法也会随之进行改变。

鉴于我们如此理解普通法,我们很难理解最高法院声称我们免于无授权搜查的权利是由普通法以某种方法规定的,就像 200 多年前一样。在机动车(更不用说无人机和无处不在的摄像头)发明之前,人们可以从斯卡利亚法官那里理解这种推理,他是一位"原创主义者",也就是说,他认为宪法必须按照批准时的样子来解释,而不考虑干预社会的变化。(随着他的去世,克拉伦斯·托马斯成为仅存的原创主义法官。)但斯卡利亚在法庭上的其他同事却完全不这么认为。在最近的一项判决中,法官们需要决定进行合法逮捕之前是否需要申请搜查手机的搜查令——这是无须申请搜查令的特例之一。首席大法官约翰·罗伯茨撰写了手机案"莱利诉加州"案(Riley v. California)的法庭意见,从现代科技的角度限制了基于普通法的无须申请搜查令的特例。即使曾被斯卡利亚剽窃过观点的阿克希尔·阿马尔也不同意他的观点,普通法不是一成不变的。阿马尔坚持认为,根据《第四修正案》,"合理性"并不是一套具体的规则,在 1791 年已固化……一尘未变。[43]

援助令……和革命

即使斯卡利亚大法官的观点是正确的,我们的权利已经固定为 1791 年的内容,但综观大西洋彼岸的事态发展,我们也会发现,在《第四修正案》制定之时,他对普通法在搜查令问题上所持的观点,无论如何都是错误的。

奇怪的是,在某种程度上,斯卡利亚法官似乎真正错过了美国独立战争。他经常专注于英国的普通法;他似乎忘记了殖民地的人民正在反抗英国的做事方式。令他们感到沮丧的两个最显著的原因是,英国人在殖民地继续使用通用搜查令——假借"协助令"的名义执行海关法——以及议会的至高无上,使这种情况得以发生。最终,殖民地人民不再承认议会至高无上地位,也拒绝承认通用搜查令的效力;他们转而支持宪法对立法机构的限制,以及相关授权以控制行政部门的权力。

最终在英国逐渐形成的规则是,除非议会批准,否则通用搜查令无效!国王法庭缩小了普拉特法官对上诉的裁决范围,同意皇室官员不能自行使用通用搜查令，但在"许多议会法案授权根据通用搜查令进行逮捕的案件"中，情况并非如此。换言之，国王不能自行使用通用搜查令，但如果议会同意的话，就可以了。随之而来的是议会内部围绕是否应该允许使用通用搜查令展开了一场激烈的争论。最后的结果是禁止使用通用搜查令——"除非是议会法案规定的情况"，取得了一些进展。[44]

在英国，一旦议会发声，事情就到此为止了。正如威廉·布莱克斯通——伟大的英国普通法编年史家——在美国独立战争时期所解释的那样，"没有任何法院有权利阻止立法机关制定法律"。即使议会法案被认为违反了英国未成文的宪法，法院也无法进行阻止。议会仍然拥有最终决定权：议会选择做什么，布莱克斯通写道："世上没有任何权威可以阻止。"[45]

但殖民地人民最终反抗的正是这种议会至上的理念。在这场战争中，关于援助令的战斗至关重要。

援助令状是一种工具——与通用搜查令没有什么不同——用来强制执行令人憎恨的英国关税。援助令状允许英国海关人员在任意时间和地点进行搜查和扣押，并要求相关人员进行协助。我们之前读过的一大段引文中，这正是波士顿会议上受到强烈抱怨的事情。[46]

1755年，波士顿臭名昭著的海关收税员查尔斯·帕克斯顿出现在一家仓库，要求强制执行一份援助令状，这场关于援助令状的争论就此拉开序幕。帕克斯顿正在寻找一批据推测未交税的西班牙铁矿石。仓库老板的兄弟托马斯·哈钦森当时在场。哈钦森打开了仓库的门，表明里面没有铁，但随后告诉帕克斯顿，他可以起诉他，因为他的令状是非法的。哈钦森的理由是，州长没有权力签发援助令状，随后州长立即安排高等法院签发援助令状补救了这一点。此后不久，一个由60多个波士顿商人组成的团体向高等法院提起上诉，要求完全驳回这些令状。[47]

商人团队质疑援助令状的代理律师是詹姆斯·奥蒂斯，他在帕克斯顿案中一个著名的论点是援助令状完全无效。本案的法官正是托马斯·哈钦森，他在帕克斯顿检查过其兄弟的仓库后被任命为马萨诸塞州高等法院法官，他解释说，奥蒂斯"反对令状，认为令状具有通用搜查令的性质"。或者，正如奥蒂斯自己所说，令人难忘的是：

一个人的房子就是他的城堡；当他安静下来的时候，他就像城堡里的王子一样受到严密的保护。——如果援助法令被宣布为合法的话，这项特权将被完全剥夺。海关官员可以随意进入我们的房子——我们奉命允许他们进入——他们的手下可以进入——破门而入，可能打开锁、栅栏以及横亘在他们前行道路上的一切东西——无论他们是否存在恶意或为了报复，任何人，任何法庭都不能过问。[48]

当然，根据英国法律，奥蒂斯的答案是，议会已经制定了签发令状的条款，因此令状完全没有问题。但奥蒂斯对"立法至上"的理解与布莱克斯通截然不同：他在"援助令状"案中告知高等法院："议会的任何法案都不能确立这样的令状……违反宪法的行为是无效的。"如果根据英国的不成文宪法，通用搜查令和援助令状是无效的——当时殖民地的人民这样认为——那么议会颁布这些令状很难解决实际问题了。这一论点形成了美国独立战争的精髓，即在大西洋的美国一侧，立法机关既要服从人民的意愿，也要服从宪法的上位法。[49]

约翰·亚当斯当时在法庭上，听到奥蒂斯的论点，多年后说（有点夸张）："彼时彼地诞生了《独立宣言》的雏形。"他认为詹姆斯·奥蒂斯的论点是"反对大不列颠武断主张的第一幕"。人们确实可以发现从奥蒂斯的论点到反抗和寻求独立是一脉相承的。托马斯·哈钦森作为帕克斯顿案的法官，最终批准了援助令状，他在 1765 年的印花税法暴乱中自己的房子惨遭烧毁。英国当局很快了解到，尽管他们可以获得援助令状，但强制执行与获得援助令状完全不是一码事。当海关收税员打来电话时，马萨诸塞州居民上演了一场"解放"货物的行动，使收税员几乎不可能完成工作。当康涅狄格州法院拒绝批准援助令状时，1767 年英国通过了《汤森税收法案》(*The Townshend Revenue Acts*)，而这个法案反过来又在整个殖民地引发了对援助令状的反对。1774 年，大陆会议在致美国人民和英国王室的演说中抗议"在没有任何民事法官根据法律信息授权的情况下闯入民宅"的权力。[50]

反对美国独立的英国总检察长、爱德华·瑟洛发现，拒绝执行援助令状的殖民地法官"应该认为母国的法律对美国的自由过于苛刻"，但事实的确如此。[51]

美国人选择特定的搜查令

就在他谴责通用搜查令的同时，奥蒂斯告诉法庭，需要"治安法官签发的特定搜查令"，根据"宣誓后提供的信息"，在搜查令规定的地点进行搜查。奥蒂斯认为，如果政府想搜查，它必须得到搜查令，根据具体信息表明政府所追查的物品在那个地方。就像《第四修正案》所规定的。[52]

奥蒂斯走在了时代之前，但是到了 1791 年《第四修正案》被批准时，这种特殊的搜查令在全新的美国受到热烈的欢迎。《第四修正案》批准之时，美国正在形成普通法，从某种程度上来说，斯卡利亚大法官和他的同事们不这么认为，他们完全错了。[53]

1760 年之前，如果有任何区别的话，那么通用搜查令在殖民地比在宗主国使用更为普遍。但是在马萨诸塞州，由于英国海军强行征召、征收消费税，以及挨家挨户地搜查天花病患，反对地毯式搜查的呼声高涨。因此，马萨诸塞州的法律越来越依赖于特定具体的搜查令。同样的情况也会发生在其他殖民区域，然后是各州，30 年期间，美国经历了独立战争、立宪，以及权利法案。[54]

对汤森法案（the Townshend Acts）的反感和反对行动证实，对通用搜查令的厌恶正在被对特定搜查令的偏好所取代。英国官员申请令状时常常发现自己受到殖民地法庭的阻挠，这些法庭有时明确拒绝签发令状，更多的时候故意拖延或者假装称病——但他们会以特定的形式签发令状。1771 年，当宾夕法尼亚州的收税员约翰·西夫特申请令状时，法院没有同意："是的，如果你宣誓说你掌握了……[走私货物]在某个特定地点的信息，我将授予你搜查该特定地点的搜查令，但不是搜查每家每户的通用搜查令——我不会出于任何考虑这样做。"[55]

美国独立战争之后的一段时间里，当时的合众国逐渐废除了所有的通用搜查令，并在可能的情况下签发特定搜查令，但对酒厂等特定企业的无担保搜查除外。《第四修正案》于 1791 年获得批准——正如历史学家威廉·卡迪希精心记录下来的——在独立战争至 1791 年期间，各州明确反对通用搜查令，转而支持特定的搜查令。[56]事实上，在一定程度上，抵制变革的是南方各州，他们坚持，例如，在搜寻奴隶时，申请大量的不受管制的搜查和扣押的自由裁量权。这绝对不是现代《第四修正案》的典范。[57]

由于担心新中央政府拥有的权力无法控制,美国制定联邦宪法运动使特定搜查令得以坚持使用下去。在整个立宪过程中,一些主要的反联邦主义者要求得到保护,防止受到任意的搜查和扣押。帕特里克·亨利的辞藻——因《不自由,毋宁死!》为世人所熟知——也许是最华丽的,但他表达的情感却是最普通的:

> 现在,国会的官员们带着联邦最高权威的一切恐怖力量,可能会来找你们。收税员可能成群结队而来;因为他们人数有限,无人知晓。除非政府受到权利法案或其他限制的约束,否则他们可以进入地窖和房间翻箱倒柜、洗劫一空,对你的吃喝用度指手画脚、品头论足。[58]

19 世纪早期的法律起草者们认识到,在通过《权利法案》之后,需要授权特定的搜查令。维吉尼亚的圣乔治·塔克是一位深受敬仰的法学教授和法官,对《第四修正案》的评价,是布莱克斯通对英国普通法的评论的升级版,使之适用于美国:"在预防性司法的实施中,以下原则一直被视为神圣的:在某些司法机关面前出示一些可能的怀疑理由;以宣誓或誓词作为保证。"这听起来确实像申请搜查令的要求,塔克在他的讲稿中更清楚地表明了这一点:

> 应视为不合理的搜查和扣押。同一条还告诉我们,不应签发搜查令,但如果签发搜查令,首先,应具有合理理由;第二,必须进行宣誓;第三,搜查令必须特别指明要搜查的地点;第四,指明要扣押的人或物。因此,其他所有的搜查或扣押,除经授权的搜查或扣押外,都是不合理的、违宪的。在此我们同意州权利法案第 10 条。[59]

1791 年,也就是《权利法案》被批准的那一年,威廉·罗尔被任命为宾夕法尼亚州的联邦检察官,对此表示同意。1825 年,威廉·罗尔发表了《论美国宪法》。在他的论述里,罗尔与塔克的观点是一致的:"'不合理'一词用来表示,在进行此类搜查或扣押之前,必须获得合法搜查令的签发。"[60]

对这些美国人来说,从历史的角度来看,《第四修正案》的意义非常明显:需要搜查令。虽然《第四修正案》只是明确了合法有效的搜查令的样子,但它隐含着——如果缺少根植于历史和基于必要性的既定特例——那么搜查令是必不可少的。毕竟，除了持有有效搜查令的搜查之外，最受欢迎的选择怎么可能是没有搜查令的搜查呢？[61]正如法学教授托马斯·戴维斯进行了详尽的历史研究之后对阿马尔的回应那样："立宪者预期搜查令会被使用……他们认为，对权利保障的唯一威胁来自可能过于宽松的令状的使用。"[62]

1921年，最高法院明确表示，它就是这样理解历史的。在"戈尔德诉美国"案（Gouled v. United States）中，法官们解释说：

> 《第四修正案》的措辞意味着搜查令在《宪法》通过时是经常使用的……根据《第四修正案》，在有效搜查令下进行的搜查和扣押是符合宪法的，如果没有有效的搜查令，它们是违宪的，因为不合理，对宪法修正案的允许与禁止具有同样的宪法依据，对前者的界定限制了后者的适用范围。[63]

最高法院撤销搜查令是一段糟糕的历史。虽然通用搜查令确实令人讨厌，通过制定《第四修正案》对其进行控制，但起草和批准该修正案的人认为，解决通用搜查令问题的答案根本不是不再使用搜查令，而是签发具体搜查令。

更多的搜查令，而不是更少

拒绝签发搜查令也是一项糟糕的政策。如果说有什么区别的话，在今天坚持签发搜查令比采用《第四修正案》时更重要、更恰当。这有两个原因。

首先，今天的搜查令可能是我们现在对付非法搜查的唯一有效武器。回想一下，泰勒和阿马尔关于《第四修正案》不需要搜查令的全部论点都是基于这样一个假设：如果警察没有搜查证而非法搜查，他们将承担金钱损害赔偿责任。在普通法上，这种责任对于无效的搜查是一种真正的威慑。不过，正如我们在第三章中所看到的，最高法院现在已经几乎不可能因非法搜查获得金钱赔偿——而且也削减了另一种补救办法，即排除规则。事实上，尽管斯卡利亚法官习惯于声称排除规则不需要考虑获得金钱损害赔偿的可能性，但他始终投票赞成限制金钱损害赔偿。如果斯卡利亚大法官按他的方式行事，我们将几乎无法对违反《第四修正案》的行为采取补救措施：没有金钱损失赔偿，没有排除规则，也没有搜查令。

在法律上，我们通常倾向于在违法行为发生后，而不是之前，对违法行为进行补救。我们不会因为人们可能会抢劫房子而把他们关起来；我们会等到他们把房子抢了之后才进行惩罚。同样，我们也不要求人们在商店里拖地板，但是如果有人滑倒了，他们得为在地板干透之前没有提醒公众而付出代价。用这种方法威慑人们学会避免施加伤害。

然而，有时事后补救措施是如此的无效，潜在的危害是如此之大，以至于我们需要事先得到许可。我们不允许人们建造房子，如果不合适就把它们拆掉。我们要求他们先拿到建筑许可证。我们不会让任何人给你做手术，如果他们搞砸了，就直接要求赔偿金。我们确实会对医疗事故进行赔偿，但我们也会为一线的外科医生颁发执照。

在这一点上，搜查令是防止违反《第四修正案》的一种事前手段。它们是搜查的许可证。事后说警察误入歧途并要求赔偿金，或排除违宪扣押的证据，这样做非常糟糕，所以正确的答案是警方事先获得许可。这就是授权书的意义：在行动之前获得允许。这样一来，许多非法搜查——像苏珊·弗伦茨经历过的——将会在第一时间避免。[64]

除此之外，在历史上的这个时代，科技的发展使快速获得搜查令变得如此容易的时候，限制签发搜查令的要求似乎非常奇怪。正如我们所看到的，许多不需授权的例外都是发生在紧急情况下，根本没有时间去申请搜查令，所以我们就不会要求申请搜查令了。对于逮捕、合法逮捕后的搜查，以及许多汽车搜查来说，都是如此。

在过去，准备一份搜查令申请，交给法官，然后得到批准，可能要花很多时间。早在1970年，就有人画了一个警察坐在雷明顿打字机前费力地寻找并挑选出一式三份的搜查令申请书。[65]

这些日子已经过去了。正如弗伦茨案法官所指出的，警官们本可以获得"电话搜查令，如果他们认为情况紧急的话"。实际上，自20世纪70年代以来，电话搜查令已经越来越普遍。管理联邦法院案件的规章制定最近进行了修订，以鼓励人们对这种快速、电子通信的信赖。[66]

如今，司法管辖区正在更多地试验快速授权技术。一些佛罗里达州的警官利用Skype获得司法许可，对司机进行酒精测试。同样，路易斯安那州酒后驾车路障处的警官要求法官在需要当局采集血样时立即发出搜查令。在加利福尼亚州的布特县，法官们有 ipad，因此他们可以在任何时候使用 DocuSign 电子签名来签发搜查令。法官们自己也认识到："大多数州允许警官或检察官通过各种方式远程申请搜查令，包括电话或无线电通信、电子邮件等电子通信和视频会议。"[67]

事实上，鉴于现有的技术，显然要求申请搜查令的情况会越来越多，而不是越来越少，包括那些我们目前——不喜欢被行政搜查——甚至逮捕的情况。剥夺某人的自由是一件非常严重的事情。从历史上看，我们不需要申请逮捕令，因为如果不足够快的话就逮不到他们。今天，当犯罪嫌疑人在警车里等候时，警方可以获得电子许可。

有一些希望的迹象即将出现。在 2013 年的一起酒后驾车案件中，法官们否定了警察是否可以在没有获得同意或搜查令的情况下采血。技术的变化使获得搜查令的速度更快，如果无法获得搜查令，警方必须在每一个案件中都要设法进行证明。同样，在 2014 年的案件中，首席法官说："我们的案件已经确定，执法人员进行搜查是为了发现犯罪行为的证据……合理性通常需要获得司法许可证。"这是首席大法官对一系列决定的善意，这些决定已经废除了逮捕令要求的判决的仁慈。但这是我们应该前进的方向。只要警察在搜查或扣押前获得许可证，他们就必须这样做。[68]

当然，搜查令不是一切。它们的好坏取决于支持它们的"合理理由"，这是我们接下来要讨论的话题。但是，在警察行动之前获得授权将对我们的自由大有帮助，并能避免发生在苏珊·弗伦茨身上的事情，那种现在仍然经常发生的事情。错误是生活的一部分，但我们应该尽我们所能避免错误，尤其是在犯错误相对容易的情况下。

第六章　无合理理由的搜查

不管是否申请搜查令,政府官员在扰乱他人正常生活之前都需要一个充分的理由。这就是《第四修正案》所说的"合理理由",并禁止"不合理的"搜查和扣押。有搜查令的搜查必须以"合理理由"为基础,但同样,不需申请搜查令的搜查也必须如此。"理由"是区分警察执法合法和非法的标准:没有正当理由,政府使用强制力可能是武断的,歧视性的,或是毫无意义的。不幸的是,最高法院弱化了这一至关重要的保护措施,以至于所有人都成了犯罪嫌疑人。

"震撼所有人"

以尼古拉斯·皮尔特案为例。尼古拉斯是那种你会引以为豪的年轻人。他说话温和、举止温柔、相貌英俊、身体健康,肩上扛着整个家庭的重担。尼古拉斯21岁时,母亲死于肺癌。为了母亲和他的3个弟弟、妹妹,尼古拉斯不得不请假一年照顾他们(在附近居住的一个姐姐的帮助下)。他的妹妹有残疾。尼古拉斯正在努力攻读大学学位,同时还要工作,并确保能够陪在孩子们身边照顾他们。[1]

2011年12月18日,尼古拉斯在《纽约时报星期日评论》上发表了一篇文章,题为"纽约警察为什么追杀我?"问得好,尖锐的问题。在这篇文章中,他描述了4年中发生的3次事件,在这些事件中,多名警察抓住他,用枪指着他的头,把他压在地上或挤到墙边,搜遍他全身,翻遍他的口袋、钱包和衣服。第一次是他18岁生日时，当时他和一个表亲兼朋友坐在长凳上；警车突然出现，警官们跳出来，拿着枪对着他们，把他们按到地上。一名警官从尼古拉斯裤子里掏出他的钱包，翻看了一遍，找到了他的驾照，然后把它扔了回去，带着嘲讽的口气说："生日快乐。"第二次事件发生在他正要离开祖母在弗拉特布什的房子时。[2]

第三次事件简直令人瞠目结舌。当时皮尔特正从体育馆走回家，被警察拦下盘问，拿走了他的手机、钱包和钥匙。他们给他戴上手铐，让他坐到一辆没有标志的警车后座上。然后，皮尔特在街区一角，被警察控制着，另一名警察用皮尔特的钥匙进入他与家人居住的大楼，并试图进入他们的公寓。皮尔特的妹妹惊恐万分，因平时经常得到提醒把门拴上，不要让陌生人进来，她没有开门。妹妹疯狂地打电话给皮尔特，但皮尔特那时没法接电话并告诉她：他的电话在警察那里。[3]

皮尔特，一个从来没有触犯过任何法律的人——除非三番五次被无辜执法也算触犯法律——并不是唯一的特例。2004—2011 年间，纽约市警察局记录了超过400 万起类似的盘查行动，显然还有无数未曾记录在案的行动。你可能会认为这些行动是武装警察袭击歹徒，但你错了。以这种方式搜身的唯一合法理由是，警官"明确怀疑"此人持有危险武器。然而，纽约警察局大约只有 1.5％的行动时间里发现了武器，在不到 0.1％的拦截中发现了枪支。可算是几乎没有。如果警官们真的是因为"明确怀疑"而行动，却只发现了这几件武器，我们会担心他们区分"可疑"和"不可疑"的能力。但这里情况完全不同。有人偷偷录下了一段话，警司在警员们出发去巡逻区时对他们说："把所有人都搞起来。让每个人动起来，把所有人从楼里赶出来……大家手脚麻利些，阻止他们。"或者在万圣节之夜，一位副巡官说："他们脖子上戴着大手帕，戴着弗雷迪·克鲁格的面具，我要把他们拦下来，铐上手铐，带到这里来，申请搜查令。他们是未成年人，我们要把他们留在这里，直到他们的父母来接他们。"[4]

就这样吧。为了不让枪支流落街头，降低犯罪率，纽约市警察局——在没有任何充分的合法理由或"原因"的情况下——拦停人们进行盘查，只是为了确保他们不会有不当行为。被起诉的纽约警察局否认这是他们的政策。然而，与此同时（制定了一个奇怪的诉讼策略），当时的雷·凯利局长解释说，这是"对犯罪活动的威慑，包括对非法持有枪支的威慑"。此位局长所说的是，如果警察不分青红皂白拦停人们——毫无理由地——那么人们永远不会知道他们什么时候会被搜查,所以他们只会把武器和违禁品留在家里。[5]

我们谴责这种在其他国家发生的滥用政府武力的行为。我们喜欢想象我们的国家不会发生这种事。但是我们的国家确实也会发生滥用政府武力的行为。不仅仅是盘查,全国每年都有数百万人被盘查。[6]火车站和公共汽车上,街道和公路上,警察抓住我们,对我们和我们的财产进行搜查,没有任何充足的理由。这一切之所以发生,是因为最高法院与宪法"合理理由"的要求背道而驰。

这种活动不是没有代价的。它使广大的美国公众,无辜的和有罪的,都变成了犯罪嫌疑人。因此,许多人不信任警方。皮尔特解释了这种感觉,愤怒,恐惧,"情绪改变,心情沮丧"。最重要的是,受到羞辱:"别人看到你被盘查和搜身,他们会看着你说他犯了什么罪?"这是奇耻大辱。这种议论如此频繁,公平地说,如果宪法制定者们听到这些议论,他们也会感到羞耻。[7]

一些事情已铸成大错。有些警察的活动是完全合法的,而另一些则远远偏离了目标,以至于在任何宣扬自由的社会里都是不能容忍的。问题是我们已经失去了辨别的能力。这一章着重讲述了这一切是如何发生的,最高法院是如何一点一点地放松了正当理由的要求,以至于政府官员对什么是对、什么是错没有明确的指导。警察手中的未受到监管的权力对我们其他人到底意味着什么?

什么理由

在个人身体及财产被侵犯之前要求"正当理由"的想法一点也不新奇。这个概念几百年来一直是我们法律传统的一部分。当詹姆斯·麦迪逊起草《第四修正案》时,"合理理由"的概念已经成为英国法律的一个特征,持续了近两个世纪。

英国法官早在 1611 年就在安东尼·艾希礼爵士的案件(Sir Anthony Ashley's Case)中强调了"合理理由"的重要性。安东尼爵士是一个小贵族,当詹姆斯·克莱顿爵士决定插手艾希礼的财产和收入时,安东尼爵士被指控挪用公款,陷入了一个不光彩的境地。当其他的尝试失败后,克莱顿和他的同谋策划了一个阴谋,指控艾希礼谋杀了一个名叫威廉·赖斯、大约 18 年前已经去世的家伙。这个阴谋最终失败了,克莱顿及其同伙被判犯有阴谋罪。案件的核心问题是克雷顿和他的同谋们当初逮捕艾希礼是否有正当理由。(那是在有组织的警察出现之前,私人团体执行刑法的时候。)法庭的回答是否定的;逮捕是不可能的,除非"执行逮捕的人执有合理的理由而怀疑"。在本案中完全没有这样的合理理由:"案中所提到的威廉·赖斯没有任何中毒迹象,他死于一种可怕的疾病,因他放荡不羁的生活而染上的,而这种病是体面人说不出口的。"[8]

安东尼·艾希礼爵士的案例凸显了充分理由如此重要的原因。警察可能会像詹姆斯爵士那样出于恶意而执法。或者他们可能只是未能小心行事。不管怎样,如果人们可以无缘无故地被搜查或逮捕,那么每个人的自由随时都有被剥夺的危险。这就是为什么,无论它被称为什么——包括"合理怀疑""怀疑某方的原因和可能性",以及"合理的原因"——长期以来,如果进行干预必须有充分理由的这种想法一直是我们传统的一部分。[9]

1948年,在"布林加尔诉美国"(Brinegar v. United States)的案件中,最高法院给出了至今仍在使用的"合理理由"的定义。1947年3月3日晚上6点左右,联邦探员看到维吉尔·布林加尔开着他的车向西驶向俄克拉荷马-密苏里州边界。密苏里州是一个"潮湿"的州,俄克拉荷马州是一个"干燥"的州,联邦法律规定从一个州到另一个州运输酒类是非法的。就在5个月前,联邦警察以非法运输酒类罪逮捕了布林加尔,在随后的几个月里,在密苏里州乔普林市,联邦警察数次发现他私藏数箱烈酒。所以,当联邦警察看到布林加尔开着他那辆明显满载的福特跑车,在俄克拉荷马州边界以东大约5英里处经过他们时,他们开始追踪他,以为他在耍他惯用的伎俩。1英里后联邦警察追到布林加尔时,他承认车上装有12箱酒。这个案子的症结是联邦警察一开始是否有"合理理由"把布林加尔拦截下来。最高法院在做出"是"的决定时解释说,"合理理由"不仅仅意味着"简单地怀疑"。它"存在于……警员所知的事实以及他们掌握的合理可信的信息本身足以使一个相信犯罪行为已经发生的人合理地谨慎行事"。[10]

这就是问题的症结所在:是否有足够的证据让一个理性的人认为犯罪正在发生或者一定能够找到犯罪证据?是否有合理理由让布林加尔靠边停车是很难判断的。在这个问题上,最高法院的法官们和下级法院的法官们也有着强烈的分歧。但问题是,至少在布林加尔的案件中,有一场辩论——每个人都认为,警察拦截人们之前，他们需要有充分的证据证明这样做的理由。

布林加尔案发生不到50年，这条最基本的刑事诉讼程序已被完全摒弃。从1968年开始，执法人员不再遵循延续了几个世纪的警察执法的基本原则，自此之后，这些基本原则形同虚设。

法官的困境

纽约警察局强硬的拦截盘查政策使尼古拉斯·皮尔特陷入困境，该政策建立在最高法院1968年"特里诉俄亥俄州"案（Terry v. Ohio）的判决基础上。其他的侵入性警察执法也是如此。然而特里案从一开始就变数众多。解决特里的问题让法官们陷入了可怕的困境。他们选择了他们认为危害最小的道路，但事实证明他们的选择是极其错误的。

1963年10月31日下午，特里出现在俄亥俄州克利夫兰的街道上。警探马丁·麦克法登身着便衣在市中心的购物区巡逻。麦克法登，一个工作了38年的老警察，专门抓捕当地百货公司的扒手和小偷；他在这个购物区执勤了30年。[11]

万圣节那天下午，当麦克法登巡逻时，有两个人引起了他的注意。麦克法登沿着休伦街向东北方向走着，发现两个人站在休伦街和欧几里得街的拐角处。"在这种情况下，当我留心观察时，我觉得他们有些不对劲。"[12]

麦克法登起了疑心，三步并作两步，走进附近一家商店的大厅，观察到底发生了什么事。"看到他们的一举一动，更加深了我的怀疑。"那两个人轮流在休伦街上走着。每人向西走几百码，看看商店橱窗，然后再往回走。麦克法登看不清具体是哪家商店的橱窗，但他"不喜欢他们的行为"；他"怀疑他们是在踩点，准备抢劫"。两人绕了两三圈后，第三个人出现了，跟他们说了几句话，然后走开了。这两个人又在休伦街上来回走了几趟，然后放弃了他们的任务。[13]

麦克法登仍然心存疑虑，尾随两人来到欧几里得街，但没走多远他就看到两人和第三个人在扎克百货公司前打探。时机已经成熟，麦克法登决定采取行动，他走向这些人，问他们叫什么名字。当有人"咕哝着什么"的时候，麦克法登抓住其中一个，后来知道他是约翰·特里，把他转过来，让他面对另外两个人。麦克法登接着"拍拍"或"轻轻拍打"特里的身体，"感觉到了一个像枪的东西"。由于无法轻易把这个东西拔出来，他"命令他们三人进入商店"，让商店老板打电话叫警车过来。麦克法登让他的俘虏们举起双手面对墙，然后对三人搜了身。从特里和他的搭档理查德·奇尔顿的口袋里，他掏出了两把0.38口径的左轮手枪。[14]

两人都被指控私自持有武器。对特里和奇尔顿的指控能否成立完全取决于麦克法登当天在欧几里得街的行为是否合法。他们的律师辩称，麦克法登在扣押这些人并拍身搜查时侵犯了他们根据《第四修正案》所享有的权利，他追回的枪支应排除在证据之外。[15]

正如凯霍加县民事诉讼法院的伯纳德·弗里德曼法官所理解的，问题是"一个有着长期办案经验的警官是否有理由根据他所看到和观察到的情况拦下并搜查其他人"。警察可以搜查他们已逮捕的人，这是警方长期以来的规定，但弗里德曼法官认为搜身发生的时候并没有履行合法的逮捕手续。他还认为，当麦克法登拦住这些人对他们进行盘查的时候，声称有"合理理由"逮捕他们"会使事实超出正常的理解范围"。尽管如此，法官仍然认为麦克法登有权调查他观察到的异常活动，因此，一旦麦克法登拦下这些人进行调查，他有权对他们进行搜身，以保护自己。毫无疑问，法官的结论受到了当时一个事件的影响，那就是一周前克利夫兰刚刚埋葬了一名遭到出其不意武装袭击的警察。[16]

无论是政治上，还是法律上，这起案件都是一个烫手山芋，最终提交最高法院审理。在这一历史时刻，法官们为了维护法律和秩序而面临着巨大的压力。犯罪率直线上升，整个国家都在担心，法官们因为支持被告人的权利决定而受到猛烈的批评。法院最终不利于麦克法登和其他警官的盘查的裁定无疑从巡逻警的箭袋里又拿走了一支箭，对其处境雪上加霜。[17]

尽管如此，在内心深处，大法官们仍然对拦截盘查感到担忧，这种做法在20世纪60年代的美利坚合众国混乱的街道上一度盛行，也越来越引发争议。在贫民区的骚乱以及各种抗议——反对当局的、反对越南战争的；为了公民权利——国家的公共空间已经失控。特里案判决的前几个月，马丁·路德·金的遇刺在哥伦比亚特区引发了大范围的骚乱和抢劫，鲍比·肯尼迪就在5天前被枪击身亡。警方声称他们需要麦克法登曾用来维持治安的职权。但街上的人对此很反感。当时有两个犯罪委员会指出，警察的这种盘查行为是少数族裔社区敌视警察的根源。[18]

　　虽然法官们倾向于同意麦克法登所做的事情——他们最初对此案的投票是一致的——仅证明这是一个法律问题将不是一件容易的事情。法官们被迫在特里案中回答的问题是——即使在像麦克法登警官那样所面临的紧急情况下,获得搜查令也是不可能的——是否在没有"合理理由"的情况下允许"搜查"或"扣押"。

　　请注意,能够批准麦克法登行为的一个方法就是声明他所做的既不是"搜查"也不是"扣押"。如果这是可以接受的,那么《第四修正案》对此只字未提,则持枪也完全可以接受。然而,称之为"搜查"或"扣押"都意味着这类警察行为将完全不受宪法的管制。警察可以把人扔到墙上,按他们的意愿进行搜身。

　　另一方面,如果这是"搜查"或"扣押",那么根据 17 世纪的先例,麦克法登需要具备行动的"合理理由"。然而,正如弗里德曼法官所指出的那样,麦克法登在他采取行动时是否有"合理理由"并不明显。[19]

　　那么,该怎么办? 法官们进退两难。

"合理性"的诞生

　　法官们不会束手就困,断然否认"'拦停搜身'不属于《第四修正案》权限"的观点。首席大法官厄尔·沃伦在这个问题上的意见很有说服力。他驳斥了"拦停搜身没什么大不了"的说法,并写道:"当公民无助地站在那里,或许举着手面对墙壁时,警察在公共场合执行这样的程序是一种'微不足道的侮辱',这种说法简直不可思议。""如果认为仔细探查一个人全身的衣服表面以寻找武器不是'搜查',那就无异于对英语这种语言纯粹的歪曲。"他描述道:"必须对犯人的手臂和腋窝、腰背部、腹股沟和睾丸周围区域,以及大腿、小腿表面直到脚背进行彻底的检查。"法院的结论是,拦停搜身是"对人的神圣性的严重侵犯,可能造成极大的侮辱,引起强烈的不满,不可轻易实施"。[20]

　　但如果麦克法登逮捕并搜查了特里,是否有"合理理由"支持他的行为? 在这个问题上,大法官们的意见开始出现分歧,尽管他们最初达成了一致观点。是什么"合理理由"? 当然,麦克法登对正在发生的事情感到怀疑,认为这些人是在"进行踩点,持枪抢劫"。但他们所做的只是在街上走来走去,看看商店的橱窗。"商店的橱窗，"法院承认，"就是用来让人往里看的。"最终证实唯一持异议的道格拉斯大法官指出："这里所犯下的罪行是秘密携带武器；没有任何依据可以得出结论，令这名警官具有'合理理由'相信有人正在犯罪。"[21]

真正让法官——以及其他关注此案的人——担心的是，如果他们把麦克法登观察到的事实称为"合理理由"，那将严重降低警方干预人们生活的底线。只有当某件事涉及"搜查"或"扣押"时，《第四修正案》才会生效。但一旦有了"合理理由"，那么几乎所有的搜查或扣押，除了伤害或杀害某人，或者无故搜查，都是允许的。到目前为止，《第四修正案》缺乏立场在历史上是赫赫有名的。根据当时的法律，对特里进行简单搜查的理由，同样也允许对他的全身及随身携带的任何物品进行搜查。这样一来，麦克法登就可以不用对特里说一句话，当场逮捕他。麦克法登是否有足够的证据，当他在扎克百货商店外碰到这些人的时候就把他们装上警车并监禁他们？

因此，法官们陷入困境，在"不能搜查和扣押"和"合理理由"之间进退两难。

审理特里案的法庭最终抛弃了"合理理由"。正如我们所读到的，《第四修正案》有两个条款，一个条款规定人民有权免于"不合理的搜查和扣押"，另一个条款规定了有关搜查令的要求，包括任何搜查令都必须基于"合理理由"。正如我们上一章所了解到的，这两个条款的分离让一些人认为搜查令不是一项必要条件。但即使大法官们并不总是坚持必须申请搜查令，但直到特里案，他们仍然认为"合理理由"是必要的。

审理特里案的法庭打破了数百年来的传统，认为"本案涉及的行为必须符合《第四修正案》禁止不合理搜查和扣押的通用禁令"，而不是只要求"合理理由"。换言之，他们不会考虑是否有"合理理由"拦停特里和奇尔顿并对其进行搜身，他们只会考虑麦克法登警官所做的是否"合理"。再一次，这恰恰是一种没有标准答案的开放式分析，不可避免地导致法官限制我们的权利。[22]

公平地说，审理特里案的法官们努力表明，仅凭《第四修正案》"不合理"的措辞，他们对"合理理由"的理解是微不足道的。首席大法官表示，他们正在解决一个"相当狭隘的问题"，即："除非有执行逮捕的合理理由，否则警察逮捕一个人并对其进行搜查是否总是不合理的？"[23]

但尽管试图写得狭隘，沃伦对特里案的意见为执法播下了大量自由裁量权的种子，在未来的几年里——随着法院的逐渐批准——警方和检察官最终将利用这一点。

理由不充分的代价

特里案的法官们对警察什么时候可以拦停人们解释得并不详尽。特里案中关于搜身的观点最明确："为了保护警察，当他有理由相信他是在对付一个带有武器和危险的人时，必须给予其在可控范围内的权力，合理搜查武器。"法官哈兰同意这个观点，认为多数人所持有观点的问题是它未能解释为什么警察可以"强行拦停"。毕竟，如果警察没有任何理由违抗他们的意愿拘禁某人，并因此出现在这个人面前，那么警察进行搜身——对警官存在危险——的理由也就烟消云散了。法官们的指导意见帮助不大："当然，这类案件必须根据事实来决定。"[24]

这一疏漏的结果是，没有任何明确的标准限制警察的自由裁量权，他们拦下不计其数的人，雁过拔毛，人过留财。当"合理理由"发挥作用的时候，可以用来鉴别哪些"雁"必须拦下来，哪些"雁"应该放走。而当"合理理由"失去效能后，很多人被警察拦停并搜身，而被搜出证据或违禁品的概率相对而言凤毛麟角。高侵扰、低成功率让人并不感到意外，"合理理由"的意义在于指出何时寻找证据可能会有成果。

问题的症结是执法部门依赖所谓的"贩毒者行迹特征"。全国各地的高速公路、街道上、公共汽车站和火车站中，成千上万的政府人员从事着毒品的拦截。如果在某人身上发现了毒品，警官首先必须解释他们扣留此人的原因。拦停的"合理"依据是什么？美国缉毒局最喜欢的伎俩之一是告诉法庭，他们抓获的嫌疑人符合"贩毒者行迹特征"——一系列行迹特征，可以合理怀疑某人正从事非法活动。[25]

例如，在"美国诉康德丽"（United States v. Condelee）一案中，美国缉毒局的探员卡尔·B·希克斯称掌握了一条"线索"——从未披露这条线索来自何处，也从未证实他确实掌握了这条线索——一些"衣着光鲜"的女性将从洛杉矶经堪萨斯城机场帮人运输毒品。希克斯看见一位衣着考究的女人来自洛杉矶，就跟着她。他走近她，出示了他的警徽，并向她索要身份证。她看起来很紧张，在一个垃圾桶上打开她的钱包，这样希克斯就看不见里面的东西了，然后把身份证交给了他。他第二次出示警徽，告诉她他是缉毒局的探员，并问她有没有毒品。她回答说没有。希克斯接着要求搜查她的行李包，她同意了。没有任何发现。于是他要求搜查她的钱包，这时康德丽回答说她没有毒品，并告诉他，如果他想接着搜查，就要拿出搜查令。尽管如此，希克斯坚持要搜查。康德丽要求去洗手间。希克斯说她可以去洗手间，但是不可以带着她的钱包。希克斯不断施压，直到康德丽哭着承认钱包里有毒品。[26]

暂时忘掉毒品吧——很快就会有理由怀疑缉毒局探员的神奇侦查能力——并会问一个问题，在这样的机场，希克斯从哪里获得的授权追捕他人的？当她说"够了"并让他去申请搜查令时，是什么理由让他继续纠缠她呢？他从哪里得到的权力决定谁可以在什么情况下使用洗手间呢？如果是你呢？

希克斯的论点是，对康德丽的拦停和侵扰是正当的，因为她符合"贩毒者行迹特征"。正如他所解释的那样，因为一个"衣着光鲜"的女人来自洛杉矶这个"毒品源头城市"，几乎未带什么行李，没有环顾四周，迅速穿过机场。他有义务纠缠不休，直到她崩溃，承认随身带有毒品。法院接受了希克斯的说法，认为这些事实"令人产生了合理的、明白无误的怀疑，认为康德丽已经或即将犯罪"。[27]

真的吗？这是合理的、明白无误的怀疑？同样的形象描述也是大多数在外地通宵工作的女性职业人士的写照。对此持异议的法官惊诧万分，他指出，除了这些，希克斯称其所掌握的线报中并未涉及任何特定的人或航班。看看希克斯拦停康德丽有多师出无名、强词夺理，可以考虑以下事实：她以3比2的票数被判入狱；首先考虑康德丽提出要求排除证据的地方法官和初审法官，都同意由3名法官组成的上诉小组中持异议的法官的意见，即所列事实不支持希克斯的执法行动。[28]

事实证明，在堪萨斯城机场毒品突击搜查中，随处可见诸如希克斯这样的探员和他所秉持的"贩毒者行迹特征"。在希克斯的另一个案件中，法官理查德·阿诺德提出了一个价值千金的问题。阿诺德法官若有所思地说："如果知道有多少无辜的人被拦停了，哪些人被单独问话，哪些人的行李被搜查，那一定很有意思。在这些案件中，我们似乎从未收到任何类似的数据，这些信息将在很大程度上帮助我们判断目前的警务策略是否合理,毕竟,这些管控标准是符合《第四修正案》规定的。"[29]

换言之,阿诺德法官想知道的是希克斯探员的"命中率"。他的拦停中查出带有违禁品的占有多少比例? 毕竟,如果这个比例很高的话,那么也许希克斯的"贩毒者行迹特征"是有道理的。反之,如果不高的话,那么这个"特征"可能只是废物一堆。

阿诺德法官没有得到这个关键问题的答案,但另一位法官,在美国的另一个地方,得到了答案。在布法罗发生的一起贩毒案件中,乔治·普拉特法官据理力争,向缉毒局发起挑战。普拉特法官大胆地指出,问题在于,"'贩毒者行迹特征'很可笑,因为它的特征不稳定,如果缉毒局探员愿意的话,它可以用来指证任何人是潜在的贩毒者。"例如,在之前他所经手的案件中,探员们证实了他们的搜查是正确的,就像他们在康德丽案中所做的那样,因为被告把毒品从一个"毒品源头城市"贩运到布法罗。但在本案的辩论中,"政府承认……毒品贩运的'源头城市'实际上是任何一个拥有大型机场的城市。"这句实话"在法庭上赢得了应有的笑声"。[30]

普拉特法官做了一些研究,列出了一份缉毒局探员经常依赖的各种特征清单,以证明这些行为符合"贩毒者行迹特征"。以下是一份清单(原文中有大量对实际案例的引用)。如果人们具有以下特征,那么他们是贩毒者:

晚上到达

凌晨到达

最早下飞机的人之一

最后一个下飞机的人

中途转机时下飞机

使用单程票

使用往返票

行李崭新

随身携带一个小健身包

独自旅行

和同伴一起旅行

表现太紧张

表现太冷静

穿着华贵和佩戴足金首饰

穿着黑色灯芯绒裤，白色套头衫，光脚拖鞋

穿着深色长裤，工作衬衫，戴着帽子

身穿棕色真皮飞行员夹克，佩戴金项链，长发及肩

快速穿过机场

漫无目的地穿过机场

乘坐拉瓜迪亚机场的班车飞往华盛顿国家机场[31]

明白了吗？

不仅如此，普拉特法官还对阿诺德法官的问题给出了一个具体的答案：有多少次探员们像这样拦住嫌疑人、不断对他们进行骚扰，却一无所获？在之前的案件中，探员们作证说，他们"每天都在大布法罗国际机场搜寻有可能贩运毒品的嫌疑人"。1989 年，"他们拘留了 600 名嫌疑人……但他们凭'直觉'判断的最终结果是只逮捕了 10 人"。受到不停骚扰的 600 人中只有 10 人是毒品贩运人。低于 2% 的命中率。普拉特法官总结道："看来他们舍弃了《第四修正案》，以'反毒品战争'的名义，拘留了 590 名无辜的人，只逮捕 10 名贩毒嫌疑人。"换句话说，这个人可能就是你。[32]

阿诺德法官和普拉特法官发现的这一现象正是尼古拉斯·皮尔特屡次陷入纽约市警察局毫无人性圈套中的原因。在针对纽约市警察局的未有合理理由强行干涉人们的一项诉讼中，法官要求被告提供有关人们被拦停的频率以及拦停成功的数据。（纽约市警察局已经开始收集数据，因为之前曾有一个诉讼质疑类似的做法。）在"2004—2009 年期间 280 万次拦停记录"中，几乎 90% 的案件中，警方甚至没有任何传唤行为就释放了目标。大约 5% 的人被捕，其余人因轻微犯罪被传唤。只比布法罗机场稍微好一点。[33]

这些低"命中率"的原因——也就是说，这么多完全无辜的人受到困扰的原因——应该直接归结于审理特里案的法庭没有说明允许什么时间进行拦停。降

低了合理理由的底线,使我们都非常容易受到执法部门以"直觉"的名义进行的侵扰,但通俗地说,也可能是执法部门的一时兴起或反复无常。判例法已经发展到几乎把所有案例都包括进来。例如,在一个案例中,警方接到匿名举报,称一辆汽车行驶不稳,并将他人逼到路边;警方定位并跟踪车辆5分钟,没有发现任何异常迹象,但法官还是同意拦停该车辆。[34]

以搜身为目标

特里案之后不久,历史上最著名的法官之一,亨利·弗里德曼——一个不太喜欢纵容罪犯的人——担心"这里太危险了,拦停不是目标,安全搜查不是意外,而是相反,安全搜查是目标,拦停是意外"。弗里德曼法官证实了自己的先见之明,随着时间的推移,搜查成为目标,拦停仅仅是达到目的的一种手段,而不是因合理理由进行拦停,为了保护公民而进行搜身。[35]

尤其是在毒品案件中,法院几乎总是批准搜查,理由是只要有毒品,就可能有枪支。最好的例证是1994年哥伦比亚特区的一起"美国诉克拉克"案(United States v. Clark)。一些便衣警察在买甜甜圈(真实故事)时,有人主动向他们兜售大麻。当他拿出一个装满大麻的自封袋时,警察逮捕了他。然后,这名毒贩主动告诉警察如果能对他从轻处理的话,他可以提供线报。告密者把警察的注意力引向了小爱德华·克拉克,他正在上自己的车。警察持枪把克拉克从车里拽出来,让他跪在车后,对他进行搜身,并搜查了他的车,看车内是否有武器。由于没有任何发现,警察进一步威胁说,如果车里有毒品,就要没收这辆车,这使克拉克彻底崩溃了,并透露了可卡因窝点(注:不是大麻)的详细地址。[36]

法官们一致认为没有"合理理由"搜查克拉克,但得出的结论是,这条线索提供了足够的理由可以"截停"。鉴于涉嫌贩毒罪,"搜查"是自动接受的,没有其他事实可以证明克拉克持有武器或存在危险。但是在解释为什么警察对克拉克所做的是可以接受的时候,你可以听到法官们嘴里流露出的矛盾情绪:"把一个公民从车里拉出来,让他跪在地上,然后搜查汽车……这最终会让你怀疑,根据我们的法律,警察的行为受到了哪些限制?"[37]

这些毒品案件麻痹了人们的思想,导致法官们认可了警方的行为,而我们大多数人都会认为这是一种精神错乱：根据一名警方不认识的毒贩的话，把另外一名男子从车里拽出来，用枪指着他，并对他进行搜身。

的确，警方在克拉克身上发现了毒品，但我们总要问的是，警察经常搜身，却什么也没找到。他们是基于事实而产生的预感？还是两眼一抹黑，在黑暗中瞎猫碰老鼠？

纽约警察局的数据再一次说明了问题。

在拦停搜身之后，纽约市警察局逮捕的人当中，持有少量大麻的人数之多令人震惊——之所以令人震惊，是因为在纽约，持有少量大麻并不属于需要逮捕的违法行为，除非大麻正在燃烧或直接暴露在公众面前。但警察显然是通过把手伸进犯罪嫌疑人的口袋——就像他们反复对皮尔特做的那样——拿出大麻，然后逮捕在"公共场所"携带大麻的人来解决这个问题的。"但当涉及寻找武器，尤其是枪支时——进行搜身的基本理由——我们已经看到，警方基本上一无所获。"[38]

纽约并不是唯一这样做的城市。费城和波士顿的诉讼也披露了类似的证据。在洛杉矶，与其他城市一样，对车辆和行人的搜查没有任何成效。2008年，洛杉矶警察局的研究数据发现，少数族裔不仅更容易被拦停，拦停时更容易被搜身、逮捕，更容易被搜查，但是在搜查后发现携带武器、毒品或其他违禁品的比率也更低。换句话说，在被警察搜查最多的这个群体中，"命中率"最低。各个群体的"命中率"虽各不相同，但总体上都很低。[39]

从这个国家的大街小巷和机场所发生的一切可以清楚地看出，特里的"排除合理理由"标准让警察不再死盯着其余的人。不只是拦停我们，而是把手伸到我们的身体和我们的财产上。警察表面上仍然需要"明确的嫌疑"强行拦停人们——这一点很清楚——但那些"明确的嫌疑"却是非常可疑的，最高法院几乎没有采取任何措施来控制这类行为。拦停、搜身几乎是自动进行的，数百万人的人身权利在没有正当理由的情况下受到侵犯。

解决问题

宪法明确规定了什么理由是最合适的。那就是"合理理由"。在大约4个世纪的时间里，政府扣押或搜查公民或他们的财产之前获得批准的要求相对来说变化不大。直到最近几十年,最高法院才把事情搞得一团糟,只选择了要求较低的理由——合理原因、明确的怀疑,诸如此类——没有人完全明白它们的意思。[40]

问题是,是否有任何理由容忍宪法的这种改变,即如何对警察侵犯他人权利进行精确判断的改变。

为降低标准实施辩护的一个理由是上一章所揭露的历史原因:宪法不再要求搜查令或者"合理理由",只要求搜查和扣押不是"不合理"的就可以了。但宪法明白无误地告诉我们,能够使搜查或扣押合理的只能是"合理理由"。没有证据表明批准法案的这一代人(他们中的许多人对政府的过度干预感到歇斯底里)认为少走些程序是合理的。[41]

另一个原因是,正如我们在特里案所看到的那样,警察声称必须这样做。如果我们坚持"合理理由"标准,我们将无法进行调查,从而打击真正的违法犯罪。[42]

我们也不清楚这种必然性的主张是否准确。"合理理由"本身是社会调查的需要和个人不受政府干涉的自由之间的和解。这就是宪法的底线。但可能不止这些。"合理理由"标准明确了什么时候追踪线索、进行怀疑是浪费时间,什么时候这些线索和怀疑值得调查。正如我们所看到的——实际上我们一直在经历——所有这些不断地对未满足"合理理由"的搜查,在违法行为方面几乎没有任何发现。

岌岌可危的不仅仅是人民的自由;这些行动所消耗的资源可以用来做更有成效的事情。公共预算和警察队伍的规模都不是无限的。必须合理分配资源。降低"合理理由"标准使警察们瞎找一番,劳而无功,成功的警察没有几个。花那么多钱在布法罗机场安设警察,一年的时间里拘留了 600 人,逮捕 10 人,这值得吗?难道他们不能采取其他措施让我们更安全?

话虽如此,完全禁止拦停搜身是否就是正确的答案——甚至是可行的答案,都不明显。长期以来,警方一直坚持认为有必要根据人们直觉来询问问题。多年来,警察依靠流浪法驱逐那些看起来有问题或不像是当地居民的人。当发现这些法律不符合宪法规定,或者违反了《第一修正案》,需要恰当地取缔这种行为时,警方就转向拦停搜身。甚至在最高法院批准特里案的拦停搜身之前,一些州已经在拦停搜查方面有了成文的法规。[43]

关于拦停调查的持续争论显示了一些核心效用。这些争论还表明，警方可能会继续这些做法，无论合法与否。正如特里案多数派法官似乎承认的那样，最好是接受拦停搜查并加以规范，而不是将其归入无法无天的警察行为的范畴。事实上，推翻特里案的裁决会给调查留下一个空白：如果警方缺乏"合理理由"，但又相信，用特里的话来说，"犯罪正在进行中"，他们到底该怎么办？[44]

我们需要回答的问题是，是否有一种方法既可以限制特里，也可以满足执法部门的实际需要，既不多也不少，恰到好处。已经有许多控制拦停搜查的建议。有些人会将特里式拦停的使用限制在特定情况下，比如重罪或暴力犯罪。另一些则侧重于记录的保存，这是法院判决和解的结果。为了确保这些数据的完整性，一些评论人士建议给人们一张"收据"，解释他们被拦停的原因以及需要投诉的流程。各部门还可以建立早期干预系统，使之"更容易解雇坏警察"。显然，人们强烈呼吁扩大执法记录仪的使用范围。[45]

不过，就宪法而言，如果要保留"拦停搜查"，最好的解决办法就是将其从根源上还原：作为一种调查工具，只有当警察——像特里案一样——能够准确地说明他们怀疑的犯罪正在发生时，才能使用，并有事实作为支持。与全国街头发生的无正当理由的拦停和搜查不同，麦克法登警官很清楚自己在做什么。他怀疑特里和奇尔顿"在踩点，持枪抢劫"。他详细描述了卡茨、奇尔顿和特里的行踪，证明了这种怀疑是正确的。复审时，最高法院解释了为什么这些非常"具体和明确的事实"可以得出一个合理的推断，即抢劫即将发生。特里案法庭指出："如果一个有30年工作经验的警官，看到特里和卡茨在商店里踩点而没有进行进一步的调查，那将是一次糟糕的警务工作。"[46]

特里案的这一关键方面——警方确定他们有理由相信犯罪正在进行中——已经被抛到脑后。警察甚至不再尝试。2004—2009年间，纽约市警察局拦停中，未能明确表达怀疑的情况从1%上升到36%。[47]

当警察停止明确具体的犯罪行为作为拦停或搜查的依据时，无辜者会受到骚扰，警方的时间也会被浪费。在纽约55%的拦停中，警察认为"犯罪高发区"是一个关键因素，在42%的拦停中，警察表示嫌疑人曾进行"偷偷摸摸的动作"（偷偷摸摸的动作可以包括"以某种方式行走"和"口吃"等动作）。值得注意的是，当警察将"偷偷摸摸的动作"或"犯罪高发区"确定为拦停搜身的主要原因时,他们找到枪支或违禁品的成功率实际上低于平均水平。[48]

如果"合理的怀疑"仍然是"较少干涉性"措施如拦停和搜查的标准,警察必须能够清楚地说明正在实施或即将实施的具体的、看似可能的犯罪行为。以及支持这一说法的具体证据。在特里案里,法院警告说,如果仅凭一名执法警官"说不清楚的预感"而进行拦停,那么"《第四修正案》的保护将不复存在"。事实正是如此。[49]

搜身也是如此。特里案法庭要求警官在搜身前提供额外的理由,让他们相信此人携有武器,而且很危险。考虑到特里案的事实,如果麦克法登怀疑这些人携有武器,让他接近他们而不让他搜身,那是"明显不合理的"。然而,法院现在允许警察在任何时候只要怀疑毒品犯罪就可以进行搜身,理由是毒品和武器总是形影不离。必须停止这种想法。[50]

同样严格的规定也适用于车辆搜查。法院已经养成了习惯,认为车辆搜查的标准是"合理的怀疑"。但是,"合理理由"什么时候被认为是靠边停车的标准的?为什么?我们已经免除了车辆搜查令的申请,"合理理由"标准的要求也要免除吗?如果有什么区别的话,拦下一辆汽车更像是一种干扰,而不是在街上偶遇。在缺乏具体的、明确的事实来说明为什么警察认为某一特定罪行正在发生的情况下,不应该允许车辆的拦停和搜查。就此结束。

"合理理由"似乎是宪法所要求的。回想起来,也许把麦克法登警官所认为的视为"合理理由"会更好。违反规定的代价是巨大的。在允许存在偏离"合理理由"的情况下,必须要求警察详细说明他们认为嫌疑人所犯的罪行,并提供事实证明这一点。真实发生的事实。如果没有,他们就可以毫无理由地把我们更多人变成罪犯。

理查德·阿诺德法官——想知道希克斯探员"命中率"的法官——是一个清醒的人,沉默寡言,精通法律、深受尊敬。克林顿总统差一点就提名他为最高法院法官。他不是一个喜欢夸大其词的人。因此,在毒品贩运案件中,能够听到他一反常态的直言不讳所持的异议,是很有启发性的。因为这些话适用于每年在美国发生的数百万次理由不充分的拦停。[52]

"很难对本案的被告人表示同情，"阿诺德法官承认，"从某种意义上说，他得到了他应得的。"法官担心的是还有其他人："无辜旅行者被拦停，他们的合法活动被阻碍。"这些人"继续他们的生活，忙忙碌碌，没有时间起诉那些拘留他们的指手画脚的探员"。阿诺德法官警告说："机场正处于战区边缘，在那里，任何人都有可能被拦停、审问，甚至仅仅因为警察拥有现场行使的自由裁量权就被无辜搜查。"[53]

阿诺德法官最后说："在我看来，公民的自由受到这种做法的严重威胁。"尼古拉斯·皮尔特的遭遇，以及其他许多像他这样的人的遭遇，无疑证实了这一点。[54]

最高法院将"理由"的门槛从"合理理由"降低至"合理怀疑"，使我们都处于危险之中。但这还不是最高法院淡化《第四修正案》之路的终点。今天，在很大程度上为了应对新的、以威慑为导向的警察执法，法院在许多搜查中完全取消了作为要求的"理由"。这个问题——以及如何解决这个问题——是接下来我们要处理的重点。

第七章　通用搜查令

　　法官——以及我们所有人——极力解决的最复杂的问题之一是如何将《第四修正案》应用于新的警察执法秩序。正如我们所了解的,《第四修正案》是关于"怀疑"的。起草和批准这项法律的人憎恶"通用搜查令",即对许多人进行搜查,却没有充分的理由怀疑其中的任何一个人。然而,如今大部分警察执法看起来就像是人们所说的"通用搜查"。为了阻止违法犯罪,防止恐怖事件的发生,许多警察执法策略都是针对全体民众的——尽管没有理由怀疑任何特定的个人。从设置路障检查酒驾到机场安检,再到海量数据的收集,一切都是如此。

　　现今的警察执法如何才能消除制宪者对"通用搜查令"的反感? 要回答这个问题,我们必须回顾一下推动《第四修正案》起草制定的种种罪恶:政府任意地、不合理地干预人们的生活。如果我们关注于令"通用搜查"制宪者不安的原因,而不是这个名称本身,则他们的担忧与当前的实践两者皆可兼顾。不仅如此,我们还可以大大简化《第四修正案》。

"没有怀疑"比"少许怀疑"更好吗?

　　2001 年 1 月 15 日,佛罗里达州奥兰治县治安官办公室的"防范机动车陷阱"部门的警官参观了侯塞尔机动车最优店(Wholesale Auto Advantage)——比尔·布鲁斯的机动车维修和救援公司。警方称当时有 8 名警官在场;而公司的员工坚持近 20 名警官在场。这些员工说，他们靠着栅栏站成一排，接受了拍打搜身，警察拔枪在手，违反他们的意志，强行将他们关在屋里好几个小时。员工们称之为"突袭"。警方对此予以否认。但警方承认，特警队的警官当时在场，他们身着特警队队服，携带着猎枪、格洛克 21 型手枪等各种武器。[1]

发生的这一切很奇怪，因为那天本来是一次"行政"检查。"行政"检查是为了确保企业遵守适用法规而定期进行的日常事务检查——如对餐馆或酒类批发商的定期检查，或居民住房安全检查，以确保建筑住房安全、室内用电安全。对于像侯塞尔这样的汽车救援公司来说，检查确保了企业不是"地下拆车厂"，即不是贩卖被盗车辆和零部件的公司。通常情况下，会有几名便衣检查员到现场，检查相关记录，有时会将记录与停车场上的车辆进行比较，除非出现严重问题，否则他们很快就会离开。侯塞尔的办公室经理朱迪·巴斯作证说，过去确实曾经有过相关检查，警官们"非常礼貌"，在现场逗留了十几分钟。不过，这一次，第一个进入她办公室的警察穿着迷彩服，带着武器，无法确认是否是警察；她"害怕得要死"。[2]

警察花了一整天的时间把侯塞尔机动车最优店翻拆了一遍。确实如此。汽车被锯开，抽屉和文件被翻了个底朝天，所有东西都被强行收缴。他们拖走了七托板车的物品，基本上什么也没留下。甚至连朱迪·巴斯的计算器和吸尘器都被扣押作为证据。[3]

布鲁斯并没有做错什么，因为他和朱迪·巴斯当时就试图向警方解释，之后几天也做着相同的努力。的确，警察遇到了一些似乎很奇怪的事情。例如，他们发现了一些车辆识别码标签——可以透过汽车挡风玻璃看到车辆识别码——据称这些标签是从机动车上非法取下的。但"似乎"是整个事件的关键词：如果警察不是那么执着于破案，并且认真听取店方的解释——或者看看相关文件——他们就会意识到这一点。救援公司不得不取下车辆识别码来完成工作。正如布鲁斯所解释的："这是给车身修理厂的。他们不会突击检查资料室或者洗车厂。"佛罗里达州的法律明确允许可以这样做；警方显然对他们声称要执行的法规不够熟悉。[4]

没有必要相信布鲁斯说他没做错什么。治安官办公室对布鲁斯提起财产没收诉讼，要求没收其被扣押的财产，其中包括停车场上的 100 多辆车。州法官不同意，判决归还布鲁斯几乎所有的东西。州检察官很快驳回了所有指控。[5]

布鲁斯被警察毁了。尽管州检察官拒绝起诉布鲁斯，但是治安官办公室无视法庭要求退还所有物品的判决，保留了他们认为起诉布鲁斯所需的东西。他们控制了没收车辆的所有权，这样布鲁斯就什么也卖不出去了。最后只好倒闭、破产了。[6]

布鲁斯提起诉讼，联邦上诉法院的法官非常气愤。他们认为，发生在侯塞尔店的"大规模武力展示"对于行政搜查来说既不合适也不合法。他们将案件发回重审，以确定事实是否如店员所说，以及被告是否应承担责任。[7]

但是法官们无意中发现了布鲁斯案中存在的真正问题，这个问题不在于警方进行突袭的方式，而是一开始是否应该这样做。

为什么那天警察出现在布鲁斯的公司？因为几天前，一个名叫泽山·穆罕默德·谢赫的年轻人报案称，说他的保险公司告诉他，他的汽车仪表盘上的车辆识别码（VIN）——这辆1985年的野马是他从比尔·布鲁斯处购买的——与"机密"车辆识别码不符。"机密的车辆识别码"被隐藏在车内，目的正是为了防止机动车被盗并拆车售卖零件；公开的和机密的车辆识别码应该是一致的。[8]

然而，巧合的是，野马车的出售是完全合法的；这个故事很经典，如果警方只是敲敲布鲁斯的门问问他，而不是把他拆得倾家荡产，他会告诉他们的。原来有个年轻人撞废了他的1985年的野马车，然后他偷了一辆1993年的野马，把原车的车辆识别码放在偷来的车上。他和女朋友分手后，女朋友告发了他，并把他送进了监狱。布鲁斯在一次汽车拍卖会上买了这辆车；这辆车被作为"失窃复得"车辆出售，并在文件上注明了汽车识别码的不符之处。事实上，佛罗里达州已经为那辆车签发了新的车辆识别码。这一切都清楚地写在销售清单上：当布鲁斯转售汽车时，他甚至让这个买主和他的妈妈签字确认，表示他们知道这是一辆失窃复得车辆。布鲁斯存有相关文件（包括一份有警官签名的文件），证明那辆野马属于失窃复得车辆。[9]

没有人相信——警察和法官都不相信——当警察那天突袭布鲁斯的公司时，他们有"合理理由"对犯罪行为进行搜查。当副治安官兰德尔·鲁特被问道："我是否可以打电话告诉你，我发现了被偷窃的车，你可以在这条路上搜查乔·鲍勃的车吗？"他坚持说："不行，不可以。"在鲁特看来，谢赫甚至没有"说明他有一辆偷来的汽车"。这就是为什么警方从未接受谢赫的正式投诉，也从未申请搜查令。这也是布鲁斯案件中的法官得出结论的原因，警方所掌握的信息"没有上升到支持申请搜查令的合理理由的水平"。[10]

警方只是根据谢赫转述的保险公司告诉他的事情，决定对布鲁斯的业务进行"行政搜查"。与刑事调查不同的是，根据佛罗里达州的法律，警察可以在没有任何理由的情况下进行行政搜查，也无须申请搜查令。[11]

所以这是法官们无法解决的法律难题。如果警察有足够的证据证明犯罪活动符合"合理理由"，那么他们就必须申请搜查令。如果他们完全没有怀疑，他们可以在没有搜查令的情况下进行行政搜查。但如果——他们对这里的情况有点怀疑，但怀疑的程度还不足以与"合理理由"抗衡。那么没有"合理理由"的行政搜查是否可以接受？

乍一看这个问题似乎很疯狂。审理布鲁斯案件的 3 位法官之一爱德华·卡恩斯也这么认为。他亲自写了一篇文章，严厉批评了其他同事在这件事上的"绝望情绪"。毕竟，如果没有怀疑是可以的，那么有一些怀疑怎么会更糟呢？"这，"卡恩斯写道，"是梅·韦斯特观察所涵盖的一个领域：'好东西当然是多多益善的。'"[12]

卡恩斯说得有道理，对吧？

无嫌疑搜查的问题

不对！

尽管卡恩斯法官的立场逻辑肤浅，但事情并非如此简单。毕竟我们知道警察不可能拿到搜查比尔·布鲁斯车辆救援店的搜查令。搜查令需要"合理理由"，没有人认为警察有"合理理由"。正如我们所了解的，宪法对"合理理由"和搜查令的要求是阻止警察只在他们愿意的时候做他们想做的事。这样可以防止错误的发生。

如果这是真的，警察是否能够通过所谓的"行政搜查"来回避"合理理由"和搜查令的要求？

　　这正是布鲁斯案中其他两位法官担心的地方。他们不相信警方的行动是行政搜查。他们一点也不符合规范：警察们穿着特警队服，装备齐全，把这个地方夷为平地。如果警方把任何他们想要的东西称之为行政搜查，那么"行政搜查可以违反整个《第四修正案》"。法官们认为，这将"赋予执法部门侵犯普通公民隐私的权力"，是"引起全民警惕的原因"。[13]

　　虽然两位法官困惑不已，但是他们也无法依据最高法院的先例处理眼前案件中的问题。最高法院曾表示，没有"合理理由"的行政搜查是可行的。最终，像卡恩斯法官一样，他们不明白为什么一个小小的理由——虽然不足以获得搜查令——却可以剥夺进行行政搜查的权力。

　　比尔·布鲁斯案的法官们都没有考虑到，为什么没有任何"合理理由"，行政搜查也可以照常进行？ 或者，事实上，为什么这些行政搜查都是可以接受的？ 为什么它没有被宪法制定者归为"通用搜查"而加以禁止？ 如果这类搜查被禁止了，人们当天就会发现侯塞尔搜查中存在的问题。

　　想想这个令人困惑的事实：政府每年"强制"数百万人，如果他们想登机，就要求他们在机场安检处进行"搜查"。大家一致认为机场搜查完全符合宪法规定。用《第四修正案》的话来说，他们不是"不合理的搜查和扣押"。然而，这到底是为什么呢？ 没有任何理由，"合理理由"或其他理由，怀疑这些人中的任何一个做错了什么。乍一看，这似乎正是《第四修正案》所禁止的那种通用搜查。

　　现今世界，警察执法已经从过去的通过怀疑存在违法犯罪而进行搜查从而抓到坏人，转变为对所有人实施监视从而保证社会的安全，这种无犯罪嫌疑的搜查已经变得无处不在。这迫使我们不得不面对这样一个问题：在什么条件下，无犯罪怀疑的搜查可以得到允许？ 一旦我们不再关心"理由"——对任何不当行为的怀疑——我们怎么能分辨出哪些搜查和扣押是宪法"不合理搜查和扣押"禁止的，哪些是宪法允许的？

　　这是我们现今所面对的最严重的问题之一。如果让每一个登机的人无缘无故接受搜查是可以的，那么对所有人进行药物测试或 DNA 测试呢？ 也可以吗？ 国家安全局以考虑国家安全的名义把我们所有的电话记录都拿走了呢？ 各种各样的拦停检查，从酒后驾车到汽车安全检查？ 或者对我们的住房和办公室进行行政搜查？

类似问题让最高法院的大法官们深感困惑。但他们并不是唯一感到困惑的人。公民自由主义者、专家学者、市长和总统、间谍头目和警察局长都发现很难找到一个标准的方法区分"不合理"的搜查和合理的搜查，尤其是当他们在无任何犯罪怀疑的情况下考虑进行搜查时。这种混乱的代价之一当然是公民自由的巨大损失：许多本不应该发生的搜查得到许可而实施。但出于同样的原因，法官们将一些有价值的警察执法模式标签为"不合理"予以禁止，尽管这些模式应该得到允许。[14]

没必要把事情搞得这么复杂。如果我们回到起初的原则，回顾一下《第四修正案》的存在在很大程度上是为了防止政府进行任意、不合理和歧视性的搜查，那么很明显，基于某种原因的搜查和完全没有犯罪嫌疑的搜查构成了两个完全不同的问题。因此，我们会看到，它们有两种截然不同的解决方案。归根结底，重要的是要有适当的保护措施，以确保在缺乏"合理理由"的情况下，无犯罪怀疑的搜查既不是恣行无忌的，也不是缺乏公正公平的。

"理由"之殇

大法官们在 1968 年的"特里诉俄亥俄州"一案中宣布——允许"合理理由"不那么充分的情况下进行拦停搜查——作为基本原则的一个"狭义的"例外。然而，随着时间的推移，法官们允许了许多其他更"广义的"例外，直到"理由"不再受到重视。这种不再受到重视不是像我们在上一章看到的那样，降低犯罪怀疑的程度，以便允许拦停搜查，而是彻底摆脱"理由"。每一个例外本身看起来都像是"合理"的，脱离了"要求合理理由进行搜查或扣押"的基本原则。但是就像老鼠吃奶酪，一口一口地啃着，法官们最终全盘否定了"合理理由"原则。[15]

最初的损害发生在 20 世纪 70 年代中期，涉及为执行移民法而拦停机动车的案件。这些案件遵循特里案的理念，一旦法庭放弃了严格执行"合理理由"的要求，"没有现成的测试来确定合理性，除了平衡"政府进行搜查的需要和个人的利益，以避免"搜查[或扣押]所引发的侵扰人们的日常生活"。因此，法官们选择了平衡，为此，他们批准了在离边境 50 多英里的地方设置拦停路障——并没有"合理理由"的要求。尽管"对正常交通的干扰是最小的,"法官们声明,"例行检查站调查逮捕了许多企图利用高速公路进行走私的犯罪人员和非法入境的外国人。"正如我们一再看到的,这种平衡通常意味着我们的权利被剥夺了。[16]

至 20 世纪 80 年代中期,最高法院对"理由"是否至关重要做出了态度坚决的声明。"新泽西州诉 TLO"案(New Jersey v. TLO)于 1985 年判决,涉及学校规章制度管理调查。(因为 TLO 是一名未成年人,所以她的全名未出现在记录中。)助理副校长西奥多·肖普利克收到一个关于 TLO 在浴室吸烟的报告,虽然 TLO 不承认,肖普利克仍然搜查了她的钱包,并发现了大麻,还有一些证据表明了 14 岁的 TLO 曾进行毒品交易。最后,她在少年法庭上对搜查的合宪性提出质疑。这是一个公平的问题,学校管理人员是否应该完全按照《第四修正案》管理警察的规则行事。但是,法院没有从"合理理由"和搜查令的必要性原则出发,也没有解释为什么学校管理人员可以例外,相反,法院大胆地宣布,"合理理由"不是"依法有效搜查的必不可少的要求"。准确地说,"《第四修正案》的基本要求"只是"搜查和扣押是合理的"。[17]

随后,2002 年,在"教育委员会诉厄尔斯"(Board of Education v. Earls)一案中,大法官批准对所有参加课外活动的高中生进行毒品测试,但没有任何证据怀疑任何特定学生使用毒品。法官们很清楚,在别人的监督下,在瓶子里小便,然后检查尿液中所含的化学物质,这显然是《第四修正案》所规范的"搜查"。但是,对于通常需要证明这种搜查正当性的"合理理由",法院说:"我们长期以来一直认为《第四修正案》没有对(个别的)犯罪怀疑提出必不可少的搜查要求。"这取决于"长期"是什么意思。在特里案中,从"合理理由"到"稍微不那么可能的理由",花了几百年的时间。然而,在特里案前后几十年里,大法官们对政府雇员进行搜查之前是否需要任何"理由"感到烦不胜烦。[18]

从设置拦停路障到行政搜查,从联邦调查局和国家安全局秘密收集和搜索我们的相关数据,到对因参与反战抗议活动而被捕的人员进行 DNA 测试,各种背景下对任何形式的"犯罪怀疑"要求都荡然无存。实际上,我们都是嫌疑人,不管我们是否向政府做出任何解释,让其相信我们做错了什么还是没有做错任何事。以琳赛·厄尔斯为例,她是原告,对参与课外活动的学生进行药物测试提出了质疑。

厄尔斯是一名从不吸毒的尖子生，她参加过合唱团、军乐队、学术团队以及国家荣誉学会。考上达特茅斯大学后，她选择了法学院。她自己承认，她是个"自命清高的人"。她只是不敢相信政府官员会随机挑出她，让她按照命令小便，对她进行羞辱，所有这一切都是为了满足他们控制社会问题的愿望，而她从来没有露出任何迹象能够说明这个社会问题是由她造成的。[19]

尽管在这些案件中法官们大而化之，各方协调，但他们没有贯彻始终，无法解释为什么有些搜查可以不做"合理理由"的要求，而有些搜查则不行。2000 年发生在印第安纳州印第安纳波利斯的一个案件，法官们本有机会澄清这件事。然而，他们把事情搞砸了。这一次，他们没有限制我们的权利；相反，他们可能让我们大家都陷入危险境地。

印第安纳波利斯路障

20 世纪 90 年代中期，印第安纳波利斯尼尔西区生活艰难。豪维尔、霍桑和斯特林敦等居民区一贫如洗，犯罪猖獗。该地区约 60％为白人，40％为黑人，平均家庭收入略低于 1.7 万美元。只有一半的成年人受过高中教育，近三分之一的人生活在贫困线以下。贩毒活动比比皆是，随之而来的持枪暴力也屡见不鲜。[20]

尼尔西区居民恳求他们的民选官员对犯罪问题采取措施，而这些官员正在努力尝试。警察局长和市长正在寻找创造性的解决方案。

最终，印第安纳波利斯市决定尝试设置禁毒拦停路障。从 1995 年开始，1998 年大幅扩大建设，警方在通往尼尔西区的道路上设立了检查站。机动车司机出示驾照进行登记，警犬闻嗅毒品的痕迹。如果警犬发出警示，则机动车会被要求开到路边进行全面搜查。[21]

新闻发布会宣布了设立这些路障的消息，社区领导人头戴安全帽对市长斯蒂芬·戈德史密斯以示支持。禁毒拦停路障共抓获大约 10％的违法者。1998 年 8—11 月期间，6 个检查站共拦停 1000 多辆机动车，只有 100 多人被捕。其中一半是毒品犯罪，其余的是其他违法行为。（一个人在后备厢里锁着一只斗牛犬。）许多人藏有少量毒品，但在第一批抓获的汽车的后备厢里有 200 多磅大麻。[22]

尽管如此，设置路障的主要目的并不是为了抓捕携带毒品和武器的人，而是防患于未然。正因如此,这种基于威慑的警察执法至今仍在流行。正如市长和警方解释的那样,考虑到路障周围已布置相关人员,他们不可能抓到很多毒贩,但首先路障会"打消人们"携带毒品的念头。"这不仅仅是统计数字,"一名警官解释说,"这是一个信息。""它提醒人们,"另一名警官说,"开车时带着毒品或者枪支,不会高枕无忧、安然无事的。"[23]

当地居民欢迎设立路障,但在法庭上受到印第安纳州公民自由联盟的质疑,作为机动车驾驶员的代表,他们表达了对拦停的不满。附近居民站出来为警察辩护,说强制执行是他们要求的。"我们是那些不得不躺在床上听枪声的人。我们无法使用自己的街道,因为毒贩霸占了那里。我们喜欢这些路障。"[24]

当另一案件——"印第安纳波利斯市诉埃德蒙"(City of Indianapolis v. Edmond)——提交最高法院时,法官们撤销了禁毒拦停路障。人们希望法庭能够提供一个明确的理由,为什么一些无"理由"搜查可以实施,而其他的则不行。为什么有些路障可以设置,而另一些则不行。但法官们没有解释,反而通过一项决议,虽然大众认为其毫无意义——但其仍继续通过法律产生作用,对政府所作所为施加了重大限制。

如果执法是警察的"根本目的",就不能搜查?

在美国,类似印第安纳波利斯使用的路障很常见,被用来解决各种各样的问题,从非法移民到酒后驾驶,到道路上的危险驾驶车辆。不管人们赞成还是反对,大量的车辆被拦停,没有任何"缘由"认定驾驶员做了错事,违了法。

根据现行法律,人们可能会认为印第安纳波利斯的拦停路障是合理合法的。10年前的1990年,一起名为"密歇根州警察局诉希茨"(Michigan Department of State Police v. Sitz)的案件中,最高法院批准了设置酒后驾驶拦停路障。在此过程中,法官们为希茨案出具了一份分析报告,由三部分组成,这实际上只是"合理性"平衡测试的变体。首先,政府是否需要通过拦停路障解决重要问题?第二,拦停路障对人们的侵扰程度有多大?最后,这项措施是否合理有效?在希茨案中,最高法院的结论是,酒后驾驶拦停路障的设置较易符合标准。"没有人能当真质疑醉驾问题的严重性",法院写道,并指出拦停路障带来的"轻微"干扰。虽然只有

1.6%的司机在通过检查站时因酒后驾驶而被捕，但——法官们认为——这已经足够好了。[25]

当然，在这个标准下，印第安纳波利斯应该维持禁毒拦停路障。埃德蒙案的大法官们承认，"非法毒品交易造成了严重的社会危害"，其中最严重的是尼尔西区的持枪暴力。印第安纳波利斯的拦停搜查的时间比密歇根的要长一些，但仍然持续几分钟。至于有效性，如果只考虑毒品犯罪，印第安纳波利斯检查站的逮捕人数是密歇根的两倍多，如果考虑所有违法犯罪，则是五倍。[26]

那么，什么地方可能出现了问题？

大法官在埃德蒙一案中解释说，印第安纳州拦停路障之所以失败，是因为设置路障的"根本目的"是"控制违法犯罪行为"。法官们说，他们批准所设置的其他路障和通用搜查，用于满足执法的"特殊需要"，而不是用于满足普通刑事执法。他们"从未批准过那些根本目的是为了发现普通违法犯罪证据的检查站的设置申请"。[27]

这到底是什么意思？至少可以说，谴责警察进行"根本目的"是"控制犯罪"的搜查是一件非常奇怪的事情，这不是他们的工作吗？密歇根州警方不正是这样设置酒后驾车拦停路障的吗？

究竟如何区分为"普通违法犯罪控制"（或几乎任何其他搜查或扣押）与进一步"执法的特殊需要"而设的路障？毕竟，希茨案和埃德蒙案的被告都因触犯法律而银铛入狱。如果希茨案的理由是，设置醉驾拦停路障的目的是为了阻止醉驾和抓捕罪犯，那么，埃德蒙案的目的也完全一样，尽管是为了防止毒品贩运。把抓到的人送进监狱是我们阻止违法犯罪的方法。最高法院的标准如此令人困惑，以至于在埃德蒙案之后，大法官们纠结于如何对"最终目标"和"直接目标"进行区分。[28]

不是一个人在这一点上感到困惑。埃德蒙案之后，下级法院——以及我们其他人——对什么是允许的、什么是不允许的完全没有头绪。看看2000年裁定之后发生了什么。在坦帕发生的一起涉及驾照检查点的案件中，一名警察解释说："如果你携带毒品也没关系，但基本上这只是一个驾照检查点。"法院不同意。然而，在另一起案件中，美国食品药品管理局工作人员陪同消费者保护部的官员对一家药店进行"行政"搜查；法院认为这是可以接受的。[29]

两个奇怪的旧案

具有讽刺意味的是，最高法院对于如何区分不具备"合理理由"的有效搜查和无效搜查困惑不已。原因是，最高法院最早的两个涉及无犯罪怀疑而进行搜查的案件中，发现了令人感到困惑的秘密："卡马拉诉市政法院"（Camara v. Municipal Court）（1967 年的一项涉及房屋搜查的判决）和"特拉华州诉普拉沃斯"（Delaware v. Prouse）（1979 年涉及高速公路拦停的案件）。与特里案盘查情况不同，法官使用"合理性"的概念扩大警察权力，而在卡马拉和普拉沃斯案中，《第四修正案》的禁止"不合理的搜查和没收"是用来限制政府没有"合理理由"所进行的搜查——或至少禁止政府进行无犯罪嫌疑的搜查。

起先，两案的论证似乎有些特别。但是，一旦我们回到第一原则，并记住制定《第四修正案》的目的，那么对两案的论证不仅辞顺理正，而且将拨云见日，指点迷津，以消除所有的混乱，帮助我们应对如何规范管理新的警察执法。

卡马拉案的困境

1967 年，也就是特里被判刑的前一年，法官们因为房屋安全检查而陷入两难境地。一些房主不愿意在没有搜查令的情况下，允许政府检查员进入他们的房间检查电线等不安全隐患。但是检查员怎么能拿到搜查令呢？毕竟，《第四修正案》规定"不得签发搜查令，除非基于'合理理由'"。在典型的房屋检查中，不存在不当行为的"合理理由"；通常也没有犯罪嫌疑。房屋检查——与其他安全或行政检查一样——是对房屋进行的定期安全检查。房屋定期检查，不是因为房主做错了什么。就像比尔·布鲁斯的助手朱迪·巴斯的作证，汽车批发供应处有时也会接受检查。

在卡马拉案中，法官们要求对房屋进行搜查时需要申请搜查令，但是如果遵守这项规定，他们不得不重新定义"合理理由"的概念。毕竟，《第四修正案》规定没有"合理理由"就无法申请搜查令，但事实是在通常的房屋检查中，检查员不会申请任何搜查令。由此，法院得出结论，一次有效的房屋检查，将在检查需要与房屋检查人员的侵扰程度之间进行权衡。虽然检查需要迫切,也不能对被检查住户造成太大侵扰。为了达到这一平衡,只要检查人员能够根据诸如上次检查以来的"时间""建筑物的性质"或"整个地区的状况"等一系列标准向法院证明有必要检查某一地区的房屋时,就具备了"合理理由"(引用了法院原话)。[30]

在此之前,"合理理由"是指某人怀疑其他人实施了违法犯罪行为。这意味着,无论什么时候,搜查的需要都超过了侵扰的程度。卡马拉案关于"合理理由"的新定义很奇怪,不是吗?

普拉沃斯案:同病相怜

同样令人费解的是 1979 年"特拉华州诉普拉沃斯"案的判决逻辑。在普拉沃斯案中,一名警察拦下一辆车,检查其驾照和行驶证。走近汽车时,他闻到了大麻的味道,然后就在很明显的地方看到了大麻。普拉沃斯因非法持有毒品而被捕。问题是从一开始警察没有任何理由拦停这辆车。"我在那块区域看到了那辆车,不理会任何人的示意,所以我决定把他们拦下来。"[31]

最高法院使用了人们熟悉的"三部分平衡测试"来裁定这一因"合理理由"不充分——实际上根本没有理由——而拦停的判决是无效的。法官们很快就承认,州政府在确保驾驶人获得合法驾照、车辆登记和安全驾驶方面享有"切身利益"。但他们对这种"随机"拦停所导致的对他人的侵扰并不那么乐观。这样的拦停反映了一种"令人不安的权威展示",干扰了他人的"行动自由",导致他人不便,浪费他人时间。它会造成"严重的焦虑"。[32]

然而,真正使法院倾向于推翻普拉沃斯判决的是"平衡三步骤"的第三部分:法官们开始质疑这些拦停的效力。"这似乎是常识,已经上路的驾驶员中无证驾驶的比例非常小,而为了查找一个无证驾驶司机而致被拦停的持有驾照的驾驶员数量巨大。"他们问道:"如果发现车辆驾驶异常,或者车辆似乎存在问题再去拦停,效果是不是更好?"这样的拦停,基于"合理理由"——实际的怀疑——"每天发生无数次",而且"必须假定",如果没有相反的证据,这些拦停在寻找无证司机方面要有效得多。[33]

基于这个原因,普拉沃斯案中的拦停被视为无效。"就实际发现无证驾驶人或阻止他们驾驶而言,抽查似乎没有足够的成效,不符合《第四修正案》规定的基于合理理由的执法程序。"[34]

到目前为止,一切顺利。但就在这个时候,普拉沃斯案审理法院做出了令人费解的转变,认为它的裁决"并不排除特拉华州或其他州制定的替代方案",其中之一就是"在路障类型的拦停点对所有到来车辆进行质询"。"如果对像普拉沃斯这样的司机进行拦停检查的问题是,检查本身太过侵扰,而发现违章行为的可能性较小,那么这些拦停路障不是只会让情况更糟吗?"现在,更多的人会感到不方便,发现违法行为的可能性也没有增加。[35]

伦奎斯特法官不同意法院的裁决,他尖锐地指出了普拉沃斯案的不合逻辑之处:"因为驾驶员,显然像绵羊一样,在一个个被拦停时不太可能感到'害怕'或'恼怒',"一名巡警可以"在某条特定的道路上拦停所有的驾驶者,但他无法……拦停所有人"。[巧合的是,在最高法院公布的判决中,紧随普拉沃斯案之后的案件被称为"利奥绵羊公司诉美国"案(Leo Sheep Company v. United States。]他总结道,本案"为《第四修正案》的研究创造了'同病相怜'这个新角色"。[36]

伦奎斯特似乎是对的:从表面上看,普拉沃斯案和卡马拉案一样奇怪。正如国家对住房检查的关注似乎很难被称为"合理理由",那么拦停许多人,怎么可能提供比拦停一个人更多的"合理理由"呢?

回到第一原则

然而,当人们回忆起《第四修正案》的一个根本目的是避免警方随意的、不合理的侵扰人民的生活时,普拉沃斯案和卡马拉案的特殊性就消失了。《第四修正案》规范了警方的——或政府本身的——自由裁量权,规范了如何决定挑选谁进行搜查。普拉沃斯案的法官曾经提醒过读者"《第四修正案》禁令的根本目的是……'保护个人隐私和安全不受执法部门的任意侵犯'"。这并不令人惊讶:10年前,法官们在卡马拉案时说过同样的话——措辞完全一样。[37]

这种对任意执法的担忧可以追溯到18世纪的两起事件(见第五章),这两起事件促使我们首先制定了《第四修正案》。1761年反对"援助令"时,詹姆斯·奥蒂斯确切指出了这个问题,他说,允许通用搜查将会让"每一个人,出于报复、情绪失控或任性，去检查邻居的房子……一个随意的举动会引发另一个"。在大西洋彼岸，首席大法官普拉特——后来的卡姆登勋爵——谴责了用于搜查约翰·威尔克斯财产的通用搜查令，同时谴责了"赋予执法人员的自由裁量权，让他们可以搜查任何可能怀疑的地方"。《第四修正案》的主要目的是防止任意、不合理的搜查，这一点几乎没有异议。研究《第四修正案》的法官和学者们已经一遍又一遍地说过类似的话，对这一主张没有任何异议。[38]

当需要考虑是否允许未具备"合理理由"的搜查时，应该关注警察执法是否随意、是否带有歧视观点，这才是最重要的——而不是最高法院所关注的"普通执法"和"执法的特殊需要"之间难以逾越的区别。正如审理普拉沃斯案法院和审理卡马拉案法院所明确指出的那样，允许政府官员我行我素，不受约束地使用"自由裁量权"对人民的生命和财产进行侵犯将不可避免地导致政府的独断专行。卡马拉案中的无证搜查所造成的危害是"任由现场警官对居民进行酌情处理"。同样，普拉沃斯案中的抽查代表了"一种无标准、无规范的自由裁量权"，这是"法庭在以前案件中，至少在某种程度上坚持限制警官在现场的自由裁量权时所发现的罪恶"。[39]

考虑到人们对随意执法的关注，普拉沃斯案和卡马拉案中看似怪异的解决方案突然之间变得非常合理。

制定《第四修正案》的法官们设想，一般情况下，两个必要条件，即"合理理由"和"搜查令"，为公民提供了保护以抵御不规范的或任意的政府行为。"合理理由"是特定搜查的理由，确保警官不会任意或歧视性地挑出某个人进行搜查；而"搜查令"确保警官对案件"合理理由"的判断不会因打击犯罪的热情（或其他相关因素）而产生偏差。

但是，由于在房屋检查、驾驶执照和行驶证拦停抽查中并没有迹象构成"犯罪怀疑"——因此也没有形成"合理理由"——最高法院不得不想出一种新的方式，确保政府不会无缘无故地挑出某些人进行搜查。卡马拉案法院解决了这个问题，要求房屋检查员制定一些常规计划，以确定对哪些人进行检查，哪些人不用接受检查。证明进行安全检查的"理由"必须涵盖整个地区，而不是针对个人。如果一个地区年久失修，或长期未被检查，或房屋结构特别复杂，这些都足以成为搜查的

"理由"——因为它避免了检查员因为没有充分证据的怀疑、突发奇想或心怀恶意而将目标锁定在某人身上的可能性。（而且，值得注意的是，大法官还要求中立的治安法官签发搜查令，以证实这一点。）[40]

普拉沃斯案法院的选择——拦停公然违反交通法规的人，或利用路障拦停所有人——出于同样的理由也有道理。是的，检查站似乎是一种更大的侵扰，因为发现违规者的概率并不高。但它也确保了国家使用武力时的一视同仁，没有人受到任意或歧视性地对待。"在交通检查站，驾驶员可以看到其他车辆被拦停，也可以看到代表警察权威的明显标志。"[41]

两种类型的搜查

一旦了解了在普拉沃斯案和卡马拉案上，法官们正在采取措施，以防止任意警察执法（及不公正和歧视性的警察执法），我们就能够进一步了解，实际上有两种截然不同的搜查，每种搜查都需要适合自己的保护手段：基于"犯罪怀疑"的搜查，以及那些没什么可疑疑点的搜查。

电视塑造了警察工作的典型形象。大多数电视节目中警察都在忙于追查某个犯罪嫌疑人。警方正在调查一起已经发生或即将发生的违法行为。警察可能认识犯罪嫌疑人，但在许多情况下，他们试图根据一些线索来追踪犯罪嫌疑人。想一想《更接近》中的布伦达·李·约翰逊，或者《德拉格内特》中的杰克·韦伯，或者《犯罪现场调查》中的众多场景。在履行职责的过程中，警察从事各种我们称之为"搜查"的活动，从在互联网上或警方数据库中查找信息，到采集指纹或 DNA 样本，再到犯罪嫌疑人家中破门而入（希望有搜查令）。[42]

基于怀疑是为了调查案件而进行搜查的显著特点。警方有理由相信某个已知或未知的特定人已经或即将犯下某些特定的罪行。警方正试图查明事实真相并将罪犯绳之以法。

但在本章讨论的大部分警察执法中，警察的做法完全不同。他们不是为了抓住某个特定的嫌疑人而致力于调查；而是从一开始就试图让其避免成为犯罪嫌疑人。机场安检就是这种情况。运输安全管理局官员到达机场并不是为了寻找手提箱里的炸弹（尽管他们肯定如此——如果他们找到了，那人肯定会进监狱）。相反，数不清的钱花在精心设计的安全措施上，希望人们干脆把破坏分子留在家里。同样的事情也发生在酒后驾车拦停路障上。是的，如果一个醉汉走过，警察会让他们离开公路。但是，设置这些路障——以及一直伴随这些路障的宣传——的真正原因，首先是为了劝阻人们不要开车（研究表明这种策略是成功的）。[43]

第二种搜查的不同之处在于没有任何原因。因为搜查的目的是威慑——试图让人们在第一时间表现良好——所以没有犯罪嫌疑人，因此也就没有犯罪嫌疑。只是整个社会都要接受警察执法，为了让人们在触犯法律之前三思而后行。[44]

无犯罪嫌疑搜查与基于犯罪怀疑的搜查，不管警察是在寻找"普通执法"还是"特殊需要"，重要的是他们是否有嫌疑。

两种类型的保护

一旦我们发现有两种截然不同的搜查方式，我们就需要两种不同的保护措施来防止政府的随意行事。最高法院在判决卡马拉案和普拉沃斯案时了解到，针对某个问题的解决方案并不能解决其他问题，但后来似乎将此置之脑后，在涉及印第安纳波利斯拦停路障的埃德蒙案中，最高法院采取的方法根本不可行，完全走向另一个陌生的方向。

避免任意性 1：基于"合理理由"的搜查

当警方因为持有犯罪怀疑而进行搜查时，与之相对应的保护措施也是显而易见的。《第四修正案》明确告诉我们需要什么才可以进行搜查："合理理由"和搜查令。"合理理由"确保有足够的犯罪嫌疑将某人挑选出来进行搜查；搜查令证实了警方判断的正确性。如果警方的搜查是以犯罪怀疑为基础的，但是犯罪怀疑的理由不够充分时，那么就出现了《第四修正案》提到的所要防范的随意执法的危险。[45]

在最高法院的一个案例中，人们无法区分基于犯罪嫌疑的搜查和无犯罪嫌疑搜查，看起来非常像本章开篇所举的案例，只是这个废品场的主人叫博格，而不是布鲁斯。博格在纽约市经营一个汽车废品场。一天，一些行政督察，他们碰巧也都是警察，出现在博格的汽车废品场，进行行政搜查。这些警察要求查看博格的经营执照和登记停车场上所有汽车和零件的记录本。博格直截了当告诉警方，他两样都没有：他承认自己在非法经营。当时，警方搜查了这个废品场，最终博格因交易被盗车辆而被定罪。[46]

上诉过程中，博格投诉警方（包括其他事由）没有搜查废品场的搜查令。最高法院的回应是，为了达到出人意料的效果，一些行政搜查没有必要事先进行授权。这个回应完全不合逻辑。（毕竟，搜查令的执行总是出人意料的。）[47]

不过，法官们意识到，在没有搜查令的情况下，一些"符合宪法规定的替代方式"是必要的。他们确定了三条在他们看来能让一切步入正轨的措施。首先，纽约法律规定只能白天搜查。第二，持有执照的废品场老板会接到通知他们可能会被搜查。最后，规范了搜查的范围：检查员只能查看记录和车辆。[48]

值得注意的是，法官们提到的那些所谓的"保障措施"并没有以任何方式来防止《第四修正案》试图规避的弊端：警察利用其未受限的自由裁量权任意挑选出被搜查的人。这些所谓的保护措施中，没有一个能避免警察以错误的理由或根本不存在的理由去抓捕某人。

博格案判决书的开头有一个很有说服力的注释，提醒读者真正的症结所在。"从记录上可知，不清楚为什么那日博格的废品场被选中接受检查。"这是一个非常好的问题。法官们对此不屑一顾，说："被指定检查的废品场显然是从纽约市警探编制的这类企业名单中挑选出来的"，但这是不可能的。毕竟，回想一下，当警察出现在废品场时，博格立刻告诉他们，他没有执照。如果没有经营执照，他就不会出现在任何官方营业执照持有人名单上并接受行政搜查。对吗？[49]

现在我们几乎可以猜出那天警察为什么会出现在博格的废品场：他们一定得到了一些线索——比如谢赫给橘子郡警察讲的比尔·布鲁斯和偷来的福特野马车的故事——让他们想搜查博格的废品场。对博格的废品场的搜查——和对布鲁斯的一样——都是基于犯罪嫌疑的搜查。这不是一次无犯罪怀疑的行政搜查。

我们不知道，也永远不会知道的是，警方在博格案中的持有的犯罪嫌疑是否构成了"合理理由"。如果博格案中警方握有搜查的"合理理由"，那么一纸搜查令就程序完备了。但是，如果没有"合理理由"，那么我们又回到了过去的恶行：随意挑选和选择要搜查的人。

你可能会回答："那又怎样，他们抓到了坏人，这有什么不对？"但这正是我们上一章讨论的问题。如果警察一直都这么好，那么也许我们会决定接受他们侦破犯罪的超能力。当然，如果他们真的那么好，那么诚实，我们一开始就不需要担心不正当的、歧视性的或随意武断的搜查。

问题是，正如我们已经了解的，警察的直觉往往是错误的，他们的搜查没有充分的理由。杰克逊法官在布林尼加案中明确指出了这一点，该案定义了"合理理由"："可能存在，而且我确信，存在许多非法的对无辜者的住宅和汽车进行的搜查，但没有发现任何犯罪行为，没有逮捕，法院对此未采取任何行动，我们也从未听说过。"我们一次又一次地看到：警察在没有"合理理由"情况下进行的搜查通常是错误的。如果警察错了，那么无辜的人，像比尔·布鲁斯，就会付出代价。[50]

宪法对基于"合理理由"的搜查的保护是完全明确的：搜查令和"合理理由"。最高法院在允许以"合理犯罪怀疑"为由进行拦停搜查时，弱化了这些保护措施。仅此一点就有问题了——在最后一章中，我们探讨了解决这一特殊问题的方法。但是，在没有任何保护措施防止随意武断搜查的情况下，允许对博格废品场这样的地方进行搜查，是严重的错误。

避免任意性 2：无犯罪嫌疑搜查

那么，如何处理无犯罪嫌疑搜查呢？如果对博格的废品场或布鲁斯的汽修厂的搜查是真正的监管或威慑性搜查，那么要求"合理理由"就毫无意义了。根本就不会有"合理理由"。没有任何线索怀疑每一位在机场排队安检的人持有武器，也没有任何线索怀疑被酒后驾车路障拦停的驾驶员已经饮过酒了。

有些人会禁止毫无疑义的搜查，把它们看作是那些制定者所憎恶的"通用搜查"。但就这一点而言，我们真的不能有机场安检、酒后驾车拦停路障或大量数据收集吗？这似乎是无病吃药——自讨苦吃。[51]

还有一种选择是采取一些保护措施而不是理由——以避免任意的、不合理的、歧视性的搜查。在这一点上，我们明确知道另一种保护是指什么。

答案是对所有人一视同仁。这样，随意武断、歧视性搜查的风险就消失了。这就是审理普拉沃斯案法庭关于拦停路障的说法，而这也是在机场发生（或应该发生）的情况。[52]

当然,搜查每个人都会花费高昂的费用,但还有一个选择:以真正随机的方式选择要搜查的人。普拉沃斯案中,大法官哈里·布莱克蒙也参与了法庭的判决,但只有他指出,没有必要在检查站拦截每辆车。每5辆车或每10辆车拦停一次就足够了。如果人们知道警察在设置拦停路障,足以起到威慑作用。重要的是,警方不再根据那些可能不合法的理由进行挑选搜查,随机选择完全可以胜任这项任务。[53]

虽然随机选择搜查对象可以帮助降低监管警方搜查的成本,而且随机选择搜查对象通常也比较合理,但至少在某些情况下,需要搜查每个人时,这种方式值得提倡。大范围的搜查可以帮助警方解决一个问题,即确定一个无任何犯罪怀疑的搜查是否值得进行。仔细考虑一下。在基于存在犯罪怀疑的搜查中,我们可以通过查看"命中率"(警方成功查获违法物品的次数)来衡量何种方式是有效的。但是(最高法院往往忽略的一点),在不存在犯罪怀疑的搜查中,更有可能出现低命中率,但低命中率也许比高命中率更好。因为这些不存在犯罪嫌疑的搜查的目的仅仅是威慑。我们努力阻止人们违反法律,所以如果成功利用了这类搜查,我们的"命中率"可能非常低——也就是说,这类搜查起到了预期的效果。但是,我们怎么知道这种给人们带来不便的、不存在犯罪怀疑的搜查方式是否值得呢?事实证明,这种不便实际上是有帮助的。的确是祸不单行,福无双至。[54]

首先,如果政府被迫对每个人进行搜查,并承担相应成本,那么我们认为政府真的相信这种威慑形式值得付出代价。想想机场安检,这项搜查的成本费用高得惊人。美国运输安全管理局对这项搜查的预算庞大,这笔钱本可以花在其他许多反恐手段上。预算并不是无限的;必须选择哪些威慑措施足够有效,使其具有价值。公众并不总是知道什么是值得的,但事实上政府被迫做出这些选择的同时提供了某种保证,它至少曾经考虑过其他选择,决定使用干预了每个人生活的搜查是有道理的。

第二,如果有足够多的人被搜查,政治程序本身将成为我们自由的保障。接受警察搜查的人越多,忍受得越久,我们就越能安心地知道,至少人们相信这种努力是恰当的,是值得的。[55]

面对现实吧——通过机场安检是件让人头疼的事。但是,虽然人们可能会抱怨排长队，但并没有呼吁停止机场安检。公众相信，为避免空中恐怖主义袭击，忍受所带来的不便是值得的。不过，请注意，当运输安全管理局开始使用过于暴露人体的 x 光机时，立即引起了强烈抗议，这种做法被停止。考虑到回报，公众认为这种侵扰太过分了。现实生活中的通用搜查，关于政府正当利益和对公众最小限度侵犯的决定权应该落在公众身上。[56]

事实上，与我们的民主警察执法理念相一致，这类搜查事先应该得到公众的同意。对于无犯罪嫌疑的搜查，政府认为几乎没有必要对其保密。搜查的全部目的是威慑；人们的了解只会帮助计划成功。

所以，这就是答案。只要一个非常简单的问题，有关搜查和扣押的法律就可以大大简化。审查警察战术是否合宪时，首先要考虑的问题是，是存在犯罪嫌疑的还是无犯罪嫌疑的搜查？如果是前者，则需要充分理由（通常是"合理理由"）和搜查令的保护。如果是后者，那么我们需要确保避免随意武断的搜查方式——通常是确保人人都被搜查到。

正确做法

现在，比尔·布鲁斯一案中解决法官困惑的答案应该是显而易见的了。如果警察有充分怀疑的理由去搜查侯塞尔汽车救援公司，而他们并没有这样做，那么他们应该根据"合理理由"的要求申请并获得搜查令。另一方面，如果明确是一次行政搜查，搜查应该是随机的，但这次搜查也不是。警方在侯塞尔汽车救援公司的所作所为侵犯了比尔·布鲁斯的宪法权利。

所有搜查要么是基于犯罪怀疑，而且必须是理由充分的犯罪怀疑（如果可能的话，还要申请搜查令），要么不存在犯罪怀疑，必须全民搜查，或者真正的随机搜查。

最高法院未能认识到，基于"合理理由"和无犯罪嫌疑的搜查需要不同的保障措施来防止随意武断搜查的发生，最高法院的错误导致了两个问题的恶化。

首先，未达到"合理理由"的要求而允许基于犯罪怀疑的搜查，导致了像比尔·布鲁斯这样的人被随意武断地对待。

其次，禁止不存在犯罪怀疑的搜查。即使是针对"普通执法"（只要搜查是真正的一般性或随机性的），也会使一些搜查无效，例如印第安纳波利斯的拦停路障，这些搜查可能既有价值又适用当地实际情况。

在埃德蒙设立禁毒拦停路障的计划，是为了避免警方随意武断的判断和过度使用自由裁量权。该案件的证词解释说，检查地点是由监督员"提前几个星期"选定的，"综合考虑了当地犯罪统计和定位检查地点以尽量减少对正常交通的干扰"。车辆按预先设定的组数被拦下（即一次拦下 5 辆车），即使警察或消防部门的车辆在内，它们也会被拦下。最重要的是，警察被告知"每一辆被拦停的车辆都必须以同样的方式进行检查，直到发现可疑现象或者'合理理由'出现"。他们强调，对于哪些车辆需要被拦停，"警员没有任何自由裁量权"。[57]

这样的拦停路障是好是坏由每个社区决定，但很难认定它们是违宪的。

我们一开始就忽略了《第四修正案》存在的原因，这样做了之后，我们就模糊了警察机构可以做什么、不可以做什么之间的界限。然而，这并不复杂。基于犯罪怀疑的搜查应该需要"合理理由"。而无犯罪嫌疑的搜查需要制度的规范，也就是说，让每个人或至少通过随机组合抽取一些人进行搜查，避免任何随意武断或歧视，避免突发奇想或任性妄为。

两种类型的搜查，是两种截然不同的保护措施。制定者对通用搜查的担忧与基于威慑力的新型警察执法的必要性，通过这种非常简单的方式，日趋和谐统一。

我们还需要解决最后一个重要问题。通常，无犯罪嫌疑的搜查不是针对所有人，而是针对特定群体。下一章将通过转向宪法的平等保护条款讨论这个问题。

第八章　带有歧视的搜查

通常情况下，政府会筛选某个群体进行搜查。照一般的说法，在法律上，这种做法被称为"形象定性"，发生在少数族裔的禁毒工作中，也发生在反恐战争中针对某些少数族裔和宗教团体上。人们争论不休，对于何时可以"形象定性"，甚至是否可以"形象定性"进行了激烈的辩论。[1]

仅靠《第四修正案》并不能真正帮助我们应付这些带有歧视的做法，但宪法的另一部分：《第十四修正案的平等保护条款》(*The Fourteenth Amendment's Equal Protection Clause*)，却能够帮助我们。然而，一旦涉及执法和反恐，法官们往往无视已有的、遵循宪法保障人人平等的判例，并且根据《第四修正案》制定了一套特殊的规章制度。真不幸。遵循已确定的非歧视性法律不仅有助于解决与种族和宗教"形象定性"相关的紧张问题，而且将阐明我们的观点，即使被筛选出的群体值得信赖，并不会引发任何危险，例如乘坐飞机而不是坐火车的人们（因此登机前受到多重的安全检查），或者只对参加课外活动的学生进行毒品测试。

合理的偏执

在纽约阿拉伯裔美国人协会执行董事琳达·萨索尔杂乱无章、忙碌不堪的办公室里，是一幅清晰却不和谐的画面。角落里放着一台被人遗忘的电脑，满是灰尘，上面堆满了文件，包括一张奥巴马夫妇寄来的节日贺卡。（萨索尔是白宫的

"变革卫士"。)墙壁上和桌椅表面贴着敦促参观者"组织、登记、投票"的标语。但主要的图案是监视。警察的监视。海报和漫画宣传语："对监视说不""我们不反抗警察，我们反抗警察的监视""纽约警察局停止监视我们"。警察学院学员班的一张照片上是一位戴着头巾的穆斯林女性的脸部剪影。[2]

萨索尔也戴着头巾，尽管她声称自己不像民族主义的巴勒斯坦人那么虔诚。她不停地走动着，一位充满紧张活力的年轻女性，时刻关注了解着生机勃勃的协会及其熙熙攘攘的办公室。等候室里挤满了人，大部分是来申请社会福利的老年妇女。开斋节是穆斯林的节日，标志着麦加朝觐的结束。麦加朝觐日子来了又去；外面设立的伊斯兰救助组织向有需要的人分发冷冻牛肉，这是节日祭祀仪式的产物。萨索尔火急火燎地管理着这一切，同时描述她有多偏执："我是偏执狂，我是一个偏执的执行董事。"[3]

看着宣传海报，听着她与别人的谈话，你可能会认为萨索尔是一个偏执狂——但是纪录片上表明她不是。"911"事件后，纽约警察局开始"绘制"穆斯林社区地图，派遣线人进入清真寺和其他穆斯林或阿拉伯组织，并在室外安装摄像头。纽约警察局的警官们兼作间谍进行地下活动。祈祷仪式结束后，人们不再逗留，伊玛目则关闭了清真寺——社区的传统聚会场所。从事慈善工作的学生团体被其他穆斯林所回避，因为有消息说告密者已经渗透到他们内部。各种各样的穆斯林团体都不再鼓励谈论任何与政治有关的或有争议的话题。[4]

当萨索尔讲到她被美联社告知有文件显示纽约警察局试图在她的非营利性组织的董事会中安排一名卧底特工时，她感到明显的压力。突然之间，鸡毛蒜皮的小事受到广泛关注。例如，一个来自利比亚的家伙提出愿意提供帮助，称自己正在攻读硕士学位，没有固定工作，被萨索尔赶走后，他又出现在一些穆斯林朋友的诗歌朗诵会上。她被这一切激怒了。她指出，她的董事会不是一个任何人都可以进出的公共场所。这是一个私人组织。"他们没有权利待在这里。"董事会讨论财务问题，或分享各自的旅行经历。但是"人们不再闲聊，谨言慎行"。[5]

萨索尔与纽约警察局的关系复杂。她与当地的分局关系密切，有分局警监的手机号码，相信他们在做自己的工作，尽职尽责、诚实正直。与她有矛盾的是警局上层；她反对建立"人口统计部门"——从事密探活动的部门；反对使用某些培训材料，如纽约警察局编写的《西方世界的激进化：本土的威胁》（*Radicalization in the West：the Homegrown Threat*），这是对整个穆斯林社区的伤害。她解释说，她所在社区的人们有时确实非常需要警察的帮助，但她必须消除他们的疑虑，告知他们可以给警察打电话。[6]

很难想象在美国的天主教堂和福利组织，或者犹太教堂和学校会有人能够忍受这种现状。如果《第一修正案》有什么意义的话，那就是我们不记录、不拍摄人们祈祷、接受社区服务、参与政治活动的名字和照片。事实上，正是这种对国内组织、对行使美国宪法规定的权利的人们进行监视活动的记录、拍摄的行为，使联邦调查局和中央情报局在 20 世纪六七十年代陷入困境。[7]

然而，一些人已经并将继续为纽约警察局的所作所为进行辩护。纽约市长迈克尔·布隆伯格是其中之一。尽管他的继任者、市长比尔·德布拉西奥很快就了结了涉及拦停搜身的诉讼，但涉及美国公民自由协会在穆斯林社区从事监视活动的案件却拖了很长一段时间才完结。毕竟，仍有许多人在问——而且自"911"事件以来一直在追问——这难道不是麻烦的来源吗？保守派评论员查尔斯·克劳塞默在"911"事件之后及时提出了这一点。自由派人士迈克尔·金斯利也持此观点。他于 2001 年 9 月 30 日为《华盛顿邮报》撰写的专栏文章中写道："今天我们正在与一个恐怖主义网络作战，它刚刚杀害了 6000 名无辜者，还派遣特工潜入我国策划更多屠杀。我们真的要无视与他们有关的大家都已经了解了的事实吗？"[8]

当政府采纳了克劳塞默和金斯利的建议——不仅仅是这类特殊情况下，而是一般情况下——挑选出一个特定的群体进行监视或搜查时，应该有什么规定呢？我们已经看到，当政府使用搜查手段以阻止犯罪时，符合宪法保护规定的做法是搜查所有人。这就是我们在机场所做的，也正是克劳塞默所抱怨的。他问道，当我们知道基地组织中的坏人都是"年轻、伊斯兰、阿拉伯人和男性"时，我们为什么还要对女乘务员进行搜身？[9]

有选择性地搜查一直在发生。领取福利金要接受毒品测试，而那些不需要政府援助的人可以免除测试。载有拉丁裔外貌乘客的机动车是移民调查的目标。司法管辖区对某些被捕者强制 DNA 检测，但对其他人则没有。[10]事实上，很少有像上一章所说的那样的普遍性的搜查。在机场每个人都得进行安全检查，但在汽车站或火车站就不需要。有时，分组可能很微妙：拦停路障设置在一个位置上，而不是在每一条道路上，这意味着只有特定社区的驾驶者才会被拦停搜查。[11]

如何处理这些带有歧视性的搜查，最高法院弄得一团糟。另一个例子说明了一旦涉及警务问题，通常的宪法条例被扭曲得面目全非。在宪法中，没有任何一种歧视比允许政府根据族裔进行选择更为忌讳。然而，从 1975 年的移民拦停的案件布里格尼奥尼庞塞案开始，法官们允许执法人员在某些情况下依据族裔特征进行选择。对于如何处理其他方面的歧视，法院缺乏信心，如对一些被捕者进行DNA 检测，或要求参加课外活动的学生进行毒品检测，而其他人则不需要。大多数情况下，法官们只有举手投降，让政府随心所欲地做出选择。[12]

法院又一次忽视了政府的专断性。类似这种情况，政府在实施搜查或扣押时，法院应该要求政府回答宪法早已规定好的问题："为什么是我？"但当搜查或扣押的目标是整个群体而不是个人时，最适用的宪法部分是《第十四修正案》的《平等保护条款》，而不是《第四修正案》。审查政府对不同群体是否有所歧视的法院，不论是否涉及警察执法，都应采取一样的调查方式。[13]

首先，我们将着眼于那些传统上一直受到歧视并在宪法下得到特殊保护的群体——例如，种族、宗教、民族、性别和性取向歧视。对于这些群体，通常规则制定得非常清楚，但由于执法出现问题，所以最终对其分析杂乱无章。然后我们将讨论更为棘手的案例，在这些案例中，群体分类的标准不会如此敏感，但宪法规定的免受任意搜查或扣押的权利时时刻刻都处于危险之中。

在奥尼昂塔的搜捕

1992 年 9 月 4 日凌晨，一名男子潜入纽约奥尼昂塔的一所偏远住宅，袭击了这家的客人，一位老年妇女。这名不速之客手中操着刀，用一条手帕堵住她的嘴，坐在她身上，企图强奸她。她挣扎着，反抗过程中被划伤了，凶手逃走了。这位老妇人无法指认攻击她的人，但她告诉警方——根据她看到的手臂和手，以及听到的口音——那是一名黑人男性。警察判断他可能划伤了手。他们认定，或者她告诉他们的，他是一名年轻人。[14]

于是他们开始寻找一个手上有伤口的年轻黑人。奥尼昂塔有 1 万人口，约有
300 名黑人公民，还有几百名在附近的大学读书。警察决定把他们全部追查到底。
一位大学管理高层应警察的要求准备了一份名单——后来被称为"黑名单"——
然后警察开始搜捕大学里的每一个黑人男学生。警察冲进宿舍，威胁着要把学生
带到市中心，强迫他们在旁观的同学面前举起手，让他们承认自己做错了什么事。
城里的情况更加混乱。黑人在街上被拦住，并被命令把手放在警车上；搜捕行动
毫无逻辑可言，在持续几天的搜捕行动中，有些人被拦下来好几次。年长的黑人
男性，甚至女性，都被拦下进行盘查。该校的一名女性招生人员被告知，如果不能
出示身份证明，就不能坐巴士去看望其祖母。行凶者一直没有找到。[15]

"我们尝试检查社区中所有黑人的手，"纽约州警察调查员卡尔·钱德勒解释
道。他坚持说这样做并不是不尊重这些人，这是有道理的。"如果你的车出了事
故，上面有红漆，那么你会查找一辆绿色的车吗？"[16]

到了联邦法院做出裁决的时候，他们基本上同意调查员钱德勒的观点。法官
们表示，他们并没有"忽视在调查过程中被警方询问的那些人实实在在感受到的
挫败感"。发生的事情"让人心烦意乱是可以理解的"。但是原告们"并不是仅仅
因为他们的种族而受到质疑"。相反，警方是遵循"受害者的外貌描述"进行搜
捕的。[17]

警察执法与种族：第一个错误

基于种族特征或其他类似特征的警察执法，法院对其的解释，犯了两个非常
严重的错误，第一个是，当警察仅仅根据目击证人或受害者对犯罪嫌疑人的外貌
特征描述实施抓捕时，宪法的平等条款，即"享有法律的平等保护"的保障没有得
到贯彻实施。我们将看到，大多数情况下，警察追查这样的线索完全符合宪法的
规定。但是说警察在调查他们所收到的报告时可以为所欲为，《平等保护条款》对
警察的执法没有任何说法？这是错误的。[18]

问题是，一旦涉及警察执法，所有的关于种族、性别等的法治条例都被抛到了
脑后。虽然在根据目击证人提供犯罪嫌疑人线索进行搜捕的大多数案件中，这些
法治条例的合理应用不会导致不同的结果，但在奥尼昂塔案中可能导致截然不同

的结果。当然,我们这里特别关注的这类案件,警察不是根据受害者的描述抓捕犯罪嫌疑人,而是根据种族形象定性搜捕犯罪嫌疑人。

关于宪法平等的法律并不是特别复杂的。它只问了两个问题。政府这么做有什么重要原因吗?把人们分成不同的群体——对他们进行分类,区别对待——是否达到了这个目的?我们试图弄清楚的是,分成不同群体是否能以一种明智、理性的方式完成政府制定的目标。如果不能,我们怀疑政府没有正当的理由歧视某些群体,要么因为政府的不理性,要么因为政府不喜欢不受欢迎的群体而产生偏见。

意识到存在歧视是很困难的,因为不把人们分成各个群体是无法进行管理的。你必须年满 16 岁才能开车,年满 18 岁才能投票,年满 21 岁才能饮酒。只有收入低于一定水平的人们才能申请福利。超过一定规模的企业必须遵守工作场所安全规范,而一些小企业则不受限制。你的车速不能超过每小时 55 英里。餐馆的食物必须在一定温度下进行储存。[19]

更糟糕的是,政府划定的界限,把人们分成不同群体,这么做是必要的但不是完美的。当然,也有 17 岁零 9 个月大的年轻人可以像 18 岁的年轻人一样理智地投票(还有许多 18 岁选民并不具有辨别能力)。为什么速度限制不是 53,或者 60 呢?这些选择中的任何一个都可能与另一个一样理性或明智。如果仅仅因为存在另一条同样合理(或不完美)的界限,每一条界限都能在法庭上受到质疑而被推翻,那么就不会有更多的法律了。法律通常是利益集团讨价还价的产物,并不是所有通过法律的必要的妥协都能做出最明智的决定。这是不可避免的。[20]

基于这些原因,人们对于政府划分界限和群体分类的一般反应是一定程度的顺从。只要这些界限足够合理,各群体大体上是正确的,我们就相信政府是正确的。法院经常说他们不会"事后猜测"政府的选择。

但是在某些情况下——比如政府根据种族、宗教、民族、性别和性取向等划分不同群体等——我们会更仔细地观察。我们把这些分类称为"可疑的分类"。我们认为,这些分类与政府的所作所为几乎不相关,或者不应该相关。这样的分法非常"可疑":我们担心,当政府歧视这些群体中的某个人时,是因为对这个群体的刻板印象或纯粹的厌恶,而不是基于一种合理的理由。[22]

对这种可疑分类的仔细研究有一个叫法——"严格审查"。"严格审查"提出了两个同样的问题：政府试图实现什么目标？是否需要以不同的方式对待这个群体？但因为"严格审查"，法院对答案的要求更高。比如说，政府如果想区别对待某一种族和宗教群体，就需要一个强有力的理由，且政府要实现其目标必须进行这种分类。如果政府无法达到这一标准，它必须寻求其他一些非歧视性的方式来实现其目标。在研究这个问题时，我们要求证明：我们所关注的问题在不受欢迎的群体中是否比其他问题更普遍？而且，这个问题的发生率是否高到足以让群体中的每个人都受到影响？[23]

这让我们回到了奥尼昂塔，联邦法院声称受害者依赖种族形象的描述并不会牵涉宪法中的《平等保护条款》。

警察是否可以利用种族形象描述寻找犯罪嫌疑人？

在奥尼昂塔这样的案件中，正确的问题不是《平等保护条款》是否适用——当然适用——而是对犯罪嫌疑人进行种族形象的描述是否符合"严格审查"的要求。法院给出了很多理由来解释为什么根据宪法的平等保障原则，基于受害者或目击证人的种族形象描述的警察执法可以不受任何分析的影响，但没有一个理由是有足够的说服力。最好的一个论点是政府并没有凭空捏造种族分类，目击者或受害者就是如此告诉警察的。这很公平，但是仍然是政府使用种族形象定性作为选择谁进行拦停盘查的基础。当然，政府不能因为有人给警察出了这样的主意就逃避宪法的要求。而且，政府也不可能得到这些线索后仍然按兵不动：看看在奥尼昂塔发生的天罗地网行动吧。[24]

然而，有一点似乎很明显，不是吗？在大多数情况下，证人对犯罪嫌疑人的描述，包括种族信息，可以轻易地帮助警方证明遵循这种描述进行搜捕是正当的。它通过了《平等保护条款》的严格审查。如果犯罪行为已经发生，政府显然对抓住罪犯的兴趣更高——用《平等保护条款》的行话来说是"令人信服的"。如果目击者描述行凶者是一个穿着绿色外套的特定种族的人，而且一瘸一拐的，那显然应该是警察寻找的人。寻找一个不同种族的人并不比寻找一个身穿红色运动服的马拉松运动员更有意义。

另一方面,只依赖种族形象的犯罪嫌疑人描述几乎是不允许的。这是《平等保护条款》所关注的问题之一:当一个群体的大多数人是无辜的时,将这个群体某一些成员行为归咎于整个群体(或者更糟的是,具有群体典型形象的那些人的行为)。这才是奥尼昂塔真正的问题。犯罪嫌疑人可能是一个年轻的黑人,也许他割破了手,但这一点上的不确定性是警察拦停妇女和年长的黑人男子的唯一可能的解释(除了彻头彻尾的骚扰)。从本质上讲,警察能确定的只有一个事实:罪犯是黑人。

在奥尼昂塔,唯一能够依赖种族特征的理由是那里的黑人数量相对较少,但这理由似乎仍然难以接受。如果在某个地方发生了一起犯罪行为,而我们对犯罪嫌疑人的了解只是他是附近1000多个白人中的一个,我们认为警察能拦停盘查所有这些白人吗? 在没有其他线索的情况下,我们不会怀疑所有人。那么为什么奥尼昂塔的情况会有所不同呢? 那里有几百名黑人,显然他们都是无辜的?

虽然法官们支持在奥尼昂塔发生的事情,但许多人认为警察弄错了。大学里一个上了黑名单的孩子解释说:"我唯一想上的名单就是院长名单。"后来,很多人对奥尼昂塔的侮辱行动表示遗憾。州警察道歉了。学院也做了同样的事情;交出名单的管理员被降职了。纽约州检察长艾略特·斯皮策为州警察辩护。胜诉后,斯皮策亲自宣读了法院的判决书,并对媒体说:"虽然我们赢了官司,但这让你不寒而栗。"[25]

种族形象定性

那么,如果犯罪嫌疑人被描述为一个穿着绿色外套的特定种族的人,则寻找一个穿着红色外套的不同种族的人是没有意义的。但如果定义犯罪嫌疑人的特征来自种族形象定性的一部分,而不是目击者的描述呢? 它们一样吗? 这正是人们在"911"事件后所提出的论点:当我们应该搜查穆斯林男性或具有特定遗传特征或特定外貌的男性时,为什么我们要搜查来自托皮卡的祖母们? 搜查犯罪嫌疑人时,只有种族形象定性而没有证人描述,适用的法律条例是否应该相同?

让我们一起了解一下这个国家种族形象定性的一些历史。

1999年,当时的新泽西州检察长做了一件不可思议的事:他公布了一份报告,谴责本州的州警察使用种族形象现象泛滥。(检察官不能通过指责执法部门来完成他们的工作。)新泽西收费高速公路上的警察被指控拦停了更多的少数族裔司机,并对他们进行频繁的搜查。司法部长总结说,少数族裔的"不同待遇"问题"不是想象出来的,而是真实存在的"。[26]

不过,新泽西检察长这样做不足为奇:公布报告之前,迫使他做出这样决定的是大量证据证明新泽西州高速公路巡警利用种族形象定性,包括"州诉索托"(State v. Soto)一案中所进行的值得注意的研究。在索托案中,新泽西州认为更多的少数族裔被拦停要么是因为高速公路上少数族裔更多,要么是因为他们经常违反交通法规。但统计学和社会心理学专家约翰·兰伯斯博士进行了一项缜密的研究,证明了事实并非如此。为了排除这些可能性,兰伯斯在高速公路旁安排了观测员,用望远镜来统计高速公路上司机的种族构成。然后,他利用车辆滚动调查查看哪些人违反了交通法规。兰伯斯博士的研究表明,虽然收费高速公路上13%的司机是非洲裔美国人,15%的交通违规者是非洲裔美国人,但被拦停的非洲裔美国人在拦停总数量中所占的比例为35.6%—46.2%。根据这些数据和警方的证词,在"州诉索托"案中,法官发现州警察"针对黑人进行调查和逮捕"是"实际实施的政策"。[27]

事实上,新泽西的情况比索托案法官想象的要糟糕得多。巡逻警们将警车停在与道路垂直的地方,这样他们的雷达测速枪虽然不起作用了,但他们可以更容易地看到驾驶人是什么种族。一些巡逻警只逮捕少数族裔驾驶员。州长克里斯汀·托德·惠特曼解雇了州警察局长卡尔·威廉姆斯总警监,因为后者对媒体说:"毒品问题主要是可卡因和大麻问题。很可能是某个少数族裔参与其中。"新泽西州官员向索托案法官和美国司法部隐瞒了数据,司法部自己进行了调查,最终得出结论,新泽西州一直存在种族形象定性。[28]

检察长报告记录显示,种族歧视在所谓的"同意搜查"中尤为普遍。当巡逻警没有搜查车辆的依据时——交通拦停通常也没有任何依据,那么超速或尾灯熄灭的潜在证据又是什么呢?——他们请求驾驶员允许他们搜查。检察长报告发现,在某些情况下,80%的同意搜查请求是针对少数族裔的。巡逻警的自由裁量权越多,则越有可能对少数族裔实行差别待遇。在一个地区,使用雷达测速器(不能区分黑人和白人)的巡警向大约 18％的非洲裔美国人开出了罚单,而拥有最高自由裁量权的巡警则对超过了 34％的黑人开出了罚单。检察长说:"那些有更多时间致力于禁毒的警官可能更倾向于依赖种族形象定性进行执法。"[29]

在依赖种族形象定性方面,新泽西州并非独一无二。在另一项深入研究中,兰伯斯博士发现,在马里兰州,17％的驾驶员是非裔美国人,而在被拦停和搜查的驾驶员中,非裔美国人的比例高达 72％,这一差异被兰伯斯博士称为在统计学上"创了新纪录"。密歇根州的研究人员决定通过查询警察在警车内的移动数据终端,来一探他们如何决定拦停的情况。巡逻警对可疑驾驶员的询问不仅针对更多的非裔美国人,而且当黑人驾车进入白人社区时,此类询问的次数也显著增加。在北卡罗来纳州,黑人被州警拦停的可能性比白人高出 68％。科罗拉多州州警根据针对少数族裔毒贩的特征描述进行拦停,为此向在 70 号州际公路上被拦停的受到损失的驾驶员支付了 80 多万美元的赔偿金,这些人都没有被开罚单或遭到拘捕的经历。[30]

这种种族形象定性在社会上随处可见。耶鲁大学法学院的伊恩·埃尔斯教授在一份关于 2003—2004 年洛杉矶警察局拦停报告中发现,控制了犯罪率和其他变量后,"非裔美国人和西班牙裔美国人受到过度拦停、过度搜身、过度搜查和过度逮捕"。每 1 万名居民中,有 4500 次非裔美国人被拦停,而非少数族裔居民只有 1750 次被拦停。事实上,在一些地区,报告所述期间拦停的次数比当地居民的人数还多。在纽约,2011 年被纽约警察拦停的 70 万人中,87％以上是黑人或拉丁裔。从 2007—2010 年,波士顿发生了超过 20 万起"现场审讯/观察/搜身和/或搜查事件"。其中 60％以上是黑人,尽管波士顿的非裔美国人占波士顿总人口的比例还不到 25％。[31]

为什么会产生种族形象定性

毫无疑问,种族形象定性是一项无效的政策,即使人们选择忽略其所造成的惊人伤亡。许多研究表明,少数族裔贩毒吸毒的比例并不比白种人高;事实正好相反。当警察搜查时,白人的"命中率"——毒品或其他违禁品被发现的次数——始终高于少数族裔。在北卡罗来纳州,州警拦停的黑人远多于白人,白人被搜查的"命中率"为 33％，而黑人为 26％。在伊利诺伊州，即使经过多年致力于改善种族形象定性的问题，2014 年年度报告得出的结论仍然是，少数族裔驾驶员被拦停、被要求同意机动车搜查的次数是其他驾驶员的两倍。然而，相对于被拦停的频率，警察在白人驾驶员驾驶的车辆中发现违禁品的可能性要比少数族裔驾驶员驾驶的车辆高 50％。艾尔斯在洛杉矶警察局的报告中发现，"对黑人和西班牙裔的搜身搜查比对白人的搜身搜查效率要低得多"。正如新泽西检察长报告中所指出的，"许多关于吸毒的刻板印象都是完全错误的"；高中生中，"事实上白人学生比黑人或西班牙裔学生更有可能曾经"吸毒或酗酒。[32]

如果种族形象定性不起作用，为什么应用会如此广泛？一个可能的回答是普遍存在的蓄意种族歧视。但这个答案既太简单，也太令人沮丧，人们不得不接受，无暇考虑其他答案。事实证明，至少还有一种回答是现成且具有指导意义的。答案就是下意识的种族偏见。[33]

新泽西州检察长的报告中，有一章题为"种族形象定性的混乱逻辑"，描述了一种"自我实现的预言"，解释了为什么会出现种族形象定性。人们是这样考虑的：一个人如果喜欢钓鱼，会问别人哪里是钓鱼的好地方。其他人说"鳟鱼池塘"。这个人到那儿去，果然钓到了一些鱼。偶尔他也会去别的地方，也钓到一些鱼，但别人已经告诉他到鳟鱼池塘不会空手而归，他也钓到了一些鱼，所以他会继续到那个地方钓鱼。现在，如果这个人仔细研究一下，就会发现鳟鱼池塘并不比其他地方好，实际上可能不如其他地方好。其他地方的鱼更多，比如镇码头（Town Wharf）和陶德角（Towd Point）。但在听说了鳟鱼池并证实了他的信息后，他还是选择了那里。检察长报告警官们因拦停少数族裔而抓获犯罪嫌疑人——然后又互相告知——描述为"这些逮捕数据……助长了种族形象定性的恶性循环"。

这样做符合我们的人性，我们在执法中自豪地展示了贩运的毒品或"命中"的战利品，却几乎不关注更频繁的"失误"，也就是那些未能发现违禁品的拦停和搜查……从逻辑上讲，当然，人们不可能仅仅从成功的角度，或只看成功不看失败的角度，来判断任何实践或计划的整体效果。[34]

到 20 世纪 90 年代末，所有这一切都已广为人知，在全国形成了反对种族形象定性的共识。像许多人一样，布什总统谴责了这种做法。国会正在考虑立法，要求州和地方警察部门保存统计数据，以揭示种族形象定性事件发生的地点。在盖洛普民意测验中（Gallup poll），高达 81％的受访者表示，他们不赞成种族形象定性的做法。[35]

随后是 9 月 11 日的到来。激进的伊斯兰主义者攻击美国，反对种族形象定性的共识很快就消失了。袭击发生当天，新泽西州新任检察长小约翰·法默正在大西洋城参加一个会议，讨论新泽西州在解决种族形象定性问题上取得的进展。但在"911"事件发生两周后，他在《星报》上发表了一篇题为《重新思考种族形象定性》（*Rethinking Racial Profiling*）的文章。法默在文章中称，"911"之前，"对种族形象定性的做法进行广泛谴责"是一种"奢侈品"。"超过 6000 人死亡，有些人会认为，因为在机场对种族或民族形象定性没有足够的关注……因为这些形象定性是劫机者及其所谓的同盟者和支持者的基本特征，执法部门在调查这些违法犯罪时，怎么能不考虑种族问题呢？"[36]

那么，什么才是正确的？ 是"911"之前，还是之后所说的？

何时可以利用种族形象定性？

法院及其他机构另一个错误的看法是，只要"种族"不是"形象定性"中"唯一"的条目，那么形象定性是可以接受的。他们认为，只要还有其他因素在起作用，就可以考虑种族问题。但是如果未涉及警察执法，这也不是我们通常处理种族歧视问题的方式。

《平等保护条款》的标准原则是，如果种族是政府决策中的一个"动机"，即使不是"唯一"因素，也必须进行严格审查。严格审查要求我们就政府关注的问题在赞成和反对（这里指搜查）群体中所产生影响进行比较。种族可能是"形象定性"中的一个相关因素，但是这种情况凤毛麟角，大多数情况并非如此。[37]

为什么种族或其他对犯罪嫌疑人性质分类不适用于形象定性，一个大家熟悉的例子对回答会有所帮助：机场禁毒案件。典型的机场禁毒案例是"美国诉韦弗"案（United States v. Weaver），又一起涉及我们在第六章的老朋友缉毒局探员卡尔·希克斯的案件。在此案中，警察发现亚瑟·韦弗从洛杉矶到堪萨斯城的飞机上下机。希克斯解释说，韦弗之所以受到怀疑，因为他是"一个穿着随便的年轻黑人男性，拎着两个包，沿着广场快速地走着，几乎是跑着，朝着通向出租车站的门走去"。希克斯还作证说，他"知道一些来自洛杉矶街头帮派的衣着随便的年轻黑人男性经常把可卡因带进堪萨斯城地区"，"迅速走向出租车是机场运送毒品的贩运者的常见特征"。于是，希克斯拦住了韦弗。韦弗拒绝让希克斯搜查他的包，并让他去申请搜查令。韦弗上了一辆出租车后，希克斯坚持要抓住他，结果希克斯和韦弗就其拎着的包发生了争执。在韦弗为了希克斯不要碰他的包而打了希克斯的手之后，希克斯逮捕了韦弗，对他进行了搜身，并——在拿到搜查令后——搜查了包并发现了毒品。[38]

韦弗案的法官们做了法官该做的事情——他们错误地认为，如果种族是"其中一个"因素，那么只要它不是"唯一因素"就可以了："如果希克斯仅仅依靠韦弗的种族作为怀疑的依据，我们将毫不犹豫地认为，仅仅基于种族，对毒贩身份的怀疑不会通过宪法的审查，那么我们将会面临另一个案子。"但是，法庭继续说："不能因为事实令人不快而忽视它们。"在这里，希克斯知道"洛杉矶黑帮的年轻男性成员向堪萨斯城地区贩卖可卡因"。他对所有的黑人毒贩表示遗憾——"我们希望事实不是如此，但是他们呈现在我们面前，而不是我们希望的那样，我们只能接受这样的事实"——对于这种种族歧视，法庭将自己撇得干干净净。[39]

法官们的分析误入歧途，令人震惊。在平等法的其他部分，正如我们所了解的，如果将种族因素作为动机之一，那么就必须进行严格的审查。我们再次面临两个熟悉的问题：政府是否有迫切的需求？考虑种族因素是否进一步推动了政府迫切的需求？

为了确定形象定性中种族因素是否符合严格审查，在是否根据种族描述的基础上，我们必须检查两类人群成为罪犯的概率。有两个数据非常重要。首先，与白人相比，符合这一特征的黑人贩卖毒品的可能性更大吗？其次，符合形象定性的黑人中毒贩的比例是多少？[40]

关于第一个问题，如果黑人不比白人更有可能成为贩毒者，那么在定性中使用种族因素则"包容性不足"，是违宪的。也就是说，只找黑人，我们就错失了许多其他种族的毒贩，他们同样应该受到惩罚。因此，该形象定性并没有严格按照宪法规定的方式进行调整，以满足严格审查的要求。

在这方面，请注意"种族"在希克斯探员的故事中扮演的关键角色。正如与本案其他法官观点不同的理查德·阿诺德法官所指出的，如今许多飞机乘客似乎"衣着普通"，如果从登机口快速走到出租车上就引起怀疑，那么无数人将受到调查。从来自洛杉矶的飞机下机的所有走得快速、衣着普通的人中，在希克斯眼中，韦弗的黑皮肤使他成为一名贩毒团伙成员。但为什么呢？我们是否有理由认为，在机场也有少数白人携带毒品，但是他们没有引起希克斯探员的注意？[41]

至于第二个问题，有多少穿着不符合希克斯探员着装标准的行色匆匆的黑人是毒贩？一半吗？百分之一？如果有很多走得很快的非裔美国人的穿着不是希克斯特工喜欢的样子，也没有携带毒品，那么希克斯的形象定性"过于宽泛"。它影响了太多无辜的人，因此再次未能通过严格的审查。

那么关于这些重要统计问题的真实情况是什么呢？当然，我们不知道。我们所知道的是，在机场拦停案件中，经常有证据表明，少数族裔被拦停的概率过高。但尽管如此，法官仍然没有足够的证据证明被告怀有种族歧视，无法将他们送进监狱。然而，政府也是参与检查的一方——如果它依赖于一个假定的种族形象，那么政府应该能够证明它这样做具有多高的准确性。[42]

这就是那些在"911"之后说我们应该在机场安检（或其他检查）时只搜查穆斯林或阿拉伯后裔的人的观点的问题所在。首先，这样做缺乏包容性。在美国，因恐怖活动而被捕的知名人士几乎都是阿拉伯人或中东人的后裔（更不用说，从一个人的外表可能无法辨别谁是穆斯林或阿拉伯人）。蒂莫西·麦克维、理查德·里德、何塞·帕迪拉和约翰·沃克·林德都被判恐怖主义罪，从他们的长相来看，没有一个人明显符合这一描述。但是，更为重要的是，这样的概括都是令人无法接受的"包容性不足"。美国大约有 330 万穆斯林和至少 180 万阿拉伯裔美国人。令人难以置信的是，这个数字中只有一小部分与恐怖主义有关。根据《平等保护条款》，我们不会因为少数人的罪行，而追究与他们同种族、同宗教的人。相反，采用严格审查的主要原因就是避免这样的错误。[43]

何时对犯罪嫌疑人分类没有争议？

然而，当政府要搜查的是群体而不是个人，并且这个群体不是根据宗教、种族、性别或其他犯罪嫌疑人分类标准来选择的时候,该怎么办呢？这些界限的设定从未停止。作为运动员的学生需要接受药检,但其他学生不需要。因性侵犯被捕的人要接受 DNA 检测;其他被捕人员不需要。灰狗大巴乘客会受到贩运毒品搜查,但在美铁(Amtrak)的高速商务舱阿西乐(Acela)列车上却不会发生这种情况。如果法院很难处理基于犯罪嫌疑人分类的歧视性警察执法,那么如果歧视行为是基于其他分类标准时,他们就会把事情搞得一团糟。[44]

在这些案件中,最高法院曾表示,法官应该面面俱到,平衡各方的权益。一方面,个人隐私被置于危险境地;另一方面,政府不得不搜查。如果政府利益大于个人隐私利益时,搜查是可以的,即使没有搜查令或没有任何合理理由。[45]

正如我们一再看到的,这种均衡各方、瞻前顾后的做法显然是行不通的。以学生运动员的药物检测项目为例,该项目旨在帮助学校摆脱毒品。但实际操作却困难重重。首先,需要对学生运动员在监督下小便的行为进行评估,并对他们的尿液进行检测(除了非法使用药物信息,还包括任何可能暴露的私人信息)。那么,人们就必须有某种方法了解这类项目是否达到了威慑效果,也就是说必须有一些关于吸毒前后的数据。最后,需要一种方法将这些完全不同的数据简化为相同的度量单位。这样做不是不可能,但是真的很难。我们几乎从来没有收集到足够的相关数据。

这就是为什么无法实现真正均衡的原因;当法院说他们在平衡各方时,几乎总是政府赢。最高法院在"国家财政部工会雇员诉冯·拉布"(National Treasury Union Employees v. Von Raab)一案中的裁决则是一个典型的例子。该案件涉及对海关部门某些雇员进行毒品测试。测试计划于 1986 年通过,当时正值禁毒战争的高潮。里根政府曾提议对 100 多万处于"敏感"位置的联邦雇员进行毒品检测,而海关部门则一马当先,是计划实施成功的关键部门。海关局长威廉·冯·拉布认为,有必要对任何从事毒品查禁、携带枪支或处理机密信息的海关官员进行毒品测试。[46]

把最高法院在冯·拉布案中进行各方均衡称为一场闹剧已经是宽宏大量了。首先,政府没有任何需要。在他下令实施这一计划时,海关局长曾公开表示:"海关部门基本上是没有毒品的。"毒品测试也证明了这一点:经过 3000 多次测试,只有 5 人的毒品检测呈阳性。那么，我们为什么要找这些公务员的麻烦呢？持不同意见的斯卡利亚法官在这一点上措辞严厉：

> 政府的解释中所缺少的内容——特别的、明显的缺失，就我而言，根本不存在的——是实例证明，证明推测的恐怖事件确实发生过。例如，通过实例说明，以下都是吸毒的后果：行贿，目的不明确、缺乏同情心的执法，机密信息的泄露。[47]

本应说明进行毒品测试的需要，但是最高法院多数派法官却说了一堆废话。法院所列意见谈到了自 1974 年以来，海关官员是如何受到"枪击、刺伤、车辆碾压、钝器击打"以及 9 名官员如何在执行公务时死亡的。这些与毒品测试的关系是个谜。显然，法院假设的理由是，参与禁毒战争的人可能会被腐蚀。但并未搞清楚官员是否必须是吸毒者（这正是被检测的）才能被腐蚀，同样未搞清楚的是，与其他类型走私者打交道的海关官员——比如说珠宝——为什么不能被腐蚀。[48]

至于所谓的另一方，接受测试的警官们，最高法院放弃了对他们隐私的侵犯。尽管大法官们承认，处于监视下进行排尿，然后尿检，是对隐私的明显侵犯，但最高法院裁定，考虑到海关官员的工作性质，他们对尿检"保护隐私的预期降低"。但为什么会这样呢？人们可能会认为，考虑到他们有时参与的危险工作，这些官员已经为他们的国家做出了足够多的贡献，而不必遭受此种折磨。[49]

整个事件只不过是一场公关噱头，以显示政府在反毒品战争中的认真态度。这与海关部门的吸毒问题没有任何关系。斯卡利亚法官持不同意见，他提到了建立该计划的备忘录，解释道："计划的实施……将为我们国家与这一最严重威胁的斗争树立一个影响深远的榜样。"由政府决定该向毒品开战了，使用任何象征手法都可以。宪法禁止的是实施检测时故意隐瞒这些官员。如果你想测试人们是否吸毒，那就测试我们所有人（祝你好运通过测试）。[50]

法院在此类案件中应该做的正是他们在涉及犯罪嫌疑人分类的案件中所做的事情。法院应该询问政府的所作所为是否确实保护了政府的利益。没有扯不清的各方均衡。选中某一特定群体是否对挑选的原因做了仔细的分析。一如既往，政府应该准备好回答："为什么是我？"

与冯·拉布同一天由最高法院判决的另一起毒品测试案，是如何进行正确分析的教科书式的范例。这起案件涉及联邦铁路管理局授权对列车员工进行的毒品检测项目。该项目要求在发生重大列车事故的情况下对列车人员进行测试，其他情况下也允许在具有充分"理由"的情况下进行测试。在发生事故的情况下——按照规定——所有的列车工作人员都要立即接受毒品或酒精损害测试。[51]

铁路案中合乎情理的计划与冯·拉布案中失策的计划有许多不同之处。首先，在实施铁路测试计划时，征求了公众的意见，包括那些受政策影响的人的意见。这些人的参与最终帮助计划的完成，比海关局长简单授权的计划更注重收集不同范围人员的意见。其次，政府记录了重大列车事故造成的死亡人数，以及列车员工持续身体障碍所导致的列车事故。列车事故是一个严重的威胁，列车员工身体障碍是事故的一个常见原因，身体障碍的测试既预防了列车事故，又告知了公众事故发生的原因。[52]

《第四修正案》是否没有其他宪法权利重要？

在这些案件中，唯一棘手的是，当政府选择搜查某一个群体而不是另一个群体——或者就这个问题而言，每个人——时，法院应该仔细地审查政府在做什么。正如我们前面所看到的，制定犯罪嫌疑人分类的法律受到仔细审查，而其他法律则轻易就能通过。当被选中的群体不是基于种族、性别、国籍、性取向等因素时，是否还有理由进行更仔细的审查？

在一个充满任意性的领域，宪法所赋予的权利岌岌可危，这一事实本身就足以证明法院进行严密的审查是合理的。[53]当宪法所赋予的权利受到威胁时，例如持有武器的权利或言论自由的权利，大法官们要求政府进行解释，对其严格审查。正如最高法院在"哥伦比亚特区诉海勒"案（District of Columbia v. Heller）中提到的《第二修正案》（*The Second Amendment*）涉及携带武器的权利，"如果超越持有和携带武器的权利所需要的一切只是一个合理依据，那么《第二修正案》……将没有任何效力了"。同样，在"普莱勒诉多伊"（Plyler v. Doe）一案中，最高法院实施了严格审查，推翻了德州拒绝为非法移民的子女提供教育资金的决定，尽管"非法移民不能被视为可疑阶层"和"教育不是一项基本权利"。[54]

当然，《第四修正案》在避免任意搜查和扣押方面的利益，与海勒案或普莱勒案所涉及的利益一样重要。在"沃尔夫诉科罗拉多州"（Wolf v. Colorado）一案中，最高法院认为《第四修正案》适用于各州，法兰克福特法官宣称："保护个人隐私不受警察任意侵犯——这是《第四修正案》的核心——是自由社会的基础。""审查的精确程度可能很难确定，但是任意性是一个非常现实的问题，宪法审查需要严肃对待，不能像法官们通常做的那样简单地依从政府的任何决定。"[55]

当特定群体成为搜索或抓捕的目标时，随意性的风险随之增加。这通常发生在不同的社会恐慌中，可能是恐怖主义、毒品，也可能是移民。正是在这样的时刻，当公众情绪高涨并敦促政府采取行动时，鲁莽的行动才有可能发生。

以琳达·萨索尔和她的穆斯林社区为例。负责"绘制"纽约穆斯林地图的纽约警察局人口统计部门成立于2001年"911"事件后，于2014年解散。这个部门最初因其挫败恐怖袭击的高效率而受到称赞，但实际上从未"帮助挫败"过任何对手。事实上，纽约警察局情报部门助理局长托马斯·加拉蒂在宣誓作证时表示，在他任职的6年里，人口统计部门的工作没有提供过任何线索或进行过任何刑事调查。然而，到2014年，该部门已经造成了一定的损害，向美国穆斯林灌输恐惧情绪，压制宗教表达，切断了穆斯林社区和执法部门之间的信任途径。[56]

宪法并没有禁止针对特定群体给予特殊关注，即使涉及搜查和扣押。但是宪法的确要求某些团体应该受到特别关注。这意味着政府必须提供证据表明它正在处理的问题在该群体中普遍存在，而不是在其他群体中。让政府提供证据正是司法部门在分析问题时所忽略了的，而不能仅仅因为肤色、宗教、年龄或其他身份就把他们变成犯罪嫌疑人。

至此，我们结束了对宪法警务的讨论。本书的下一部分将断续探讨这些主题，并将它们和民主警务的理念与21世纪的技术发展和恐怖主义问题结合起来进行讨论。但到目前为止，我们应该清楚管理警察执法的基本规则，以及法院在多大程度上曲解了这些规则。法院没有必要复杂行事。如果时间允许，必须申请授权。当搜查以"犯罪嫌疑"为基础时，除了在拦停搜身中有限地使用合理的怀疑外，应该持有"合理理由"，除此之外，警官必须说明他们怀疑的是什么罪行。无"犯罪嫌疑搜查"必须涉及每个人，否则就需要真正的随机搜查。如果一个群体中不是每个人都被搜查，政府必须证明为什么逃选这些人员进行搜查。政府必须提供证据表明，这个问题在这个群体中普遍存在，与其他群体相比，这个群体中太多的人负有证明其身清白的责任。

遵守规则没那么难。但法庭从两个方面曲解了规则。第一，法官没有将旧的原则与新的警察执法联系起来。第二，因为曲解了排除规则，法官们热衷于维护政府所做的一切，这不是明智之举。这两方面都不是解释法律现状的完美理由。

第三部分

21 世纪警务

21世纪,警察执法面临严峻挑战。技术发展得如此之快,以至于警察部门很难时刻领先于那些危害于世的人。真实发生且不断上演的恐怖主义威胁让我们所有人都比以前更清楚,它会造成多大的伤害。技术的不断发展以及恐怖主义盛行,要求负责我们安全的人使用新的技术手段、采取新的战略措施。

然而,随着这些新策略和新手段的出现,我们的自由也受到了同样巨大的威胁。技术的飞速发展意味着政府可以快速获取所有人的个人信息,而且在很多情况下,政府主张在没有"合理理由"或搜查令的情况下收集存储在"云"中的信息以及由第三方提供商持有的信息。技术的进步也使得政府有能力储存它所收集的大量信息,编制我们的个人档案,即使我们没有任何犯罪嫌疑。可以理解的是,真实发生的恐怖主义袭击使公众对政府不断扩大的权力视而不见,放任自流。

新的警务技术和战略带来了复杂的问题。政府应该在什么条件下访问我们存储在云端的信息? 区分这些信息的内容(如电子邮件的文本)和"元数据"(地址信息)是否有意义? 当政府使用诸如车牌读取器或面部识别等新技术时,它是受《第四修正案》管辖的"搜查"吗? 宪法对"预测警务"有什么规定吗?(预测性警务是指收集和挖掘大量数据,试图在犯罪行为发生之前预测其行为。)作为反恐战争的一部分,大量收集我们的数据的规定应该是什么?

最重要的是,这些新的工具和技术是否可以保证我们比以前更安全? 哪些新的执法工具和策略能够真正起作用? 而警务部门使用它们的原因,仅仅因为这些工具和科技可以轻易获得吗?

这一部分探讨了新警务技术带来的挑战和恐怖主义的持续威胁。第九章提出质疑,我们何时开始确认使用特定的科技技术是否符合"搜查"的条件,从而使宪法发挥作用。第十章质疑了旧的规定,对允许政府在没有搜查令或"合理理由"的情况下,从第三方获取我们的所有信息,因为我们的大部分信息都由第三方持有。第十一章探讨了围绕政府收集信息并将其编译到庞大数据库的做法的问题。在这里,我们将再次遇到宪法对警察执法的限制,即正当程序条款。最后,第十二章探讨了当美国人民的权利也受到威胁时,反情报搜集和反恐战争的对策。

其中一个最重要的主题是，在考虑不断出现的问题时，必须牢记民主和宪政警务的基本原则。如果能够坚持这些原则，将确保我们忠于自己的价值观，并能维持高效的警察执法工作。恐怖主义和新兴技术都使警察部门更加倾向严守秘密，在未经授权的情况下采取行动。虽然，正如我们在第一章中看到的，警察执法存在一定可以操作的保密空间，但这部分的一个永恒主题是，政府必须重新养成让民主约束其行为的习惯。同样，当政府进行基于犯罪怀疑的搜查时，搜查令和"合理理由"仍然是保护公民的基本要素；即使采用新技术，这些基本要素不会凭空消失。如果政府在没有任何理由的情况下进行监控，那么它应该公平公正地对所有人进行监控，而不是在没有充分理由的情况下挑出一些群体给予特别关注。

政府一向主张——历史上一直如此——在基本保护措施上充分利用任何可以利用的条件来保证公民的安全。但历史不断证明，这种主张往往是不正确的。民主协商是明智行事的保证。搜查令和"合理理由"确保我们不会陷入死胡同。宪法不是与我们的安全开战；如果能够被正确理解，宪法是保障我们安全不可或缺的重要手段。

第九章 监视技术

《第四修正案》禁止"不合理的搜查和扣押"。这意味着,如果不是"搜查"或"扣押",《第四修正案》根本无法提供任何保护。人们通常认为,只要政府实施了侦听,那就是在进行搜查。但最高法院不这么看。大法官们已经说过,擅闯私人领地的许多情形并不适用于《第四修正案》,如从垃圾里翻找线索、擅闯私人庭院。对于《第四修正案》何时生效,最高法院的观点已经过于狭隘;新技术的迅速出现,更加迫切地要求解决有关《第四修正案》的核心问题:"什么是搜查?"

"令人不寒而栗、非美国的东西"

在一个经典的儿童故事里,一只刚孵化的小鸟从巢里跌落出来,开始踏上一段充满艰辛的寻找出去觅食的母亲的旅程。这只小鸟碰到什么都问——小猫、奶牛、飞机,甚至推土机——"你是我妈妈吗?"最后,推土机回答了这个问题,把小鸟送回巢中,让它和妈妈团聚。[1]

阿布多·阿尔瓦雷思也曾经历过类似的漫长旅程,一段真正的艰苦跋涉,带着一个同样紧迫的问题——但他的探索没有到达胜利的彼岸。阿尔瓦雷思的目的是搞清楚哪个政府机构一直在监视他? 为什么监视他? 没有人回答他。监视的事实是不可否认的,阿尔瓦雷思在他车上发现了一个 GPS 跟踪装置,他把这个装置从车上取下,而执法部门要求他立即归还。[2]

阿尔瓦雷思是美国公民，是白手起家的也门移民。自从十几岁离开其贵族家庭，他开始寻找自己的人生之路。他在科威特接受教育，然后来到美国。虽是一个阿拉伯裔穆斯林，但阿尔瓦雷思既没有偏见，也没有对宗教的狂热。他来到旧金山后的第一份工作是在格莱德纪念教堂服务，在那里他与他的基督教老板成了一辈子的好朋友。他的第一任妻子是犹太人。他不是特别虔诚。他生意成功，拥有连锁加油站和杂货店，再婚后生了 3 个孩子。他担任也门仁爱协会主席多年。在某种程度上，他决定让他的孩子们亲身体验阿拉伯文化，于是他转手了自己的生意，把家搬到埃及住了几年。然后他把孩子们带回来，这样孩子们就可以在美国上大学了。[3]

阿尔瓦雷思所有的麻烦始于 2008 年 9 月，当时加州政府写信给他，如果他报名参加为期一天的基本汽车维修培训，他将得到免费的汽车维修服务。室内课培训结束后，大家的车轮流进入升降机。当阿尔瓦雷思的英菲尼迪车升空，排在队伍的第六或第七位时，大家轻易地都看到了汽车尾部伸出的天线以及连接着设备的电线。阿尔瓦雷思的同学开始大喊那是炸弹，所以老师命令他的同学离开培训现场。老师和阿尔瓦雷思用锤子敲下来这个设备，老师认为这是一套跟踪装置，然后取下了电池。阿尔瓦雷思直言不讳地描述了他在同学中所感受到的"羞辱"——"他是阿拉伯人，车上有炸弹。"[4]

一旦他们发现对阿尔瓦雷思的监视被中断，执法部门的首要任务就是找回这个装置。监控装置被发现的第二天，阿尔瓦雷思把他的车送到自己的维修店里，根据维修店的建议对汽车进行维修。他发现维修店很忙，于是预约了一天后进行维修。阿尔瓦雷思一离开，没有任何警车标记的汽车冲到汽车维修店；警察从车里跳出来要求归还 GPS 跟踪器。倒霉的店主不知道他们在说什么，他们最终还是搜查了整个维修店。第二天，当阿尔瓦雷思回到维修店，执法人员又重复了一遍前一天的搜查。圣拉斐尔警察局的警探拉斐洛·帕塔给阿尔瓦雷思看了他的证件，索要这个装置，并道歉说，这都是误会，这个装置是为了一个毒贩而准备的。（阿尔瓦雷思问他们是否觉得自己很傻。）[5]

在这一点上，有罪的人会潜入黑暗，但阿尔瓦雷思毫不留情地要求进行调查。"一个清白的人，"他说，"没有什么可隐瞒的。"他的文件夹里保存着所有他见过的官员的名片,以及与他们的通信:马林县的地区检察官,联邦调查局的特别探员,马林县卫生和公共服务部的社会工作者。地区检察官热情地承诺会把事情调查清楚。几天后,当阿尔瓦雷思回到检察官办公室时,他的态度起了变化。他让阿尔瓦雷思不要再追查此事。圣拉斐尔市的保险公司(阿尔瓦雷思对其提出索赔)否认是警察局的同谋,称"客户与警察局之间的唯一互动是阿尔瓦雷思先生向市政府提出关于该设备投诉的时候"。(帕塔警长的名片是如何出现在阿尔瓦雷思的档案中的? 这一点很令人好奇。)圣拉斐尔警察局通知阿尔瓦雷思,他们不知道是哪个政府机构应该对此事负责。[6]

阿尔瓦雷思是一个忠诚的,相信美国梦的人,当他回到也门的时候,曾吹嘘美国的司法制度和人权报告,但现在他开始怀疑:"我的人权哪儿去了?"简而言之,当时政府对他这么做的时候,法院说他没有权利——我们都没有权利——摆脱政府的 GPS 追踪。[7]

《第四修正案》禁止"不合理的搜查和扣押",那么,什么是"搜查"(或"扣押")成为一切的关键。正如我们在第二部分中看到的,如果是"搜查",执法部门只要具有"合理理由"和搜查令,他们仍然可以闯进民居,翻箱倒柜。但如果不是《第四修正案》规范的"搜查",政府则不受约束,为所欲为。任何人都可能成为俎上鱼肉,任人宰割。

在一个名为"美国诉皮内达-莫雷诺"(United States v. Pineda-Moreno)的案件中,对阿尔瓦雷思居住的加州有管辖权的联邦上诉法院裁定,当政府长期从事GPS 监控时,是不受宪法保护的"搜查"。政府怀疑皮内达-莫雷诺种植和分销大麻,于是在夜间潜入他的住所,并在他的车上安装了 GPS 设备。他们在没有搜查令的情况下追踪了他 4 个月。没有问题,法官们说:这不是搜查,因为没有人对他或她的行踪抱有"隐私合理期待"。[8]

对自己的行踪没有隐私合理期待? 这似乎有点过分了。处理该案的两位意见相左的法官,亚历克斯·科津斯基和斯蒂芬·莱因哈特很少持相同的观点,当这两个人对某一事件看法相同时,自然会担心这一事件有严重的问题。科津斯基指出,认为深夜潜入某人的私人领地,然后收集"皮内达·莫雷诺的活动轨迹"不是"搜查",这意味着"警察可以在任何时间对任何人如此,只要他们认为有必要"。

"执法的需要，"科津斯基顽皮地指出，"基于此，我的同事们似乎倾向于批准任何搜查，这很快使个人隐私成为遥远的记忆。"科津斯基 1950 年出生在罗马尼亚的布加勒斯特，一直在那里生活到 12 岁。因此他指出，对于他们来说，政府的这种行为造成了"一种可怕的似曾相识的感觉"，"这种秘密的、不光彩的行为令人不寒而栗，不像美国人的所作所为"。[9]

因为科技的进步，我们不得不面临一个紧迫的问题："搜查"是什么？费城前警察局长查尔斯·拉姆齐是奥巴马总统 21 世纪警务工作小组的联合主席，他指出"技术发展的速度快于政策的制定速度"。"我们必须扪心自问，"他坚持说，"这些技术对宪法警务意味着什么？"警察行政研究论坛的一份对警方目前拥有的一些间谍技术进行分类的报告中引用了拉姆齐的话："机动车车牌识别器……面部识别软件，预测分析系统。"（预测分析系统能够确定未来可能犯罪的人；上一次看到这项技术是在汤姆·克鲁斯主演的科幻片《少数派报告》中，人们因"将要实施犯罪"而入狱。）尽管警方科技清单上还没有包含这项技术，但是他们已经拥有能够透视墙壁的雷达手电筒。有无人机飞过我们的后院。警方利用诸如"食肉动物"和"魔灯"之类的软件程序在人们的电脑上安装恶意软件，这些软件可以记录每一次对键盘的敲击，分类整理电子邮件，甚至可以打开和关闭网络摄像头。手机上的麦克风可以在使用者不知情的情况下被启动。"《1984》中的情景的到来可能比预期的要晚一些，"科津斯基说，他指的是乔治·奥威尔关于整个国家处于监控状态的反乌托邦小说，"但是它终于来了。"[10]

政府是否可以利用所有这些技术来监视它选择的任何人，而且没有任何限制？或者它的使用是否适用于《第四修正案》的"搜查"？这个问题，千变万化，众说纷纭，使法庭完全陷入了彻底的混乱。2012 年，在皮内达-莫雷诺认为长期的 GPS 监控不是搜查的两年后，最高法院做出了完全相反的裁决。但是大法官们在原因的解释上分成了三派，并且无法提供一个一致的标准来管理其他技术。许多法官意识到，问题在于科技已经极大地改变了人们的"隐私合理期待"，让他们完全不知所措，不知该如何处理这个问题。[11]

不过，解决方案并不像法院认为的那样难以捉摸。一方面，法院在确定我们是否有"隐私合理期待"时，应该多去关注社会传统。但另一方面，这不是法官们需要自己解决的那种问题。在 GPS 案中，大法官塞缪尔·阿利托和他的许多同事，实际上是在请求国会给予指导。然而，正如我们在第四章中看到的，法院不必乞求立法机构对警察使用新技术进行权衡。他们可以坚持让立法机构加入战团。他们也应该如此做。[12]

"搜查"必须实体闯入吗？

近一个世纪，最高法院一直被一个问题所困扰：到底什么政府行动符合《第四修正案》"搜查"的构成标准？

在禁酒令颁布之前，如果政府从人们那里获取证据——无论是暗中进行还是通过武力获取——这理所当然构成了一次"搜查"。但随后，电力时代的到来使事情变得极其复杂。当政府可以在没有任何实体进入或使用任何武力的情况下进行监视以及收集证据时，应该如何定义"搜查"？在第一个备受关注的窃听调查之后，这个问题的范围变得清晰起来。目标是罗伊·奥尔姆斯泰德，西海岸最重要的酒商之一，他的经历如同小说情节，跌宕起伏。[13]

在很长一段时期内，似乎罗伊·奥尔姆斯泰德经历过的最美好的事情就是 1920 年因贩卖私酒至西雅图而被逮捕。一位年轻有为、前途无量的警察——报纸称之为"婴儿中尉"——奥尔姆斯泰德立即被解雇了。但注意到他在进口和分销"这些东西"方面的天赋，一些知名人士帮助他在酒类行业继续全职工作。当时的西雅图在禁酒方面是很开明的，也就是说，随时可以买到烈酒，通常在地方当局的批准下很多人都喝了酒。西雅图历史上最有趣的市长布朗博士曾明确表示："只要我是市长，就没有人会因为喝不到酒而死去。"[14]

奥尔姆斯泰德在当地官员的协助下，以相对较快的速度建立了一个在法律和后勤方面相当复杂的机构。他经常去加拿大购买货物，这些货物由大型船只沿着海岸运送，然后通过快艇到大陆卸货。货物被储存在城外的一个牧场，装在一个事先为此挖掘的洞穴里，在洞穴上方有一个旧的车库，车库安装在滚轴上，以方便拿取货物。然后，这些货物被运送至城里安全的地方，分销给愿意购买的买家。指令通过电话传达到一个由暗语操作的办公室，防止被警方抓到任何涉及酒类交易的证据。有很多市政警察为奥尔姆斯泰德工作。[15]

要关停奥尔姆斯泰德的生意，联邦禁酒的官员不得不这么做，但奥尔姆斯泰德要得联邦官员团团转——所以他们不得不窃听他的电话。所有的电话，家里和办公室的，不分昼夜。不管是公事还是私事，他们都能听到。联邦特工总共收集了超过 700 页的电话记录。他们从未申请过搜查令。媒体将奥尔姆斯泰德的审判称为"窃窃私语"案。奥尔姆斯泰德被判处 4 年有期徒刑和一大笔罚款之后，他一直上诉到最高法院。[16]

奥尔姆斯泰德案的核心问题是窃听是否属于"搜查"，而对于首席大法官威廉·霍华德·塔夫特（他代表最高法院五人多数派的意见）来说，答案很简单：《第四修正案》的所有搜查不包括窃听。在成为美国总统之前，塔夫特曾是一名联邦法官，然后回到最高法院担任首席法官，这是他一直梦寐以求的工作。他坚决执行禁酒令，如果说有什么案子需要铁腕执法的话，那就是这个案子。[17]

正如塔夫特对《第四修正案》的解读，除非政府实际上侵犯了公民的财产或人身自由，并取得有形的东西，否则就不是"搜查"或"扣押"。他解释说，修正案原文的措辞表明它只针对"实质性的东西"：搜查令必须指明"需要搜查的地点和需要扣押的人或物"。而奥尔姆斯泰德案中的"证据"正相反，"是通过听而且只通过这个生理能力获得的"。塔夫特指出，政府一直小心翼翼地在奥尔姆斯泰德的家和办公室外面进行窃听。因此，"没有搜查，也没有扣押"。[18]

在奥尔姆斯泰德案中持不同意见的路易斯·布兰代斯法官认为，塔夫特所强调的人身侵犯的做法源于对科技发展的一无所知。布兰代斯在许多禁酒令案件中都是塔夫特的盟友，但是现在他们对政府权力的理解上出现了分歧，部分原因是禁酒令的过度执行。对于布兰代斯来说，"与通往被告住所的电话线的物理连接是无关紧要的"。物理入侵不再是必要的，因为"政府使用了更精妙、更隐秘的侵犯隐私的手段"。布兰迪斯指出，"窃听一个人的电话，就等于窃听他接或打电话时其他所有人的电话"——其中大多数人可能是完全无辜的。[19]

布兰代斯早已对个人安全受到科技进步的威胁有先见之明。他写道："也许有一天，政府可以在未从私人抽屉里取出原件的情况下，在法庭上复制这些文件。"这在当时看来就是在写科幻小说。（加州检察官在 2010 年编写的一份培训手册中引用了布兰代斯在奥尔姆斯泰德案中的观点，并在如何获得"好东西"一章上吹嘘了一番,正如布兰代斯所预测的那样,电池等方面的技术突破已经使"在法庭上公开密室里的秘密成为可能"。)[20]

　　政府虽没有搜查令或"合理理由",只要没有物理形式上的侵犯,就可以以任意方式进行情报搜集活动,塔夫特的判决需要两代法律人的努力才能彻底消除其对公民自由的损害。在奥尔姆斯泰德案被推翻之前的几十年里,有两个案例让这一点变得逐渐明朗起来。1942 年,在"高盛诉美国"案(Goldman v. United States)中,最高法院效仿奥尔姆斯泰德案,认定警方在监听私人谈话时,将一个"窃听器"(一个高科技杯子)放在案发的办公室墙上,没有违反《第四修正案》。持不同意见的弗兰克·墨菲法官,对此表示怀疑。"确实如此",他说,"此案没有他人私自进入办公室",但根据法庭的解释,"丈夫和妻子、当事人和律师、病人和医生、忏悔者和神父之间的秘密"完全可以让他人评头论足。但是,在 19 年后的"西尔弗曼诉美国"(Silverman v. United States)案中,政府也做了同样的事情,政府没有使用窃听器窃听隔壁房间,而是将一种可以穿透墙壁的"钉式麦克风"安放在被告公寓的暖气管道上。初级法院似乎认为,"高盛使用的窃听器和钉式麦克风之间的不同","太细微了,难以区分"。法院"不愿意相信双方的权利由几英寸距离决定"。虽持怀疑态度,但因为奥尔姆斯泰德案的先例,法院确实是如此衡量的。在西尔弗曼案中,最高法院认为所获证据不可采信,因为"这是对宪法保护的区域实际的侵犯"。40 年来,这条细细的物理界限改变了一切。[21]

"隐私"的保护

　　1967 年,奥尔姆斯泰德案的判例最终在一起涉及赌博而非禁酒的案件中被推翻。查尔斯·卡茨是当时大学篮球运动的预测输赢的著名人物之一,他不仅大学篮球比赛预测得准确,而且还参与赌球。为了躲避当局追查——在州际电线上下注违反了联邦政府法律——卡茨有一惯例,下注时,卡茨会去洛杉矶日落大道上的 3 个公用电话亭,随机挑选其中一个打电话。在这个移动通信的时代,公共电话亭,像卡茨使用的那种,玻璃围成的高而窄的立方体,有一个封闭的门来保护隐私,是即将被淘汰的品种。[22]

　　联邦调查局监听了卡茨的付费电话并抓住了他。在电话公司知情的情况下,联邦探员将 3 部电话中的一部弄坏了。然后,联邦探员在剩下的两个电话亭上面和中间放了一个窃听器。当卡茨过来下注时,一名探员示意另一名探员启动监听设备。[23]

卡茨案法院的审结开创了现代社会对政府"搜查"的重新认定,从今往后,确定政府是否进行了"搜查"时,不再依据政府是否侵犯了个人财产,而是依据政府是否侵犯了个人的"隐私"。"因为《第四修正案》保护的是公民,而不是地点。"政府曾辩称,卡茨案中任何关于隐私的概念都是草率定论的:毕竟,卡茨走进了一个四面八方都能看到里面的玻璃立方体。"但是,"法庭回应说,"他试图隔开的……不是可以看见电话亭里面的眼睛,而是不速之客的耳朵。""一个占据(电话亭)的人在他身后关上门,如果他支付了允许他打电话的费用,那么他肯定有权假设他对着话筒说的话不会被传播给全世界。"[24]

隐私的保护消失了

不过,很快事情又变糟了。尽管法院准备做出裁决,《第四修正案》对隐私新的注解是禁止没有搜查令的窃听,但很难界定对隐私的新注解还排除了其他哪些因素。[25]

通过后来被称为"卡茨测试"的检验,政府的行为是否属于"搜查",取决于政府是否侵犯了个人的"隐私合理期待"。这是关键词。卡茨案的法院说:"一个人试图保护的隐私,即使是在公众可进入的区域,也可能受到宪法保护。"同时,"如果一个人明知事情的后果,还将其暴露于世人面前,即使在自己的家中或办公室,也不属于《第四修正案》保护的对象。"[26]

表面上看,这种"故意暴露"检验是有道理的。正如在公共场所进行某些活动时,如使用付费电话,要求保护隐私是合理的,即使在私人场所,也可以放弃隐私权。如果你中午站在一扇平板玻璃窗前,周围有行人和警察,你谋杀了某人,你不能真的"合理地"期望人们转移视线,无视这件事,即使这件事发生在你自己的家里。你"故意暴露"了你的行为,让全世界都看到。

然而,最高法院试图确认警察行动违反了"隐私合理期待"的努力最终失败了。由于两方面的原因,法院的努力被挫败了。第一,法官们在大多数人认为保护个人安全可能会限制政府控制犯罪的能力时,没有坚定立场。第二,新技术的洪流。

事实证明,无论执法部门采取什么措施来进行情报搜集,最高法院都会裁决,人们"故意暴露"了他们的行为。在"加州诉西洛罗"(California v. Ciraolo)案中,一名匿名线人告诉警方,被告在自家后院种植大麻。被告在自家后院竖起了两道篱笆而不是一道——外面一道 6 英尺高,里面一道 10 英尺高——明显是为了保护后院的秘密。最高法院承认没有人能从街道上看到这些植物,但仍然坚持这些篱笆"无法挡住这些植物,如果市民或警察从卡车或双层巴士的车顶朝院子里看"。当然,警察不是这么做的——加州圣克拉拉的双层巴士能有多频繁地路过此地?相反,他们"争取到一架私人飞机",并在 1000 英尺上空飞过这座房子。尽管如此,法官们以 5 票对 4 票的表决结果裁定,被告没有"隐私合理期待",因为他们"故意将后院暴露"在公众视野中:"任何飞过这个区域的公众,只要低头一看,就可以看到警方所观察到的一切。"真的吗? 正如持不同意见者指出的那样,有人从一架商用飞机里朝外看到大麻,并认出这种植物,然后设法把大麻位置与具体的街道地址联系起来,并决定通知警方,这种可能性"几乎不存在"。"这不是偶然的,"他们说,"作为共同的经验,许多人在住宅四周建造栅栏,但很少有人在后院盖上屋顶。"[27]

同样,在"加州诉格林伍德"(California v. Greenwood)案中,法官们签署了警方搜查生活垃圾的命令,理由同样是,通过将垃圾交给市政环卫工,被告"将他们的垃圾暴露在公众面前,足以反驳他们对《第四修正案》保护隐私的要求"。这是"常识",法官们说,"扔在街道上或路边的塑料垃圾袋很容易被动物、儿童、拾荒者、窥探者和其他公众所接触"。然而,再一次,这一切都没有发生。相反,被告把垃圾装到不透明的袋子里放在路边,正是法律所要求的。警察要求环卫工找到被告的垃圾并交给他们;然后他们翻找这些垃圾。如果"动物、儿童、拾荒者"或"窥探者"把格林伍德的垃圾撒到院子里,让警察或其他人看到毒品用具,政府就不会是同谋了。但考虑到实际发生的情况,我们有点难以理解法官们的逻辑,他们说:"不能指望警察把目光从任何公众都能看到的犯罪证据上移开。"[28]

阿布多·阿尔瓦雷思案的 GPS 跟踪是建立在同样不牢靠的基础之上的。

1983 年判决的"美国诉诺茨"案（United States v. Knotts）是第一个签署电子定位跟踪协议的案件。警方得知有人在购买用于制造毒品的化学药品，于是在一个装有化学药品的罐子里放了一部传呼机，这样当它被买走之后，警方就可以跟着它到达目的地。传呼机把警察带到了一个毒品实验室。法官们说，追踪装有化学药品的汽车是没有问题的，因为"在公路上开车的人从一个地方到另一个地方的行动中，不存在隐私合理期待"。那么根据法官的这种说法，机动车司机"自愿地把他的行踪公开给那些想看到他的人"。然而，再一次，事情并非如此。警方一度失去了毒气罐踪迹，这并不令人惊讶，因为司机故意隐瞒自己的行踪，采取了"规避行动"。因此，警方使用直升机重新定位了传呼机信号。很明显，公众不会像杰特森一家（the Jetsons）那样坐着直升机互相跟踪。[29]

不过，首席大法官博格很可能会对另一宗飞行拍照案件发表意见。在此案中，陶氏化学公司管理方拒绝警方进入公司进行拍照，法官们批准了政府进行拍照的申请。初级法院描述了政府是如何使用"现有的最好的精密航空相机"的，这架相机的价格超过 2.2 万美元，安装在一架"能够为精准摄影提供摄影稳定性、快速机动性和超长续航能力"的飞机上。为了让它看起来非常普通，大多数人将其描述为"标准的落地安装的精密航空相机"，首席大法官无动于衷地解释道："本案中具有争议的照片基本上与绘制地图常用的照片类似。任何一个拥有飞机和航空相机的人都可以轻易地复制它们。"的确如此。[30]

法官们处理这起案件的方式存在的问题是显而易见的。《第四修正案》只有在人们抱有"隐私合理期待"的情况下才生效；如果我们"故意暴露"向公众公开我们的所作所为，这种期待就不复存在了。目前为止还不错。但是，如果"故意暴露"意味着"任何一个拥有飞机和航空相机的人"可以看到我们，或者政府可以利用一架安装了传呼机的直升机跟踪我们，那么很明显，《第四修正案中》将不会赋予我们太多的权利。

反对技术而退缩

近年来，法官们被自己制造的负面影响吓坏了，开始退缩了。但是，即使法官们似乎愿意认真对待宪法对隐私的保护，仍然有一些不利于他们的因素：技术。

现代科技正在着力抹去卡茨案中非常关键的区别："故意向公众暴露"和"保护自己隐私"之间的区别。正是这个问题，最高法院的法官们似乎无法取得共识。

批准使用传呼机追踪诺茨的汽车时，大法官解释说，《第四修正案》并没有禁止警方"利用科学和技术增强他们出生时被赋予的感官能力"。"就被告的申诉而言，似乎只是认为寻呼机等科技设备使警方能够更有效地侦查犯罪……我们从未为了提高警察的效率而同意其可以违宪"。[31]

问题是，至少需要搜查令和"合理理由"进行搜查之前，人们允许执法部门在"增强"人类感官方面可以走多远。毕竟，这正是科技的作用所在。就卡茨案而言，探员们难道不是通过在电话上放个窃听器，轻易地"增强"了他们的"感官能力"，从而在卡茨下注时偷听他所说的话吗？如果对执法部门使用科技增强其能力不加以限制的话，我们将没有隐私可言。[32]

面对技术的进步，大法官们第一次严肃地尝试恢复隐私权是在 2001 年的"凯洛诉美国"案（Kyllo v. United States），这是一起涉及使用热感探测器的案件。根据凯洛在家中种植大麻的线索，警方使用艾格玛热成像仪 210（Agema Thermovision 210）来探测屋顶部分发出的高水平红外辐射。这表明凯洛在使用促进植物生长的灯具。有了这个证据，以及线人消息、凯洛的水电费账单，警方拿到了搜查令。4 名法庭成员又在玩他们的老把戏。他们说"红外热成像仪所能做的"，只是"普通感官的功能，可能会让邻居或路人"注意到建筑物散发出的热量，就好像街上的行人不知怎么回事就能感觉到屋顶上助植物生长灯所散发出来的热量。[33]

不过，由斯卡利亚法官撰写裁定书，5 人投票占多数的凯洛案法庭试图限制执法人员使用现代科技"查看"我们的住宅。法庭认为，在没有搜查令的情况下，警察不可以使用"增强感官的技术"来获取"关于住宅内部的任何信息"，而这些信息如果当事人不在现场的话是无法获得的。[34]

问题是，就像放射性同位素一样，凯洛案看似维权的观点必然会无疾而终。这是因为斯卡利亚法官在他的检验中添加了一条关键警告。他写道，只有在"增强感官的技术还没有被公众普遍使用"的情况下，才禁止此技术来发现房子里发生了什么。[35]

考虑到目前科技的发展速度，执法部门所拥有的一切可能很快就会"被普遍使用"。热传感器随时可以购买——甚至还会有配套的智能手机应用程序。去吧，谷歌一下。斯卡利亚法官本人在凯洛案上留下了一个脚注，指出司法部正在研究新的监视技术，包括"雷达手电筒"，"可以帮助执法人员通过建筑内部的墙壁探测到个人"。无人机已经在各地飞来飞去：这是否意味着政府现在可以任由无人机在我们的窗外和后院上空盘旋？[36]

不过，最终还是阿布多·阿尔瓦雷思案的黑色 GPS 追踪，明确清晰了最高法院保护我们隐私能力的局限性。在"美国诉琼斯"（United States v. Jones）案中，政府在一名嫌疑毒贩的车上安装了一个 GPS 装置，跟踪了他一个月，利用卫星将汽车的位置定位在 5—100 英尺范围内，收集了"2000 多页的数据"。这是搜查吗？诺茨难道允许对车辆进行追踪吗？[37]

尽管法官们一致认为琼斯的 GPS 追踪是一次"搜查"，但发现他们无法就这一结果的原因达成一致。法官们受到未驳回的诺茨寻呼机案的限制，认为人们在公共街道上的行踪没有隐私可言，法官们在政府到底做错了什么的问题上出现了分歧。他们甚至说不出 GPS 跟踪有多过分。[38]

斯卡利亚法官——再一次为琼斯案书写多数法官意见——回到了未来：因为政府探员"为了获取信息而占用了私人财产"（即在他的车上安装了 GPS 设备），这是一次"搜查"。如果这听起来像奥尔姆斯泰德案，那应该是。他解释说，卡茨案促使在《第四修正案》所保护的物品清单上增加了隐私权，但这并没有减少确定某次行动是否属于搜查时实际侵犯财产权的重要性。基本上，因为警察安装了传呼机来追踪琼斯，所以这是一次"搜查"。[39]

虽然这听起来很有希望——我们现在有了更多的保护，即隐私权以及财产和人身免受侵犯权——但在现实世界，这（就像凯洛案里的检验一样）只带来了冷冰冰的舒适感。政府已经不再依靠财产和人身侵犯跟踪我们；大多数人都把已成为 GPS 跟踪器的手机装在口袋里。政府在成千上万个地点安装了电视摄像头，许多警车也安装了摄像头。这些系统已经与车牌识别技术结合使用，以确定某个人的行动轨迹。在我们车上有车载电脑，可以记录我们的位置，我们使用的收费系统具有同样的功能。[40]

但至少斯卡利亚法官做了这个检验。在阿利托法官的带领下，表示赞成的法官们只是举起了武器。阿利托法官重申,诺茨案中对公共街道位置的"相对较短时间的监控"不构成违宪问题,因此,其结论是,"在调查大多数违法行为时长期使用 GPS 监控"是违反宪法的。但他无法提供"相对较短时间"和"长期"之间的界限,也没有说明哪些"大多数违法行为"不能进行长期的 GPS 监控,哪些可以。总的来说,该意见值得注意的是,它没有具体说明政府可以做什么或不能做什么。琼斯案的判决让下级法院陷入了一片混乱之中,究竟什么样的定位跟踪——或其他相关技术的使用——构成了"搜查"。[41]

在琼斯案意见中,阿利托法官确实提出了一个非常重要的观点,即技术成本的下降可能会使我们所有人都容易受到政府的监控。"在前计算机时代,"他解释说,政府收集情报的最大障碍是资源,"任何长期的传统监视都很困难,成本昂贵,因此很少进行。"他是对的。1954 年,洛杉矶警察局长说——像对琼斯和阿尔瓦雷思那样——对犯罪嫌疑人进行"持续和密切的监视","不仅任何警察部门都负担不起如此做的高成本,而且在绝大多数情况下,这是不可能实现的"。阿利托法官指出,这种监控将涉及"一个庞大的特工团队,大量的交通工具,可能还需要空中支援"。由于这个原因,它只会发生在"非常重要的调查"中。但这些不会再发生了。"像本案中使用的那些设备……使长期监视变得相对容易和便宜"。[42]

问题很明显,越来越便宜的技术的普及,消除了我们的隐私和我们在公共场合展示的东西之间的区别,无论是在街上还是在本应为隐私场所的我们家中。定位跟踪可以随时显示我们的位置。恶意软件、麦克风和摄像头让我们靠近电脑时随时能够看到自己,听到自己的声音。雷达和热成像设备泄露了我们的一举一动和我们的财产。空中的飞行器困扰着我们。在科技眼里,我们既没有隐私,也没有《第四修正案》真正保护的东西:"人、房子、文件和物品"的安全。

另一个卡茨案的解决方案:社会惯例

尽管它造成了明显的混乱,但卡茨案也孕育了解决方案的种子。

卡茨案可以解读为让社会习俗决定我们何时拥有"隐私合理期待"。换言之,对卡茨案判决的一种解释是,政府是否能够进行"搜查",要求它有"合理理由",并获得搜查令,取决于社会规范,即我们何时应该期待我们的隐私得到尊重。哈兰法官针对卡茨案写道："这起案件的关键事实是，占据'一个电话亭'的人关上身后的电话亭的门，并支付允许他打电话的费用，那么他肯定有权'假定'他在电话中说的话不会被传播给全世界。""肯定有权假定"是在说大话，但并不是完全没有道理——因为卡茨案的相关人士知道那时的社会准则是什么。你走进那个电话亭，正是为了获得人们当时能负担得起的隐私权。

正如阿利托法官在琼斯案中指出的那样，科技可能改变社会习俗，这是事实，也是不可避免的。这也正是法律必须考虑的。技术总是会改变我们相互交流的方式，改变我们对规范的社会行为的期望。法律必须关注人们在实际生活中是如何理解自己的隐私权的。执法部门必须尊重人们的这些期望。

电话是一个恰如其分的例子，说明了社会习俗对隐私内涵的改变，甚至解释了奥尔姆斯泰德案和卡茨案，即走私者和赌徒的案例结论的不同。很多老年人仍记得拿起电话就能听到别人的谈话的时代。"会议电话"早在 20 世纪 60 年代就很普遍了，不止一个爱管闲事的邻居会偷听别人的谈话。电话是通过现场接线员拨打的——至少在同一个小镇上——他们似乎了解每个人的八卦。纽约市警察局长亚瑟·伍兹 1916 年提出了这样的观点："电话交谈……不能像信件那样私密，因为电话公司的雇员不得不听到部分对话，如果他们愿意，可能很容易听到所有对话。"但到了 1967 年，这种窃听遭到了反对，而且根本无法回避一个事实：政府在逮捕卡茨的过程中，以一种社会上无法接受的方式进行情报收集活动："从更狭隘的角度解读宪法，"卡茨案法庭说，一针见血，切中要害，"就是忽视了公共电话在私人交流中发挥的重要作用。"[44]

因为社会公序良俗充分地融入"隐私合理期待"检验，所以会有许多难以决定的案例——即使是使用了最普通的技术。例如，在华盛顿州的一个案例中，一名警官——因收到有人种植大麻的报告而去查看——从一个房车的窗户用手电筒照看，发现了大麻和吸毒用具。华盛顿最高法院直接参照社会公序良俗，认为这不是搜查。"一名警官可以像任何一位有礼貌的公民一样行事。"法官们认为，人们通常会互相走动，到邻居的前门，从窗户向里面探视。他们还使用了手电筒："在本州，人们在黄昏或傍晚接近乡村地区的房车，手电筒是必备工具。"不过，这一看似理所当然的结论仍有疑点。持不同意见的人认为，这名警官——不仅非法闯入了他人房车,还检查了一个棚屋,并从车后的窗户向内窥视——偏离了可允许进入住宅的"通道"太远。"相当有礼貌"的公民会这么做吗?[45]

然而,这一领域的真正问题并不是在许多案件上难以确定社会公序良俗;而是法官们仍然缺乏不屈不挠的意志,令执法部门遵守已得到广泛认可的社会规范。科津斯基法官在皮内达-莫雷诺案中一针见血地指出,他的同事们只是缺乏约束执法行为的意志力,我们所有人的隐私都受到威胁。在格林伍德垃圾案中,多数派法官都引用了一篇关于"新闻业的'垃圾'"来支持他们的论点,即"显然……每个人都这样做",以亨利·基辛格为例,基辛格在担任国务卿时,他家的垃圾被一家小报细细翻找了一遍。然而,正如持有不同意见人士所指出的,公众"强烈谴责"这一行为,称之为"令人作呕的侵犯个人隐私"和"站不住脚的……文明行为"。法院完全无视社会公序良俗,批准了飞行器可以飞越带有玻璃屋顶的房屋、秘密摄像头可以安装在住宅外的电线杆上,以及使用夜视镜对室内进行观察。尽管这些技术已经成熟,执法部门可以无所顾忌、为所欲为,但这些事都是不光彩的,至少没有"合理理由"及搜查令。[46]

为了避免社会公序良俗引起任何质疑,有必要看一看法官和其他公职人员在处境不同时的反应。例如,在波特兰,一家当地报纸决定翻找垃圾堆、证明警方实施监视时,政府官员们大发雷霆。这场闹剧始于波特兰警方对一名与他们有宿仇的同事实施了一次"垃圾抽查"行动,发现了——在一堆东西中——一个"血淋淋的卫生棉条",并对其进行毒品检测。一位地方法官不赞成垃圾作为证据——当然根据俄勒冈州宪法,因为,正如我们所看到的,联邦宪法对此没有任何评论。然而,地方检察官和警察局长质疑了法官的意见,认为垃圾是具有价值的工具。所以威拉米特·威克决定去看看他们的垃圾桶里有什么。当记者向警察局长展示他们在垃圾里的发现时,他说"这非常廉价",然后把他们赶出了他的办公室。市长更强硬:"我认为威拉米特·威克在这件事上的行为可能是非法的,道德败坏、应受谴责。我会考虑使用法律手段回应他们的行为。"市长和警察局长是对的,威拉米特·威克的所作所为是令人无法容忍的。但是,与之密切相关的问题是,为什么最高法院认为,在没有"合理理由"与搜查令的情况下,警察可以做同样的事情?[47]

斯卡利亚法官——与多数派法官一起，在格林伍德案中同意搜捡出来的垃圾可以作为证据——也曾因个人资料被收集而火冒三丈，2009 年，一位福特汉姆大学的教授让其学生参与"教学时刻"——通过在互联网上浏览，收集到的资料汇编成关于斯卡利亚法官的个人档案。学生们发现了很多细节：他喜欢看什么电视节目，吃什么食物，他的家庭地址和电话号码，他妻子的电子邮件地址。这是斯卡利亚法官自找的。他在一次会议上对互联网和个人隐私不屑一顾，冷嘲热讽。不过，当面对针对自己的个人资料收集项目时，斯卡利亚法官至少是很不高兴的。他称这种做法"糟糕透顶，不辨东西"，并尖酸刻薄地补充说，因为这位教授"未曾讲授诉讼审判课程，应该没有义务向大家展示如何判决"。[48]

法院没有理由放任警察无视社会规范。人们可以站在马桶座上窥视邻边的隔间，但却是无法令人接受的，因此也不应该允许警察如此做——至少在没有"合理理由"和搜查令的情况下。正如科津斯基法官在皮内达·莫雷诺案中痛斥其同事未尽其职时所说的："说警察可能会像海胆一样对你的财产进行保护，这意味着《第四修正案》保护的终结。"[49]

破案

因为社会习俗在改变，自然会有棘手的案件。但无论是警察还是法院都不需要自己去弄清楚哪些是社会习俗所允许的。一些手续可以帮助申请"得到许可的警察执法"，而且应该履行这些手续。

搜查令

如果在任何特定的案件中，执法部门希望增加透明度，有一个简单易行的实施办法：获得搜查令。许多案件中，法院事后向警方发出警告，但在这之前，搜查令是完全可以获得的。政府确实在琼斯案中拿到了搜查令；他们只是没有遵守规定，在截止日期后安装了 GPS，并且在其他州的管辖范围内启动了 GPS。当然，在像华盛顿州的罗斯案中，利用手电筒搜寻大麻，举报者的身份已知，他可能会因为误导警察犯错而被起诉，对他违法行为的指控应该为警方提供充分的"合理理由"。调查大麻种植并不紧急，完全可以在搜查之前申请到搜查令。[50]

如果政府决定在没有得到法院许可的情况下在前方一线进行监视,那么后方法院应该尤其不情愿突破《第四修正案》的界限,因为它认为政府在该案中的所作所为不是搜查。如果政府能在结案时拿到搜查令,那就应该这么做。诚然,在某些案件,要找到"合理理由"比在其他案件更困难——这个问题我们将在下一章解决。然而,只有在缺少"合理理由"的情况下,法院才会纠结是否实施了搜查这个难题。如果有"合理理由",并且犹豫不决是否需要搜查令时,正确的答案是获得搜查令。如果法院快速判断出警方所做的不是"搜查"——从而将其完全排除在《第四修正案》规范之外——那么警察就不会费心从地方法官那里获得独立的意见。这正是我们所有人的隐私受到威胁的方式及其原因。

立法解决方案

新兴技术带来了两种非常现实的问题。如果社会习俗允许,那么警察就不需要搜查令了。然而,法院很难确切地知道什么是社会习俗可以接受的。此外,对于其中一些技术,我们必须要问,即使警方握有"合理理由",一张搜查令是否足以保护他们。

以无人机技术为例。无人机有能力改变我们的世界,可以在许多方面变得更好。他们可以用于消防巡逻,交通堵塞,寻找失踪儿童。但事实上,无人机比前几代空中飞机便宜得多,这意味着无人机也可能被大量滥用。截至 2013 年,美国联邦航空管理局只批准了 300 多架无人机;预计到 2020 年,这一数字将突破 3 万架。"蜂鸟"无人机可以携带摄像机和麦克风在我们的窗外盘旋。"蚊子"无人机可以被远程遥控,在我们不知情的情况下采集血液样本。一张搜查令是否足以证明执法部门利用这些技术是正当的,还是需要进一步的规定进行规范?[51]

自动车牌识别同样是一个恰如其分的例证。一方面,自动车牌识别记录的是任何人在公共场合都能看到的车牌。另一方面,这项技术只需要一个摄像头和一个光学字符阅读器,就可以让执法部门获取数百万辆汽车的位置,并将这些信息存储在可搜索的数据库中。自动车牌识别作为一种打击犯罪的工具有着巨大的潜力。2011 年的一项调查发现,71％的警察机关使用车牌识别器。85％的警察机关计划在未来 5 年内购买或增加车牌识别器的使用。例如,马里兰州的蒙哥马利县，一名警官 27 天大概使用自动车牌识别器 100 个小时，收集了近 5 万个车牌"读数"。这些读数导致 200 多个交通罚单，确认了 26 个被吊销的驾照，16 个排放违规行为，4 个被盗的和 1 个过期的车牌，还有 3 个被中止使用的车牌。[52]

但正如自动车牌识别器所带来的希望，它也对公民自由构成了威胁。在这方面做了出色工作的国际警察局长协会解释说，自动车牌识别摄像头"可以收集停放在公共场所的车辆的车牌号码，这些地点即使是公共场所，也可能被认为是敏感地区，尤其是医生办公室、诊所、教堂和戒毒咨询会议"。洛杉矶警署的一位警司在谈到自动车牌识别数据时说："如果可以的话，我会无限期地保存它"；它不是"大哥大"；"它所做的是任何一位副警长的日常工作"。这不现实：普通的副警长都收集不了 5 万个车牌号，更不用说几百万个了，并将其存储在数据库中，该数据库可以重建一辆机动车在一周、一个月甚至一年的行使轨迹。[53]

要解决与新兴技术相关的难题，需要的是政策——这是法院无法给予的，而负有民主责任的机构应该这样做，正如我们在第一部分中看到的那样。大法官阿利托在琼斯案中明确指出了这一点。"在涉及重大技术变革的情况下，"他写道，"解决隐私问题的最佳方案可能是立法。"这是因为"立法机构处于有利位置，能够衡量公众态度的变化，划定详细的界限，全面平衡隐私和公共安全的关系。"美国公民自由联盟首席技术专家克里斯托弗·索霍安针对恶意软件的使用也持相同观点："我们已经过渡到一个执法部门正在入侵人们电脑的时代，我们从来没有进行过公开辩论。"[54]

然而，法官和其他人错误地认为，如果立法机关不采取行动，法院就必须采取行动。索霍安指出，在没有立法的情况下，"（法官）必须在行使这些权力的过程中加以弥补"。阿利托在琼斯案也说过同样的话。对于"迄今为止……国会和大多数州还没有颁布法规来规范为执法目的使用 GPS 跟踪技术"的事实，他感到很遗憾，并得出结论，法官们被迫"尽其所能"——即判定警方的行动是否是搜查。[55]

这完全是错误的：还有一些事情，法官们不仅可以做，而且应该做，那就是在制定出监管规定之前，禁止警察使用新兴技术进行监控。正如我们在第四章中详细讨论的，法院不必对警察活动表示"赞成"或"不赞成"。他们所需要做的只是问一个问题："警察长期使用 GPS 跟踪（或恶意软件，或无人机）是法律授权的吗？"在某些情况下,授权警察执法部门执行法律的一般法规甚至在这种技术出现的几十年前就被采用了,不应该再用来授权警察选择要执行何种任务。尤其是新兴警察执法使用了一些技术——如自动车牌识别系统——不仅仅是在握有"合理理由"怀疑某人做了坏事时,而且在没有任何理由或授权的情况下,警察可以随时怀疑我们每个人。

对于警方使用新科技技术展开监视活动,法官们没有强迫各方就此展开民主辩论,而是采取了相反的做法,无视相关的立法法规。在格林伍德案中,当地法律规定垃圾必须放在路边,禁止环卫工搜捡垃圾。加州最高法院认为,根据州法律,人们拥有垃圾的隐私权。不管怎样,最高法院表示:"我们从来没有暗示过,《第四修正案》规范的搜查是否合理取决于进行搜查的特定州的法律。"在"美国诉邓恩"(United States v. Dunn)案中,政府探员越过了被告的距离公路半英里的198英亩牧场上的一道围栏、一道栅栏、两道铁丝网,最后还有一道木制栅栏,然后借助手电筒看到一个位于私人住宅附近的谷仓里的毒品实验室。法官们忽略了州法律禁止这种非法侵入的事实,认为(有些不连贯)的行动根本不是搜查,因为它发生在"开阔的领域",而不是住宅或其周围。[56]

如果州法律禁止警察的所作所为,那就到此为止了。有什么比民主问责机构通过的法律更能说明社会习俗呢? 这些法律有可能会过时。但是,辨别这一点的方法是让法院遵循这些规则——即使这意味着限制警察——除非民主进程改变了法律。[57]

正如我们一次又一次看到的那样,给人们话语权意味着截然不同的政策。例如,为自动车辆识别采取数据保留政策。根据新泽西州检察长起草的规则,机动车数据可以保存5年,而根据缅因州民主通过的法规,数据可以保存21天,这是巧合吗? 哥伦比亚特区计划采用一种广泛使用的闭路视频监控系统,就像在英国随处可见的那样。这种照相机的使用原本是反恐斗争的一部分,但现在要扩大使用范围,"以遏制和/或消除住宅区和商业区的犯罪现象"。社区领导人称赞这是一种常见的犯罪解决办法。但是,华盛顿特区政府做了它应该做的,参与制定规则,邀请公众参与。结果是一个大幅度缩减的项目,其中包括定期删除记录的规定。[58]

面对日新月异的科学技术,法官们需要的是谨慎,对他们理解"合理隐私期待"的能力保持谦逊，以及对民主程序的尊重。在当今时代最早向最高法院提交的电子通信案件之一，"安大略市诉群安"（City of Ontario v. Quon）案，法官们承认了自己的局限性。该案涉及一名警官使用部门呼机进行私人通信——包括发送色情信息。法院表示，它必须"谨慎行事"，因为"司法机构在社会中的作用尚未明朗之前，过于详尽地阐述了《第四修正案》对新兴技术的影响，很有可能出错"。"不确定工作场所规范以及法律对这些规范的处理方式将如何演变"。法官们总结道，"谨慎再谨慎"，以免任何一个案件，以其自身的特殊事实，建立起关于隐私期望的"影响深远的前提"。[59]

群安案的法庭说得很对。当技术出现问题时，需要的是持续的民主干预。法官们应该通过拒绝允许使用新的监视技术来迫使它发生，直到它们得到公共行动的授权。

明确地说，把更多的行动判定为"搜查"会让执法部门有点束手无策。因为搜查需要握有"合理理由"（通常需要搜查令），由此执法人员才有理由怀疑某些事情发生了，但没有足够的证据证明"合理理由"——即没有足够的证据进行搜查或获得搜查令。那他们怎么办？已经证明在互联网和手机时代，这是一个特别富有争议的问题，下一章我们将重点讨论这个问题。

第十章　第三方信息与“云”

但千虑一失，最高法院的一项规定造成了《第四修正案》无法弥补的漏洞：如果政府要求第三方提供个人的信息，那就不是“搜查”，因此根本未牵涉个人的权利。随着时间的流逝和技术的日趋完善，这个漏洞已逐渐发展为窥视我们所有私密的孔洞。[1]我们的生活逐渐从实际空间的家庭和办公室转移到虚拟的网络空间，现在关于我们的大部分信息都掌握在第三方手中。最高法院表示，如果政府想要这些信息，它只需要传唤碰巧持有这些信息的第三方。不需要搜查令，也不需要“合理理由”，令人感激涕零。[2]

越来越多的人认为给政府这么大的回旋余地是不对的。这也是众多公司，如短信巨头 WhatsApp 和 iPhone 制造商苹果公司（Apple）转向端对端加密的一个原因——通过加强保密措施、政府无法窃取相关信息来保护用户数据。尽管如此，应该如何改变第三方规则仍然是一项艰巨的任务，一项令国会头疼不已、麻烦重重的任务。部分原因是因为它也牵涉到对弈的另一方：执法部门在刑事破案和恐怖主义调查中获取信息的能力。

网络空间：政府自己的档案柜

在政府调查致力于揭露政府机密的国际组织维基解密（WikiLeaks）期间，政府与社交媒体巨头推特之间的冲突充分暴露了第三方规则下的利害关系。2010

年 5 月，美军二等兵布拉德利·曼宁（现在叫切尔西·曼宁）因涉嫌向维基解密提供数 10 万份机密文件被捕。同年 12 月，作为这起大规模泄密事件调查的一部分，联邦检察官向推特发出了名为 2703（d）命令——或 D 命令——以获取 3 名推特客户的记录，其中之一——计算机安全专家和活动家雅各布·阿佩尔鲍姆——是美国公民。（其他两位是罗普·格洛塔，荷兰的第一家私营互联网服务提供商，和比吉塔·约斯多蒂尔，冰岛议会议员。）[3]

当时，大多数科技公司都会照办。但以保护用户隐私著称的推特则不同。推特一直就有一个政策，提前将政府命令告知被调查的用户，这样他们可以在法庭上为自己辩护。推特法律部副总裁本·李解释说："现代沟通交流平台……为社会其他人……创造了一定程度的责任感。"为此，他说，推特的工作人员"力所能及地保护用户"的理念已经被"锤炼"了出来。通知被调查用户的目的，李强调，就是要"让政府在获得用户数据之前，对现有的法律要求负责"。[4]

当政府要求推特提供这些用户信息时，它在一份对用户和公众保密的法庭文件中提供了这些信息。政府试图对提出提供用户信息的要求进行保密是很正常的，但是正如维基解密三人组后来指出的，这使得"由于当事人不知情而使反抗一项命令"变得很困难。推特拒绝遵守命令，直到这项命令得到公布并通知当事人，即时成为头版新闻。巴顿·戈尔曼在《时代》杂志撰文，对推特的竞争对手进行了批评："毫无疑问，当局曾要求其他公司提供与推特类似的用户信息，但没有一家公司承认这一点。"[5]

需要明确的是，政府在这起案件中要求的信息并不是公开的。政府不仅想要维基解密三人组推特上的推文，还想要他们的所有信息：账户名和用户账号、所有个人地址、支付信息、会话时间和发送推文的设备的网络协议地址。被调查用户抱怨说，这些信息可能"明确暴露"他们的地点位置，政府能够据此绘制出一张他们私人交往联系的"地图"。[6]

推特通知用户的努力以失败告终，因为法院裁定，明显地，政府的调查对象没有任何法律"地位"——即没有任何法律支持他们质疑法院收集数据的企图。相反，第三方信息持有者——在这个案例中，推特——是唯一一个能为他们而战的第三方公司。当检察官首次提出这一论点时，推特的李对此感到非常困惑。李曾是一名法律援助辩护律师，习惯坐在地方检察官办公室的律师对面，与其周旋。他对"他们处理此事的咄咄逼人"感到惊讶。推特在法庭上指出，即使推特有能力代表客户进行所有的斗争，"推特对维护用户权利，质疑法庭传票不当的基本事实，知之甚少，甚至一无所知。"正如美国公民自由联盟恰如其分地指出的那样，每当他们的用户权利受到挑战时，第三方公司"只是没有能力——或者动机——去反击政府"。[7]

现在重要的不是维基解密三人组的失败这个结果，而是他们失败的原因。法院裁定，用户不能抱怨政府获得了他们的数据，因为他们"自愿"将信息交给了推特。"自愿"是陷阱。即使假设人们使用推特是自愿的，在当今世界，人们别无选择，只能将其最隐私的信息提供给第三方。[8]大部分时间我们甚至不知道这些信息正在被收集。事实上，在对维基解密三人组的裁决中，法院为自己的立场辩护的部分理由是，提供网络协议地址等信息的需要是"直接构建在互联网的架构中的"。没错，但这似乎削弱了法院自己的论点，即提供信息是"自愿的"。人们很快就会明白，法庭上的"自愿"与普通人所说的自己愿意并慷慨地给予他人某物的含义毫不相关。[9]

根据最高法院目前的裁决，实际上你提供给任何人的任何信息都是"自愿"提供的，因此政府可以理所当然地获取这些信息。除非你打算把现金放在床垫里，否则你需要银行和信用卡。这些机构有你所有的财务信息。你是否查阅了乳腺癌的症状，是否寻求婚姻咨询，是否担心你的孩子患有自闭症，或者想知道如何治疗痔疮，搜索引擎公司无所不知。"智能电表"不仅告诉电力公司你用了多少电，还告诉他们哪些电器在用电、什么时候用的电。射频识别标签——"RFID"——植入你的信用卡、护照、会员卡，甚至票根上，都能显示出你买了什么东西、去了什么地方。手机供应商不仅知道你去了哪里，而且知道你现在在哪里。"云"可以保存你所有的音乐、照片、即时消息、情书和计划表格，即使你什么都没做，只是上传资料以备使用。美国公民自由联盟首席技术专家克里斯·索霍安实事求是地写道："在云端，政府只需要一张传票就可以了。"从理论上来说，我们也许可以脱离电网，避免自己接受任何审查——智能炸弹客（the Unabomber）曾一度做到了这一点——但对我们大多数人来说，这样生活是不可能的。[10]

如今，这一法律领域变革的时机已经成熟，几乎没有人怀疑，但变革如此艰难的原因是，政府自有一套说辞。正如维基解密一案的法官所指出的："刑事调查的目的是查明是否发生了违法犯罪行为。"一名法官在另一个推特用户案例中解释道，"发出传票的法律门槛很低"，如果仅仅从一开始就要求"合理理由"，那么一些调查就永远不会启动。联邦调查局局长詹姆斯·科米心急如焚，为加密问题忧心忡忡，并对政府"走向黑暗"发出了可怕的警告。[11]

这就是矛盾所在：如果保证信息安全，执法部门无法追查坏人；如果削弱保护，我们只能对任一条政府需要监控的信息说再见。科技公司进退维谷，左右为难，虽然长期以来，坦率地说，它们试图做到两全其美。《纽约时报》指出，像推特这样的公司，必须"与运营所在国的政府保持良好关系"。与此同时，这些公司必须让用户放心，能够保证他们的隐私未被泄露。然而更糟糕的是，电子隐私信息中心主席马克·罗滕贝格认为，尽管"服务供应商喜欢表现得像是在裁决政府和用户之间的纠纷"，但事实是，许多时候"他们自己想要访问数据"是为了商业目的，比如宣传广告。他们想掌控这些数据，但当政府需要的时候，这些数据就在他们手中。因此，罗滕贝格总结道："我们处在一个非常奇怪的三角关系里。"[12]

执法需求和用户隐私之间的紧张关系——因掺杂科技公司自身的多重利益而变得更为严重——令人们回忆起历史上一次重大的立法对峙。在过去的5年里，对于每一个相关的人——立法者、执法部门、法院和公众——来说，规范执法部门获取第三方所持数字信息的法律显然已经过时了。目前每一方都很脆弱。但国会已经瘫痪了；它试图解决的最大问题是获取电子邮件数据，这是隐私保护最简单的案例。因此，这场争论在法庭上展开——正是这个法庭一开始就泄露了人们所有的数据。

人们"自愿"放弃的东西

最高法院认为，20世纪六七十年代发生的三起案件，如果人们把数据交给了第三方，那就不是《第四修正案》所要求的政府通过"搜查"获取的数据。

第一起案件发生于1966年，臭名昭著的卡车司机联盟领袖吉米·霍法参与其中。政府因霍法违反联邦劳动法而起诉他，但霍法被判无罪。之后，政府发现他谋划贿赂陪审团。在政府应对贿赂陪审团案中，一个名叫帕廷的线人的证词至关重要。帕廷为了自己脱罪,同意告发霍法。霍法抗议政府为了收集信息,故意在联盟核心里安插了帕廷。政府坚持帕廷是主动提供信息的。法官们回应道:没有任何区别,《第四修正案》根本不能保护一个罪犯的"错误信念,即一个人向别人自愿坦白了自己的错误行为,知道他犯错的人不会把秘密透露出去"。[13]

许多人理所当然地将政府使用秘密线人与极权主义联系在一起。不过,霍法案的裁决是符合逻辑的。霍法自己泄了密,套用最高法院的术语,他应该"预见到风险",他告诉的第三方会把这些信息交给政府。当然,如果帕廷决定主动向政府提供违法犯罪信息,没有人会对此有任何异议。

不过,很快,法官们开始盗用"自愿"向第三方提供信息的概念。20世纪70年代初,政府调查一个名叫米奇·米勒的家伙(不,不是电视乐队的领队,那些年纪大了的人应该还记得)参与了一个特大规模的禁酒走私贩卖。作为调查的一部分,美国烟酒枪械管理局的探员申请传票,从米勒的银行拿到了他的财务报表和存款单。米勒喊冤,但法官依靠霍法案得出结论,米勒无法享受《第四修正案》所保护的权利。政府收集到的只是"在正常业务过程中自愿传达给银行并向其雇员披露的信息"。正如霍法案法官所裁决的那样,米勒冒着"将自己的事情透露给他人的风险",即这些信息可能会被提供给政府。[14]

因此,将霍法案应用于米勒案有两个严重的问题。首先,目前还不清楚人们是否"自愿"使用金融机构。难道还有什么其他选择? 但是第二,米勒到底预见了什么风险? 当然,他把钱存在了银行,而不是藏在柜子里。但他这样做的风险——银行工作人员向政府披露他的财务记录的风险——几乎为零。银行工作人员永远不会根据事实进行推断,部分原因是他们并没有掌握足够的信息——即米勒在走私的信息。真实发生的米勒案是联邦法律要求银行保留其财务记录,然后政府利用传票迫使银行交出这些记录。为了满足执法部门的需要,这一切都没错——我们很快就会谈到这个问题——但声称政府碰巧获得这些被"自愿"提供的信息是一种并不高明的文字游戏。[15]

真正的打击是"史密斯诉马里兰州"案(Smith v. Maryland)的判决。1979年发生的这起看似不会经常发生的案件,已经成为信息时代界定我们权利的关键。一位女士遭到抢劫,接着开始接到威胁和猥亵电话。其中一次,打电话的人说他就是抢劫犯，要求在他开车路过她家时出门。警方很快就在她所在的街区发现了这辆车，并通过追踪车牌号码获得了车主的姓名和地址。然后，他们安排电话公司安装了一个"笔式记录器"——一种记录电话使用者拨打的所有电话号码的设备——记录了史密斯打电话的地点是自己家里。警方根据这些信息获得搜查令，在史密斯家里找到了更多的证据来判定他有罪。史密斯要求撤销所有证据，理由是安装笔式记录器是一项未经授权的"搜查"。[16]

法庭认为，史密斯拨打电话号码时没有"合理隐私期待"，因为——你现在肯定可以猜到一些——"当他使用电话时，（史密斯）自愿向电话公司传递数字信息，并在日常业务过程中把这些信息'暴露'给电话公司。"这个理由没有米勒案中的理由说得通。电话公司不像银行，没有政府想要的信息。政府必须让电话公司安装一个设备来收集信息。尽管如此，法院表示，电话公司是否选择自行收集这类信息并不重要，"不管电话公司是怎么选择的"，该公司"拥有记录这些信息的设施，并且可以自由记录"。也就是说，如果第三方能够收集到政府想要的信息，就可以让他们收集并转交给政府。[17]

如果史密斯案的逻辑是可靠的，那么政府要求电话公司随时录下你的通话就很容易理解了。毕竟，电话公司完全有能力记录通话，就像记录电话号码一样——他们不这样做并不意味着他们没有能力这样做。审理史密斯案的法官同卡茨案的法官不同——正如我们在上一章中看到的那样——窃听肯定要被禁止，因此他们强调笔式记录器并不能记录电话内容，只能记录拨打的电话号码。但是，正如判决卡茨案的斯图尔特法官所言——在史密斯案中持不同观点——大多数人不会"乐意向全世界公布他们拨打过的电话号码名单"。不是因为这样会使他们获罪，而是"因为这样很容易暴露……一个人生活中最私密的细节"。[18]

考虑到史密斯是个怪人，我们很容易理解为什么最高法院会做出这样的裁决，但是没有什么裁决能够阻止法院准许政府这个影响深远的申请。从位置跟踪到国家安全局的大量数据收集，史密斯案一直被用来证明这一切都是可行的。警察充分利用第三方规则，个人信息的获得为许多案例的调查提供了巨大帮助。2012 年，移动电话公司报告称，他们收到了 130 万份来自执法部门的要求，要求提供从短信到位置信息等各种数据信息。而且，与科技公司在"三角关系"中定位一致的是,提供信息甚至已经成为这些企业的主要收入来源。美国电话电报公司通过向执法部门提供客户信息仅一年就获得了 800 多万美元的收入。在华盛顿特区为执法部门和他们的供应商举行的一次私人会议上,斯普林特公司的"电子监控经理"——这是一个很不错的头衔,不是吗?——描述了该公司如何建立了一个专门的网站,这样警察就可以直接从自己的办公桌上获取客户信息。"这个工具在执法部门真的很火,"他吹嘘道。[19]

传票:打探隐私的许可证

更糟糕的是,政府开始利用另外一种方式获得第三方信息——申请传票。传票是指按指定的时间到指定的地点提交文件或其他信息的命令,如果不执行,则被控藐视法庭罪。与搜查令不同的是,要拿到传票,执法人员不需要任何"合理理由",甚至不需要得到法官的许可。在米勒案中,最高法院漫不经心地描述了财政部人员如何"向"银行行长"送达了由地方法院书记员发出的,空白的,由联邦检察官办公室填写的大陪审团传票"。[20]

检察官对传票的"全权处置"权起源于大陪审团的传统职能,大陪审团是一个证据收集机构,其历史可追溯到 12 世纪前的英国。大陪审团通常由 12—23 人组成,负责调查社区内的犯罪活动。如果大陪审团得出结论,认为有合理理由相信罪案的发生,它就会发出起诉书,标志着刑事诉讼程序的开始。最高法院曾表示,大陪审团"仅仅因为怀疑有触犯了法律的行为就可以进行调查,或者甚至仅仅因为它想要确认没有触犯法律的行为"。它"如果没有查清每一条线索,没有调查完每个证人,就不算充分履行职责"。对于这个"粗枝大叶"的角色,根据逻辑,就要求开始调查"合理理由"没有任何意义。正如推特案法庭所指出的那样,要求提供"合理理由"会令调查在开始之前就戛然而止了。[21]

如果人们期望得知如何公平合理地让大陪审团的调查符合《第四修正案》的"合理理由"要求,从历史上看,答案就在于,大陪审团与政府是各行具是、各自为政的。与《第四修正案》一样,大陪审团也是对政府的一种制约。最高法院认为,大陪审团"最有价值的职能"是"既审查犯罪行为,也身处检察官和被告之间进行斡旋"。[22]

《联邦宪法》规定大陪审团有权起诉的部分原因源于著名的约翰·彼得·赞格的审判。赞格是 18 世纪的一名印刷工，曾言辞激烈地批评纽约的殖民总督。政府曾三次试图起诉赞格；但每一次大陪审团都拒绝提出起诉。同样，独立战争前夕，大陪审团也拒绝对印花税法案（Stamp Act）提起诉讼。历史上，大陪审团——主动地——追查官员的不法行为，揭露官员的腐败。在进步时代（the Progressive Era），大陪审团就像特威德老板的巨型城市机器一样，轰然倒塌了。[23]

不过，今天大陪审团不过是检察官的一个工具，他们以大陪审团的名义行使传唤权，但陪审员本身却没有真正的监督权。因此曾有人调侃，如果检察官提出要求，大陪审团会"起诉一块火腿三明治"。当特别检察官肯·斯塔尔以伪证和妨碍司法公正的罪名追查比尔·克林顿总统与莫妮卡·莱温斯基的风流韵事时，美国就对这一点有了生动的切身体会。斯塔尔不仅传唤查验了莱温斯基沾有精液的裙子，还用传票拿到了莫妮卡·莱温斯基的硬盘，里面有写给克林顿的情书。他甚至搬出莱温斯基一位朋友的电脑，最终向全世界透露了这位朋友关于她在东京度蜜月的私人密信。[24]

国会最终戳穿了大陪审团监督检察官的假象，授权政府官员在无须大陪审团的过问下发出传票。不论是违反反垄断法还是未遵守工资工时法，人们总是认为，如果行政官员在开始调查之前必须持有"合理理由"，那么将无法查到违法犯罪者。最近，行政机关和检察官之间的界限被抹去了。法律授权检察官通过发出传票来追查医疗欺诈和儿童性侵犯罪犯。在调查医疗欺诈案时，检察官——没有明确的证据表明持有"合理理由"，也没有大陪审团的存在——迫使医生不仅交出了他们的财务记录，还交出了病人的病历、他们看过的杂志和期刊的清单、他们所学课程的信息，以及他们孩子的财务记录。一位反对医疗欺诈传票的医生指出，如果政府官员没有搜查令而要求他提交文件，那就违反了《第四修正案》；如果政府官员没有"合理理由"申请到搜查令，那也违反了《第四修正案》；那么，为什么检察官可以既申请传票又为自己签发传票呢？[25]

当国会决定授权联邦调查局——甚至不是检察官，而是一个警察机构——拥有签发传票的权力时，即签发国家安全函时（National Security Letters，NSLs），对政府实施监控的所有检查都失败了。最初，只有当联邦调查局已掌握了"具体和明确的事实"表明被调查者是"外国势力或外国势力的代理人"时,才会签发国家安全函。然而,"911"事件后,国会通过了《美国爱国者法案》(USA Patriot Act),大大扩展了联邦调查局的国家安全函调查的范围。国家安全函已被用来索取任何信息——无论是否国外的特工——或者只要说这些信息与已确认的恐怖主义或情报调查"相关"即可。利用这一极其宽松的标准,联邦调查局持续收集美国公民的各种信息:从信用信息、电话费,到电子邮件注册用户记录。《爱国者法案》通过后,国家安全函的签发数量每年激增到数万人。司法部监察长办公室发现,国家安全函一直被滥用,从向国会提交的报告中,大量未上报的安全函的签发,到发出所谓的"紧急发函"——在法律上没有任何信息收集的权力——甚至没有满足签发国家安全函的最低要求。[26]

斯诺登事件曝光后,奥巴马总统任命的负责调查政府监控活动的情报和通信技术隐私审查小组敦促政府取消国家安全函的做法。"需要特别指出的是",审查小组写道:"国家安全函由联邦调查局直接签发,而不是由法官或大陪审团的检察官签发。"审查小组发现自己"无法确定一个原则性依据,为什么国家安全函应由联邦调查局签发"。尽管如此,这仍然是法律。[27]

让执法人员自行签发传票的理由是——据说——政府最终应该在法院的监督下行事。任何认为传票不合法的人都可以到法院来质疑传票的合法性。如果法院同意的话,它会驳回对传票的签发——用词典里的字眼就是"撤销"传票。[28]

关于这种假定的理由,第一个问题是,在法庭上为签发传票辩护时,政府仍然不必已持有"合理理由"。它只需要证明传唤的信息与政府调查是"相关"的。这种"相关"的关联性远低于"合理理由",这正是传票被比作"空白支票"的原因。"合理理由"是指政府有理由相信你做了错事;"相关性"只是指无论你是否具有犯罪嫌疑,他们都认为他们需要调查这些信息。[29]

但真正的问题是,如果传票送达第三方,比如米勒案或维基解密案,被调查对象不会知道这件事,因此一开始也不知道向法院申诉。即使像推特这样的公司想告诉客户正在对其进行数据调查的信息,通常也被法律禁止这样做。禁言令是司空见惯的。许多授权签发传票和 D 指令的法律都有禁止接收人告诉被调查对象的条款。一位法官对这种做法犹豫不决,他说,为了从服务器上获取用户的电子邮件，政府希望"微软被禁言……最好，永远"。[30]

国会介入

在数字时代到来之际，所有相关人士都清楚地意识到，国会亟须立法来规范执法人员收集电子通信数据。根据现行的 1968 年通过的窃听法（Wiretap Law），政府必须获得"超级搜查令"，才能监听电话通话。但是对于电子邮件或其他电子信息却没有任何保护措施。不难看出，鉴于最高法院的第三方规则，以及政府广泛的传唤权，新信息服务提供商所握的信息都很容易成为政府觊觎的目标。这不仅不利于个人隐私，也不利于商业发展：新兴的互联网公司需要向客户保证他们的数据安全。即使是执法部门也需要帮助：面对最高法院自由的第三方原则，各州正在通过自己的隐私法来保护第三方的信息披露，这使得统一的解决方案至关重要。因此，公民自由主义者和工业界在执法部门的支持下联合起来，让国会采取行动。[31]

作为回应，1986 年，国会颁布了《电子通信隐私法》。《电子通信隐私法》的核心在于区分今天我们称之为"元数据"的东西——如电子邮件上的地址信息，或从特定电话拨打的电话号码——以及这些通信的"内容"，最初由最高法院在史密斯案中划定。根据《电子通信隐私法》，得到最大程度保护的是通信内容。政府如果想获得这些信息，通常需要一个由法官签发的基于"合理理由"的传统的搜查令。另一方面，如果政府希望不带内容的"记录"存储在第三方提供商那里，维基解密案中使用的那种 D 指令就足够了。为了获得这样的命令，政府只需向法院提供"具体和明确的事实"，表明这些信息可能与刑事调查"相关且非常重要的"。这还不算过分；除此之外，政府不必证明调查目标做了什么错事。最后，只需持有自己签发的传票，在更宽松的"相关性"标准下，政府可以获得用户的注册数据，如姓名、地址、登录和账户信息。[32]

虽然《电子通信隐私法》在数字技术早期可能具有意义，但 1986 年后，在没有人能想象到的世界里，它的缺点已经变得非常明显。该理论是，调查的信息越私密，则要求越明显的"犯罪怀疑"和更高的司法监督。但事实并非如此。

首先，《电子通信隐私法》有一个奇怪的漏洞，使得政府只需要一张传票就可以收集大量电子邮件。不可否认，电子邮件——与电话内容一样——包含"内容"，因此似乎需要最高级别的保护——持有"合理理由"的搜查令。根据《电子通信隐私法》，如果一封邮件在服务器上存放不到 6 个月，那么政府阅读它之前，确实需要一份搜查令。但如果邮件在那里停留超过 6 个月，政府可以发出传票并轻易获得这封邮件。为什么会有这种奇怪的"6 个月"界限？因为当《电子通信隐私法》在 1986 年被采用时，第三方存储非常昂贵，因此会假设人们将电子邮件下载到自己的计算机上以避免产生这些成本。如果他们没有下载电子邮件，则认为这些电子邮件已经被放弃，政府应该可以访问它。但是，如今还有谁没有在网络服务商那里储存超过 6 个月的电子邮件呢？[33]

除了电子邮件外，还有大量的数据存储在"云"中。1986 年，没有人能预料到我们的私人生活有多少会被保存在第三方服务器上——我们的文件、日记、照片。不可否认的是，这些全都是"内容"。然而，根据《电子通信隐私法》，获得任何一份这些材料，都不需要申请搜查令。[34]

最后，元数据的保护也不充分。《电子通信隐私法》对"合理理由"不做任何要求就能获取元数据信息。但元数据却能够帮助政府揭开我们所有的生活信息。"在模拟世界中，"电子隐私信息中心马克·罗滕伯格解释道，"电话交谈记录显然比成串的电话号码更有价值。"这是执法调查的"旧式"方法。但是"新式方法……全是关于数据的，关于网络分析的。在这个世界，数据比电话更重要。数据更加客观，不能被修改；人们无法用代码来隐藏它的含义。"[35]

收集元数据对隐私保护最明显的影响是位置跟踪。2012 年《纽约时报》曾做过解释："在大多数案件中，执法人员不需要听到实际对话；他们可以从嫌疑人的位置或旅行模式辨别出来他们想了解的信息。"随着旧式的窃听申请逐渐减少，政府对手机定位数据的要求数量猛增。这是因为，正如《泰晤士报》所阐述的那样："位置数据可以揭示手机用户社会关系、参与活动和个人品位，与监听谈话一样，获取位置信息必须申请搜查令，这是强制性的。"[36]

早期通过的《电子通信隐私法》在今天已无任何意义，但公平地说，它只是向当时的国会及其他人提出了太多的要求，但对未来会是什么样一无所知。1984 年，《电子通信隐私法》颁布之前，只有 5% 的家庭拥有个人电脑。我们所知的万维网并不存在。国会还没有授权对商业用途的互联网进行开发，而第一台网络浏览器 7 年后才问世。[37]电子邮件对大多数人来说都是新鲜事物；使用电子邮件需要付费，像 Gmail 这样的服务理念超出了人们的想象。手机也是如此。在《电子通信隐私法》通过前一年，全国只有数量不到 1000 的基站。据估计，到 2010 年，这一数字将超过 25 万。[38]

然而，刚一迈入 21 世纪，人们形成的压倒性共识是《电子通信隐私法》已经严重过时，需要修订。2004 年在乔治·华盛顿法学院召开的互联网监控会议上，每一位参与讨论《电子通信隐私法》的评论员，无论他们属于何种意识形态，都呼吁"大篇幅对其进行修订"。2010 年，由科技公司、个人名义以及来自不同政治派别的组织组成的广泛联盟"数字正当程序"，开始游说《电子通信隐私法》的改革。到 2015 年，包括保守主义的美国传统行动组织和自由主义的美国公民自由联盟在内的形形色色的团体就需要采取的措施达成了一致，那就是提高政府获取信息的标准，包括——在很多情况下——申请搜查令和要求提供"合理理由"。[39]

但是国会被冻结了，因为执法部门——也承认需要修改法律——无法接受拟议的改革。

执法技术问题

到本千年第二个十年的中期，执法部门自身面临着一个棘手问题。2014 年 10 月 16 日，联邦调查局局长吉姆·科米高调发表演讲，认为执法部门难以跟上通信技术的发展脚步。他问的问题是："技术、隐私和公共安全是否会发生冲突？"[40]

科米观点的核心是，即使执法部门能够从法官那里得到了允许从事监视的命令，但技术变革使这些命令"只不过是一张纸而已"。1968 年《窃听法》通过时，如果执法部门需要了解电话内容，它所需要的只是"两个鳄鱼夹和一个录音机"而已。不仅技术相对简单，而且只有一家供应商，那就是被称为马贝尔（Ma Bell）的垄断公司。不过，现在情况更复杂了："如果一个犯罪嫌疑人在车里，把手机信号切换到 Wi-Fi，我们可能就没那么幸运了。如果他从一个应用程序切换到另一个应用程序，或者从手机语音服务切换到语音或短信应用，我们可能会失去他的踪迹。"坏人知道这一点，"科米说，"他们每天都在利用这一点。"[41]

1994 年，在数字革命的早期，国会颁布了《执法部门通信协助法案》（CA-LEA），向执法部门伸出援手，通过该法案，执法部门可以要求通信公司设计专门设备，以确保其能够进行监视。但是，正如科米所演讲的，《执法部门通信协助法案》是在"20 年前被采用的——那是互联网的一代"。20 年后意料之外的变化不仅使《电子通信隐私法》在保护我们的隐私方面过时了，也令执法部门，若想根据《执法部门通信协助法案》获得所需信息，则无法跟上时代的脚步。例如，《执法部门通信协助法案》实施于"通信"公司，但却将"信息"公司排除在外。显然，国会中没有人能够预见今天网络交流工具的数量如此之多：谷歌环聊，允许人们相互交谈的应用程序，允许玩家大喊大叫游戏的同时可以发送信息的数字游戏。成千上万的新"信息"公司为通信提供便利，其中很多都是新成立的，其硬件和软件没有给执法部门留下任何侵入的空间。[42]

因此，科米宣称，执法部门面临着"陷入黑暗"的风险。"即使拥有合法的权力，那些负责保护人民的人也不能总是获得我们起诉犯罪分子、防止恐怖主义所需的证据。"[43]

在科米看来，问题的症结是苹果公司对手机密码进行了加密，这样只有手机用户才能解锁手机，访问手机上的数据。随着 iOS8 系统的更新，苹果公司通知消费者："从技术上来说，我们无法回应政府需要提取这些数据的搜查令。"相反，"我们已经在你日常使用的应用中加强了隐私保护。"在此之后的一个月，科米发表演讲，他特别提到了苹果公司——以及它的竞争对手安卓（Android），后者也紧随其后。"这两家公司管理出类拔萃，可以应对不同市场需求。但是，作为一个国家，对他们所引领的方向，需要仔细思考及筹谋规划。"[44]

很快，这个国家就遇到了科米所提到的错误范例。两名本土恐怖分子受到国外伊斯兰恐怖分子的启发，袭击了加利福尼亚州圣贝纳迪诺的公共卫生工作者集会，造成 30 多人死伤。作为调查的一部分，联邦调查局获得法庭命令，要求苹果公司开发软件，以便联邦调查局的调查人员能够进入其中一名恐怖分子使用的电话。这场旷日持久的法庭之争引起了全国的关注，一个匿名第三方浮出水面，向联邦调查局展示如何在没有苹果的协助下获取所需信息。虽然眼前的案子得以解决，但不可否认，这个问题不久还会卷土重来。[45]

执法的政治问题

2014 年，执法部门面临的问题是技术性的，但是——正如科米自己认识到的那样——这同样是政治问题。他承认："斯诺登泄密事件之后，人们普遍认为政府正在全面清理我们的所有通信。"科米试图向人们保证"那不是真的"，并发出了严重的警告，我们将面临这样的风险，如果执法部门即使有搜查令，也无法获得所需的信息，那些犯罪分子就会伤害我们。[46]

科米遇到的障碍是，不断有关于政府监控公民的新闻报道，再加上美国官方试图否认监控事实——如美国总统曾宣称从未发生此类事件，直到斯诺登事件证实总统的错误——削弱了执法部门履行职责所需的民众的信任。执法部门在获取数据方面变得如此激进，以至于当科米谈到"陷入黑暗"的挑战时，许多人已经不会轻易让政府获得自己的信息了。

执法部门很难了解公众对政府从第三方供应商收集私人信息的担忧。科米说，斯诺登泄密事件的危害"已经——不公平地——延伸到了执法机构的调查，影响了法官对搜查令的批准"。但这场斗争不仅仅是为了搜查令，如果是这样，执法部门可能会得到更多他们想要的东西。政府一贯采取法律立场——通常是基于糟糕的《电子通信隐私法》——在没有搜查令或"合理理由"的情况下，允许它访问第三方持有的电子邮件通信。[47]而且，如果你仔细分析执法人员的发言和证词，你会发现他们谈论的是获得"法庭命令或搜查令"。换句话说，政府仍然认为，它应该能够仅通过传票或 D 指令从第三方获取信息。这一点在 2015 年 7 月科米和副司法部长莎莉·奎利安·耶茨向参议院司法委员会提供的联合证词中明显看出。他们直言不讳地表达了对"用户对其设备和通信的访问拥有唯一控制权"的担忧，并讨论了利用法院命令"从技术提供商那里恢复电子通信内容"的必要性。另一方面，用户似乎认为他们应该对自己的设备和通信拥有"唯一的控制权"。[48]

公平地说，加强第三方管理可能会给执法造成困难，我们可以称之为"调查缺口"。正如首席副助理司法部长埃尔纳·泰兰吉尔 2015 年 9 月告知众议院司法委员会的："在调查初期收集的非具体内容的信息通常被用来当作后续搜查令所需的'合理理由'。"如果没有获得非具体内容信息的机制，调查就不可能发展并达到一个阶段,使探员拥有获得搜查令所需的证据。换句话说,执法部门表示,他们需要利用其广泛的传票权从第三方收集信息,首先就是为了获得申请搜查令所需的犯罪活动"合理理由"。[49]

但是,事实证明,执法部门要么无能为力,要么不愿意做的事情,恰恰证明了这个问题有多么的真实——许多人不再轻易相信他们的话。例如,泰兰吉尔举出一个可怕案例,政府获得一个男人"性侵他仍是稚童的儿子"的照片。正如她所描述的,在展示这些照片时,这个男人利用互联网的匿名性质,小心翼翼地掩藏了自己的真实身份,因此执法部门申请法院的命令,查出他使用设备的 IP 地址,最终查出了他的身份。但这些照片无疑构成了实施犯罪行为的"合理理由",因此执法部门应该能够获得搜查令。政府官员通常会拿出奇闻轶事和恐怖故事博人眼球,而不是严格地根据经验进行论证。然而,在今天的环境中,一旦执法部门提供了一件奇闻轶事,互联网上立刻出现许多质疑者和反对者,对执法部门所谓的必要性提出异议。[50]

更重要的是,执法部门失去了通信和科技行业可靠盟友的帮助。最近的披露清楚地表明,在斯诺登事件和其他披露事件之前,一些电信和科技公司两面讨好——没有哪家公司比美国电话电报公司更厉害了。2013 年,作为对信息自由要求的回应,执法部门交出了一套描述"半球计划"的幻灯片(显然是错误的)。因为"半球计划",美国电话电报公司员工与联邦缉毒局合作,帮助促进电话信息的快速周转。政府将向美国电话电报公司支付费用,让其员工进入缉毒局。然后,当政府需要信息时,它只是向在缉毒局的美国电话电报公司的员工发出行政传票。通过这种方式,政府可以通过美国电话电报公司交换机获得它想要的任何电话信息。根据统计,"半球计划"在被关闭前,一天可以收集大约 40 亿份记录(推测)。通过令人无法接受的托词,这个项目甚至对法庭都进行保密。[51]

消费者的愤怒——不仅指向了政府,也指向了科技和通信公司本身——导致这些公司直接倒向消费者阵营,收紧了隐私法。电子前沿基金会的一系列年度发布,题为:"谁支持你",用一个简单的图表讲述了这个故事。在这个图表上,"帮助保护您的数据免受政府攻击"的公司被授予了金星。"对具体内容的获取需要搜查令""告知用户政府收集数据的相关请求"以及在法庭或国会"为用户的隐私权而战"等行为，都会被授予星级。到 2011 年，除了授予推特和谷歌的金星，该榜单上的获得金星的公司并不多。然而，到 2015 年，金星无处不在（美国电话电报公司仍然是一个明显的例外）。[52]

《电子通信隐私法》是一个折中方案，在私营企业、个人权利倡导者和执法部门的共同努力下于 1986 年通过。这种"竞争性合作"在今天看来是难以想象的。在科技公司和消费者以及执法部门三方之间的持续交火中，国会在过去十年的大部分时间里都无法处理诸如电子邮件访问、位置跟踪和加密等紧迫问题。

因此，法庭上的斗争激烈起来。

解决技术问题：第三方理论怎么办？

无论是由法院还是由国会，一定要划定界限，而划定的地点和方式不可能人人满意。认为这很容易的人是在自欺欺人。数字转型让执法部门，其后是我们，陷入了某种困境。互联网可以让我们互诉不想让别人听到的甜言蜜语，或者张贴只会与自己最亲密的朋友分享的照片。但它也允许虐童者达成难以启齿的交易，允许恐怖分子策划难以想象的破坏计划。本·李表示，甚至推特也承认"互联网上使用假名或匿名是非常重要和棘手的事情"，而且没有"永远不被揭露的权利"。问题是"我们首先需要什么程序"来确保政府履行职责。简而言之，问题在于，我们可以在哪里划定界限，限定政府何时能够从第三方获取有关我们的信息。[53]

法律倾向于通过类比来运行，但鉴于技术的迅速变革，这些类比已经变得牵强附会。在一个案例中，法院认为获取手机信号塔的数据来追踪犯罪嫌疑人的位置不是搜查："如果一种用于运输违禁品的工具发出的信号可以被跟踪定位，那么警察当然可以跟踪信号。"否则，法院认为"狗不能用于追踪逃犯如果逃犯不知道狗已嗅过他的味道"，或者，"无法根据车牌号码进行识别和跟踪逃逸车辆，如果司机合理地认为他逃走时未被看到"。这是一段相当长的时间——政府正在追踪，不需要第三方供应商的数据转储，仅仅因为人们需要使用手机共享完全私人的信息。[54]

因为数字技术不仅改变了我们存储数据的地方，而且还深刻地影响了我们的生活方式，所以我们无法进行类比。在 2011 年的一篇题为"家，网上的家"的文章中,法学教授凯西·斯特拉德堡描述了早期的——电话技术——是如何做到这一点的。突然之间,人们开始两地分居的生活,并且对在哪里工作或定居做出了"不同的决定",因此,"将不受监管的窃听的电话系统开放给政府(及其他机构)"将会改变世界的发展方式。她表示,如今我们的生活方式也是如此,它不仅由我们周围的物理空间构成,也由网络空间的属性构成。莫伊拉,她描述了一个假想的人,早上和另一个州的同事合作编写一份存储在云端的报告,午餐时与家人和朋友在脸书上分享想法,然后下午给异地男友发私人短信,建议他们当晚在奈飞公司上一起看电影,同时在网络电话 Skype 上聊天。这已经不是设想了,不是吗?[55]

我们必须面对的难题是,政府是否可以理所当然地收集我们的信息,没有搜查令和"合理理由",仅仅因为第三方持有这些信息? 如果事实并非如此,那如何才能明辨是非,黑白分明呢?

内容

我们的"内容"(与元数据相对)即便存储在网络空间,在没有授权的情况下提供给执法部门,这一点并没有经过严谨的论证。科米局长和副司法部长耶茨在参议院司法委员会的联合证词中说:"作为一个社会,我们越是依赖电子设备来交流和储存信息,就越有可能曾经在档案柜、信件、相册中的信息,现在只能以电子形式储存了。"这是事实,但不清楚这对案件有何帮助。在过去,为了获得这些信息,执法部门需要一份基于可能原因的搜查令。为什么信息在虚拟存储中那么重要呢? 当你租了一套公寓或把东西放进储物间,政府不能直接进来拿它想要的东西。尽管政府似乎不情愿,甚至联邦法院最终也在 2010 年承认,尽管有《欧洲公民权利法》,宪法禁止在没有合理理由和搜查令的情况下,从网络空间收集我们的电子邮件,无论这些邮件在服务器上存储多长时间。[56]

元数据

"元数据"与内容的规则制定是否应该有所不同也未得到明确,尽管执法部门曾尽最大努力,极力争取。根据 1979 年史密斯电话笔录(Smith telephone pen register)案的判决,美国司法部坚持认为,法庭传票的效力应该足以获取电子邮件和其他电子通信的"地址信息"。但是，即使假设史密斯的决定是正确的——正如我们所看到的，有理由怀疑这一点——今天的元数据比过去的"往来"信息要丰富得多。如今，电话元数据不仅会显示您拨打的号码，还会显示通话是否完成、通话时间长短、从哪里拨打的电话、使用的设备——通常还会显示您拨打电话的地点。同样的，电子邮件元数据可以显示通信方的身份、使用的何种计算机、所附附件，等等。[57]

人们，包括一些法官，很快就会发现，所有这些关于人的元数据就像"内容"信息一样揭示了我们的生活——因此也应该得到相应的保护。在一起涉及未经授权对手机进行搜查的案件中，最高法院指出，网络浏览器历史（毕竟是地址信息）"可能揭示一个人的私人爱好或关注内容——也许是对某些疾病症状的搜索，也许是对网络医生的频繁访问"。你使用的"应用程序"也是如此："有播报民主党新闻的，也有播报共和党新闻的；用于追踪酒精毒品赌博上瘾的……记录怀孕症状的。"其中一些可能是"内容"，一些可能是"非内容"，但重点在于：这条界线本身正在崩溃，因此政府随时大规模访问元数据不再有任何意义。[58]

第三方使用的信息

一些法院建议，政府应该自由地访问我们提供给第三方使用的信息，而不仅仅是存储信息。争论似乎是，如果我们允许第三方使用我们的数据，它就不再是隐私了。这点是否正确，也并不明确。[59]

法官理查德·波斯纳指出，人们很容易将隐私与保密混为一谈，但——他的解释是——保护隐私"并不意味着拒绝与别人分享信息"。波斯纳举例说："我向我的医生透露了我的疾病症状，但这并不能使我的健康成为公开的事实，尤其是如果他曾经承诺（医学界的规定对他如此要求）在没有我允许的情况下不会向任何人透露我的病史。"哲学家海伦·尼森鲍姆补充道：我们把孩子们的问题告诉老师，而这些问题我们不会告诉其他人；我们向专业人士提供财务信息，希望他们能保密。信息的共享是有背景的，不是无条件的，法律应该尊重这一点。[60]

如果这些实体决定自己向政府提供信息，那是一回事。当政府向这些实体提出要求提供信息时，没有《第四修正案》要求的搜查令是另一回事。仅仅因为谷歌邮箱读取你的电子邮件以显示有针对性的广告，这并不意味着政府能够命令谷歌向其移交信息。正如法院所承认的那样，你的房东可能有权定期到你的公寓修理东西或检查安全情况，但这并不意味着她有权检查你的办公桌，当然也不允许她在没有搜查令的情况下带着执法人员到处参观你的住处。酒店管家打扫你的房间；这也从来不是政府可以溜进来四处看看的许可证。[61]

第三方自己的记录

一个更好的论点是，政府应该能够得到允许访问包含你信息的记录，但这些记录是由第三方在其正常业务过程中创建的。例如，在米勒一案中，法院在批准传讯走私者财务信息时强调："这些是银行的商业记录。"司法部一直依靠这种逻辑来支持从手机供应商那里获取位置跟踪信息。[62]

尽管如此，这种观点仍然不堪一击，无法自圆其说，科技公司正处于进退两难的境地。一方面，他们从用户数据中赚了很多钱，想要保留这些数据。另一方面，消费者对数据的存储、政府因此可以轻易访问这些数据而感到到愤怒。一些消费者已经在选择一些公司，并确保这些数据不存在来保护自己的隐私。[63]

我们必须面对的难题是——这既是一个政策问题，也是一个宪法问题——我们是否想要损害这些公司的竞争力、影响效率的提高，甚至压制我们的安全优势，以便给执法部门提供它声称需要的工具。这是美国国家安全局和中央情报局前局长迈克尔·海登在辩论是否加密的背景下阐述的观点。在一篇专栏文章中，海登描述了 20 世纪晚期，美国是如何试图阻止高性能计算器的出口的，因为我们对这种能力的垄断使我们成为破译密码的领导者。然而，我们最终意识到，我们正在削弱我们在计算机行业的全球竞争力，而保持我们的长期安全优势意味着保持该行业的领先地位。今天也是如此，海登指责了执法部门不遗余力地控制加密技术。他的观点是，面对消费者的担忧，各公司正在采用加密技术以保持竞争力，如果政府仍然坚持钻空子，那么我们不仅会削弱竞争力、降低效率，还可能损害安全利益。[64]

也许宪法没有限制执法部门通过传票获取第三方统计的关于我们的记录。一些法院也这样认为。尽管如此，我们还是应该重视这给隐私、效率和竞争力方面所带来的成本增加。

基本原则

尽管在这个时刻，人们可能倾向于废除第三方规则，但是却没有考虑执法部门的需要。执法部门坚决主张，它需要第三方提供一些信息，因为坚持搜查令的要求可能会在某些重要调查开始之前就破坏了调查。例如，假设政府偶然获得一些信息，表明恐怖袭击正在酝酿中。这些信息中包含一个电话号码，政府想找出谁是手机的主人，但没有"合理理由"。再如，消费者告诉州检察长，他们认为一家公司涉嫌欺诈，但没有足够的证据获得搜查令。在这种情况下，政府应该什么都不做，只是希望"合理理由"出现吗？或者是否应该有一方权威可以通过传票从第三方获得特定类型的信息？

虽然这些都是不可避免的困难，但有一些事情是可以确定的，有助于制定解决方案。

首先，执法部门在任何情况下都不应该自己开空头支票。在没有考虑清楚这个问题的情况下，我们尝试了不同的方案：从大陪审团监督检察官，到行政机构给自己授权传票，再到检察官给自己授权传票——一直到联邦调查局获得国家安全函的权力。有很多方法可以让局势重新得到控制。传票——毕竟只是一种获取信息的工具——与搜查令的情况一样，不应该在没有事先司法授权的情况下使用。即使政府必须证明，获得法院命令不需要"合理理由"，但仍需要 D 指令。允许执法部门自行决定需要哪些信息，违反了宪法的各条基本规定。

同样，我们应该要求执法部门证明，允许执法部门在第三方手中轻松获取私人信息之前，其侦查能力将如何或在何种程度上受到实质性阻碍。奇闻轶事和恐怖故事已经听够了；我们需要事实和真实数据。我们确实需要一种理智的政策，以便让执法部门保护我们，但理智的政策在任何可能的情况下都是以确凿的事实为基础的。执法人员必须就他们需要这些信息的原因展开调查，而不是拿出关于儿童色情作品的恐怖故事混淆视听，这些故事很容易引起情感共鸣，但往往被证明信息严重不足。

最后，正如我们一再看到的，法院根本不是解决这些敏感问题的最佳场所。

法院的主要工具是宪法,那是一把老式枪,而不是手术刀。用宪法的条款来决定问题会使问题变得具体起来。快速发展的技术让我们陷入了这种困境。缺乏专业知识的法官所采用的难以改变的规则并不是让我们摆脱困境的办法。

　　如果问题只是政府从第三方手中获取我们的信息,那么这一切就已经够麻烦的了。但事实证明,政府不仅在需要的时候获取信息,它还将获取的大量信息保存起来,建立了包含我们信息的数据库。本章已经介绍了数据的采集;下一章将讨论信息保存并将其用于数据挖掘的问题。

第十一章　政府数据库

我们生活在大数据时代——一个蕴藏着巨大机遇但也存在着各种各样问题的时代。随着数据的丰富，政府迫切需要收集并利用各类信息。只需收集信息就可以消除犯罪，甚至消灭恐怖主义，还有什么比这更好呢？这种美好愿望常常使我们对大规模数据窃取所带来的真正困难和威胁视而不见。

在评估数据对警察执法的价值时，必须警惕执法部门错误使用数据库而导致将目标锁定完全无辜的人；政府和相关人员将为此类错误付出代价。

然而，具有讽刺意味的是，即使信息收集过程毫无问题，数据的使用符合预期方案，政府大量收集个人数据的行为也会影响到我们每一个人。这是因为，大量数据收集的目的，是让政府为尽可能多的人建立个人档案，其理论依据是，一旦对累积的数据进行分析，犯罪分子自然浮出水面。为了让系统正常工作，无论人们是无辜的还是有罪的，政府需要访问每个人的数据，以便找到一个可以揪出不法分子的数据模型。实际上，这意味着政府正在建立我们个人信息的庞大数据库。我们被迫放弃了自己的隐私和安全，应该引起我们的重视。

为了保护所有人的安全，不遗余力地收集大量数据利弊参半，取决于数据收集计划如何被采用和实施。诀窍在于运用民主和宪法的原则，最大限度地利用数据库，同时尽量减少对公民自由和隐私的威胁。虽然这很重要，但这根本不是政府目前正在做的事情。

数据库的危险

认识一下亚伯·马沙尔——一个普通的中西部人。身材高大,沉默寡言,长着一张娃娃脸,留着山羊胡。2010 年 4 月 20 日,马沙尔至芝加哥奥黑尔机场乘机,前往斯波坎训练一位客户的宠物狗。不过,这次旅行从一开始就不顺利。马沙尔出发前一天晚上试图在网上办理登机手续,但被告知必须在机场票务处办理。因此,第二天他早早地来到了奥黑尔机场,尽管面临着要把庞大的身躯挤进窄小的飞机座位上,他仍然急切地想成为西南航空的第一组登机的旅客。机场票务人员把他的名字输入电脑,给了他一个"很奇怪的眼神",然后转身消失在身后的办公室。几分钟后,马绍尔被大约 30 名来自芝加哥警察和运输安全管理局的警察包围了。[1]

这时机场工作人员告诉他,他在禁飞名单上。[2]

马沙尔以为这一定是个玩笑,"大误会"。当被告知需要接受联邦调查局的询问时,他暂时同意了。"我会到里面回答你的问题,但我有一个要求。""是什么?"他们问。"不要使用水刑!"听到这句话的每个人都竭力装出一副板着脸的样子,可许多人还是忍不住窃笑起来。[3]

马沙尔一贯如此,擅长搞笑。那天发生在奥黑尔机场的事件对他和家人来说都是一场巨大的考验;其间马沙尔写了一本自传,回顾了他的生活及发生在他身上的趣事,对于一位新手作家来说,这本书是相当不错的读物。在书中,他不厌其烦地详细描述了学生时期一路走来的各种恶作剧、寻开心,从没有认真对待任何事情——堪称完美的"班级小丑"。如有几次他打开事先准备好的饮料瓶,让液体顺着教学楼楼梯旋转而下,一些倒霉的人被溅了一身牛奶甚至尿液,惹得同学们哈哈大笑。恶作剧一直持续到他突然被抓,为了免于被学校开除,他接受了 30 天保洁工作的惩罚,和那些曾被他捉弄过的同学一起工作。不过,在被同学欺负了几天之后,他们都成了好朋友。[4]

离开学校后,马沙尔改过自新,决定进入执法部门,成为联邦调查局或特勤局探员。这些工作很难应聘成功,但负责面试他的招聘人员为他指出了一条光明之路。马沙尔接受了建议,直到今天,这份工作对他来说都是一种非凡的人生成就。[5]

马沙尔参加了海军陆战队。他成功通过新兵训练，结婚，有了一个孩子（4 个孩子中的第一个），获得大学学位，成为一位神枪手、射击教练和警犬训练师，还经营了一家办公用品商店。然后他离开部队，决定不再加入执法部门——部队里的坏上司已足够多了，他知道他想为自己工作——于是成为一名私人驯犬师。他还和其他一些人一起创办了一个公益性组织，为有需要的退伍军人训练和提供服务犬。"永远忠诚的服务犬。"永远忠诚，那是亚伯。[6]

他就站在航站楼里，被执法人员包围着，"拿着我的海军陆战队行李包和海军陆战队的 T 恤衫，被告知我在禁飞名单上。"[7]

几个月后，尽管做了很多努力，包括填写政府提供的赔偿表格，马沙尔还是未能将自己从禁飞名单上除名，因此他也是美国公民自由联盟对国土安全部提起诉讼的一部分。这起诉讼对禁飞名单运作方式的合宪性提出质疑。马沙尔是几名原告之一，他们有些原告是退伍军人。[8]

美国公民自由联盟禁飞案的原告还有一些其他的共同点：都是穆斯林，或者阿拉伯后裔。马沙尔两者兼而有之。他的全名是易卜拉海姆·马沙尔，尽管他一直被称为亚伯。血统中一半是巴勒斯坦阿拉伯人，一半是意大利人。第一代来自父亲一方，第二代来自母亲一方。一个带有移民血统的美国人，和许多人一样。马沙尔的书名叫《无间谍无苍蝇》（"*No Spy No Fly*"），因为联邦调查局提出，如果他愿意为他们监视清真寺，就把他从名单上除名。这显然已经发生了很多次，政府利用禁飞名单来招募间谍。[9]

直到今天，马沙尔都不明白他怎么会出现在禁飞名单上。他并不是特别虔诚的教徒。在他成长的过程中，他的父亲曾一度把他送进宗教学校，但并没有持续太久。他想知道是不是因为，曾有一段短暂的悲伤时期，他寻求宗教慰藉，给一位伊玛目写信，询问如何用两种信仰抚养孩子。（他一退役，父亲离世，妻子在第二个孩子出生前 8 周流产了，他的一个好朋友驾驶摩托车发生了致命车祸。）他在书中写道，他"感到有些懵，不知道这些观察名单已经变得多么糟糕，不知道有多少无辜的人受到了影响"。这些"听起来不像是美国"。[10]

欢迎来到马沙尔的世界——也即将是我们所有人都要面对的世界。我们生活在一个充斥着大量政府数据库的时代，这些数据库记录着人们的衣食住行。根据长期实施的"安全飞行"计划,运输安全管理局根据"恐怖分子观察名单"对照检查乘客的"姓名、性别和出生日期"。2013 年,运输安全管理局宣布将扩大对乘客的筛查范围,收集财产所有权、身体特征、情报和执法数据、税号、旅行史和预订记录。人们的信息被分发给各州、地方甚至外国政府,或"与安全或旅行无关的私人公司"。那些被指控(无论对错)违反运输安全管理局规定的人发现,自己可能成为私人追债公司的讨债对象。[11]

在这个充斥着政府数据库的新世界里,一旦被机器困住,就很难把事情调查清楚。已故参议员爱德华·肯尼迪发现自己被列入禁飞名单。他在登机前曾多次被拦下,或被要求接受额外检查,他的工作人员联系了运输安全管理局总部。花了 3 个多星期才把他从名单上除名。肯尼迪利用听证会质问国土安全部副部长阿萨·哈奇森:"如果国会议员都有这种困难,那么陷入这件事的普通美国人如何能够……得到公平的对待,而他们的权利不会被侵犯?"这个问题很尖锐,直到今天政府仍没有做出确切的答复。[12]

当数据库程序按照预期运行时,对我们自由的威胁可能比数据库出错更大。政府在收集大量个人信息方面神通广大。自己无法收集的,就从私人供应商那里购买。在约翰逊和福特时代,"连接政府数据库"的建议遭到了公众的抗议。现在即使已经连接上我们都不知道。在谈到运输安全管理局的努力时,电子隐私信息中心的一名律师说:"一般人都不知道有多少智能驱动的匹配正在进行,以及这些匹配如何被利用用于其他目的。"[13]

政府使用大数据来监控公民,很可能是 21 世纪普通美国人在个人隐私和安全方面面临的最大问题。然而,我们对它知之甚少,也百思不解。困难在于,正如这位电子隐私信息中心的律师告诉《纽约时报》的,所有这些数据收集和数据匹配都是在"没有实质性的监督、透明化或问责制"的情况下进行的。虽然有一些法规管理隐私和数据共享,但大多数法规都会存在执法例外,在我们最需要保护的时候反而放弃了对我们的保护。[14]

当涉及出于执法目的而使用私人数据时,政府几乎不停地在收集新的数据。对任何卷入这一切的人来说,后果令人震惊。每个人的信息被不停地收集,并未得到本人许可。数据库系统创建之前要对其进行民主授权,整个过程的操作需保持透明，并对现有的程序从宪法的角度进行适当分析。然而，这些最基本的保护措施却经常缺失。

数据的兴起

数据库已经存在了很长一段时间，但将存储在文件柜里的潦草笔记的"过去"与大数据的"现在"进行比较，就像哥白尼利用金属管观测星空与哈勃望远镜观测星空的区别一样。以联邦调查局神奇的指纹识别能力为例。该项目于 1924 年启动。这个数据库虽然有早期卡片分类器的支持，但基本依靠人工搜索。直到 1985年，联邦调查局的"自动指纹识别系统"（the Bureau's Automated Fingerprint Identification System，BAFIS）将曾经需要数千小时才能完成的工作在几分钟内完成。随后，1999 年，数据库改由数字技术支持，并更名为"综合自动指纹识别系统"（the Integrated Automatic Fingerprint Identification System，IAFIS）。2014 年，联邦调查局宣布 IAFIS 即将被淘汰；NGI——"下一代信息系统"（Next Generation Information）已"全面运行"，将 1.8 万多个州、地方和联邦警力连接在一起，实时共享数据。今天，该系统在几分钟内就可以比较成百上千万的犯罪记录和平民记录，以及头像、疤痕和文身以及化名等身体特征。[15]

数据库革命由三个因素驱动：数据的激增，计算机速度的指数级提高，以及微型化和存储能力的飞速发展。今天，英特尔的芯片比 1971 年生产的第一块芯片速度快数千倍，价钱便宜数万倍。英特尔现任首席执行官布莱恩·克扎尼奇观察到，如果 1971 年的大众甲壳虫遵循同样的轨迹，那么今天它将以每小时 30 万英里的速度行驶，每加仑汽油行驶 200 万英里。数据存储也是如此。一项估计说，世界上 90% 的数据是在过去两年中创建的；类似的预测是，到 2020 年，存储的数据量将每两年翻一番。你可以把国会图书馆的全部印刷藏品放在一个不超过手掌心大的硬盘上。[16]

在这项技术的帮助下，执法部门的数据库不仅非常庞大，而且还在不断增长。国家犯罪信息中心目前拥有 1300 多万份记录，从枪支管理背景调查、被盗车牌，再到性犯罪者。2015 年 6 月的某一天，它就回答了 1450 多万个查询。还有恐怖主义数据库。国家反恐中心的恐怖主义身份数据智能环境（TIDE）——情报机构的中央数据库——已经扩张到超过 100 万个名字，其中包括大约 2.5 万名美国永久居民和市民。每天晚上都有 1000 个或更多的新名字及其信息涌入联邦调查局的恐怖分子甄别中心，在那里，分析员开始决定谁最终会被列入观察名单。[17]

但是，不仅仅是罪犯和恐怖主义嫌疑人——每个人都在政府的数据库里。政府有我们的税收数据、拥有房产的历史、汽车登记记录，以及就业数据。它可以记录人们的身体特征、旅行活动，甚至可以保存以前与政府打交道过程中收集到的信息，比如某人在机场安检处被拦下接受特别检查时带了什么书。它保存着人们的情报和安全档案。国土安全部通过一个"自动锁定目标系统"（Automated Targeting System），汇集了"机密、不可查看、由政府保存了 40 年"的不同数据概况，对每个出入境人员进行恐怖主义风险统计评估。[18]

最雄心勃勃的政府数据收集工作之一是"融合中心"（fusion centers），它允许州、地方和部落政府执法机构将资源和信息结合起来——表面上是为了防止恐怖活动。"911"事件委员会将政府官员未能分享威胁信息列为 2001 年恐怖袭击的主要原因之后，由联邦基金创立了这些机构。2006 年 10 月，美国国家情报局局长约翰·内格罗蓬特在联邦调查局国家学院发表讲话时解释说："联邦政府不可能——也不应该——时时刻刻对各个地方进行监视。"相反，"各州和各个地方的同事是我们分布在全国的眼睛和耳朵"。[19]

尽管最初是为了反恐而设立的，但大多数"融合中心"的任务很快就演变成了更广泛的内容："所有危险，所有犯罪，所有威胁。"所有的一切。这并不出人意料。正如萨克拉门托负责一项国土安全部研究的警官所指出的那样，"没有足够纯粹的'恐怖主义'活动可以支持一个专门处理恐怖主义活动的多司法管辖区、多政府级别的融合中心"。他指出，分析家们会感到厌烦，他们的"技能会萎缩"。所以融合中心人员的关注点已经远远偏出了恐怖主义方向。他们广泛地分享他们收集到的信息：学校、许可证发放机构、儿童保育企业、运输服务，甚至私营部门。[20]

公民信息被"融合"的数量惊人。特拉华州巡逻队队长比尔·哈里斯是特拉华州信息和分析中心的负责人，他解释说："融合的过程是从农业部、交通部获取执法信息和其他信息，私营部门将其融合在一起，寻找异常情况，并将信息传递给我们在特拉华州的利益相关者，他们既有权利也有必要知道。""我不想说这是无限的，但上限非常高。"罗德岛州巡防队副指挥强调，"永远没有足够的信息……这就是"911"事件后的情况"。[21]

进入融合中心数据库的一个关键数据入口是"可疑活动报告"（suspicious activity reports，SARs）。巡逻的警察和普通市民被告知，如果有什么不对劲，就要提供线索。这些报告被输入国家"信息共享环境"。"可疑活动报告"直接进入共享系统，无须是具有怀疑理由的违法犯罪活动；许多无辜的行为也会让你进入数据库。洛杉矶警察局列出了 65 项可以上报的"外国或国内恐怖主义"活动，包括"使用双筒望远镜""绘制图表""支持极端主义观点"和"拍摄没有明显美学价值的照片或录像带"。（再读一遍最后一条）[22]

如果政府无法收集你的信息，那么它可以买到。像"选择点"（Choicepoint）和艾克西姆（Acxiom）这样的私人供应商通过收集和捆绑私人数据出售给政府赚了一大笔钱。（"选择点"于 2008 年被里德·爱思唯尔以 36 亿美元收购；该公司以前是一家教育出版商，最近更名为 RELX 集团，通过为风险管理提供信息而大赚一笔。）这些公司还为政府提供信息分析。例如，雷神公司（the Raytheon）推出了一款名为"暴动"（Rapid Information Overlay Technology，RIOT）的"极端规模分析"项目，该项目旨在利用快速信息叠加技术，使政府能够创建一幅人们生活的文字地图。"暴动"从社交媒体上提取嵌入位置信息的照片，创建图表，显示你将去哪里，什么时候去，同时还绘制人与人之间的关系图。有一个宣传视频，你可以看到雷神公司跟踪自己的一名员工（"所以现在我们知道尼克去了哪里，现在我们知道尼克长什么样了……"）。[23]

执法部门所有的努力，不论是积极主动，还是以威慑为主，其真正的目的是进行数据的挖掘——即尝试从公共和私人来源收集的所有数据中识别固定的模型。执法部门用于数据挖掘的程序不胜枚举，且数量持续在增长。Intrado 公司出售给执法部门的软件程序"当心"（Beware）集成了"数十亿公开的商业记录"，可以在几秒钟内为警方的首批处警人员提供"危险评分、事件摘要和'注意'声明"。例如，确定一个特定的地址，"当心"可以提供在该地点登记的汽车，以及居民的电话号码和犯罪记录；它还可以搜索社交媒体内容和网上购物记录，以确定警官即将面临的风险等级。[24]

现在,在各级政府中,"预测性警务"风靡一时。警方正在使用名为 PredPol 和 HunchLab 的软件程序,试图确定即将发生的犯罪地点。一位与芝加哥警察局合作的教授说:"综观全局,你开始了解某个区域的异常意味着什么。"(经过一段时间警务数据程序的研究,你就会发现"异常"这个词被大量使用。)由于热心企业合作伙伴所提供的技术支持,全国各地出现了对这种"异常"形势的紧追不舍。美国国际商用机器公司开发了一个名为 BluePALMS(预测分析领先建模软件,Predictive Analytics Lead Modeling Software)的程序,允许警方输入未侦破的犯罪细节,并"在一分钟内获得一份列有 20 名嫌疑人的名单"。"这不是科幻小说",迈阿密警探阿诺德·帕尔默在 IBM 的一段宣传这项技术的视频中如此夸耀道。[25]

这一切令人有点毛骨悚然,从雷神公司的视频中可以明显看出,数据收集及聚合是如何对员工尼克进行轨迹追踪的。宣传片的结尾是:"我们希望预测未来他可能会在……如果你想找到尼克,或者找到他的笔记本电脑,或许你应该周一早上 6 点去一下健身房。"[26]

想象一下你自己就是尼克。很快你就是了。

数据库的人力成本

需要明确的是,这些新技术前途光明。销售"当心"产品的 Intrado 公司的一名员工讲述了一个案例:一个男人劫持了一个女人和她的女儿作为人质。警方想进行谈判,但打电话到该女子家中无人接听。通过使用"当心",他们找到了她的手机号,通过这一手机号与对方联系上,进行了对话,缓和了局面。[27]

但"老大哥"的天堂乐园也有烦恼。

由于流入政府手中的信息浩如烟海,且最终进入数据库和观察名单的标准太低,以致错误频出,造成了亚伯·马沙尔和肯尼迪参议员所面临的那种后果。由于恐怖主义数据库中的错误信息,每年有数万名旅客被拦停。[28]

县市政府也存在类似的问题,"帮派"信息档案激增所引发的不愉快说明了这一点。3 个十几岁的越南姑娘因为穿着"胯裆裤和紧身衬衫"在加利福尼亚州奥兰治县的一个购物中心被拦停。其中一个女孩曾经被拦停过;这一次——因为她在数据库里——一个警察非法检查了她的钱包和电话簿,并对她说,"如果你对此有意见，那就不要来我的城市。"圣地亚哥发生枪击案后，一些没有犯罪记录，也没有任何共犯行为的非洲裔年轻男子被判入狱，因为他们被列入了一份机密的执法名单中，上面标明他们是帮派同伙。（在圣地亚哥，和其他地方一样，如果警方认为你穿着与帮派有关的衣服或者认为他们看到你做了一些象征帮派的手势，你的信息会被录入帮派数据库。）[29]

收集任何被认为是"不正常的"或与身份不匹配信息的这种欲望导致了"融合中心"的探员们频频出错，浪费了宝贵的执法资源。弗吉尼亚州的"融合中心"总结道，黑人大学是"各种类型极端组织矛盾激化的焦点"。它建议对这些学生进行监控。在马里兰州的波托马克河对岸，针对反战人士的一项长达 19 个月的调查，逮捕了两名天主教修女和一名著名的政治活动家，称他们为"恐怖分子"。在密苏里州，一份专门调查右翼武装组织的刊物指出，第三方总统候选人鲍勃·巴尔和罗恩·保罗的支持者都是危险分子，一时引发媒体风暴。全国范围内，整个地方、州和联邦当局都在关注"黑人的生命很重要"（the Black Lives Matter）——由警察枪击事件引发的抗议活动。[30]

尽管这些事件凸显了过度收集数据对公民自由的威胁，但对我们大多数人来说，更大的危险来自政府，它已经被海量信息淹没，忽略了关键内容。仅在 2007 年，恐怖分子筛查中心就建议删除超过 2.2 万个不符合数据库标准的名字。2009 年圣诞节，飞机恐怖爆炸未遂案件后的一项审查显示，数百名禁飞名单上的人获得了签证，美国国务院迅速撤销了签证，理由是这些人"可能会构成直接威胁"。时代广场炸弹袭击者被捕之前——他在恐怖分子名单上——已经登上了飞机，并一直坐到飞机起飞前。另一方面，圣诞节未遂爆炸案的嫌疑人却没有被列入禁飞名单，尽管他的父亲曾警告警方，这名嫌疑人已上报至"恐怖主义身份数据智能环境"（TIDE）。[31]

负责政府恐怖主义数据库的鲁斯·特拉维斯说："我最担心的就是如何能够长期保持高质量标准。"[32]

不受监管的数据库

毫无疑问，如何保持高质量标准是一个值得关注的问题：政府明显缺乏收集、存储、分析和分享我们个人数据的规章制度。"现今的法律体系下,数据挖掘几乎完全不受监管。"一位法律专家说。另外一位专家说:"与其他许多国家的做法相比,美国没有一部综合性的隐私法,这太不寻常了。"即使隐私法已经成文,这些法律也几乎都免除了执法方面的责任。[33]

2009年"赫林诉美国"(Herring v. United States)一案中,最高法院基本上取消了《第四修正案》对依据数据库执法而受到伤害的人的保护。本尼·赫林因电脑数据库显示有一张对他未执行的逮捕令而被逮捕。随后对他的搜查发现了毒品和枪支。但逮捕令早在几个月前就被撤销了,本应从数据库中删除;而由于警察部门雇员的疏忽,数据库上仍有这张逮捕令。一些法官对这些错误可能造成的损害表示担忧,认为政府应该对此负责。"电子数据库构成了当代刑事司法运作的神经系统,"大法官鲁思·巴德·金斯伯格指出,"数据库错误的风险并不小。"但是大多数人不同意;除非"证明警方在维护逮捕令系统方面是粗心大意的,或者故意伪造记录,为其后的违法逮捕奠定基础",宪法对此没有太多的规定。[34]

一方面,你可以看到最高法院对赫林案的多数派裁决源自哪里。试想一下,如果执法部门的数据库错误导致犯罪嫌疑人获得了一张出狱卡,后果会怎样?那很不正常。

另一方面,如果没有法律上的补救措施,政府也没有动力去尽其所能确保数据库的正确。正如金斯伯格法官所指出的,私营企业要为雇员的错误承担责任,正是基于这样一种理论,雇主要确保不会出现这些错误。[35]

那该怎么办呢?

一些人认为,对数据库唯一恰当的约束是事后审查,以确保没有不当行为。这是斯图尔特·贝克的观点,他是一位倾向保守的杰出律师,在"911"事件前曾担任美国国家安全局总顾问,后来又担任国土安全部的政策主管。他在政府任职后,贝克写了《踩高跷溜冰》(Skating on Stilts),对那些以公民自由的名义反对安全措施的人进行了毫不留情的谴责。他看好数据的前景,并对提出的大多数数据挖掘限制持怀疑态度。

贝克承认,"政府使用数据存在一种令人不安的模式"。政府获取数据总要有一个原因——无论是预防犯罪还是社会保障——然后，"随着时间的推移，将这些数据用于其他不那么紧迫的目的变得越来越有吸引力——比如收集儿童抚养费，或者执行停车罚单"。尽管如此，他说，试图将数据的使用仅限制在收集数据的目的上是在"与技术对抗"。"这就像穿着别人的衣服。随着时间的推移，使用限制在本应宽松的地方变得严格——在本应严格的地方变得宽松。"同样，他觉得，严格遵守传统《第四修正案》的律师，过于关注事实之前的"谓词"，比如政府必须满足"合理理由"，才能允许它进行搜查。[36]

贝克的工作重点是管理和审查——在这方面，他并不是唯一一个。"如果律师的解决方案是在政府和数据之间设置一个谓词，而官僚们的解决方案是对数据使用进行限制，那么……审查人员的解决方案"只是抓住那些不恰当地使用数据的人。"政府获取个人数据不必受到减速带或防火墙的限制。相反，它可以受到规则的保护，只要这些规则得到执行。"（他所说的"规则"是指谁可以使用数据、将数据用于什么目的的限制，例如出于个人原因使用数据库收集信息。）[37]

问题在于，这些解决方案是针对数据库出现的问题而设计的，而不是针对数据库正常运行的情况。当然，我们应该惩罚那些不守规矩偷看的政府雇员。我们应该有比现在更好的机制来清除数据库中不正确的信息。[38]

但事后审查对于应该如何使用数据没有任何帮助。这些数据库保存了我们大量的个人信息，且运行完备，审查无法弥补数据库对自由和安全造成的威胁。

例如，人们迫切需要收集数据，以确定可能存在问题的社区。20世纪40年代，无数的日裔美国人遵从美国人口普查要求，如实提供了他们的原籍信息。一位作者写道："随着日本和德国之间日益紧密的联盟关系，这些普查不可能让人感到舒服。"但是日裔美国人通力合作，也许他们得到过保证："根据联邦法律，人口普查数据受到严格的使用限制"，因此个人数据不会被泄露。然而，1942年，国会取消了这些限制，美国陆军部利用这些信息将他们扫地出门，送进集中营。他们在那里苦苦挣扎了好几年，成为政府利用收集到的数据达到一个又一个目的的受害者。在这个例子中，审查并没有提供多少帮助。从那时起这个国家就一直在道歉。[39]

难道今天不会这样吗？2004年，电子隐私信息中心透露，美国人口普查局向国土安全部提供了一份"邮政编码明细表",显示阿拉伯裔美国人居住的地方和他们的"原籍国"。当这一消息传出时,国土安全部辩称,这些信息被用于在机场制作阿拉伯语标牌。谁会相信?[40]

是的,我们确实应该找到解决数据库错误的方法。但首先我们需要思考为什么要创建数据库。像其他执法部门一样,当涉及数据处理时,我们花了太多时间事后进行清理,而不是在着手之前考虑清楚。

既不授权也不透明:融合中心

关于数据库,我们需要回归基本原则:预先民主授权和透明度。通常情况下,当涉及收集数据,规则是现在就行动,以后再考虑隐私和个人安全。这种顺序完全搞反了。民主授权,包括明确的数据使用的限制,重要隐私政策的制定,以及持续的透明化监督机制,应该先于数据库程序的建立。

融合中心令人震惊,充分说明如果没有明确的民主授权,究竟会出现什么问题。国会为融合中心拨款,但它过去没有,现在也不可能授权融合中心的活动。"作为一个州和地方实体组织,"一份国会报告解释道,"每个融合中心的实际任务在很大程度上超出了联邦政府的权限。"不幸的是,大多数州也没有具体解释这些任务。科罗拉多州是为数不多的几个真正定义了融合中心的州之一,但科罗拉多州法律对融合中心应该做些什么几乎没有规定。2013 年,布伦南司法中心对融合中心进行了一项研究,发现其是"有组织的混乱"。联邦政府在收集信息的"松散协调系统"上的投入超过 10 亿美元,"缺少质量控制、缺乏问责、监督不足"。[41]

因此,多年来官员们交口称赞融合中心是一种至关重要的工具之后,参议院一项两党调查基本上把融合中心称作笑话,也就不足为奇了。当涉及反恐情报收集时,参议院的报告得出的结论是,这些情报实际上一文不值。收集上来的"情报"(报告中讽刺的引用)"质量参差不齐——常常是劣质的,经常无法准时传递"。它常常只是简单地重述那些"往往"与"恐怖主义无关"的旧新闻或公开可得的新闻。一位情报机构负责人表示:"有一堆废话传来";另一个人表示同意:"你的系统中充斥着大量毫无价值的数据。"报告最后说:"在任何案件中,情报融合中心都没有做出明确而独特的情报贡献,帮助逮捕恐怖分子或挫败其阴谋。"听到了吗?

"在任何情况下"，融合中心都不会有帮助。更糟糕的是，报告指出了有三起事件"实际上提高了中心阻碍或偏离联邦所做的反恐努力"。[42]

另一方面，参议院的报告宣称，融合中心正在"危及公民自由、破坏隐私法的保护"。国土安全部充分意识到，不能"仅仅为了监控受美国宪法保护的活动"而收集或持有信息，然而这种违反规定的行为很常见。一个摩托帮因为一本小册子而被调查，小册子基本上是告诉"成员们要遵守法律"。一份融合中心的情报分析报告是有关一位美国公民对一个穆斯林团体做了一次关于"积极育儿"的励志演讲。国土安全部的一位情报分析员评论说："这份报告令人恐惧，几乎每个人都可以被写进这种（收集表）。"而至关重要的是，"这次演讲的本质是受宪法保护的活动（公共演讲、集会自由、宗教自由）"。[43]

如果政府得到允许可以违反经常执法的基本原则时，必须经过明确的、事前的、民主的授权。政府着手一些事情之前，必须走好相关程序——对政府官员和公众都是如此。联邦政府为了一个特定的原因——反恐——向融合中心注入了大量纳税人的钱，但这些中心却决定自己拿走这笔钱，做一些与反恐完全无关的事情。密歇根州的融合中心也不例外，它"改变了自己的使命"，完全放弃了反恐，确定了一个新目标：通过"公私合作"，"促进公共安全"。这种模糊的、广泛的、自作主张的目标恰恰导致了众多的问题。[44]

同样缺失的还有民主治理的另一个基本要素：透明度。研究过融合中心的政策分析人士说，它们面临着成为"单向镜子"的风险，在这种情况下，公民受到当局的审查越来越多，而当局却越来越不接受公众的审查。或者，正如一家融合中心的官员直言不讳地说："如果人们知道我们在看什么，他们会大发雷霆。"另一家研究中心的分析师也表达了同样的观点，称之为"蛮荒西部"，政府在"政治因素提上日程、限制其选择之前"尽其所能地进行信息收集。[45]

宪法保护：DNA 检测系统出了什么问题？

当然，预先的民主授权和透明度只是宪法要求的一半；当人民的生命、自由和财产受到威胁时，适用《第四修正案》的保护，也适用《正当程序》和《平等保护条款》的保护。然而，当涉及政府数据库时，对这些宪法保障措施的分析即使没有完全忽略,也往往是极其混乱的。

政府强制的 DNA 检测恰如其分地说明了这一点。与融合中心相比,国家 DNA 数据库系统似乎是完美执法的美好图景。人们对 DNA 分析的精确性赞不绝口,国会和各州的法规同样授权给国家的 DNA 数据库和相关协议。但 DNA 检测制度的教训是,即使是经过正当授权的数据库,也必须符合宪法警务所规定的监管标准。我们的 DNA 收集系统——虽然得到了最高法院的批准——但却没有符合宪法警务所规定的监管标准。原因现在应该已经很熟悉了:未能够区分基于犯罪嫌疑的搜查和无嫌疑的搜查。

DNA 检测广告

2009 年,一个名叫阿隆佐·金的男子在向一些人挑衅地挥舞散弹枪后,因袭击他人而被捕。他的 DNA 是根据马里兰州的一项法律采集的,该法律规定从任何因"暴力犯罪"而被捕的人身上采集 DNA,并与悬案数据库中的 DNA 样本进行比较。这一比对结果与 6 年前一起暴力强奸案的 DNA 吻合。金最终因强奸罪被判终身监禁,不得假释。[46]

金辩称,强制执行的 DNA 测试侵犯了他的《第四修正案》权利。最高法院维持了这一判决,吹嘘"DNA 测试'在为被误判者开脱和认定罪犯有罪方面展现了无与伦比的能力'"。对于一个将阿隆佐·金们终身关在监狱里的体制,似乎很难提出异议。[47]

最高法院的谎言

虽然 DNA 技术值得赞美,但法院在"马里兰州诉金"(Maryland v. King)案中的意见却并非如此。法院的裁决是建立在谎言之上的。

金案的问题是,国家是否可以强制收集和测试所有被捕者的 DNA。肯尼迪法官在金案 5 票对 4 票的多数派的意见中表示,提取金的 DNA 对于"确认"被捕者是必要的。他用指纹作类比。国家需要知道他们已经拘留了哪些人,为了确定审前释放的条件——他们是否有犯罪前科。

但是,正如斯卡利亚法官在一份异议中所指出的那样,指纹识别已经完成了这项任务,该异议对多数派的不诚实极尽讽刺。此外,在现有的系统下,金从被捕到 DNA 匹配,马里兰州花了 4 个月的时间。金的身份鉴定与马里兰州采集并检测金的 DNA 无关。[48]

任何人都可以清楚地看到,为了侦破悬案,警方正在检查被捕者的 DNA。这不是普通意义上的"身份认同"。确切地说,这正是马里兰州法律所规定的:采集样本是"作为对犯罪的官方调查的一部分"。或者,正如马里兰州州长所说,DNA 测试"加强了我们公开调查的能力,并让这些案件得到圆满解决"。[49]

有什么关系?

你可能在想,那又怎样? 谁在乎收集 DNA 是为了"指认"金还是为了解决他几年前犯下的罪行呢? 这对我们有好处:他们抓住了坏人。

但这至关重要,因为利害攸关,需要认真对待。

问题是没有任何"合理理由"——实际上根本没有任何理由——让人相信金犯下了强奸案,从而为收集他的 DNA 进行调查提供了理由。如果没有"合理理由",那么搜查就是无效的。正如我们在第七章中看到的,没有理由的搜查是不允许的,除非搜查所有人。如果政府可以随意挑选搜索对象,没有"合理理由",那么我们都是不堪一击的。

我们稍后会更详细地研究缺少"合理理由"以及如何解决它这一点,但首先让我们了解一下 DNA 数据库的使用如何延伸到像金之类的坏人之外的。想想伊丽莎白·哈斯克尔吧,她在加州的一次和平示威活动中被捕。她从未被指控任何罪名,但警察拒绝释放她,直到她提交了 DNA 样本。一旦进入加州的数据库,要想把信息撤销掉就异常困难和昂贵。所以伊丽莎白·哈斯克尔的 DNA 一直被存在数据库中。[50]

伊丽莎白·哈斯克尔并非孤军奋战:在没有任何授权的情况下,政府背着我们正在建立一个庞大的 DNA 数据库。军队士兵统一提取 DNA,在需要的时候用于严肃地确认遗体的身份。虽然离开了军队,但他们的 DNA 被保留了下来。警方要求志愿者提交他们的 DNA,以破解一些骇人听闻的未侦破案件。但这些志愿者的 DNA 最终会被存入数据库,而且往往没有追索权。曾经有人同意提交

DNA 以帮助侦破一桩谋杀案；但是却花了 6 年时间，还打了一场官司才把自己的
DNA 从数据库中删除。警方从烟头和呼气酒精检测仪吹嘴中提取 DNA；法院表
示这样做完全没有问题。成千上万的新生儿血液样本掌握在政府手中，人们担心
这些样本也会被添加进 DNA 数据库。[51]

如果你想知道谁会在乎自己的 DNA 被存储于数据库中，答案——很显
然——大多数人都关心。

许多受人尊敬的人士在为是否需要建立一个通用数据库而争论，从前面的描
述中可以清楚地看出政府想要建立一个。法学教授阿基尔·阿马尔曾在第三章
出现的一位作者，认为宪法不需要授权，在《纽约时报》的评论页上写道，通用
DNA 数据库将代表"刑事司法系统真正的发展"，因为它将"增加发现违法犯罪行
为的可能性，释放无辜者，维护受害者的权益"。因此，他总结道："把所有公民信
息都纳入数据库是有意义的。"甚至 DNA 测试的创始人亚历克·杰弗里斯自己也
说："如果我们都在数据库中，我们就都在同一条船上——歧视的问题就消
失了。"[52]

但是短期内我们不会建设通用数据库，因为人民不喜欢。政府收集和储存所
有人的 DNA 还远没有得到大众的支持。也许这是有原因的。

据说 DNA 测试包括被称作"垃圾 DNA"的分析。所谓的"垃圾"指的是，DNA
链的其他部分可以高度揭示一个人的信息，而用于测试久未侦破的悬案的信息除
了匹配事实外，几乎不能揭示什么。科学家们已经发现了如何从 DNA 链上的 13
个位点，即基因位点，收集信息，从而创建一个图谱——与其他图谱进行比较
时——这个图谱在确保匹配方面非常准确，而对被采集人的其他信息却一无
所知。[53]

"垃圾"DNA 理论的第一个问题是，即使是垃圾 DNA 也揭示了我们的个人特
征。它既可以揭示 I 型糖尿病，也可以揭示种族。事实上，在某些地方，DNA 档案
被存储在带有种族编码的数据库中。杰弗里斯认为："科学家将会揭示 DNA 指纹
与疾病之间的进一步令人不安的联系。"[54]

但更糟糕的是，如果政府把你的"档案"建立在所谓的"垃圾"之上，很有可能
它也有建立档案的样本——这个样本包含了整个基因组，意味着构成基因的一

切。样本在被用于构建 DNA 图谱后不会被销毁：它们被储存起来，通常是永久保存。各州的法律各不相同，许多州对将持续多久的问题保持沉默。[55]

我们得到保证不会使用原始样本——那为什么还要保留它们呢——但这也是一个明显的谎言。我们之所以知道这一点，是因为储存的样本已经被用于"家族"DNA 测试的某些方面。家族性测试的工作原理是这样的：政府将被捕者的档案与悬案的档案进行比对，得出与几年前发生的一起谋杀案部分匹配的结果。被捕的人不是凶手，凶手是他家族的某个人。知道了这个事实，政府可以尝试通过进一步的调查找到凶手。为了便于家族匹配，加州允许调查人员返回原始的 DNA 样本进行新的测试，用于确认男性家族关系。虽然家族测试的成功案例极其罕见，但政府已经使用了这种家族匹配的方法来抓住一些重案的坏人，如臭名昭著的 BTK（"bind torture kill" 捆绑酷刑杀害）杀人犯。但这种使用储存的 DNA 样本的做法并没有得到任何民主授权。后果是，无辜的人不断被执法人员约见，并被要求绘制他们的家庭信息图；一段时间内，许多无辜者被笼罩在令人疲惫不堪的"疑云"之下。[56]

如果政府可以出于法律未授权的目的重启样本，而且在取样时也没有任何授权，那么他们也可以出于其他原因再次启用样本。比如一些科学家发现了一种方法，可以检测 DNA 是否有犯罪倾向。这并不像听起来那么牵强，考虑到——正如隐私学者杰弗里·罗森所说——"基因研究……揭示了基因与暴力倾向和其他反社会行为之间日益增长的联系"。

欢迎收看《少数派报告》。[57]

据了解，政府对那些本应不受侵犯的 DNA 样本漠不关心。当冰岛将其公民的基因数据出售给解码遗传公司时，该公司创始人卡里·斯蒂芬森表示："我们从未声称隐私保护是不可破坏的。这里的基本要素是信任。"这对冰岛人来说是行不通的；现在 DNA 有了更严格的控制，对身份的解码将面临监禁的惩罚。从历史上看，政府在保护数据方面存有不良记录。"或许构建一个存储基因的圆形监狱是明智的，"斯卡利亚大法官在金案中表示异议，"但我怀疑那些撰写了自由宪章的骄傲的人们是否会急切地张开他们的嘴巴接受皇家视察。"[58]

制宪造假的代价

这让我们重历宪法保障的彻底失败。没有人质疑这样一个事实,即 DNA 测试符合《第四修正案》的为某目的而进行的"搜查"。事实上,至少进行了两种搜查:一是用棉签从被捕者的脸颊内提取 DNA,另一种是针对疑难悬案对档案进行比对。

在这些案件中,没有任何理由——怀疑——合理的或不合理的,来证明这些搜查是正当的。这就是为什么肯尼迪大法官不得不表现得如此虚伪,以达到他想要的结果。他需要一个目的来证明他的搜查是正当的,而"身份证明"正是他设法捏造出来的。

本书第七章和第八章已提到,政府可以在没有理由的情况下进行搜查,但要这样做,它必须满足两个条件之一。要么它必须搜查所有人,手持明确授权搜查的法令。要么它必须根据统计数据来搜查某一群体,而不是其他人。

这两种情况在 DNA 测试中都不存在。

可以为 DNA 数据库的某些部分建立一个符合宪法要求的统计依据。对于那些被定罪(不是被逮捕,而是被定罪)的人,可能有证据表明他们的再次犯罪率很高。人们可以根据统计依据坚持,一旦这些罪犯被释放,收集他们的 DNA 将有助于阻止将来的犯罪行为,因为他们知道可以利用 DNA 的发现对其实施逮捕。但这并不能作为收集所有罪犯信息的依据,因为其中一些罪犯,如非暴力毒品案犯,累犯率相对较低。1998 年 7 月 17 日,在公共广播公司新闻时段节目中,波士顿公设辩护律师本杰明·基恩提出:"如果我们从囚犯身上提取 DNA,因为他们有可能(在未来犯罪),我们为什么不能从青少年、无家可归者、天主教神父、任何社会群体成员身上提取 DNA,如果有人能够做出一个风险统计参数?"对被捕者进行 DNA 检测并没有任何统计学上的根据,这些人——就像伊丽莎白·哈斯克尔一样——完全是无辜的,和街上的行人没有什么不同。[59]

同样,并不是每个人都在 DNA 数据库中。很明显,政府中一些人希望建立一个通用数据库,但选民不可能支持这样的数据库。因此,政府继续不遗余力:通过颁布法令挑选容易收集的目标,如被捕者,一旦掌握了他们的 DNA,就把他们困在数据库中。但这完全是违宪的。

通常，当政府违反宪法，它的行为同样无效。继续在所谓的罪犯数据库中填满名字，其中许多根本就不是罪犯，这样做有意义吗？以加州为例，备受尊敬的非营利性研究机构兰德公司总结道，如果目标是解决未侦破的案件，"将加州的资源用于分析犯罪现场的证据似乎是一种更明智的做法。"也就是说，DNA数据在解决悬案方面更有优势。但这是昂贵的、耗时和严格的。从那些没有做过任何事的人脸颊上提取样本是很容易的。因此，政府做的是廉价而简单的事情，而不是明智的事情，我们的隐私就这样毫无保护地存在于一个包含了越来越多的人的遗传密码的数据库中。[60]

使用数据库的正当程序

还有一部分宪法未经过认真讨论：正当程序条款。它基本上保证了我们宪法权利的透明度。正当程序条款规定，"未经正当法律程序，任何人不得被剥夺生命、自由或财产"。这意味着，如果政府对你做了坏事，它必须解释原因，并给你机会对证据做出回应。从法律角度来说，政府必须给你"通知"和"表达意见的机会"。

在数据库方面，政府很少遵循正当程序，法院也很少对此采取任何行动。到目前为止，这是人权中相当大的一个漏洞。

在数据库世界里，算法是王道。算法是告诉计算机在搜索数据库时要查找什么内容的公式。人们需要一种方法来对所有这些数据进行排序，而算法提供了这种方法。无论是预测谁会犯罪，决定要审计谁的税，发放福利，还是监控美国人的通信，这些算法一直在做决定。

问题是，尽管政府现在正利用这些算法，根据所掌握的大量信息来决定人们的命运，但它喜欢对算法保密。我们不知道政府在寻找什么，我们当然也不知道使用任何特定算法是否有意义。数据库的保密使我们束手无策，尤其当这些数据分析对我们不利时。

这种保密是完全站不住脚的，因为用于分析数据库中数据的协议容易出错。即使涉及DNA测试和从中得出的结论，也有错误。2015年夏天，得克萨斯州法医科学委员会得出结论,州犯罪实验室错误地陈述了DNA证据与特定犯罪者匹配的可能性,而新方案要求实验室不要说DNA识别错误的人的可能性为百万分之一,更像是三十分之一或者四十分之一。这就完全不同了。也有记录在案的人根据DNA证据被错误定罪,比如约西亚·萨顿,根据DNA被判强奸罪,尽管他比受害者声称的要矮得多,体重也轻得多。[61]

我们再次回到亚伯·马沙尔和禁飞名单。亚伯的案子终于上了法庭,经过多年的斗争,他现在又可以飞了。这是因为一位联邦法官把整件事都说成是公然侵犯了马沙尔最基本的宪法权利。坏消息是,它花了5年时间和大量的时间、金钱完成宪法上显而易见的目标。[62]

在禁飞名单上的无数人没有得到的正是正当程序应该给予他们的东西:通知和发表意见的机会。政府不会说你是否在名单上,更不用说为什么了。你可以提交一份"补偿表",但你没有被告知你在反驳什么。这种卡夫卡式的噩梦应该会吓到我们所有人,从头到脚。[63]

《第四修正案》和《正当程序条款》加在一起,可以保护我们在数据库和算法方面做很多工作,远远超过法院所承认的。政府使用数据的每一步,从收集到保存,到传播,再到分析,都可能是一次搜查。如果不解释数据库的使用方法而使用这些数据对我们不利,很可能会侵犯我们的正当程序权利。不过,目前,法院几乎只审查数据的收集,而忽略了随后的所有其他步骤。他们根据《第四修正案》禁止不合理的搜查和扣押,并且在数据收集、传播和分析方面几乎完全忽视了正当程序条款。这需要改变。

遵守这两项宪法条款是否会给政府带来麻烦?当然。我们的自由和财产身处危地。常识也是如此。政府不停地为信息保密而斗争,结果却发现它的数据程序毫无意义,算法也不起作用,错误率惊人。这并不能让我们更安全。通常,这是在白痴的差事上浪费大量的金钱。"阳光,"布兰代斯法官在另一个语境中说,"是最好的消毒剂。"[64]

当家庭悲剧发生在亚伯·马沙尔身上时,他以自己的信仰寻求帮助。当政府把他困在网里时,他放弃了这种信仰。他的美国公民自由联盟的律师告诉他做他想做的事;政府不应该允许粉碎他的宗教信仰。"这是真的,"马沙尔辞职说,"但你也必须生活和学习。"问题是，这是否是我们所有人都应该从亚伯·马沙尔的案件中学到的教训。政府可以在没有足够的保护的情况下把我们扔进数据库，如果我们的生活因此而受到破坏，那我们就来吧。或者我们是否应该明智地管理数据库。[65]

我们即将到达终点。但不完全是。我们还没有讨论反恐怖主义，以及政府迄今为止最大的数据采集是什么？这是一个引起全国关注的问题：将大量数据收集用于国家安全目的。这个问题，也是我们的最后一个问题，应该有一章进行讨论。

第十二章　反恐与国家安全

我们生活在一个全球恐怖主义盛行的时代。为了应对这一问题，美国政府的一些人——在公众不知情的情况下——决定采取一项全面的计划，收集和挖掘美国人的电话和互联网数据。当国人得知整个计划后，一场关于政府进行监控所允许范围的辩论开始了，辩手众多，各执一词。然而，至少这些与宪法相关的问题并不像它们看起来那么复杂。在人人皆知的宪法原则的指引下，政府在保证公民安全方面大有可为。然而，问题不在于政府官员做了什么；而是他们如何去做。

美国人的权利

《每日秀》——2013 年 6 月 10 日。约翰·奥利弗首次担任主播。屏幕上打出了："好消息！你不是偏执狂。"[1]

主题：国家安全局监管。

奥利弗播放了一段视频。

这是参议院特别情报委员会的听证会。来自俄勒冈州的民主党参议员罗恩·怀登坐在演讲台后面的一张软垫皮革转椅上。他轮廓分明的脸非常严肃（虽然他穿着一件蓝色格子衬衫，系着鲜红色领带，看上去整洁时髦）。怀登对着麦克风质问目击证人：

"所以，对于这个问题，我想你能否给我一个是或不是的回答：美国国家安全局是否收集了数百万或数亿美国人的各种类型的数据？"

而在证人席的后面，是——正如电视字幕所告诉我们的，尽管人们对美国这位当时的顶级间谍皱到一起的脸和光头已经非常熟悉了——国家情报局局长詹姆斯·克拉珀中将（已退役）。在视频中，克拉珀被迫在约翰·奥利弗的喜剧即兴表演中扮演逗哏。

克拉珀不断地搔着头顶，身体语言透漏出不适，无法与怀登保持眼神接触。

"不，先生，"克拉珀回答说，抬起头来，看了看下面，又挠了挠头。

"不是吗？"怀登问道。

"不是有意的。"[2]

镜头回到约翰·奥利弗，他难以置信地摇着头，模仿着克拉珀挠头的动作。当奥利弗把克拉珀满头乌发的照片摆出来时，观众们爆发出哄堂大笑。"这是他揉前额的次数。这是他在听证会开始时的样子。""间谍，"奥利弗抖出包袱，"不应该露出这么大的破绽。"

克拉珀的视频是在《每日秀》播出前三个月拍摄的，之所以有趣，只是因为全国人民第一次了解国安局——对所有人——实施了的监控，令人震惊，节目在此之后五天播出。在《卫报》的一则爆炸性新闻中，格伦·格林沃尔德（Glenn Greenwald）报道称："在奥巴马政府的统治下，数百万美国公民的通信记录被大量收集，不加任何区别——不论对他们是否持有犯罪怀疑。"《卫报》和《华盛顿邮报》随后报道了另一项秘密监控项目"棱镜"（PRISM）。通过该项目，美国国家安全局侵入了谷歌、脸书和苹果等互联网公司，以获取包括"搜索历史、电子邮件内容、文件传输和实时聊天"在内的个人数据。不断披露的信息显示，美国国家安全局收集和整理的信息数量之多，令人难以置信。这些项目的命名从邪恶的到崇高的，五花八门——肌肉，邪恶，快乐足，皇家礼宾部。到 6 月 9 日，也就是奥利弗与克拉珀一较高下的前一天，全世界才知道泄密者是爱德华·斯诺登，当时 29 岁的前情报顾问，他私藏了数千份机密情报文件，并将其泄露给了媒体。[3]

斯诺登的爆料引发了一场全国大讨论，也是怀登参议员多年来一直试图挑起的对话。2011 年 5 月，怀登在参议院发表了一篇充满激情的演讲，向他的同僚发出"警告"："当美国人民发现他们的政府是如何秘密解读《爱国者法案》时，他们会感到震惊，也会感到愤怒。"他是对的。[4]

怀登的核心观点，也是正确观点——在国外情报收集和其他警务领域都是如此——是美国人民"有资格认可或拒绝民选官员代表他们做出的决定"。这就是为什么包罗万象的秘密"与民主原则从根本上不相符合"的原因。怀登认为这类信息不需要保密，他解释说，"美国公民认识到"情报行动的细节不能被披露，但"我认为法律永远不应该保密"。选民有权利、有需要知道法律说了什么，以及他们的政府是如何理解法律文本的。[5]

许多人不同意怀登的观点。他们的立场是，当涉及国家安全、国外情报收集的决定时，应该由行政部门单独掌握。或者，在任何情况下，决定进行监控可以，也必须作为一个秘密，由行政部门官员和少数听取简报的国会议员掌握，这些人将"代表"其他所有人。他们认为公开辩论是不恰当的，并对国会其他成员、法院和美国人民的参与感到不满。

但宪法却另有规定。根据宪法，重要的不是监视的目的——即国家安全——而是谁被监视。一旦美国人民成为政府监控的目标，宪法中的所有保护措施——从公开辩论、监控项目的合法授权，到基于"合理理由"的搜查令的授权——都将立即生效。

就像政府经常以未经授权的方式秘密行动一样，人们对这些政府项目是否有效产生了严重的怀疑。怀登声称，情报界"不断夸大国内监控项目的有效性，并一直低估它们的侵扰性"。有大量证据表明，怀登在这一点上也是正确的。[6]

政府的一些计划——也许是大部分计划——如果能够公开透明、恰如其分地完成，则是合乎宪法规定的。大量收集信息可能是兴利除弊的，只要得到人民的批准，对所有人一视同仁。针对特定人群也是可行的，只要有搜查令和充分的理由。但是，行政部门不应该做，但却在大张旗鼓做了的事情，是自行决定对美国公众进行全民监控。

收集情报的危险

收集情报保护自身安全是国家的职责，美国也不例外。乔治·华盛顿为了赢得美国独立战争的胜利，雇用了大量间谍。美国内战期间，电报线路被窃听；曾几何时，联邦军队甚至拥有一个空中气球兵团，尽管由于地面上的伪装和装备搬运上的困难，证实并不值得费心成立这个部队。[7]

在收集国外情报方面，美国常常手忙脚乱追赶她的敌人。直到 20 世纪中叶，围绕着大陆的海洋使我们安心，降低了我们的戒心，我们开始开发一种精密的仪器来探测敌人在干什么。两次世界大战都要求迅速召集情报人员。[8]

许多焦头烂额的时刻都是大规模情报失误的结果。"珍珠港"事件如此，第二次伊拉克战争也是如此，"911"事件当然也不例外。如果一切顺利的话，我们完全可以阻止袭击，但是这不符合历史事实。尽管如此，"911"事件委员会的报告仍然是一个错失线索和痛失大好机会的罪证确凿的记录。

但是，最不可原谅的失误之一是，国家安全情报收集机构把矛头指向美国人民自己。

1974 年 12 月 22 日，《纽约时报》发表了一篇由西摩·赫什撰写的文章，标题为"中情局在美国针对尼克松时代的反战部队和其他持不同政见者的大规模行动报道"。1972 年 6 月 17 日水门事件发生后，赫什记录了中情局如何通过非法入侵、窃听和打开私人邮件收集情报信息，保存了 1 万多名美国人的档案。[10]

一个被任命调查政府间谍活动的参议院委员会——以其主席、爱达荷州参议员弗兰克·彻奇命名的教会委员会——发现了政府从 20 世纪 40 年代到 70 年代令人瞠目的渎职的证据。以国家安全的名义，中央情报局、国家安全局和联邦调查局一直在追捕美国名人和普通人，从参议员阿德莱·史蒂文森到约翰·伯奇协会和社会主义工人党等团体。联邦调查局存有 50 万人的档案；中央情报局私自拆封 25 万封信，联邦调查局 10 万多。斯诺登泄密事件之前，一个可怕的预兆是，美国国家安全局获得了"数以百万计从美国发送、到达美国或经过美国的私人电报……这些电报的获得是安全局与三家美国电报公司秘密安排的"。民权运动是一个常见的目标；联邦调查局密谋将马丁·路德·金拉下马，用一个更合其口味的黑人领袖取而代之。中央情报局发起了"混乱行动"，派遣间谍在被视为"国内持不同政见者"的组织中煽动不信任，其中包括反战运动和妇女解放运动。[11]

最令人不安的是，执行任务的那些人对宪法视而不见。一名证人解释了政府是如何从国家安全目标开始，转向表达政治异议的团体，从"拿着炸弹的孩子到有纠察标志的孩子,从拿着纠察标志的孩子到拿着反对候选人保险杠贴纸的孩子"。沿着这条线可以一直走下去。这位任职10年的联邦调查局情报部门负责人作证说,"我从未听到任何人"问自己在做什么,"这是合法的、符合道德的还是符合伦理纲常的……我们天生就务实"。在某一个特别动情的瞬间,密歇根州参议员菲利普·哈特,被称为"参议院的良心"——众所周知死于癌症——作证时泪流满面,说这是他的家人,他的孩子,一直告诉他这件事,但"以伟大的智慧和崇高的职位……我向他们保证,他们(错了)——这不是真的,这不可能发生"。[12]

根据调查结果,教会委员会坚持认为,"要确保国内情报活动不破坏它想要保护的民主体系,明确的法律标准和有效的监督、控制是必要的。"其成员不相信"仅仅曝光过去发生的事情就能防止其重演"。"政府的自然倾向是滥用职权"和"滥用职权因保密而欣欣向荣"。人们"显然"不能透露"情报人员的姓名或情报收集的技术细节……在情报领域,保密已扩展到禁止审查基本程序和实践本身"。[13]

对的,绝对应该如此,然而历史似乎一再重演。

保护措施到位

对美国公众的电子监控虽然经常引发争议,但长期以来这一直是以国家安全为名的情报收集活动的主要内容。1940年,当司法部长(后来成为最高法院法官)罗伯特·杰克逊——就像他的一些前任一样——禁止窃听时,他很快就被他的上司否决了,至少是在"涉及国家防卫的问题上"。罗斯福授权窃听"涉嫌对美国政府进行颠覆活动的人"。罗斯福的政策虽然有所变化,但至少持续到了林登·约翰逊政府时期。在这30多年的时间里,国会曾考虑立法限制窃听,但未能付诸行动。[14]

1978年,在教会委员会揭露的事件的推动下,国会最终出于国家安全的目的对电子间谍活动进行了监管,并以最高法院迄今为止对这个问题发表意见的唯一一个案例作为指导。[15]

1968年9月28日,几支炸药在密歇根州安阿伯的中央情报局招聘办公室外爆炸。仅仅一年多后,大陪审团起诉了"白豹"(the White Panthers)的3名成员,这是一个与"黑豹"(the Black Panthers)联手的极左组织。其中一名成员,负责

"白豹"安全的劳伦斯·"庞"·普拉蒙登（Lawrence "Pun" Plamondon）隐藏起来，并在联邦调查局的 10 大通缉犯名单上赫然有名。他所驾驶的一辆车的乘客向窗外扔了一个易拉罐，结果被警察拦下，导致他被抓获。普拉蒙登的律师要求查看对其当事人实施的所有电子监控。[16]

政府承认在没有搜查令的情况下收集了有关普拉蒙登的信息。但其声称这种未经授权的窃听行为是正常的。政府坚称甚至可以不向被告提供这些信息——因为这些信息是总统为保护国家安全而收集的。[17]

在基思案（以主审法官达蒙·基思的名字命名，他下令披露信息）中，最高法院必须回答的问题是，如果政府是出于国家安全目的，它是否可以在未经授权的情况下对美国公民进行窃听。法官们愿意假定政府有充足的理由——原因——监听普拉蒙登的通话。问题是它是否可以在没有"事先司法批准"的情况下这样做。

政府对基思案的立场正是我们今天在反恐战争中经常看到的政府立场。国家安全案件和刑事案件是两码事，对此政府存在争论，现在这个争论继续存在。与普通刑事案件不同，法院缺乏在国家安全背景下评估监视必要性的专业知识。此外，政府认为，保密在这种情况下尤其重要，获得权证有泄露敏感信息的风险。[19]

基思案的最高法院对政府的担忧表示同情，但大法官们最终结论已见分晓，行政部门在窃听公民之前必须获得搜查令。事实上，他们指出"因为国内安全概念固有的模糊性，情报收集的广泛性和持续性，以及利用这种监视来监督持不同政见者的诱惑"，国家安全调查存在特别的危险。

"《第四修正案》的授权条款并不是徒有虚名的"，基思案法庭坚称。"如果国内监视仅在行政部门的自由裁量范围内进行"，那么"《第四修正案》的自由"和《第一修正案》相关的自由都不能得到有力的保障。[21]

尽管最高法院已经裁定反对政府，并坚持搜查令的申请，但它还是在基思案上提供了一些限定条件，为国会随后采取的行动铺平了道路。首先，大法官们明确表示，他们的意见只涉及"国家安全的国内方面"；他们对"可能涉及外国势力或其代理人活动的问题""不发表意见"。第二，法院表示，即使是在国内情报收集方面，国会也可以自由采用不同的标准。这是因为刑事调查和情报收集是不同的，

"安全情报的收集往往范围较广,涉及各种来源和类型的信息之间的相互关系","这种监视的确切目标可能比普通刑事案件更难确定"。因此,在国家安全情报收集的背景下,可能适用另一种"合理理由"的表达方式。最后,法院建议国会可以指定一个特别法庭审理搜查令申请请求。[22]

国会在 1978 年通过《外国情报监视法》时,正是考虑到了基思案法庭的指导性裁定。尽管《外国情报监视法》是一项复杂的法规,但其基本原则却很简单。《外国情报监视法》规定,"美国人"(基本上是美国公民和美国居民)在没有搜查令的情况下不能被搜查,包括电子监视。申请授权必须包括高级官员的证明,证明监视的"目的"是收集外国情报,目标是"外国势力的特工"。国会还设立了一个特别法庭——外国情报监视法庭(the Foreign Intelligence Surveillance Court, FISC)——在极度保密的情况下审理政府的搜查令申请。[23]

直到 2001 年 9 月 11 日,19 名伊斯兰狂热分子劫持了 4 架飞机,事情就这样发生了。

《爱国者法案》和"隔离墙"

"911"恐怖袭击之后,国会通过了《美国爱国者法案》,赋予政府更多的情报收集自由。这不仅与恐怖主义有关:执法部门利用"911"事件获取了他们早就想要的工具。直到今天,《爱国者法案》仍然争议巨大,许多人认为它给予政府太多的空间来侵犯公民的自由。[24]

但值得注意的是,《爱国者法案》遵守了《外国情报监视法》坚持的需向外国情报监视法庭申请搜查令——并依据搜查令解决"隔离墙"这个奇怪的问题。"隔离墙"是一种信息共享限制系统,由于与国家安全相关的搜查令申请标准相对较为宽松,"隔离墙"旨在防止普通刑事调查中侵犯嫌疑人的权利。由于《外国情报监视法》的搜查令的执行时间可能更长,受到的监管也比普通搜查令少,而且可能以不同的合理理由获得授权,人们担心执法部门可能会在普通刑事起诉中利用《外国情报监视法》搜查令作为一种变通手段。为了回应这些担忧,司法部制定了严格的规范,限制刑事案件的调查人员何时可以与情报方面的调查人员共享信息,反之亦然。[25]

"隔离墙"的建立在执法人员和情报人员中已存在争议，"911"事件之后，它的存在受到广泛谴责，因为它阻止了一些可能有助于避免"911"恐怖袭击信息的共享。哈立德·阿米达是袭击五角大楼的美国航空 77 号航班的 5 名劫机者之一。美国中央情报局一直对他很关注，追踪他至吉隆坡的一次会面，然后失去了他的踪迹。袭击发生的前一个月，联邦调查局官员意识到阿米达可能在美国，并发出了一条寻找他的线索。一名正在调查也门美国军舰"科尔"号爆炸案的探员加入了搜索队伍，认为阿米达是爆炸案的同谋，但是没有人理睬这名探员的意见——尽管他向联邦调查局高级法律顾问提出了上诉——因为他正致力于调查一桩刑事案件，采纳他的意见将违反"隔离墙"的规定。这名探员邮发了一封电子邮件，表达了他的愤怒：

> 不管发生了什么——总有一天有人会死——不管是否存在"隔离墙"——公众都不会理解为什么我们没有更有效地利用我们所拥有的一切资源来解决某些确定的"问题"。让我们寄希望于国家安全法部门能支持他们的决定，尤其当我们面临的最大威胁，乌萨马·本·拉登，他反而得到了最大的保护。[26]

《爱国者法案》所做的众多任务之一是拆掉"隔离墙"。此前，根据《外国情报监视法》签发的搜查令，其"目的"必须是收集外国情报，而《爱国者法案》规定，搜集情报只是"其中一个重要目的"。所以，其他目的——比如刑事调查——也是可以的。《爱国者法案》已经明确，检察官和外国情报官员可以相互分享信息。[27]

在某种程度上，修建"隔离墙"的想法很疯狂。正如我们在第七章了解的，实际上很难区分刑事起诉与其他政府搜查目的的不同。事实上，这正是《外国情报监视法》复审法庭——几乎不会复审《外国情报监视法》法庭的裁决——所主张的，在《爱国者法案》颁布后，一些《外国情报监视法》的法官试图将"隔离墙"恢复原状。复审法庭的法官指出，监控通常有两个重要目的——收集外国情报，以及为刑事起诉收集证据——这两个目的无法截然分开。

从法律和政策的角度来看，正确的做法是，每当行政部门官员需要收集公民的相关信息时，即使是在国家安全受到威胁的情况下，都需要申请有效的搜查令。这正是《外国情报监视法》复审法庭所持的观点。一旦推翻了下级法院重新建立隔离墙的企图,复审法院意识到它必须决定《外国情报监视法》搜查令是否符合《第四修正案》的标准。否则,对公民的国家安全监控将会引发严重的违宪问题。但是《外国情报监视法》的搜查令没有类似问题,复审法庭很容易得出结论,因为——就像普通的逮捕令一样——它们是"由中立、公正的地方法官签发的";有合理理由相信某人是外国特工(根据《爱国者法案》,这通常涉及在美国违法犯罪的证据);搜查令对要收集的内容做了详细规定。[29]

于是"隔离墙"彻底倒塌了,搜查令也就位了,在公众看来一切都正常。除了发生在我们背后的事。事实证明,一个大规模的监视系统正在建立和部署——通常针对美国人民——却没有得到适当的法律授权。

全面信息识别:计划太过分了?

"911"事件发生后,海军上将约翰·M·波因德克斯特提出了一个激进的想法,从其名字可见一斑:"全面信息识别"(Total Information Awareness,TIA)。波因德克斯特曾是海军潜艇猎手,后来担任罗纳德·里根的国家安全顾问。在他计划向伊朗出售武器并将收益用于资助尼加拉瓜叛军——即众所周知的"伊朗门事件"(the Iran-Contra Affair)——被发现后,他被迫辞职。离开政府部门后,精通技术的波因德克斯特在国防工业工作。正是在那里,他萌生了一个想法,最终导致布什政府在"911"事件之后邀请他担任国防部信息识别办公室主任。[30]

"全面信息识别"是恐怖主义早期预警系统。波因德克斯特及其支持者认为,恐怖分子计划发动袭击的行动有一个"特征"。对于像波因德克斯特这样的前潜艇猎手来说,这个概念很熟悉:敌方潜艇有一个"特征",熟练的操作人员可以在一片"噪音"的海洋中发现并锁定敌方潜艇。锁定恐怖分子也是如此;如果知道他们的"特征",可以通过搜索大量的数据提前发现他们的阴谋。[31]

当"全面信息识别"系统公之于众的时候——为波因德克斯特说句公道话,他们并没有刻意隐瞒——民声鼎沸,人们深感愤怒。为了让系统正常工作,政府不得不囫囵吞枣,几乎将每个人的所有信息,一揽包收。2002年11月,保守派专栏作家威廉·萨菲尔写了一篇文章,表达了他的愤怒,题为"你是一名嫌疑人"。他在文章中解释了"全面信息识别"所涉及信息的广度:"每次刷信用卡,每次订阅杂志，每个医疗处方，对网站的每一次访问，电子邮件每次发送或接收，每次收到的学习成绩，每次银行存款，每次预定，每参加一次活动——你的每一次的事务处理和通信记录将进入国防部所描述的'一个虚拟的、集中的大数据库'"。《华盛顿邮报》评论道："任何为了恐吓奥威尔的读者而着意建设的政府项目，都无法对信息识别办公室进行改进。"[32]

国会最终关闭了"全面信息识别"系统（尽管一些部件打包给了国家安全局），而波因德克斯特则重回私营企业。然而，我们不知道的是，美国国家安全局已经心存类似波因德克斯特的宏伟愿景并为之努力。在"911"事件中负责国安局的迈克尔·海登将军喜欢用体育进行隐喻，他形容国安局是一个"工作有些偏离了底线"的机构，以避免教会委员所揭露的那种情况。他决心改变这种状况，他喜欢说："我们要在罚球线内打球，但我们的球鞋上总会沾点粉笔灰。"[33]

事实证明宪法的分界线划在哪里，海登观点奇特——更重要的是，当涉及监视美国人时，谁来决定什么是公平、什么是邪恶？我们已经知道，他是历史上规模也许是最大的一次未经授权而收集美国人数据的参与者。

百川归海，捡到针的希望渺茫

"911"事件发生之后不久，海登和副总统迪克·切尼决定，有必要扩大监视的规模，以防止再一次发生恐怖袭击，而《外国情报监视法》的授权程序对于这项任务来说过于烦琐。政府没有使用《外国情报监视法》中规定的紧急程序，也没有要求国会修改法律——尽管当时国会准许政府可以利用《爱国者法案》所规定的一切有利条件——而是决定单干。总统签署了一项秘密授权，允许美国国家安全局进行大规模数据采集。[34]

新项目代号为"恒星风"（Stellar Wind）。然而，在这个封闭的圈子里，它通常被称为总统的监视计划（the President's Surveillance Program），或者简称为"PSP"。[35]

争论的焦点集中在总统是否获得授权，在没有"合理理由"或搜查令的情况下，自行收集美国人的信息。要回答这个问题，需要牢牢把握行政部门一直在收集的无法想象的巨大的信息数据。

　　"恒星风"的第一部分内容如今已是常识：美国国家安全局大量收集所有美国人电话通话的"元数据"。该项目通常被称为"215"计划，因为当《外国情报监视法》法庭最终被要求（并已做到）对国安局对此所付出的行为表示支持时，它是根据《外国情报监视法》第 215 条（获取"商业记录"的程序规定）这么做的。根据"215"计划，政府从通信供应商那里收集了所有通话记录。例如，众所周知，美国电话电报公司——与政府串通一气——建立了一个秘密房间，信息通过这个房间被传送到美国国家安全局的服务器上。[36]

　　但是"恒星风"项目收集的远不仅是美国人的电话，还包括电子邮件地址信息、人们访问的网站。政府表示，它已于 2011 年放弃了互联网元数据的收集；美国国家安全局解释说，这个项目的价值不足以证明其成本是合理的。但真正的问题似乎是，国安局从美国互联网公司获取这些信息，根本无法符合《外国情报监视法》法庭保护隐私的要求。然而，国安局在国内无法合法收集的信息，它会在国外找到收集的方法。[37]

　　爆发斯诺登泄密事件的最初几天，政府迅速放弃了这种大规模收集，视其为无关紧要，因为它只是收集元数据，而不是通信的实际"内容"。然而，我们现在已经清楚了解，区分内容和元数据之间在很多方面的不同是很容易的：掌握了一个人打的每一通电话、与谁发邮件以及访问了哪些网址的信息，就可以非常完整地描述一个人的生活。[38]

　　无论如何，政府欲抱琵琶半遮面：美国国家安全局任何时期都在收集信息，尽管他们的说法与此相反。举个例子，当美国国家安全局最终能够捕获 Skype 视频时，它的反应是，"这些会议的音频部分一直都得到了正确的处理，但没有附带的视频。现在，分析师掌握完整的'画面'了。"[39]

　　虽然政府告诉我们他们只收集坏人的信息——或者至少是外国人的信息——但这也不是真的。"702 项目"——如此命名源自《外国情报监视法》2008 年修正案的第 702 条，一旦公众获知，允许总统的监测项目持续进行——国家安全局获得通信公司与外国目标相关的所有通信内容（也就是说，它可以窃听手机或阅读电子邮件）。但是，"702 项目"中来自"上游"的信息收集涵盖各种从外国来源处获取的大量数据。这个内容毫无疑问也包含了美国人的通信内容。因为《外国情报监视法》法庭签署的要求国安局可以有 51％的把握确定目标是外国人，而不是美国人。（就像约翰·奥利弗所打趣的："这基本上就是抛硬币，再加上1％。"）此外，无论国安局何时收集外国人与美国人交流的信息，都被认为是"偶然"进行的收集。"偶然事件"听起来就像，哎呀，我们只是碰巧获得了这些信息。但事实上，这才是这个项目的主要目的——收集任何一条美国与国家安全局针对的外国目标之间的所有通信。[40]

事情远不止如此：即使在今天，在这一切公之于众之后，行政部门仍然声称自己有权收集公民的数据。罗纳德·里根曾试图规范那些被排除在《外国情报监视法》之外的监视形式，他发布了 12333 号行政命令。这种权力允许行政部门在没有授权的情况下收集信息，表面上是因为（再次）它只针对外国公民。但事实并非如此。美国国务院互联网自由栏目负责人约翰·泰伊（John Tye）在 2014 年 7 月《华盛顿邮报》的一篇社论中揭露了 12333 命令。（泰伊和斯诺登不同，他事先澄清了自己要说的话。）泰伊直言不讳，美国人通信的元数据和内容都在 12333 命令下被收集和保存，包括政府公开表示已经放弃的方式。泰伊写道："对于这个简单的问题，美国人应该得到真实的答案：美国国家安全局在收集数百万或数亿美国人哪些数据？"[41]

或许比政府正在收集的信息更令人不安的是，这些信息被访问和搜索的方式：同样，没有搜查证。因为，与国家安全局和中央情报局不同，联邦调查局的任务既包括外国情报，也包括刑事调查，联邦调查局特工显然在"702"上可以同时搜索这两方面的数据。负责监控情报收集的联邦机构隐私和公民自由监督委员会，以及斯诺登泄密事件后由总统任命的一个特别隐私审查委员会表示，联邦调查局在没有搜查令的情况下对美国人的搜查应该停止，但它并没有停止。在"702"数据中，对美国人的搜查量如此之大，以至于一名前《外国情报监视法》法庭的法官甚至敦促国会不要申请搜查令，因为这么多的申请会让《外国情报监视法》法庭陷入困局。这个说法深中要害，即使这似乎没有满足当初设立《外国情报监视法》法庭的初衷。[42]

最后，各种迹象显示，政府也在以一种类似于被国会否决的"全面信息识别计划"的方式收集数据。2010 年，美国国家安全局的分析人员开始根据电话通话和电子邮件日志创建美国人的社交网络图表。美国国家安全局可以利用其庞大数据库中的其他信息"扩充"这些图表,包括"银行代码、保险信息、脸书个人资料、乘客名单、选民登记册、GPS 定位信息,以及财产记录和未指明的税收数据"。奥巴马政府官员承认,无论是对美国人还是外国人——实施时,没有任何行政部门之外的授权或监督。[43]

海登在国家安全局的继任者基思·亚历山大将军曾说过这么一段著名的话:"你需要大海捞针。"即使这种"移山造海"的方法是有意义的——正如我们将看到的,仍有足够的理由质疑它的有效性——"大海"并不是按照宪法要求的方式建立的。[44]

违宪授权

数据收集的范围如此之广,几乎超出了人们的理解范围。关键是,在没有得到任何民主授权的情况下,数据收集是如何持续了这么长时间的?

2004 年 3 月,由于总统的监控项目,一场宪法危机即将到来。根据"恒星风"的条款,每 30—45 天需要重新授权一次,但这次司法部长拒绝批准授权。司法部法律顾问办公室的领导层发生了变化,该办公室是负责行政部门的高级律师。法律顾问办公室的新负责人杰克·戈德史密斯认为,"恒星风"项目存在严重的法律缺陷。当时,司法部长约翰·阿什克罗夫特因急性胰腺炎重病住院,并让位给他的副手詹姆斯·科米,后者后来成为联邦调查局局长。科米同意戈德史密斯的观点,认为"恒星风"的某些方面在现有法律下是不合理的,并拒绝在授权书上签字。3 月 10 日晚上 7 点 35 分,白宫派人到阿什克罗夫特的病床前,试图让他在文件上签字。阿什克罗夫特拒绝了。在与白宫戏剧性的会面之后,科米给总统发了一封正式的反对信。在一封冷冰冰的回复中,白宫法律顾问阿尔贝托·冈萨雷斯回信说,总统是按照他自己的意愿行事的。科米、联邦调查局局长罗伯特·穆勒和其他司法部高级官员准备辞职以示抗议。6 天后,总统同意了对现有计划进行两项修改,危机才得以避免。[45]

这是一种宪法危机,当官员们的合法的权限远远超出任何看似合理的界限时,危机就会发生。总统在主持"恒星风"项目的过程中从未有过坚实的宪法基础。当行政部门最终接受了这一点，并决定向《外国情报监视法》法官申请许可时，他们根本就不应该批准授权。这些都与《外国情报监视法》法律本身不符，更不要说宪法了——宪法要求在美国人的数据被搜索之前必须有搜查令。

行政部门缺乏独立行动的权力

"911"事件发生后，大规模监控采取的方式非常不规范，应该向所有关注此事的人发出信号：事情出了差错。法律顾问办公室只有一名律师被纳入了这个项目：一位名叫约翰·琉的临时外派学者。就连琉的老板、法律顾问办公室的负责人杰伊·拜比也被蒙在鼓里。也有咨询国安局的法律顾问。"恒星风"的授权被藏在海登的保险箱里。多年后，国安局监察长在一份措辞严厉的报告中称："国安局被告知执行一个人人都知道存在法律问题的秘密项目，却未告知实施这个项目的法律理论基础，这很奇怪。"[46]

这种保密而不正规的授权过程是一种权力的攫取。自 1947 年以来，《国家安全法》要求国会"充分了解"情报活动。至少，总统应该在一开始就向"八人集团"——国会最高领导人汇报情报事宜。但是，副总统迪克·切尼不喜欢行政部门必须申请许可的想法。他不仅想要实施更多的监视，还想为总统权力树立一个先例。[47]

2003 年 10 月 6 日，杰克·戈德史密斯取代拜比成为法律顾问办公室的负责人，读到琉为"恒星风"辩护的法律意见时，他面对错误退缩了。琉后来因为他的"酷刑备忘录"而臭名昭著，他的"酷刑备忘录"试图辩白中情局对囚犯的粗暴对待是合理的，而琉关于总统监控项目的备忘录也好不到哪里去。例如，琉建议，如果国会没有"明确的声明"：在紧急情况下，行政部门在没有授权的情况下不能采取行动，国家安全局就可以为所欲为。戈德史密斯立即意识到，问题在于国会做出了一个非常明确的声明。《外国情报监视法》明确规定了一个为期 15 天的额外紧急状况，除此之外，如果行政部门想要更长时间地监听美国人，就需要获得《外国情报监视法》法庭的授权。[48]

戈德史密斯纠正了琉的错误，但最终他也得出结论，认为行政部门在没有搜查令的情况下窃取美国人的通信记录有坚实的法律依据。戈德史密斯推断，在战争时期,总统总是行使拦截通信的权力,甚至是美国人的通信。戈德史密斯也有一个支持论点,即国会在"911"事件后授权行政部门使用军事力量的行为。[49]

戈德史密斯观点的困难之处在于,在《外国情报监视法》中,国会已经尽可能明确地表示,在没有搜查令的情况下,不可能收集任何美国人的通信信息。这种明确性对于最高法院的判例具有重要的意义——"扬斯敦・希特 & 途博公司诉索耶"案(Youngstown Sheet & Tube Co. v. Sawyer)。扬斯敦事件涉及哈里・杜鲁门在朝鲜战争期间决定接管美国钢铁厂,当时因为一场工会纠纷,这些工厂面临被关闭的威胁。杜鲁门辩称,他没收美国公民的财产是完全合法的,并强调他作为总司令的角色,以及为支持战争努力而不间断地生产钢铁的必要性。法官罗伯特・杰克逊在扬斯敦案上的著名观点是,利用一个由三部分组成的测试分析行政权力的主张。如果国会批准了总统所做的事情,行政部门就拥有了最大的权力——行政部门的行为最有可能是合法的。如果国会保持沉默,就会有一个复杂的灰色地带。但是,如果国会对行政部门说不——就像最高法院在扬斯敦做出的结论那样,国会对杜鲁门的行为说不——那么行政部门的权力就处于"最低谷"。面对国会明确的反对,这需要总统权力的非凡决心,才能推动事件朝着自己希望的结果发展,无论如何,总统可以单独行动。[50]

想想看吧。作为一个宪法问题,在国会明确禁止之后,行政部门仍然可以继续秘密收集数亿美国人的通信和其他私人信息,这有多大的合理性?至少,这是超乎寻常的,而且是极不明智的。

证实这一点的不是别人,正是杰克・戈德史密斯。2007 年 10 月,也就是他离开政府工作 3 年后,戈德史密斯被要求在参议院司法委员会作证,主题是"在打击恐怖主义的斗争中维护法治"。戈德史密斯是一个聪明、有才华、专注的人,他正确地认为自己的工作是支持总统的目标,在一定程度上是可信的,但仍然拒绝像琉那样逾越自己的职权。但在国会作证时,他直接批评布什政府"过分保密"。这种保密的不良影响被"现实扩大:在处理这些问题的律师小圈子里,人们对法律有着非常相似的观点,有时甚至是不同寻常的观点。志同道合的律师做出的封闭决策导致了法律及政治上的错误"。[51]

戈德史密斯总结出,总统应该做的是请求国会批准。戈德史密斯承认,"强迫国会对反恐政策承担共同责任削弱了总统单方面行动的特权"。但还有更高、更长期的目标。"当行政部门迫使国会审议、辩论并表明立场时，它就扩大了问责制"。对的，完全正确。[52]

《外国情报监视法》法院不应该批准"星际风"

在戈德史密斯的敦促下，司法部最终说服总统向《外国情报监视法》法庭申请批准授权。但政府宣称的法律并没有赋予它权力。《外国情报监视法》法庭的法官们本应像戈德史密斯本人后来建议的那样，将申请送交国会批准。但恰恰相反，他们对总统的监控项目直接给予了司法上的认可。[53]

《外国情报监视法》法庭的法官非常清楚，他们所批准的事情是前所未有的。例如，2004 年，法院收到申请，授权《外国情报监视法》所适用的"星际风"项目，促使电信和互联网公司上交大量调查目标的信息。它将其秩序描述为一种"第一印象"，"所带来的结果是从大量通信中收集元数据，其中绝大多数与国际恐怖主义无关"。

尽管明知举步维艰，进退无门，法官们仍然批准了申请。例如，监控的命令应该明确"如果已知此人的身份"，监视设备将连接到此人的通信线路上。但正如我们现在所知道的那样，政府并没有具体指明任何一个人：它在收集每个人的数据。《外国情报监视法》的规定与执政者要求之间的差距如此之大，以至于法院当时就应该要求执政者经过国会裁决。但是相反，《外国情报监视法》法庭只是简单地回避了这个问题，并（令人印象深刻地）表示："如果不是'已知'身份，没有要求必须说明此人的身份。"

最异乎寻常的是，《外国情报监视法》法庭签署了国安局收集人们所有电话的元数据的命令——竟然没有撰写任何法律意见。这还没有完。最后的裁定必须具有书面的合法理由，能够接受批判、进行上诉，这是一个基本的判断准则。而《外国情报监视法》的法官没有撰写任何意见，他们必须明白，这一事实突显出了在现行法律下为该项目辩护是多么困难。[56]

《外国情报监视法》法庭最终被迫以书面形式解释法庭批准政府进行监控的原因——斯诺登泄密后——至少可以说，它的意见是陈腐的。《外国情报监视法》

第 215 条要求政府证明被要求提供的信息与正在进行的国际恐怖主义调查"相关"。每个美国人的电话信息怎么会与这样的调查"相关"呢？法院只是相信了政府的论点："分析人员知道恐怖分子的通信位于元数据中的某个地方"，他们只是现在不知道在哪里。因此，根据法律，到处搜查显然是可以的。正如《爱国者法案》的作者、国会议员詹姆斯·森森布伦纳所指出的，"政府可能需要大海捞针，但在不知道有没有针的情况下大海捞针，则恰恰是相关标准和第 215 条应该防止的。"[57]

　　一旦被抓了现行，《外国情报监视法》法庭就开始为自己辩护，将公众的骚动归咎于国会。为批准大规模信息收集进行了辩护，称即使《外国情报监视法》的条款没有相关规定，但国会在完全清楚发生了什么的情况下，于 2011 年重新授权了《外国情报监视法》，因此如果有人有错的话，那就是国会。为了支持这一主张，法院拿出一份简报文件，收集到的电话已在国会议员中传开。这份文件（以及后来的另一份联邦法院意见）基本上是把那些声称不知道发生了什么的国会议员称为无能、撒谎者，或者两者兼而有之。这是不公平的：国会议员只能在一个特殊的安全空间查看简报文件，没有工作人员帮助他们了解发生了什么。这样的事情在法律上根本算不上是国会授权，也不应该是国会授权。国会不能秘密剥夺我们的权利。[58]

　　法官们为什么会这样做很难理解。也许是因为他们——没有资格质疑行政部门的必要的主张——认为这个项目最好不要超出适当程序的范围，也不需要在没有任何监督的情况下继续进行。

　　无论如何，这完全是错误的。当《外国情报监视法》法庭最终不得不为其长期的疏忽辩护时，它开始推卸责任："政府是否继续以及在多大程度上继续这个项目……是由政治部门来决定的。"这是最高法院在第一次被要求批准这些非常措施时应该说的话，而不是几年后。与其批准一个违反现行法律的特别项目，倒不如将政府立即送到国会，从而迫使其实施宪法所要求的民主审议。[59]

《外国情报监视法》法庭是法庭吗？

　　《外国情报监视法》法庭有一个充足的理由进行辩护：它不是一个真正的法

庭，因此无论如何也不应该做出如此重大的法律决定。

法庭是在公开场合行动的。在著名的两党制制度下，法官听取各方的意见，而不仅仅是政府。他们决定的书面意见是公开的公众监督和辩论。任何受影响的一方都可以对初步裁决提出上诉。所有这些程序都接受公众监督。

这些都不是外国情报监视法庭的真实情况，它被设计成秘密行动。正如《外国情报监视法》法庭最初设想的那样，保密是没问题的。《外国情报监视法》法庭的设想是充当地方法官的角色，依据个人的怀疑批准特定目标的搜查令申请。地方法官通常会秘密考虑特别的搜查令请求，只听取政府的意见。[60]

但是，当涉及决定重大宪法时刻的法律问题时，《外国情报监视法》法官们——没有真正法庭所设装备——自不量力。公开的两党制的好处是法官就某一棘手问题，能了解双方意见，而且其观点必须经得起公众的审查。

《外国情报监视法》裁决与《第四修正案》相违背处

《外国情报监视法》法庭单方面秘密诉讼的结果是一系列不充分的法律意见，尤其根据《第四修正案》，总统实施监控项目是否合宪。

以电话数据采集为例。《外国情报监视法》法院表示，这个问题有最高法院1979年对"史密斯诉马里兰州"案（Smith v. Maryland）的裁决为先例。那是涉及电话跟踪者的案件，在第十章中受到了批判。在该案中，大法官们认为，收集一个人（有理由认为此人犯了罪）拨出的电话号码不属于《第四修正案》所指的"搜查"。即使是最年轻、最没有经验的法律系学生也能够轻易看出，史密斯案获得通过的与收集整个国家的数据是有一定距离的。然而，《外国情报监视法》法庭只能说："是否有大量的人受到政府行为的影响是无关紧要的。"[61]

此后，在双方全面通报情况下，公开处理这一问题的法院都承认，这个问题比《外国情报监视法》法院认为的要困难得多。史密斯案笔录的数据只收集了很短的一段时间，没有被保留；大量数据收集是不间断的，并保留记录多年。在史密斯的时代，信息是从一个独立的第三方——电话公司收集的，而今天的通信公司显然是和政府串通一气的，这和政府自己收集数据没有什么不同。"总统监视计划"收集的信息与史密斯案不同：它不仅包括所拨号码，还包括通话是否完成，通话时长,以及可用于定位跟踪的"中继标识符"。自史密斯案以来,最高法院已经指出了允许长期定位跟踪收集数据的危险。显然,《外国情报监视法》法庭认为这些都不值得讨论。[62]

更让人难以理解的是——如果可能的话——《外国情报监视法》法庭的决定是,行政部门可以在没有授权的情况下监视美国人,只要其目的是为了收集外国情报。根据 2007 年的一项权宜措施,只要"有理由相信这些数据位于美国以外",就允许对美国人进行未经授权的监视。雅虎认为,允许行政部门根据自己的说法进行搜查会导致搜查的"滥用"。复审法院驳回了雅虎的说法,称其"不过是对政府官员存在未诚信执法风险的哀叹"。"但宪法的全部意义不就是信任法律,而不是信任政府雇员的诚信吗?"就像最高法院在基思案中指出的那样——要让雅虎的决定与基思达成一致是非常困难的——"《第四修正案》考虑的是事先的司法判决,而不是行政裁量权被合理行使的风险。"直言不讳:不要仅仅相信行政部门的善意——要有搜查令。[63]

疗效不确定

行政部门和《外国情报监视法》法庭应该做的是迫使国会在初审时就明确对"总统监视计划"的广泛监视是否合适。当不寻求授权时,对于政府机构希望做的事情的好处和坏处,或成本和收益,没有足够的辩论。

政府的大量收集(花费了惊人的代价)是否有意义,这是一个严重的问题。正如隐私和公民自由监督委员会在其对第 215 条大规模收集计划持怀疑态度的审查中所解释的那样,"反恐资源不是无限的,如果一个项目不起作用,这些资源应该用于其他更有效地保护我们不受恐怖分子袭击的项目"。[64]

斯诺登泄密事件发生后,包括奥巴马总统、国家安全局局长基思·亚历山大将军和众议院情报委员会主席迈克·罗杰斯在内的官员们都声称,大量的数据收集阻止了大约 50 起恐怖事件的发生。《外国情报监视法》法庭外一名支持根据第 215 条计划进行大规模收集的联邦法官详细介绍了三起具体案件,包括一起阴谋炸毁纽约地铁的案件,以及一起阴谋袭击纽约证券交易所的案件。[65]

然而,在批判性检查的冷眼下,挫败事件的数量减少到几乎为零。隐私和公民自由监督委员会没有发现任何电话数据造成影响的威胁实例。总统委任的私隐复核委员会对 PSP 进行复核，得出同样的结论。美国国家安全局、国防部、中央情报局、国家情报总监办公室和司法部联合发布的一份报告认为："大多数国家监控收集法案的线索与恐怖主义没有任何联系。"就连为外国情报监视法庭批准收账铺平道路的美国司法部律师马特·奥尔森也承认，这确实"有点像一种保险单……这是一种我们本来可以做的事情，但做得更快一点"。[66]

困难在于，我们收集大量信息仅仅是因为我们可以。科学技术一直是智能的驱动力。例如，在 20 世纪 60 年代，飞行技术的进步导致了 U−2 侦察机的出现，并更加重视空中监视。在数据收集、存储和挖掘方面的类似进步导致了"总统监控计划"。[67]

当"911"事件委员会成员理查德·谢尔比指责间谍机构在灾难发生前未能将这些线索联系起来时，一些严重的问题在翻译过程中丢失了。"串连点滴"的第一个词是串连，而不是收集。在他详尽而引人入胜的关于"911"事件后情报收集的研究中，谢恩·哈里斯总结道："观察者已经变得非常善于收集，但不太善于将它们联系起来。"情报专业人士和学者担心我们正淹没在数据的海洋中。他们经常表达的担忧是分析能力，而不是数据收集。甚至国安局的一份内部报告也表达了担忧，认为收集位置数据"超出了我们摄取、处理和存储这些数据的能力"。今天的箴言"淹没在数据中，但渴望智慧"，在智力领域和在其他领域一样是正确的。[68]

此外，我们有理由怀疑政府在预测数据挖掘方面的全部努力是否能够取得成功。杰夫·乔纳斯是一名数据工程师，他在商业数据挖掘方面取得了巨大的成功，他曾与波因德克斯特在"全面信息识别"上合作过一段时间。随后，他和合著者吉姆·哈珀写了一篇措辞严厉的文章，谴责了正在发生的事情。为了让预测数据挖掘发挥作用，就像它在打击信用卡欺诈或目标消费者方面所做的那样，我们需要一个好的模型来说明我们正在寻找什么。然而，恐怖主义阴谋的种类如此之多，以至于最终不可能在所有的噪音中找到他们，这与波因德克斯特很久以前追捕的潜艇截然不同。"基于异常的搜索算法的设计不太可能发现恐怖分子，就像万花筒的末端不太可能画出蒙娜丽莎的图像一样。"因此，他们得出结论："这种数据挖掘的使用浪费了纳税人的钱,侵犯了他人隐私和公民自由,并浪费了国家安全部门中男女员工的宝贵时间和精力。"[69]

什么是宪法?

不管是否有效,美国人民都有权拥有他们想要的计划,只要这些计划符合宪法。这就是民主的意义所在。然而,这里值得注意的是,当"总统监控计划"的部分内容被公开并进行辩论时,关于什么是宪法的、什么是有效的判决已经改变。正如我们一再看到的,当公众参与时,政策就会改变。

经过激烈的全国范围的辩论,2015年国会通过了《美国自由法案》。(应当指出,这纠正了根据《美国爱国者法案》所发生的一些侵权行为。可能有一条信息。)根据自由法案,政府不再被允许大量收集和保存我们的信息。相反,这些数据取决于电信公司。更重要的是,为了能够接触这些信息,政府必须经过法院基于合理怀疑的授权。

这些经公开辩论后很快得到批准的措施,正是宪法所要求的一切。只要法律授权,毫无怀疑地收集数据是没问题的,所有人的数据都是以一种非歧视的方式收集的。这就是第七章关于无可疑搜查的教训。

至于搜索政府手中的数据,这也是允许的——只要有正当理由的搜查令,无论何时搜索美国人的数据。这是最基本的宪法要求,但在"911"事件后无人再遵守。左派和右派都同意当政府对美国人进行搜查时,必须有搜查令。隐私和公民自由监督委员会和隐私审查委员会以最强烈的措辞表达了这一观点。[70]

换句话说,如果政府事先申请批准,它在"911"事件之后就可以得到很多它想要的东西。目前还不清楚为什么国会不能公开就这些请求进行辩论。由于这些项目都很普遍,我们很难了解公众的辩论是如何让恐怖分子知道这些事情的——他们最好小心一点,因为国家安全局拥有巨大的能力,并且得到了美国人民的广泛许可来行使这些能力。事实上,这是威慑计划的一个标志,即他们的存在是公开的,以警告坏人,不要去尝试。是的,会有一些我们可能不知道的操作细节,但我们不需要知道,只要获得了批准。

"911"事件后,美国人民(无论正确与否)都做好了准备,向政府提供它想要的几乎所有工具，与此形成鲜明对比的是，现在情况不再是这样了。今天，行政部门出于必要性的善意请求遭到了怀疑，而通过国会的立法证明是极其困难的。看来，单独行动的代价是丧失政府所需的信任，而不是丧失情报收集能力。因此，我们更加身无分文、一贫如洗了。

终章　民主警务面临的挑战

总之，事实已逐渐明朗，实现民主警务、宪法警务并非易事。转向民主的警察执法意味着对其根本性的改变。这种改变既漫长又困难重重。尽管如此，国内各地一些鼓舞人心的迹象表明，警察机构正积极与当地社区加强接触联系，商讨警察执法政策，解决具体的实践问题——通过这些努力，加强警察执法的合法性，增强公众对警察执法的信任。

但我们面临着一个挑战：即使我们正努力迈向民主警务，我们仍然必须停下来，再三确认，这是一条正确的道路。因为民主本身已身患各种机能障碍。民主治理留给我们的是一场毁灭性的毒品战争。民主机构往往在压力之下鲁莽行事——这一点，在打击恐怖主义的斗争中，非常明显。更重要的是，少数服从多数的原则并不总是少数民族、种族，宗教团体或其他群体的好兆头。大多数人倾向于降低犯罪率，并不在乎谁会因此而不便——或者更糟。

民主制度如此失败，以至于有些人可能会对民主警务持怀疑态度。但说到底，我们还有什么更好的选择呢？我们必须充分认识到民主警务所面临的挑战，以及民主警务的优势。这就是本章结尾部分的主要内容。

最后一个故事，带我们回家。这个结局不错。然而，这个故事及其结果仍然极具讽刺，强调了在宪法框架内实行民主警务的可能性及其警示。

谁来监督监督者呢？

2010 年 4 月 8 日上午 7 点，安东尼·格雷勃——25 岁的系统网络工程师、空军国民警卫队预备役军人——在马里兰州阿宾顿父母的家中睡觉。他最近做了两次手术，正在恢复中。他的父亲是一名服役 26 年的空军老兵，当时已经开始去上班了。

他的妈妈已经起床，正准备自己出门。[1]

就在这时，马里兰州巡警来敲门，大约有 5 名强壮的警官。他们挥舞着一份未签名的搜查令副本，开始对房子进行了 90 分钟的搜查，翻遍了衣橱和抽屉。离开前，他们没收了格雷勃房间里所有的电子设备，包括一台录像机、四台电脑和一个外接硬盘。他们本来也打算逮捕格雷勃，但考虑到他的健康状况，允许他在一周内自首，自首后格雷勃在巴尔的摩监狱的一个牢房里待了一个晚上，然后交了 1.5 万美元的保释金，以确保今后能够正常出庭。[2]

他犯了什么罪，使这一切执法都合情合理呢？格雷勃之前从未有过任何违法行为，但他竟然敢拍下警察给他开交通罚单的录像，并把这段录像上传到 You-Tube 视频网站上。一个月前，格雷勃骑着他的摩托车，测试他的新头盔录像机。他还超速行驶——真的超速了。当他离开高速公路时，一辆汽车拦住了他，司机跳了出来，挥舞着手枪对着格雷勃大吼大叫。原来，挥舞手枪的那名男子是马里兰州州巡逻队的一名警员，当时并不当班，视频显示，在那名警官表明自己是警察之前，足足有 5 秒钟的时间在大喊大叫，挥舞手枪。格雷勃被开了一张超速罚单，并获得释放。事情本可以就此结束，但格雷勃的母亲敦促他提起诉讼。格雷勃生性温文尔雅，不爱惹是生非。于是他干脆把这段视频上传到 YouTube 上，配上文字"机动车交通违章——交警掏出枪"。（注意这句话符合事实；格雷勃甚至承认了自己的罪行。）

几周后，这名警官和其他马里兰州州警看到了这段视频——这段视频是一个与格雷勃无关的人转发的，同时这个人还发表了反对警方的一段煽动性评论——并展开了全面的调查。结果，格雷勃被大陪审团以违反马里兰州 7 项法律的罪名起诉，包括"非法窃听口头交流"和拥有"主要用于暗中窃听口头交流"的设备。他面临长达 16 年的监禁。

当涉及因记录警察的行为而受到惩罚时,格雷勃的情况并不罕见。西蒙·格利克是一名有俄罗斯移民背景的律师。他用手机录下了一段视频,并且认为警方的逮捕已经失控。卡哈丽·费希特是纽瓦克一所学校的模范学生和低年级班班长,她被戴着手铐从公交车上拖下来,送到成人拘留所,她手机记录被删除,曾拍摄警察处理一名明显不适的公交车乘客的情景。2014 年,凯伦·齐维特在马萨诸塞州奇科皮因酗酒和妨害治安被捕,随后又被控在逮捕过程中打开智能手机进行窃听。[5]

因为记录警察而遭到起诉的人太多了,以至于美国司法部最终感到有必要介入此事。2013 年,司法部在马里兰州的另一起案件"加西亚诉蒙哥马利县"(Garcia v. Montgomery County)中提交了诉状。加西亚是一名记者,被人掐住脖子,扔在地上,被捕,相机也被没收——所有这一切都是因为他记录了一次逮捕,他认为这涉及过度暴力和其他不当行为。在其简报中,司法部认为,像这样的逮捕和指控违反了《第一修正案》和《第四修正案》。司法部在法庭上表示,这些事件的发生"削弱了公众对我们警察部门的信心,降低了政府官员的责任感,并与宪法维护自由的目标相冲突"。

好消息是格雷勃的故事有了它应该有的结局。马里兰州法官小埃默里·A·普利特经过深思熟虑,驳回了所有与录像有关的指控。他得出的结论是,根据马里兰州禁止秘密录音的法律条款,涉及警察的公开会面都不可能是私人谈话。"我们这些被赋予国家权力的公职人员最终要对公众负责⋯⋯我们不应该指望我们的行动能够避免公众的围观。"法官问道,如果人们不能观察和记录警察的一言一行,那么谁来监督监督者自己呢?他最后用一句著名的拉丁语"谁来守望守望者"结束了他的总结。

尽管结局恰到好处,但是格雷勃的故事充满了发人深省的讽刺。

有关武力、监控和新型、旧型警察执法的讽刺

关于格雷勃的故事,第一个具有讽刺意味的事情是,美国司法部在他人记录警察的行为是否恰当方面采取了强硬的立场。司法部在加西亚案的摘要中解释

说,《第一修正案》既保护"收集批评公职人员信息的权利",又"禁止政府官员'惩罚与所谓政府不当行为有关的信息的传播'"。司法部宣称,揭露此类不当行为"传统上被认为是《第一修正案》的核心所在"。[8]

美国司法部对执法透明度的支持值得赞扬;遗憾的是,当联邦官员是公民追究责任的对象时,这就不是司法部的一贯立场了。美国司法部对加西亚一案提起诉讼的三个月前,爱德华·斯诺登首次披露了大规模的政府秘密监视活动。此前,司法部一直努力对这些活动保密。由此及彼,人们不禁回想起司法部掩盖执法部门使用"魔鬼鱼"的行为,以及司法部一直反对披露在反恐战争中使用国家安全信函和其他工具的行为。[9]

当然,格雷勃的遭遇和其他案例之间也有一些区别。正如美国司法部在加西亚案的备案文件中所说,拍摄"在公共街道上执行公务的警官"是《第一修正案》最具影响力的"传统公共论坛的原型"。公众无法看到其他类似涉及政府秘密活动的案例,但是在公共街道上的警察执法无法避开公众的视线。[10]

然而,街头警察执法和秘密警察执法之间的这种表面上的区别只是强调了我们在未来监管警务工作时所面临的挑战。市民在街上拍摄警察使用武力的场面,以及"魔鬼鱼"和大量数据收集引发的监控问题,其实并不是两码事。它们都是控制公民的手段,让他们按照政府的意愿行事。这是奥威尔在其小说《1984》中表达的观点。

随着技术的进步,人们预测监视的作用将会增加,而武力的使用可能会因此而减少。正如我们反复所见,警察执法正在我们眼前发生变化。它继续从一种需要武力来预防犯罪、逮捕坏人的模式转变为通过广泛的监视在违法犯罪行为发生之前发现和阻止它们的模式。政府以它认为完全仁慈的方式密切关注着我们所有人。它正在寻找——正如预测性警务所说的那样——"异常"行为的迹象。值得期待的是,所有这些监控将阻止犯罪的发生,或政府在犯罪发生之前能够迅速阻止它。[11]

随着越来越多的警察执法采取秘密监控的形式,公民对政府的监督变得越来越困难。武力的使用往往发生在室外公开场合。(事实并非总是如此,严刑审讯的受害者可以证明这一点。)而监控的设计和实施通常是关起门来进行的。关于爱德华·斯诺登是英雄还是恶棍的辩论，并不是因为任何人都把盗窃和泄露政府机密当作一件普遍的事情来看待：这种行为将我们所有人置于危险之中。正是因为在一个警察总是闭门造车、秘密行动的世界里，这些泄密事件可能是我们了解政府在做什么的唯一线索。我们不能在毫不知情的情况下执政。

警察执法包括使用武力和进行监视。透明度对这两种活动都是必要的，尽管它们可能在某些方面有所不同。对美国人实施监视和使用武力一样，都是公众关注的问题。民主警务要求这两种策略的使用都要经过国家的辩论、授权和监督。这也适用于联邦政府。

对警察行为的记录不是治理

第二个讽刺的事情是，几乎每个人都注意到：与发生在安东尼·格雷勃身上的事情形成鲜明对比的是，摄像机现在似乎是最受欢迎的解决方案——包括许多警察自己——来解决所有的街头警察执法问题。在司法部就加西亚案提交辩护状为拍摄警察案辩护后不到 18 个月，迈克尔·布朗在弗格森被杀，由此引发街头抗议，警方军事化装备应对，因而警察使用武力成为一个主要且持久的媒体话题。政客们说，解决警察执法问题的最主要的方法，也是警察重获信任的最好方法，就是执法记录仪（body-worn cameras，BWCs）。[12]

一方面，突然对透明度产生兴趣是件好事。早期研究表明，使用摄像头可以减少使用武力，改善警察执法行为，甚至可能减少逮捕的数量。[13]当加州里阿尔托的警察配备了执法记录仪后，与前一年相比，警察使用武力的情况下降了近 60%，对警察的投诉也直线下降了 87%。梅萨，亚利桑那州和圣地亚哥报告了类似的公民投诉和使用武力的大幅减少。所有人都在猜测这些结果是否经得起更严密的审查，但社会科学研究表明，当人们知道自己被记录下来时，他们往往会改变自己的行为。（当然，如果佩戴执法记录仪阻止了警方采取本该采取的行动，那就有利有弊——尽管目前没有足够的数据支持这种说法，但一些人认为情况确实如此。）[14]

不过，在对最新科技完全着迷之前，停下脚步，考虑一下下面两件事是很重要的。

首先，执法记录仪只会对警察的不当行为起到很小的作用。当警察实施秘密行动时，执法记录仪做不了任何事情来解决透明度问题。除非记录仪一直开着——不停开着——否则仍然有大量镜头拍不到。

更重要的是，执法记录仪并不是民主警务的替代品。相反，这只是一个权宜之计，是备选方案，用来管理一线警察正确地执法。是的，这样做的目的是为了让每一位警察在事后进行审查时有事实依据，从而能够在一线表现得更好。这正是大多数事后解决方案的理论，无论司法审查、民事申诉委员会还是检察长。所有这些事情都与在一线监管警察执法的人不同，与监管政府其他部门的人不同。我们需要的是透明的规章制度和政策，并在公众的参与下制定。

告诉我们应该怎么做。执法记录仪无法制定规章制度：它们只是另一种手段，试图在监管自身的同时，将警察执法限制在一定范围内。

长期以来，不管这些证据证明了什么，对执法记录仪的基本观点是一致的：摄像头就是摄像头；它们只是保证执法合乎规范的工具，而不是执法治理。

管理摄像头

甚至对于执法记录仪本身也存在讽刺意味：尽管不能代替民主治理，但相比其他任何方面的警务工作，接二连三围绕执法记录仪的民主辩论和政策制定则令人记忆犹新。

从北卡罗来纳州卡博罗到加利福尼亚州旧金山，市政当局已经与警方合作，制定了如何部署以及何时部署摄像头的规章制度。有些过程非常复杂。旧金山的警察局长承诺执法记录仪将尽早于 2011 年开始试用；2015 年 11 月，与执法记录仪的利益攸关者——警察、警察工会、市民代表、公民自由倡导者和公设辩护律师——仍在为执法记录仪相关政策内容争论不休。[15]

所有的争论都有充分的理由；执法记录仪前景广阔，但仍然存在重大风险。有些公民自由主义者的怀疑是有一定道理的：执法记录仪的摄像头是对着公众的，而不是对着警察的，可能成为又一个警察进行监控的工具。卡博罗市市政女委员兰蒂·海文奥唐纳在讨论告知人们他们正在被警方拍摄的价值时指出："保护和监视之间只有一步之遥。"这也是一些警察开始接受执法记录仪的原因之一：

就像安装在巡逻车仪表盘上的摄像头一样,这些随身摄像头可以为警察提供大量证据。事实上,一些执法记录仪使用政策允许警察向调查人员提交事件报告或发表正式声明之前观看视频。洛杉矶警局的政策草案要求警员这样做。批评人士立刻指出,不能允许刑事案被告在辩护前有这样的机会把他们的故事"弄清楚"——我们为什么允许警察这样做呢?[16]

执法记录仪造成严重的隐私问题,在要求公开视频时,这一点似乎经常被忽视。南加州的美国公民自由联盟质疑洛杉矶警察局的执法记录仪政策,理由是该政策不允许公众观看执法记录仪录像。在加州的海沃德(Hayward),美国公民自由联盟起诉了警方,因为警方要求他们支付近3000美元来获取警察驱散示威人群的视频。无论这个数字正确与否——在这起诉讼中,该部门详细记录了所花费费用——这种情况不应该出现:警察将所拍摄的录像直接交给媒体或其他人,没有进行审查,没有确保他人的隐私受到威胁。当警察进入私人住宅,采访强奸案和家庭暴力受害者,或者与线人交谈,或者仅仅是无意中捕捉到想要保持自己生活方式的人的镜头时,情况又会如何呢?[17]

除了隐私,还有其他无数迫在眉睫的问题。什么时候应该打开摄像头,什么时候可以关闭?通过警察个人自由裁量权开关摄像头是行不通的:研究表明,当警察能够操控录像时,重要的证据——尤其是对警察不利的证据——就会消失。事件发生后打开执法记录仪可能会让人对所发生的事情产生误解。另一方面,要求执法记录仪一直开着会加剧人们对隐私保护的担忧,随之而来的是会见线人和犯罪受害者可能引发的问题。[18]

由于这些原因,围绕执法记录仪制定相关使用政策时,投入了大量的精力,这是值得肯定和赞扬的。问题很难回答,证据不确定,价值的讨论也是剑拔弩张。这些正是急需民主制度要解决的问题。

令人费解的是,为什么警察执法的其他内容,没有引起人们在民主方面的诸多争议?新闻报道中使用武力现象比比皆是,但是并没有任何政策的制定能与使用武力政策的制定一样得到公众的关注并积极参与。面部识别——以及基于数据库的大数据识别——是当今迫在眉睫的隐私争论之一。但是卡博罗和旧金山的人民还没有组织起来就这些问题制定政策。这一切并没有涵盖我们本应了解的警察执法的所有内容。[19]

需要明确的是，警察执法的其他内容偶尔会成为公众讨论的话题——但与民主决策截然不同。公开辩论是健康有益的，可以对政策产生间接影响。执法记录仪政策的制定与众不同之处在于政策本身——管理摄像头的实际法律条款——是由公民参与制定的。法律条款经过草拟、讨论、改写，直到正式被采纳。这才是民主治理应有的样子。

民主的代价

即使我们致力于追求警察执法的民主治理——必须如此——实践证明，困难重重。人们不应该对这种转变大惊小怪。

警务民主化的第一个挑战是"规模"问题。尽管无法确定确切的数字——数字本身就是最有说服力的事实——但 2008 年司法部对州和地方执法机构的人员调查显示，执法机构的数量接近 1.8 万个。规模最大的警队是纽约市警察局，宣誓警官超过 3 万名。与此相反，密歇根州的盖恩斯镇只有一名宣誓警察。（2000多个社区只有一个警察局。）真正令人震惊的是，国内大约一半的警队只拥有不到 10 名的全职宣誓警察，四分之三的警队只拥有不到 25 名宣誓警官。[20]

说到警察局的管理，洛杉矶是领头羊。多年来，洛杉矶警察局一直有一个由普通市民组成的警察委员会。根据与美国司法部达成的协议，该委员会成为一个真正的管理机构。任何重要的与警察相关的政策都要经过它的同意。委员会每周向公众开放会议，并通过通知—评价方式征求公众意见、制定规章制度。因此，洛杉矶在涉及使用武力和监控问题上实现了广泛的民主参与。[21]

不过，想让美国的每一个小村庄和社区都像洛杉矶一样让民众参与正式的规章制度制定是不现实的。那么，什么是实现当地社区警察治理的最好办法呢？事实上，我们没有固定模型。总统的 21 世纪警务特别工作组呼吁社区参与制定警务政策，包括从技术到制定执法重点的方方面面。特别工作组对如何参与制定闭口不谈。[22]

仍有一些捷径。尽管围绕执法记录仪制定了大量政策，但值得一问的是，各个社区是否真的需要针对每项警察执法制定各自的政策吗？如果社区成员如此要求的话，自然如此。但并不是每个人都自己写食谱；大多数人从烹饪书或互联网上找到一些菜谱，然后根据自己的口味和饮食需求稍作调整。烹饪上的道理也同样适用于警察执法政策。在许多情况下，州和地方政府相互借鉴对方的立法，并在必要时根据特定社区的要求进行调整。为什么管理警察执法的法律不一样呢？国际警察局长协会等组织有大量可供参考的警务政策；美国法律研究所目前正在起草警察执法原则，这些原则将被广泛应用。

然而，仅仅因为司法管辖区较小，执法工作困难，耗费时间，或者无利可图，就不再制定一线警察执法的法律政策，是令人无法接受的。美国许多小社区，设法设立了学校董事会、分区董事会和其他政府机构。应该如此，这些机构对居民至关重要。当然，同样的道理也适用于社区每个成员的安全和隐私的保护，并与警务政策息息相关。帕克里奇，伊利诺伊州，芝加哥的一个郊区，人口不足 4 万，超过 20 个委员会和特战队，包括公务员委员会、历史保护委员会、酒类许可证审查委员会和图书馆理事会。图书馆理事在图书馆网页上公布会议安排，提前张贴会议议程及数据包，并欢迎各界人士就政策及出席会议的情况提出意见。会议将在政府频道现场直播，并录制下来供日后观看。如果这个层次的公民能够参与图书馆的管理，那么同样可以参与执法部门的政策制定。与其简单地告诉警察去执行他们选择的法律，我们必须与他们合作来决定法律如何执行。[23]

民主的危险

过去几年，似乎是民主政治和警察执法的神奇时刻。从不受欢迎的全民监控到军事化装备，再到使用武力导致的悲剧，对警务工作的担忧已经把许多来自不同意识形态的心怀善意的人士聚集在一起。曾经由进步左派高举的旗帜，现在也被诸如"反犯罪右翼"等保守团体高举。通过共同努力，他们达成了一个共识，必须减少监禁，警察执法工作的实施必须慎之又慎，不遗巨细。[24]

尽管如此，我们不应自欺欺人：当今许多警察执法弊病都是民主制度本身的产物。正如我们在第一部分中讨论的那样，公众不断施加压力，要求遏制犯罪。当这种情况发生时，政客和警察会做出反应，通常倾向于更积极的警务。社区能够容忍这种激进的监管，部分原因是其成本往往由少数族裔承担，而不是其他人。

因此，如果维持警务工作合乎宪法、合乎常理的目标，那么勇敢承认民主实际上会加剧问题的恶化是举足轻重的。

以禁毒战为例。我们今天正在努力解决的许多警察执法问题都是由于我们错误地认为武力和监禁可以使社会摆脱毒品。事实上并没有。为了减少供给和需求，我们花了一大笔钱；然而，数据表明，这些努力并没有对毒品滥用产生显著影响，哪里有需求，哪里就有供应。失败的毒品战争的一个巨大代价就是允许警察使用严重破坏我们自由的策略。在某种程度上，我们都经历过这种情况，但在现实中，这些策略的负担大多落在少数族裔身上。我们囚禁了太多的年轻人，以一种根深蒂固的种族主义方式发动毒品战争，把已经被边缘化的社区搞得四分五裂。[25]

警务民主治理的潜在的问题是，警务工作责任不能平等地落到社会各阶层的肩上。事实上也从来没有。无论是种植园的奴隶巡逻队，还是破坏工会的平克顿队，还是实施种族隔离的警队，警察通常是统治阶级的工具。联邦调查局局长只是众多政府官员之一，他指出警察执法可能是警察剥削的压迫工具。即使不是这样，警务工作针对的人群往往是较不富裕的人、弱势群体、被边缘化的人和少数族裔。[26]

当警力分配不均，民主存在既是问题又是解决方案的风险。人们奔走疾呼减少犯罪，管理者做出回应，警察执行命令。我们又回到了我们一直想要逃离的那个怪圈。

这种对民主警务诉求的挑战至关重要，需要严肃回答。答案至少有三个。

民主需要什么

首先，必须对全面民主和特定民主加以区分。一旦涉及治安，民选官员和警察享受到全面的民主，除了"减少犯罪"之外，没有对其做出任何其他要求。

民主警务所需要的民主，是特定的民主，人民必须经过辩论后做出决定——并负责——对将用于保障我们安全的实际做法负责。设定宽泛的目标，不再发出如何实现这些目标的混乱问题，总是让人感觉更舒服，尤其是当政府被授权对其他人使用武力的时候。但提出尖锐的问题和指导政策是负责任的公民所需要的。

人们不能只是要求警察"减少犯罪"，然后回避由"减少犯罪"所带来的问题。无论是什么样的策略，拦停搜身、特战队、种族形象定性、无人机、面部识别以及预测警务，他们必须站出来，让人民了解他们的策略。必须是人民，而不是警察，决定是否采用这些策略。

正如我们再次看到的，特别是在第四章中，当询问人民对警察执法的建议时——也就是说，哪些是得到授权的、哪些不是的问题——政策发生了巨大的改变。全面民主警务和特定民主警务的区别是显而易见的。纽约市市长迈克尔·布隆伯格认为街头违法携带枪支的减少应归功于严格的拦停搜查；尽管如此，2012 年的民意调查显示，大多数纽约人反对这种做法。[27] 同样，民意调查显示，公众对警察使用无人机感到极为不安。公众明确反对国家安全局滥用权力收集我们的数据。[28]

简而言之，我们并不认为为了保证我们的安全，可以赋予警察使用任何策略的自由裁量权。我们关心牺牲社区利益和个人隐私所付出的代价。必须将这些特定民主转化为法律，而不是大家都偏好的"为了安全"。

事实上，这道阳光本身就具有讽刺意味，那就是新警务对我们所有人的影响，比以前更多，而不是仅仅不平等施于少数族裔和边缘群体的身上。警棍可能只会对一部分人挥舞，但是闭路电视监控系统——至少如果在全城范围内安装的话——会监控到每一个人。高速公路上的拦停路障和信息数据的大量收集也是如此。就警务影响个人的程度而言，我们每个人都将更加谨慎地对待警务展现的不同形式。收益和成本的问题会更尖锐。我们将不得不卷入更多的警察执法行动中。

然而，事实是，围绕其展开行动的违法犯罪不一定平均分布。就警察执法而言，时时存在不平等待遇的风险，民主警务有时可能会加剧这种风险。[29]

什么是民主的替代品

由此引出了关于民主的第二个重要问题，也就是那些担心民主警务受欢迎的人会提出什么替代方案。关心少数群体权利的人不会愿意把不受限制的自由裁量权交给警察自己。几百年来，我们建立的非常松散的民主监督体系在少数民族人口中并没有很好地发挥作用。

再次提及温斯顿·丘吉尔可能是老生常谈，但丘吉尔说得对。1947年，他在英国下议院说："没有人假装民主是完美的，或者是全能的。的确，有人说过，民主是最糟糕的政府形式，除了不时出现的其他各种尝试。"[30]

不能因为民主会误入歧途就把事情交给相对不负责任的警察来决定将如何执行法律。丘吉尔的这番话反思了某些国家在某段时间内是如何信任全能的极权主义领导人，而不是民主治理的过程。人们希望，到目前为止，这种说法的答案已经明确了。

归根结底，我们真的别无选择，只能毫无保留地让民主发挥作用。幸运的是，作为一个社会，我们正在取得进步：当辩论开诚布公地进行时，当然这是应该的，政治家们发现，对具有歧视性影响的做法视而不见是不可接受的。这种影响已成为公众关注的问题。民主可能只是蹒跚走向平等，但这至少是正确的方向。

法院的作用（再次重申）

尽管如此，我们还是要记住，警务并没有掌握在多数民众手中。我们生活在一个宪法民主制度下，法院、州宪法和联邦宪法发挥着至关重要的作用。这一建议——或者更确切地说，这一坚持——让人民治理在警务工作中占据主导地位，丝毫没有削弱法院和宪法必须发挥的重要作用。我们需要在警务方面恢复民主决策；但我们也需要尽最大努力确保司法审查工作等事后补救措施能够发挥作用。

不可否认的是，法官们执行任务时有些尴尬。本书中，我们看到了司法部门很难监督警察的原因。然而，我们不应该这么快就原谅他们。事实是，法官只有一项工作要做——执行宪法——但是他们做得很糟糕。撇开对个别案件结果的分歧不谈，我们很难忽视这样一个事实：有太多的法官过于努力地维护警方所做的一些令人难以接受的事情。[31]

希望现在法官们还有其他选择。他们不需要以宪法的名义，要么放任警方的策略，要么禁止警方使用任何策略。相反，他们可以作为民主的代理人，迫使警察在行动前获得民主的批准。司法审查能够——也应该——推动民主和协商。这种民主审议的形式是一种特定的民主,我们都将被要求掌握具体的警务策略。至少,这可以消除大部分警务中不切实际的内容。

然而,到了紧要关头,如果民主出了岔子,法官的工作就是站出来勇挑重担。在这点上,他们需要精益求精。第二部分明确了防范警察执法失误的相关保护措施。当具备获得搜查令的条件时,法官需要坚持要求警方申请搜查令。他们需要认真对待"合理理由"标准。他们需要学会区分基于犯罪怀疑的搜查和无犯罪怀疑的搜查,并确保每种搜查都有足够的保护措施。

最重要的是,当警察的重拳落到其他种族和少数民族身上时,需要敏感和明智的判断。事实上,司法部门在刑事司法和种族问题上的表现令人失望透顶。就像"去问妈妈,去问爸爸"的游戏一样,当案件出现歧视时,法院认为《第四修正案》禁止不合理的搜查和扣押不起作用;要坚持平等保护条款的平等原则。但是,当平等保护条款被援引时,提交给法庭的证据几乎永远不足以满足法官的要求——即使这种歧视对任何人来说都是显而易见的。

当一名审理宪法案件的法官并不容易。法院被要求做一些不受欢迎的事情:牵制警察。但这就是工作。如果没有准备好挥舞小槌,就不应该穿上法官的长袍。

我们是警察

最后,我们必须认识到我们是警察这一事实——并为此承担责任。警察所做的是我们所有人应该做的。

警察执法的守护神是罗伯特·皮尔爵士。正如我们在第三章学到的,英国警察被称为"鲍比"。正是他的愿景催生了我们更强大的大都会力量。1829 年,皮尔撰写了《执法原则》(*Principles of Law Enforcement*),这一套基本指导方针至今仍与警务工作密切相关。[32]

皮尔的第 7 条原则听起来像是我们应该得出的结论:"警察就是公众,公众就是警察。"(这是他的重点。)他阐述道:"警察只是公众中的一员,他们为了社会福利和生存的利益,被雇佣来专注于每个公民应尽的义务。"[33]

在一个充斥着尖酸刻薄和相互指责的世界里,人们很容易忽视这个至关重要的事实。"警察是公众"，也就是说，当这些男人和女人穿上蓝色制服走在街上，或作为情报分析员坐在他们的办公桌前，或进行监视时，他们仍然是我们国家的一部分。我们不应该忘记这一点，但他们也不应该忘记这一点。分歧的双方——分歧就是关键所在——都有太多的"我们—他们"的观点，干扰了警务工作正确开展所必需的同理心和判断力。

我们曾接触大量的警务人员，有恃强凌弱、不负责任的，也有愿意倾听民众意见，纳谏如流、除旧革新的。现在，新一届的警务领导层正在形成，推陈出新，为民发声。2015年，正是这些警务精英呼吁国会和州立法机构改革刑事和量刑法律，停止将数量众多的美国人毫无必要地送入监狱。正是这些警务精英齐心协力，促使军事化武器从街道上撤走。可以肯定的是，这类新型警务领导人凤毛麟角，而且时移世变，他们也会变心易虑。但是他们应该得到我们的关注和支持，因为他们努力明辨是非、秉公无私。[34]

皮尔的告诫是双面的，但也很容易忽略了另一半。"公众就是警察"。他的意思是，我们所有人都必须关注警察的所作所为。他用的"现任"这个词，意思是我们别无选择。因为警方采取行动时，是以我们的名义。我们是警察——我们每一个人——我们要对警察的职责负责。

虽然警察执法是政府中最危险的工作之一，但也是最重要的。公平地说，如果没有警察执法，政府其他部门将一文不名。尽管如此，警察执法具有破坏的能力，可能破坏它所承诺保护的自治、自由和安全，而自治、自由和安全正是我们设立政府的初衷。我们必须齐心协力、团结一致，帮助警察避免破坏他的承诺。

后　记

当我对手稿进行最后润色时，一系列可怕事件再次使警察执法登上美国新闻的头版头条。这些事件，及其引发的话题，凸显了我们作为一个国家，需要重新思考警察执法与更广泛的民主之间的关系。

2016年7月5日凌晨，路易斯安那州巴吞鲁日一家便利店外，警察开枪打死了阿尔顿·斯特林。在这个街区，斯特林是个熟面孔，他在这里向过路人出售电脑光盘。据目前所了解的事实，有个行乞的人拦住了斯特林进行乞讨。由于这名男子一直缠着斯特林，斯特林忍无可忍，挥舞着一把枪想赶走这名男子，因此这名男子拨打了911。接下来发生的事情大家都已经很清楚了，因为就像现在很多涉及警察执法的事情一样，这件事也被拍摄了下来。接到命令处警的警官把斯特林扑倒在地；一名警官拔出自己的手枪，朝斯特林的身体开了几枪，打死了他。斯特林的死在全国引起了强烈的抗议，特别是在巴吞鲁日。

第二天，在明尼苏达州的福尔肯高地——圣保罗的一个郊区——警察拦停了菲兰多·卡斯蒂尔驾驶的汽车。语音记录录制到警察说："这两个乘客看起来像是参与抢劫的人。司机看起来更像是其中一个嫌疑人，因为他的鼻子很宽。"[1] 警察对卡斯蒂尔的解释是他的尾灯坏了，所以让他靠边停车。根据目前了解的事实，警官杰罗尼莫·亚内斯要求卡斯蒂尔出示驾驶执照和车辆行驶证。卡斯蒂尔告诉警察，车上有一把手枪，但他有持枪证。亚内斯命令卡斯蒂尔不要动。卡斯蒂尔当时正伸手去拿驾照，随后被亚内斯警官击中，胳膊和胸部中了4—5枪。和卡斯蒂尔在车上的是他的女朋友戴蒙德·雷诺兹和雷诺兹4岁的女儿。雷诺兹在脸书上直播了枪击后的录像，这段视频引起了全国人民的关注。明尼苏达州州长马克·代顿发表声明，称所发生的一切"不可接受"，并评论说："如果这些乘客……是白人的话，还会不会发生这起案件？我认为不会。"[2]

卡斯蒂尔枪击案发生后，街头抗议活动愈演愈烈，美国总统奥巴马发表公开声明："所有美国人都应该对阿尔顿·斯特林……和菲兰多·卡斯蒂尔的致命枪击事件深感不安。"他接着说，这两起死亡事件"表明我们的刑事司法系统面临着严峻的挑战，反映了整个系统年复一年出现的种族不平等，由此导致了执法部门与他们服务的社区相互之间极度缺乏信任"。

卡斯蒂尔枪击案发生后的一天晚上，得克萨斯州达拉斯的一场街头抗议演变成了"911"事件以来美国执法部门伤亡最惨重的事件。抗议活动本身是和平的；达拉斯的警察贴出了他们自己与"黑人的命也是命"抗议者的照片。正如总统随后指出的那样，这是美国民主发挥作用的最好范例：警察保护抗议民众，而民众的抗议所针对的正是警察执法。突然，枪声大作。曾对警察枪击黑人事件表示愤怒的退伍军人米卡·约翰逊开枪打死了5名警察，打伤7人（还有2名平民）。警察把约翰逊逼到墙角，随后双方僵持不下；最后，警察用一个装有炸药的遥控机器人杀死了他。

达拉斯枪击案后，举国悲痛，同时引发了各方之间的相互指责。所有心地善良的人都对达拉斯发生的事件感到痛心，但这个国家似乎存在着严重的分歧：一部分人认为，警察针对非裔美国人的枪击案是不可接受的偏见造成的，需要立即予以纠正；另一部分人则认为，警察正在做的工作正是我们需要的，他们遭受的攻击令人无法接受。总统回国后，为牺牲的警察致悼词，感人肺腑。他还在白宫主持了抗议积极分子和执法部门之间的长时间会议，并且在全国电视转播了一次市政厅会议。

似乎这还不够，7月17日星期天，密苏里州一名男子，由于对警察枪杀非裔美国人感到非常愤怒，起身前往巴吞鲁日——再一次，根据事实还原——伏击警察，打死3人，打伤3人。

当今世界，恐怖主义抬头，持续不断制造事件，引发了大量有关安全的讨论，执法部门可以做什么,应该做什么来保护我们的安全?几天前,7月14日,在法国尼斯(Nice)举行的巴士底日庆祝活动中,一名男子驾驶卡车冲入人群,从驾驶室内向人群开枪,造成84人死亡,300多人受伤。上一年11月13日,在巴黎,武装人员发动了有组织的致命袭击,法国已经举步维艰。在全球范围内——从阿富汗到德国,再到土耳其——恐怖主义袭击具有一定规律性,包括2016年6月发生在佛罗里达州奥兰多的一家同性恋夜总会的枪击事件,死亡49人。

就本书而言,这些悲剧事件就是一个尖刻的讽刺。2012年,当我把撰写本书的意向寄给我的出版商时,我的卖点是,似乎没有人关心警察执法,但是我们都应该关心才对。我希望凸显这一话题的重要性,在将其纳入国家议程方面发挥某种作用,不管它有多微不足道。然而,当我正在撰写手稿的时候,事件的发展速度显然超过了我的预想。爱德华·斯诺登的揭露让人们看到了新兴的政府监控手段。仅仅几个月后,从密苏里州福格森的骚乱开始,街头警察执法以及由此引发的所有问题,从种族偏见到军事化装备,都浮出水面。几乎每一天都有警察问题登上报纸的头版头条。到2016年7月,社会治安和种族问题成为美国的热门话题。

因此,在某种程度上,时事是我书稿的一部分,因此我无法向读者保证书稿中的事件都是最新发生的。虽然最近人们大部分的注意力都集中在警察使用武力上,但技术和监控的发展也是日新月异。关于预测性警务的前景和危险已经有很多报道,很快我们将仔细研究其他技术,例如车牌识别和面部识别。加密技术也引发了热议。

然而,尽管公众对警察执法的关注已如此之多,我们仍然错过了一件可能产生重大影响的事实:我们根本不可能像政府其他部门那样监管警察执法。在很大程度上,我们仍然固执于解决办法,或者仅仅是指责,而不是如何管理警察执法。

警察执法需要民主:民众参与并决策。我们需要把所有的谈话和辩论变成行动。我们需要政策——民众参与制定的透明的规则——处理武器使用,处理暗藏的种族偏见,处理警察采用的新技术。

我可以预料到反对意见:问题确实很难解决,而且没有明显的解决办法,所以我们应该把问题交给专家——警察。

是或否。这些问题非常棘手,这正是我们为什么不应该仅仅把解决问题的决定权交给警察的原因。警察拥有极其宝贵的专业知识，我们必须态度明确，毫不含糊地与他们进行协商。他们一定是谈话的一部分。但正因为没有明确的答案，我们作为公民有义务承担责任。做出选择。我们的决定和我们所做的努力，可能只是暂时的。没关系，这是我们学习和提高的方法。但这不可能是答案，因为问题很棘手，我们就放弃。正如奥巴马总统在达拉斯所说："归根结底，我们不仅要找到有效的政策，而且要达成共识，与愤世嫉俗作斗争，坚定意志，共同做出改变。"

令人鼓舞的迹象表明，我们正在取得进展；人民正在尝试采取民主的措施管理规范警察执法。正如我们在第四章所谈到的，弗格森事件之后，许多司法管辖区开始限制军事化装备。一些州已经颁布了一些法律来解决诸如交通堵塞、无人机或其他警察执法技术中的种族偏见等问题。美国法律研究所正在研究有关武力使用的政策，以避免与警察产生致命冲突。一些警察局——在我主持的警察执法项目的帮助下——已经开始让社区参与到政策制定中来。我们在新泽西州的卡姆登进行了第一次实践。卡姆登富有远见的警察局长杰·斯科特·汤姆森决定，他将是否佩带执法记录仪提交给社区讨论，而不是通过命令强制佩带执法记录仪（这在警察执法中很常见）。我们举办了论坛，与警察进行了专题小组讨论，让社区填写了调查问卷，邀请了相关团体发表评论。作为回应，汤姆森局长改变了政策的制定，并发布了一份报告，向公众解释他是如何做到这一点的，以及为什么要这样做。这也促使纽约市尝试类似的做法，从普通市民那里收集了上万份问卷，深思熟虑、考虑权衡纽约市警察局佩带执法记录仪的政策。

民主进程是艰难的。民主是耗时的。而且可能会引起争议。

但是，到底还有什么比我们如何被监管更重要、更根本的呢？政府是如何监视我们的，是如何对我们使用武力和胁迫的？

在写这本书的过程中，有一件事确实发生了变化。尽管我对警察执法仍然感到不安，但我对警察的信心——至少是其中一些警察——已经稳步增长。我学到了很多东西，也经常遇到许多心地善良的人，他们把自己的一生奉献给了公共服务事业。这并不是说每个警察或警察局长都是好人——警察和我们一样都是人——警察文化有时也会产生腐蚀性的影响。然而，正如我一开始所说，真正的问题不是警察。真正的问题是我们。警察明白——或者说他们需要,就像所有政府官员一样——他们为我们工作,他们为我们服务,他们保护我们。现在是时候让我们更好地与警务人员进行交流,了解他们面临的困难,明确我们的愿望,并与他们一道采取措施,确保我们的安全,同时也使我们感到自豪。

注 释

引言　警察执法问题

1. Charles Carter Dep. at 6, Carter v. Maryland State Police, No. 03-C-96-000156 (Md. Cir. Ct. , Aug. 1, 1996) (on file with author); Letter from Charles Carter and Etta Carter to Alfred Bailey, ACLU (1994) (on file with author); Etta Carter Dep. at 6, 10 - 11, 14 - 26, Carter, No. 03-C-96-000156 (Md. Cir. Ct. , Aug. 1, 1996) (on file with author).

2. Etta Carter Dep. at 6, 45, 85; Quill Dep. , pt. 1, at 68, 83, 86, 114; Charles Carter Dep. at 20, 33, 41 - 42, 55; Carter Letter to Bailey, ACLU.

3. Carter Letter to Bailey, ACLU; Etta Carter Dep. at 90, 92 - 94, 98; Quill Dep. , pt. 1, at 67, 95, 124 - 25 (奎尔的缉毒犬取名为"蜘蛛",不过他否认知道狗撒尿的事情); Charles Carter Dep. at 42, 45 - 46, 48.

4. Mitchell Dep. at 103; Leatherbury Dep. at 20; Carter Letter to Bailey, ACLU.

5. Charles Carter Dep, at 104 - 6.

6. Charles Carter Aff. at 7.

7. Floyd v. City of New York, 959 F. Supp. 2d 540, 555, 572, 658 - 67 (S. D. N. Y. 2013); Conor Friedersdorf, "Eyes Over Compton: How Police Spied on a Whole City," The Atlantic, Apr. 21, 2014. 据称电子邮件收集于 2011 年终止,尽管有证据表明事实并非如此,当然也不包括通过海外门户网站收集的无数美国人的记录。Glenn Greenwald and Spencer Ackerman, "NSA Collected US Email Records in Bulk for More Than Two Years Under Obama," The Guardian, June 27, 2013.

8. Julie Bosman and Matt Apuzzo, "In Wake of Clashes, Calls to Demilitarize Police," N. Y. Times, Aug. 14, 2014; Joseph Goldstein and Marc Santora, "Staten Island Man Died from Chokehold During Arrest, Autopsy Finds," N. Y. Times, Aug. 1, 2014; Manny Fernandez, "North Charleston Police Shooting Not Justified, Experts Say," N. Y. Times, Apr. 9, 2015; Annie Sweeney and Jason Meisner, "A Moment-by-Moment Account of What the Laquan McDonald Video Shows," Chi. Trib. , Nov. 25, 2015, 6:00 a. m. ; Ben Austen, "Chicago After Laquan McDonald," N. Y. Times Mag. , Apr. 20, 2016; About, Million Hoodies Movement

for Justice; Rachel Blade, "House Hearing on Police Turns Ugly," Politico, May 19, 2015; Press Release, Office of Public Affairs, U. S. Dep't of Justice, "Justice Department Announces Findings of Two Civil Rights Investigations in Ferguson, Missouri," Mar. 4, 2015; Final Report of the President's Task Force on 21st Century Policing (2015).

9. "How Much of an Iceberg Is Below the Water," Navigation Ctr. , U. S. Coast Guard; James B. Comey, Dir. , Fed. Bureau of Investigation, Remarks at Georgetown University, "Hard Truths: Law Enforcement and Race," Feb. 12, 2015; Matt Apuzzo and Sarah Cohen, "Data on Use of Force by Police Across U. S. Proves Almost Useless," N. Y. Times, Aug. 11, 2015; Alan Maimon, "National Data on Shootings by Police Not Collected," Las Vegas Rev. J. , Nov. 28, 2011; Naomi Shavin, "Our Government Has No Idea How Often Police Get Violent with Civilians," New Republic, Aug. 25, 2014. 2015 年 5 月,美国总统奥巴马宣布了一项警察数据计划,以帮助新泽西州卡姆登等地的警察可以使用基本的警务数据。Megan Smith and Roy L. Austin, Jr. , "Launching the Police Data Initiative," The White House Blog, May 18, 2015, 6:00 a. m. . 然而,该项目"遇到了隐私障碍",因为一些部门出于对警官隐私的考虑而不愿分享数据。Gregory Korte, "White House Plan for Police Data Initiative Could Face Obstacles," USA Today, June 22, 2015. 夏洛特-梅克伦堡警察局成功迫使市议会推迟了一项同意数据共享倡议的投票。Steve Harrison, "CMPD Postpones University Officer Study," Charlotte Observer, June 11, 2015.

10. Jennifer Valentino-Devries, "Sealed Court Files Obscure Rise in Electronic Surveillance," Wall St. J. , June 2, 2014, 10:33 p. m. ; Rachel A. Harmon, "The Problem of Policing," Mich. L. Rev. 110 (2012): 808 (disciplinary records); Samuel Walker and Carol A. Archbold, The New World of Police Accountability, 2nd ed. (2013), 106 – 15 (early intervention systems); Sam Adler-Bell, "Beware the 'Stingray,'" U. S. News and World Rep. , Mar. 13, 2015, 10:45 a. m. ; Kim Zetter, "Emails Show Feds Asking Florida Cops to Deceive Judges," Wired, June 19, 2014, 9:04 p. m. ; Jeb Rubenfeld, "The End of Privacy," Stan. L. Rev. 61 (2008): 102 (emphasis in original), quoting Press Release, White House Office of the Press Sec'y, "President Bush: Information Sharing, Patriot Act Vital to Homeland Security, Apr. 20, 2004; James Risen and Eric Lichtblau, "Bush Lets U. S. Spy on Callers Without Courts," N. Y. Times, Dec. 16, 2005.

11. Oren Bar-Gill and Barry Friedman, "Taking Warrants Seriously," Nw. U. L. Rev. 106 (2012): 1666.

12. Brief of American Civil Liberties Union et al. as Amicus Curiae in Support of Respondents, p. 15, Florida v. Bostick, citing State v. Kerwick, 512 So. 2d 347, 349 (Fla. 4th DCA 1987).

13. Florida v. Bostick, 501 U. S. 429, 431 (1991); Tia Mitchell, "Drug Agents Prowl City Bus Stations," Florida Times-Union, Oct. 20, 2002; Brief of American Civil Liberties Union et al. as Amicus Curiae in Support of Respondents at 5 – 15, Florida v. Bostick, 501 U. S. 429 (No. 89 – 1717) ("three thousand bags" [citing State v. Kerwick, 512 So. 2d 347, 349 (Fla. 4th DCA 1987)]);. Brief of Petitioner at 3 – 5, Bostick v. State, 554 So. 2d 1153 (Fla. 1989) (No. 70996) (78,000 bus passengers); Brief of Respondents at 3n4, United States v. Drayton, 536 U. S. 194 (2002) (No. 01 – 631).

14. See Florida v. Bostick, 510 U. S. at 437 – 39; U. S. v. Drayton, 536 U. S. at 200, 207 – 208; Ohio v. Robinette, 519 U. S. 33, 46 – 48 (1996) (Stevens, J. , dissenting) (任何假设都无法令人满意地解释普通公民为什么反复做出放弃自己利益的决定,除了假设这些普通公民认为他们自己有这样做的法律义务才能够解释。)[citations omitted]; Los Angeles Police De-

partment，Arrest，Discipline，Use of Force，Field Data Capture and Audit Statistics and the City Status Report Covering Period of January 1，2006－June 30，2006，at 8，10（2006），（报告称 36612 名行人中有 36583 人"同意搜查"）。Accord Michelle Alexander，The New Jim Crow：Mass Incarceration in the Age of Colorblindness（2012），63－86（讨论了执法人员使用"同意搜查"，以及类似的"借口搜查"）。

15. Brief of Respondents，at 3n4，Drayton，536 U. S. 194；Charles Carter Dep. at 22－24.

16. Kimberly Kindy and Kennedy Elliott，"2015 Police Shootings Investigation，" Wash. Post，Dec. 26，2015；Officer Involved Shootings，City of Houston Police Department；2015 HPD Officer Involved Shootings，Homicide Division；2014 HPD Officer Involved Shootings，Homicide Division；2013 HPD Officer Involved Shootings，Homicide Division；Sebastian Murdock，"Officer Juventino Castro Will Walk Free After Killing Unarmed Man Jordan Baker，" Huffington Post，Dec. 23，2014，updated Dec. 24，2014，1：59 a. m.；James Pinkerton，"No Charges Against HPD Officer Who Killed Double Amputee in a Wheelchair，" Houston Chron. ，June 13，2013.

17. Larry Gordon，"Court Allows Release of Officers' Names in UC Davis Pepper-Spray Case，" L. A. Times，Aug. 21，2014，7：55 p. m.；Dana Goldstein，"In Your Face，" The Marshall Project，Jan. 26，2015，7：55 a. m.；"Stricter Limits Urged as Deaths Following Police Taser Use Reach 500，" Amnesty Int'l，Nov. 19，2014；Taser，Advanced Taser M26C Operating Manual；Adam Liptak，"A Ticket，3 Taser Jolts and，Perhaps，a Trip to the Supreme Court，" N. Y. Times，May 14，2012（孕妇）；ACLU of Nebraska，Dangerously Out of Bounds：Taser Use in Nebraska（2014），14（残疾人士）；Rhonda Cook，"East Point Family to Sue City，Police in Taser Death，" Atl. J. Const. ，Aug. 7，2014（倒在积水中的人）；Mark Morgenstein，"Using a Taser on an 8-year-old? Mom Sues Police，City，" CNN，Aug. 9，2014；Sarah Solon and Heather Smith，"What Could Justify Using a Taser on an 8-Year-Old Girl?，" ACLU，Oct. 11，2013，12：34 p. m. .

18. Radley Balko，"Shedding Light on the Use of SWAT Teams，" Wash. Post，Feb. 17，2014；Alex Horton，Opinion，"In Iraq，I Raided Insurgents. In Virginia，the Police Raided Me，" Wash. Post，July 24，2015；Eliott C. McLaughlin，"No Indictments for Georgia SWAT Team That Burned Baby with Stun Grenade，" CNN，Oct. 7，2014；Liz Fields，"Toddler Maimed by SWAT Flash Grenade Sparks Georgia Bills on 'No-Knock' Warrants，" Vice，Jan. 23，2015；Alison Lynn and Matt Gutman，"Family of Toddler Injured by SWAT 'Grenade' Faces ＄1M in Medical Bills，" ABC News，Dec. 18，2014；Renee Lewis，"Georgia Toddler in Coma After Stun Grenade Lands in Crib During SWAT Raid，" Al Jazeera Am. ，May 30，2014.（"这是否会让我们在下一次行动中更加谨慎?"是的,女士,下次会更谨慎的。"）

19. Glenn Greenwald，"NSA Collecting Phone Records of Millions of Verizon Customers Daily，" The Guardian，June 6，2013；Jason Leopold，"NSA Pushed 9/11 as Key 'Sound Bite' to Justify Surveillance，" Al Jazeera Am. ，Oct. 30，2013；Scott Shane and Colin Moynihan，"Drug Agents Use Vast Phone Trove，Eclipsing N. S. A. 's，" N. Y. Times，Sept. 1，2013.

20. Brief of the National Association of Criminal Defense Lawyers ＆ the Brennan Center for Justice at New York University School of Law as Amici Curiae in Support of Petitioner at 23，Riley v. California，134 S. Ct. 2473（2014）（Nos. 13－132，13－212）（"报亭"）；"Is the Government Spying on You Through Your Computer's Webcam or Microphone?，" WashingtonBlog，June 24，2013；Kim Zetter，"How to Keep the NSA from Spying Through Your Webcam，" Wired，Nov. 2，2014；Jay Stanley，"Mysterious Planes over Baltimore Spark Surveillance Sus-

picions," ACLU Free Future, May 6, 2015; Melanie Reid, "Grounding Drones: Big Brother's Tool Box Needs Regulation Not Elimination," Rich. J. L. & Tech. 20 (2014): 8 - 9.

21. James Bamford, "The NSA Is Building the Country's Biggest Spy Center (Watch What You Say)," Wired, Mar. 15, 2012, 7:24 p. m.; Michael Price, Brennan Ctr. for Justice, National Security and Local Police (2013), 17 - 20; Information Fusion Centers and Privacy, Electronic Privacy Information Ctr..

22. Jon B. Gould and Stephen D. Mastrofski, "Suspect Searches: Assessing Police Behavior Under the U. S. Constitution," Criminology & Pub. Pol'y 3 (2004): 325, 331, 351 - 52.

23. Jacob Sullum, "Why Is That Cop's Finger in Your Butt?" Reason, May 11, 2015; Tim Zatzariny, Jr., "Suit Against O. C. Police, Hospital Raises Issue of Forced Testing in DWI Cases," OCNJ Daily, May 12, 2015; Ben Winslow, "Man Sues Police Over 'Forced Catheterization,'" Fox 13, May 24, 2012, updated May 25, 2012, 2:33 p. m.; Anthony Colarossi and Pedro Ruz Gutierrez, "Orlando Police Use Stun Gun on Handcuffed Man," Orlando Sentinel, Mar. 9, 2005; "Man in Hospital Bed Tasered to Force Urine Test," Rense. com, Mar. 10, 2005.

24. Jim Dwyer, "Police Video Caught a Couple's Intimate Moment on a Manhattan Rooftop," N. Y. Times, Dec. 22, 2005; Sarah Stillman, "The Throwaways," New Yorker, Sept. 3, 2012 (青少年线人); Sari Horwitz, "Justice Dept. Will Review Practice of Creating Fake Facebook Profiles," Wash. Post, Oct. 7, 2014.

25. Civil Rights Div., U. S. Dep't of Justice, Investigation of the Ferguson Police Department (2015), 2; Eli Yokley and Mitch Smith, "Contesting Traffic Fines, Missouri Sues 13 Suburbs of St. Louis," N. Y. Times, Dec. 18, 2014; Lawyers' Committee for Civil Rights of the San Francisco Bay Area et al., Not Just a Ferguson Problem: How Traffic Courts Drive Inequality in California (2015); Jamilah King, "Driving While Poor Is Deepening Inequality in America," Takepart, May 8, 2015; Aimee Picchi, "In Modern-Day Debtors' Prisons, Courts Team with Private Sector," CBS News, Mar. 25, 2015; Tiffany Roberts, "Fines, Fees, and Inequality," Creative Loafing, June 11, 2015.

26. Sarah Stillman, "Taken," New Yorker, Aug. 12, 2013; Shaila Dewan, "Police Use Department Wish List When Deciding Which Assets to Seize," N. Y. Times, Nov. 9, 2014; Marian R. Williams, Jefferson E. Holcomb, Tomislav V. Kovandzic, and Scott Bullock, Inst. for Justice, Policing for Profit: The Abuse of Civil Asset Forfeiture (2010), 20, 22 - 23 (hereinafter Policing for Profit); Stewart M. Powell, "Asset Forfeiture Both an Effective Tool, Civil-Liberties Nightmare," SFGate, May 26, 2013(指出被联邦政府没收的财产中,大约有 1%归还给了前主人); Conor Friedersdorf, "The Injustice of Civil-Asset Forfeiture," The Atlantic, May 12, 2015 (citing Joline Gutierrez Krueger, "DEA to Traveler: Thanks, I'll Take That Cash," Albuquerque J., May 6, 2015) (密歇根男子). For a vivid discussion of the value of forfeiture to law enforcement and its overuse, see Alexander, 详见注释 14 第 71—82 页。

27. Policing for Profit, supra note 26 at 18 - 19; Stillman, "Taken," supra note 26; Renée C. Lee, "Montgomery DA Says Funds Used for Liquor at Cook-Off," Houston Chron., Mar. 18, 2008.

28. ACLU of Massachusetts, Black, Brown and Targeted: A Report on Boston Police Department Street Encounters from 2007 - 2010 (2014); NAACP, Born Suspect: Stop-and-Frisk Abuses & the Continued Fight to End Racial Profiling in America (2014), 10 - 16, 24; David A. Harris, Driving While Black: Racial Profiling on Our Nation's Highways (1999); David A. Harris, "The Stories, the Statistics, and the Law: Why 'Driving While Black' Matters,"

Minn. L. Rev. 84（1999）：277－80；Leatherbury Dep. at 62，75－76；Comey，"Hard Truths，"详见注释9。

29. For example，Derrick A. Bell，Jr.，Comment，"Brown v. Board of Education and the Interest-Convergence Dilemma，" Harv. L. Rev. 93（1980）：518. 米歇尔·亚历山大的《新种族歧视》生动地描述了刑事司法系统对少数族裔，尤其是非洲裔美国人的影响。See Alexander，详见注释14。关于对少数群体个体影响的深刻描述，see Ta-Nehisi Coates，Between the World and Me（2015）。除此之外，科茨详细描述了他的朋友死于与警察有关的枪击事件，以及此类事件如何影响一个人的幸福感。

30. Conor Friedersdorf，"How the DEA Harasses Amtrak Passengers，" The Atlantic，May 19，2015；Conor Friedersdorf，"Amtrak Passengers Share More Stories of Harassment，" The Atlantic，May 22，2015.

31. Greenwald and Ackerman，"NSA Collected US Email Records in Bulk for More Than Two Years Under Obama，"详见注释7。

32. Samuel R. Gross and Katherine Y. Barnes，"Road Work：Racial Profiling and Drug Interdiction on the Highway，" Mich. L. Rev. 101（2002）：670－77. See also Alexander，参阅注释14第69－70页（讨论行动流程）；同上第60页（"在禁毒战争中，几乎没有什么法律规定能真正约束警察"）。

33. Kirk Simone，Kansas Highway Patrol，EPIC Operation Pipeline：Passenger Vehicle Drug Interdiction，2，4；Samuel R. Gross and Katherine Y. Barnes，"Road Work：Racial Profiling and Drug Interdiction on the Highway，" Mich. L. Rev. 101（2002）：670－77，685（quoting Cal. State Assembly Democratic Caucus Task Force on Gov't Oversight，Operation Pipeline：California Joint Legislative Task Force Report（1999），13；see also Chavez v. Illinois State Police，251 F. 3d 612，621－22（7th Cir. 2001）.

他解释说，一旦一辆车被拦下，瓦尔基里行动的官员就会寻找贩卖毒品的迹象。这些指标数不胜数——事实上，瓦尔基里行动的训练手册中有一份由28个因素组成的疑点清单——其中包括相对于规划的行程行李过少或太多、毒品来源城市或州的地图，以及空气清新剂。警察还接受训练，识破对方是否背负压力或存心欺骗，不论是言语上还是非言语上的，如紧张或过分友好的行为。（瓦尔基里行动协调员）斯奈德作证说，当瓦尔基里的警官观察到这些疑点时，他们接受的训练要求对方同意搜查车辆。1992年，瓦尔基里警察在大约14%的站点请求允许进行搜查，当他们提出请求时，超过98%的司机同意搜查。

34. Mike German and Jay Stanley，Fusion Center Update（2008），1－4，6；Complaint for Declaratory and Injunctive Relief at paras. 101－117，Gill v. Dep't of Justice，No. 3：14-cv-03120-RS（KAW）（N. D. Cal. filed July 10，2014），2014 WL 3374708（Boston）；About the NSI，National SAR Initiative.

35. Carter Letter to Bailey，ACLU.

36. See Civil Rights Div.，U. S. Dep't of Justice，Investigation of the Ferguson Police Department，supra note 25（在某种程度上关注警察执法中隐性偏见的问题）；Chris Mooney，"The Science of Why Cops Shoot Young Black Men，" Mother Jones，Dec. 1，2014（解释了警察执法中普遍存在的隐性偏见）；Jason Zengerle，"Michael Brown's Death Was Shocking. So Are the Racial Profiling Stats We've Been Ignoring，" New Republic，Aug. 13，2014（指出紧随迈克尔·布朗枪击事件后弗格森警方所利用的种族形象定性）；Friedersdorf，"Eyes Over Compton，"详见注释7；Reid，"Grounding Drones，"详见注释20；Bosman and Apuzzo，"In Wake of Clashes，Calls to Demilitarize Police，"详见注释8；Stillman，"Taken，"详见注释26第3页（强调了滥用民事没收法）。

37. Nat'l Comm'n on Terrorist Attacks Upon the U. S.，The 9/11 Commission Report，

400，408（2004）（用"连点成线"这个短语来描述 911 事件前的情报失误）。

38. Cal. Code Regs. tit. 16，§§ 900‐99；id. tit. 21 §§ 2205，2207；Fla. Admin. Code Ann. R. 20；id. R. 20-13,001,-32.006.

39. 佛罗里达州的法律包含一些零散的条款，向无授权搜查提供指导，e. g. Fla. Stat. § 901.151（指导拦停搜身）；id. § 901.21（关于脱衣搜查），但有许多条款是最高法院判例中已明确的或隐含其中的法典，e. g.，id. § 901.21（关于被捕者的搜查）；id. § 933.19（关于车辆搜查）。在加利福尼亚州，州长杰里·布朗签署了《加州电子通信隐私法》，该法案规定了进行数字搜查的授权要求。然而，州法律对于搜查仍然缺乏足够的指导或必要的约束，除了个别例外，如宪法要求在没有搜查令的情况下禁止使用无合理理由而获得的证据，Cal. Penal Code § 1538.5，以及禁止对轻罪罪犯进行无搜查令的"身体体腔搜查"。Cal. Penal Code § 4030(h).

40. See, e. g.，18 U. S. C. § 2511（2012）；28 U. S. C. § 533(1)；Nev. Rev. Stat. Ann. § 484B.570（West）；Or. Rev. Stat. Ann. § 837.310‐65；N. Y. C. Law § 435.

41. Chi. Police Dep't, Chicago Police Department Directives System；City of Seattle, Seattle Police Department Manual；The Function and Role of the Board of Police Commissioners, L. A. Police Dep't.

42. Carol S. Steiker, "Second Thoughts About First Principles," Harv. L. Rev. 107（1994）：831，834‐35（citing David R. Johnson, Policing the Urban Underworld：The Impact of Crime on the Development of the American Police, 1800‐1887（1979），48）；Edward L. Ayers, Vengeance and Justice：Crime and Punishment in the 19th Century American South（1984），88；Egon Bittner, Aspects of Police Work（1990），117；Eric H. Monkkonen, Police in Urban America, 1860‐1920（2004），42‐44；Samuel Walker, A Critical History of Police Reform（1977），25‐28，39，55‐56，70‐75；Jerome H. Skolnick and James H. Fyfe, Above the Law：Police and the Excessive Use of Force（1993），175.

43. Samuel Walker, Popular Justice：A History of American Criminal Justice（1998），195‐96；The Kerner Report：The 1968 Report of the National Advisory Commission on Civil Disorders（1968；repr. 1988），206，299；Skolnick and Fyfe, Above the Law：Police and the Excessive Use of Force, supra note 42, at 82‐83；The Challenge of Crime in a Free Society：A Report by the President's Commission on Law Enforcement and Administration of Justice（1967），99‐102；Lee P. Brown, "Community Policing：A Practical Guide for Police Officials," Perspectives on Policing, Sept. 1989, at 5.

44. Wesley G. Skogan, "Why Reform Fails," Policing & Soc'y, 28‐29（2008）：26；Dan Baum, "Legalize It All：How to Win the War on Drugs," Harper's, Apr. 2016；Sandy Banks, "The Crack Epidemic's Toxic Legacy," L. A. Times, Aug. 7, 2010；Dennis Romero, "The Militarization of Police Started in Los Angeles," L. A. Weekly, Aug. 15, 2014, 6:04 a. m..

45. Barry Friedman and Maria Ponomarenko, "Democratic Policing," N. Y. U. L. Rev. 90（2015）：1871‐73.

46. See，e. g.，David Garland, The Culture of Control：Crime and Social Order in Contemporary Society（2001）；Friedman and Ponomarenko, "Democratic Policing," supra note 45, at 1865‐75；Reid, "Grounding Drones," supra note 20, at 1, 8, 9；Milton J. Valencia, "Police Defend Use of Military-Style Equipment," Bos. Globe, Aug. 16, 2014, at B1.

47. 我不是唯一这样做的人，但我提出的方法相对来说比较具体。对这个问题的解决办法，请参阅 Christopher Stone and Heather H. Ward, "Democratic Policing：A Framework for Action," Policing & Soc'y 10（2000）：11‐45.

48. Office of the Federal Register, A Guide to the Rulemaking Process.

49. U. S. Const. amend. IV.

50. 塔-那西斯·科茨挑衅道:"警察的问题不在于他们是法西斯猪,而在于我们的国家被多数主义猪统治。"Coates, Between the World and Me,详见注释 29 第 78 页。

51. That is the theme of Larry Kramer's book by this title. Larry Kramer, The People Themselves: Popular Constitutionalism and Judicial Review (2005).

52. Katz v. United States, 389 U. S. 347, 351 (1967) (citations omitted).

53. Daniel Solove, "'I've Got Nothing to Hide' and Other Misunderstandings of Privacy," San Diego L. Rev. 44 (2007): 746, 748 - 53; Daniel Solove, "Why Privacy Matters Even if You Have 'Nothing to Hide,'" The Chronicle, May 15, 2011; CNBC Prime, "Inside the Mind of Google," YouTube.

54. Polly Sprenger, "Sun on Privacy: 'Get Over It,'" Wired, Jan. 26, 1999; Natasha Singer, "Sharing Data, but Not Happily," N. Y. Times, June 4, 2015.

55. U. S. Const. amend. IV.

56. Richard A. Posner, Not a Suicide Pact: The Constitution in a Time of National Emergency (2006); see also Terminiello v. City of Chicago, 337 U. S. 1, 37 (1949) (Jackson, J. dissenting); Ex Parte Vallandingham, 68 U. S. 243 (1864); Letter from Thomas Jefferson to John B. Colvin, Sept. 20, 1810, in The Works of Thomas Jefferson, ed. Paul Leicester Ford (1905), 11:146.

57. See, e. g. , The Federalist No. 70 (Alexander Hamilton) (列举了"决策、活动、保密和派遣"作为集权管理者提升"能力"的优势)。关于宪法准则的重要性,斯蒂芬·赫尔姆斯的著作很有启发性。E. g., Stephen Holmes, Passions and Constraint: On the Theory of Liberal Democracy (1995); Stephen Holmes, "In Case of Emergency: Misunderstanding Tradeoffs in the War on Terror," Calif. L. Rev. 97 (2009): 301.

58. Holmes, "In Case of Emergency,"详见注释 57 第 301—302 页. See generally Atul Gawande, The Checklist Manifesto: How to Get Things Right (2009).

59. Carl Matthies, Vera Institute of Justice, Advancing the Quality of Cost-Benefit Analysis for Justice Programs (2014), 1.

60. See, e. g. , Holmes, "In Case of Emergency,"详见注释 57。

61. E. g. , Rachel Blade, "Criminal Justice Reform Gains Bipartisan Momentum," Politico, Jul. 15, 2015, 5:15 a. m. .

第一章 秘密警察执法

1. The Day We Fight Back; About Us: Restore the Fourth Chicago; March & Dinner in Conjunction with "The Day We Fight Back".

2. Interview by Barry Friedman with Freddy Martinez, Mar. 25, 2015 (hereinafter Martinez Interview); Sam Adler-Bell, "Beware the 'Stingray,'" U. S. News & World Rep. , Mar. 13, 2015, 10:45 a. m. .

3. Adler-Bell, "Beware the Stingray," supra note 2; Kim Zetter, "Turns Out Police Stingray Spy Tools Can Indeed Record Calls," Wired, Oct. 28, 2015.

4. Chuck Sudo, "Is the Chicago Police Department Monitoring Occupy Chicago's Cell Phone Conversations?," Chicagoist, Nov. 7, 2011, 9:15 a. m. ; John Kelly, "Cellphone Data Spying: It's Not Just the NSA," USA Today, May 20, 2014, 10:54 a. m. (Miami police); Fruzsina Eördögh, "Evidence of 'Stingray' Phone Surveillance by Police Mounts in Chicago," Christian Sci. Monitor, Dec. 22, 2014; Martinez Interview, 详见注释 2。

5. Martinez Interview, supra note 2; Complaint at 4, Ex. 7, Martinez v. Chicago Police

Dep't.（Martinez I），No. 2014CH09565（Ill Cir. Ct. filed June 6，2014）.

6. Interview by Barry Friedman with Matthew Topic，Mar. 13，2015（hereinafter Topic Interview）；John Dodge，"After Denials，Chicago Police Department Admits Purchase of Cell-Phone Spying Devices，" CBS Chicago，Oct. 1，2014，10：52 a. m.．

7. 马丁内斯又向芝加哥警察局提交了 4 份《信息自由法》申请，要求获得关于"魔鬼鱼"的信息。See Def.'s Notice of Supplemental Production in Response to FOIA Request at 2，Martinez I；Complaint at 3 - 4，Ex. E - F，Martinez v. Chicago Police Dep't.（Martinez II），No. 2014CH15338（Ill. Cir. Ct. filed Sept. 23，2014）.

8. Invoice from Drinker Biddle & Reath LLP to City of Chicago（on file with author）；Def.'s Motion to Dismiss at 4，8，14，Martinez II（Ill. Cir. Ct. filed Dec. 10，2014）；letter from Elizabeth V. Lopez，Drinker Biddle & Reath LLP，to Freddy Martinez，Nov. 13，2014（on file with author）；letter from Jeffery D. Perconte，Drinker Biddle & Reath LLP，to Freddy Martinez，Feb. 10，2015（on file with author）；letter from Jeffery D. Perconte，Drinker Biddle & Reath LLP，to Freddy Martinez，Feb. 5，2015（on file with author）；letter from Jeffery D. Perconte，Drinker Biddle & Reath LLP，to Freddy Martinez，Jan. 22，2015（on file with author）.

9. Skolnick v. Altheimer & Gray，730 N. E. 2d 4，16（Ill. 2000）（未加密法庭记录）；Ryan Gallagher，"Meet the Machines That Steal Your Phone's Data，" Ars Technica，Sep. 25，2013，1：00 p. m.，（公开的专利文件）。

10. Cyrus Farivar，"To Explain Stingrays，Local Cops Cribbed Letter Pre-Written by FBI，" Ars Technica，Mar. 24，2015，7：00 a. m.；Affidavit of Bradley S. Morrison，Def.'s Motion to Dismiss at Ex. 5，Martinez II（Ill. Cir. Ct. filed Dec. 10，2014）. Locales where the Morrison affidavit showed up include Tucson，Arizona；San Diego，California（公开了宣誓书的城市）；and Virginia. See City Attorney Statement，City of San Diego，"City Attorney Releases Three Documents Related to Stingray Cell Site Simulator，" Dec. 22，2014；Jack Gillum and Eileen Sullivan，"US Pushing Local Cops to Stay Mum on Surveillance，" Yahoo Finance，June 21，2014；Matt Richtel，"A Police Gadget Tracks Phones? Shhh! It's Secret，" N. Y. Times，Mar. 15，2015.

11. Harris Government Communications Systems Terms and Conditions of Sale for Domestic Wireless Equipment，Software，and Services（on file with author）（"客户不得以任何方式向公众披露……关于客户购买或使用的任何信息……包括但不限于：新闻发布、法庭文件和/或程序、互联网或其他公开论坛或程序"）；Jessica Glenza and Nicky Woolf，"Stingray Spying：FBI's Secret Deal with Police Hides Phone Dragnet from Courts，" The Guardian，Apr. 10，2015.

12. Affidavit of Bradley S. Morrison，Def.'s Motion to Dismiss at Ex. 5，Martinez II（Ill. Cir. Ct. filed Dec. 10，2014）（"拼图游戏"）；Farivar，"To Explain Stingrays，" supra note 10（"躲避"）；Jessica Lussenhop，"St. Louis Police Have Used Stingray Technology for Years—They Just Won't Talk About It，" Riverfront Times，May 20，2015，8：00 a. m.（quoting Hanni Fakhoury）.

13. Lussenhop，"St. Louis Police Have Used Stingray Technology for Years，" 详见注释 12；Jason Koebler，"The FBI Admits It Uses Fake Cell Phone Towers to Track You，" Vice，Feb. 16，2015.

14. Alliance to End Repression v. City of Chicago，237 F. 3d 799，801（7th Cir. 2001）（Posner，J.）；Martinez Interview，supra note 2；Topic Interview，详见注释 6.

15. Fred Clasen-Kelly，"Secrecy Lifts in CMPD Stingray Phone Tracking，" Charlotte Observer，Feb. 15，2015，6：00 a. m.；Fred Clasen-Kelly，"Mecklenburg County District

Attorney's Office to Review Surveillance Cases," Charlotte Observer, Nov. 20, 2014.

16. Clasen-Kelly, "Mecklenburg County, District Attorney's Office to Review Surveillance Cases," supra note 15; Adam Lynn, "Tacoma Police Change How They Seek Permission to Use Cellphone Tracker," News Trib. , Nov. 15, 2014, 12:00 a. m. .

17. Cyrus Farivar, "FBI Would Rather Prosecutors Drop Cases Than Disclose Stingray Details," Ars Technica, Apr. 7, 2015, 5:35 p. m. （联邦调查局可以根据保密协议迫使检察官撤诉）;Lussenhop, "St. Louis Police Have Used Stingray Technology for Years,"详见注释 12（尽管联邦调查局否认,案件还是被撤销或达成了慷慨的认罪协议）;Ellen Nakashima, "Secrecy Around Police Surveillance Proves a Case's Undoing," Wash. Post, Feb. 22, 2015 (Tallahassee).

18. Topic Interview, supra note 6; Justin Fenton, "Baltimore Police Used Secret Technology to Track Cellphones in Thousands of Cases," Balt. Sun, Apr. 9, 2015（巴尔的摩的记录和藐视法庭威胁）;Adler-Bell, "Beware the 'Stingray,'"详见注释 2（在没有证据的情况下决定继续调查）; Justin Fenton, "Maryland Appellate Court: Warrant Required for 'Stingray' Phone Tracking," Balt. Sun, Mar. 31, 2016; Nakashima, "Secrecy Around Police Surveillance,"详见注释 17 (quoting Judge Frank Sheffield).

19. Glenza and Woolf, "Stingray Spying,"详见注释 11(quoting Bruce Jacob); N. Y. Civil Liberties Union v. Erie Cty. Sheriff's Office, 15 N. Y. S. 3d 713, 2015 WL 1295966, at * 11 (N. Y. Sup. Ct. Mar. 17, 2015)（未上报的表格）.

20. CPD 于 2014 年 12 月 8 日披露了另一项信息,作为对最初回应的补充。Letter from Elizabeth Lopez, Drinker Biddle & Reath LLP, to Freddy Martinez, Dec. 8, 2014 (on file with author)（早在 2005 年芝加哥就已使用魔鬼鱼）;Martinez Interview,详见注释 2; Topic Interview,详见注释 6。

21. Douglas Greenberg, "The Effectiveness of Law Enforcement in Eighteenth-Century New York," Am. J. Legal Hist. 19 (1975): 177 - 78 (Schuyler); Eric H. Monkkonen, Crime, Justice, History (2012), 174 (New York Gazette (citing Arthur E. Peterson and George W. Edwards, New York as an Eighteenth Century Municipality, 2nd ed. (1967), 324)); Eric H. Monkkonen, Police in Urban America, 1860 - 1920 (2004), 32 (Louisiana Gazette (citing George A. Ketcham, Municipal Police Reform: A Comparative Study of Law Enforcement in Cincinnati, Chicago, New Orleans, New York, and St. Louis, 1844 - 1877 (1967), 48)).

22. James F. Richardson, The New York Police: Colonial Times to 1901 (1970), 42（警察绝对专制）; Carol S. Steiker, "Second Thoughts About First Principles," Harv. L. Rev. 107 (1994): 831 (1833 report) (citing David R. Johnson, Policing the Urban Underworld: The Impact of Crime on the Development of the American Police, 1800 - 1887 (1979), 48); Roger Roots, "Are Cops Constitutional?," Seton Hall Const. L. J. 11 (2001): 695 & 695n57 ("bobbies").

23. Monkkonen, Crime, Justice, History,详见注释 21 第 175 页; Samuel Walker, Popular Justice: A History of American Criminal Justice (1998), 57, 63（在餐馆里睡觉,或者离开自己的岗位在其他地方）; H. Paul Jeffers, Commissioner Roosevelt: The Story of Theodore Roosevelt and the New York City Police, 1895 - 1897 (1994), 107（在奶油桶上睡觉）。

24. Allen Steinberg, The Transformation of Criminal Justice: Philadelphia 1800 - 1880 (2000), 152, 177.

25. "Farewell to Williams," N. Y. Times, May 25, 1895; "Williams, 'Ex-Czar' of Tenderloin, Dies," N. Y. Times, Mar. 26, 1917.

26. "Farewell to Williams," 详见注释 25（在广受欢迎的聚会上充满活力的行为）；The Yale Book of Quotations, ed. Fred. R. Shapiro (2006), 810（"警棍"一词最早始于威廉姆斯，格罗弗·A·惠伦几十年后也说过类似的话）；"Williams, 'Ex-Czar' of Tenderloin, Dies," 详见注释 25（"问问市长就知道了"）。Note, however, that Samuel Walker, A Critical History of Police Reform (1977), 8, 引用了托马斯·伯恩斯关于警棍和最高法院的论断。

27. "Williams, 'Ex-Czar' of Tenderloin, Dies," 详见注释 25。

28. Walker, Popular Justice, supra note 23, at 64 详见注释 23 第 64 页 (quoting the Reverend Charles Henry Parkhurst); Richardson, The New York Police, 详见注释 22 第 234—240 页（解释了莱克委员会的形成和帕克赫斯特的作用）。See generally Charles H. Parkhurst, Our Fight with Tammany (1895).

29. Report of the Special Committee Appointed to Investigate the Police Department of the City of New York, S. 118 - 25 (N. Y., 1895), 25, 28, 34 - 35, 40, 44 - 45.

30. 同上第 15 页 (emphasis added)。

31. 同上第 15—20、29、32—51 页。

32. 关于警察政治化，see Edward L. Ayers, Vengeance and Justice: Crime and Punishment in the 19th Century American South (1984), 88; Egon Bittner, Aspects of Police Work (1990), 117; Monkkonen, Police in Urban America, 详见注释 21 第 42—44 页；Walker, A Critical History of Police Reform, 详见注释 26 第 25—28 页；Steiker, "Second Thoughts About First Principles," 详见注释 22 第 834—835 页。沃尔默的背景 see Walker, A Critical History of Police Reform, 详见注释 26 第 70—73 页；O. W. Wilson, "August Vollmer," J. Crim. L. & Criminology 44 (1953): 94. The 1917 report is August Vollmer and Albert Schneider, "The School for Police as Planned at Berkley," J. Crim L. & Criminology 7 (1917): 877.

33. Walker, A Critical History of Police Reform, 详见注释 26 第 39、70—75 页。

34. 同上第 70—75、143 页（"科学的"）；Walker, Popular Justice, 详见注释 23 第 172—173 页（高效的）。

35. Jerome H. Skolnick and James H. Fyfe, Above the Law: Police and the Excessive Use of Force (1993), 45 - 46（"固定"指控、"勒索式逮捕"）；National Comm'n on Law Observance and Enforcement, Report on Lawlessness in Law Enforcement (1931), 38 - 52（"三度手段"、"酷刑"）。

36. Brown v. Mississippi, 297 U. S. 278, 281, 287 (1936). On the Isaac Woodard story, see "Aiken Is Angered at Welles Charge," N. Y. Times, Aug. 9, 1946; "Federal Help Sought for Blinded Veteran," N. Y. Times, July 25, 1946.

37. These developments are described in Skolnick and Fyfe, Above the Law, supra note 35, at 175 详见注释 35 第 175 页；Walker, A Critical History of Police Reform, supra note 26, at ix, 55 - 56. 详见注释 26 第 ix、55—56 页。

38. Walker, Popular Justice, 详见注释 23 第 60 页（社会服务）；Walker, A Critical History of Police Reform, 详见注释 26 第 139、149—160 页（追捕坏人）。

39. Bittner, Aspects of Police Work, 详见注释 32 第 6—7 页（配有双向无线电的锃亮的警车）；Walker, Popular Justice, 详见注释 23 第 165—167 页（快速反应和犯罪率）。

40. Walker, Popular Justice, 详见注释 23 第 195—196 页（"漫长而炎热的夏季"）；The Kerner Report: The 1968 Report of the National Advisory Commission on Civil Disorders (1968; repr. 1988), 206, 299.

41. Skolnick and Fyfe, Above the Law, 详见注释 35 第 82—83 页，(quoting Daniel Bell, "Columbia and the New Left," The Public Interest, Fall 1968, at 81).

42. 同上第 75—76、81 页 (quoting Daniel Walker, Rights in Conflict: The Violent Con-

frontation of Demonstrators and Police in the Parks and Streets of Chicago During the Week of the Democratic National Convention of 1968：A Report to the National Commission on the Causes and Prevention of Violence (1968)，xv）；see also Walker，Popular Justice，详见注释 23 第 172—174 页（讨论了 1968 年芝加哥民主党大会事件）。

43. Barry Friedman，The Will of the People：How Public Opinion Has Influenced the Supreme Court and Shaped the Meaning of the Constitution (2009)，276.

44. Nicholas deB. Katzenbach，Foreword to The Challenge of Crime in a Free Society：A Report by the President's Commission on Law Enforcement and Administration of Justice (1967).

45. The Challenge of Crime in a Free Society，详见注释 44 第 99—100、102 页。

46. 同上第 100—101 页。

47. Lee P. Brown，"Community Policing：A Practical Guide for Police Officials," Perspectives on Policing，Sept. 1989，at 5.

48. William J. Clinton，"Address Before a Joint Session of the Congress on the State of the Union," Jan. 25，1994，in Weekly Compilation of Presidential Documents 30 (1994)：155–56；COPS Office：Mission History；Michael D. Reisig，"Community and Problem-Oriented Policing," Crime & Just. 39 (2010)：19–20 (disbursements)；Matthew J. Hickman and Brian A. Reaves，Bureau of Justice Statistics，Special Report：Community Policing in Local Police Departments，1997 and 1999 (2001)，1–2. See generally Tracey L. Meares，"Praying for Community Policing," Calif. L. Rev. 90 (2002)：1596–97.

49. Robert M. Morgenthau，"Does Community Policing Work? Beware of Its Limits," N. Y. Times，Dec. 30，1990.

50. 同上。

51. John Crank and Robert Langworthy，"Fragmented Centralization and the Organization of the Police," Policing & Soc'y 6 (1996)：213（"大杂烩"）；Jerome H. Skolnick and David H. Bayley，"Theme and Variation in Community Policing," Crime & Just. 10 (1988)：4 ("buzzword")；Radley Balko，Rise of the Warrior Cop：The Militarization of America's Police Forces (2013)，220 (citing Peter B. Kraska and Victor E. Kappeler，"Militarizing American Police：The Rise and Normalization of Paramilitary Units," Soc. Probs. 44 [1997]：13) (SWAT).

52. Deborah Spence，"Colorado Springs PD Takes Home 2010 Goldstein Award," Community Policing Dispatch，Nov. 2010；Colorado Springs Police Dep't，Homeless Outreach Team，Center for Problem-Oriented Policing (2010)；Los Angeles County Chief Executive Office，Los Angeles County Regional Gang Violence Reduction Initiative：Semi-Annual Progress Report，April–September 2010 (2010)；About Us，National Association of Police Athletic/Activities Leagues，Inc..

53. George L. Kelling and James Q. Wilson，"Broken Windows," Atlantic Monthly，Mar. 1982，at 29–38.

54. K. Babe Howell，"Broken Lives from Broken Windows：The Hidden Costs of Aggressive Order-Maintenance Policing," N. Y. U. Rev. L. & Soc. Change 33 (2009)：274（"破坏了刑事司法系统的合法性"）；Broken Windows Policing，Center for Evidence-Based Crime Policy. 关于纽约市在朱利安尼市长治下维持治安的经验，see, for example，New York City Police Department，Police Strategy No. 5：Reclaiming the Public Spaces of New York (1994)；Jeffrey A. Fagan and Garth Davies，"Policing Guns：Order Maintenance and Crime Control in New York," in Guns，Crime，and Punishment in America，ed. Bernard E. Harcourt (2003)，193–96；Bernard E. Harcourt and Jens Ludwig，"Broken Windows：New Evidence for New York City and a

Five-City Social Experiment," U. Chi. L. Rev. 73 (2006)：286.

55. Wesley G. Skogan, "Why Reform Fails," Policing & Soc'y 18 (2008)：26. 1988 年，学院最受尊敬的警务学者杰罗姆·斯科尔尼克对这一概念的实际应用进行了实地研究。他与合著者写道："领导者口吐莲花，但他们很少坚持到底。"在实践中，"旧的职业化观念得以保留，警察牢牢地掌控着局面，除非在需要的时候，与公众一直保持一定距离。" Skolnick and Bayley, "Theme and Variation in Community Policing,"详见注释 51 第 16—17 页。同年，职业主义运动名声扫地。整整一代人之后，乔治·凯林和马克·摩尔指出，"鼓励警察部门追求独立、专业的自主权"的"主导趋势"仍然"指引着今天的警察行政部门"。他们敦促将重心转向对"警察职能"更广泛的理解，包括"维持秩序、解决冲突、通过组织解决问题、提供服务以及其他活动"。George L. Kelling and Mark H. Moore, "The Evolving Strategy of Policing," Perspectives on Policing, Nov. 1988, at 1, 11.

56. Exec. Order No. 13684, 79 Fed. Reg. 76865 (Dec. 18, 2014)(任命特别工作组)；Final Report of the President's Task Force on 21st Century Policing (2015), iii, 1, 11.

57. Angel Jennings, Richard Winton, and James Rainey, "L. A. County Sheriff's Dept. Used Spy Plane to Watch Compton," L. A. Times, Apr. 23, 2014；Conor Friedersdorf, "Eyes Over Compton：How Police Spied on a Whole City," The Atlantic, Apr. 21, 2014 (quoting LASD Sergeant Douglas Iketani).

58. Friedersdorf, "Eyes Over Compton,"详见注释 57。

59. Commission to Investigate Allegations of Police Corruption and the Anti-Corruption Procedures of the Police Department, City of New York, Commission Report (1994), 36, 41 ("作证""上帝的工作""最常见的警察腐败形式")；Christopher Slobogin, "Testilying：Police Perjury and What to Do About It," U. Colo. L. Rev. 67 (1996)：1041 - 48；Myron W. Orfield, Jr., "The Exclusionary Rule and Deterrence：An Empirical Study of Chicago Narcotics Officers," U. Chi. L. Rev. 54 (1987)：1050；Myron W. Orfield, Jr., "Deterrence, Perjury, and the Heater Factor：An Exclusionary Rule in the Chicago Criminal Courts," U. Colo. L. Rev. 63 (1992)：107；Michael Pearson, "Obama：No One is Listening to Your Calls," CNN, Jun. 9, 2013, 8：26 p. m. ；Current and Projected National Security Threats to the United States：Hearing Before the S. Select Comm. on Intelligence, 113th Cong. 66 (2013) (statement of James R, Clapper, Dir. of Nat'l Intelligence).

60. Bill Berkowitz, "The Blue Wall of Silence Among Police Enables Cop Brutality," TruthOut, Mar. 5, 2015, 8：43 a. m. (讨论了赛弗特案)；Bowling v. United States, 740 F. Supp. 2d 1240, 1262 & 1262n75 (D. Kan. 2010)；Mark Karlin, "Federal Jury Finds City of Chicago Responsible for 'Code of Silence' in Chicago Police Department," TruthOut, Dec. 24, 2012, 11：43 a. m. ；David Barstow and David Kocieniewski, "Records Show New Jersey Police Withheld Data on Race Profiling," N. Y. Times, Oct. 12, 2000, at B8.

61. Final Report of the President's Task Force on 21st Century Policing, supra note 56, at 21；Oliver Laughland, Jon Swaine, Ciara McCarthy, and Jamiles Lartey, "Justice Department Trials System to Count Killings by US Law Enforcement," The Guardian, Oct. 5, 2015；"The Counted," The Guardian；"Fatal Force," Wash. Post；Christine Hauser, "Police Told to Give Street-Stop Data," N. Y. Times, May 31, 2008, at B5(泄露信息)；ACLU, War Comes Home：The Excessive Militarization of American Policing (2014), 27 - 28；Joanna C. Schwartz, "Police Indemnification," N. Y. U. L. Rev. 89 (2014)：903 - 04.

62. Jeremy Waldron, "Accountability and Insolence," in Political Political Theory：Essays on Institutions (2016).

63. Kenneth Culp Davis, Police Discretion (1975), 72.

64. Jennifer Valentino-Devries, "Police Snap Up Cheap Cell Phone Trackers," Wall St. J., Aug. 19, 2015 12:57 PM.

65. This argument is especially prevalent in the context of intelligence gathering, see, e. g., Emily Berman, "Regulating Domestic Intelligence Collection," Wash. & Lee L. Rev. 71 (2014): 29, 38, but is also frequently made in the context of ordinary policing.

66. See, e. g., Lewis-Bey v. U. S. Dep't of Justice, 595 F. Supp. 2d. 120, 137 – 38 (D. D. C. 2009)(保护电子监视技术的细节,包括"使用时间,以及使用时的具体位置"[内部引号省略]); LaRouche v. U. S. Dep't of Justice, No. 90 – 2753, slip op. at 21 (D. D. C. Nov. 17, 2000)(允许警局隐瞒有关卧底调查技术的细节); 18 U. S. C. § 2516 (2012)(界定可使用窃听的犯罪类别).

67. See, e. g., Dell Cameron, "Feds Must Now Get a Warrant to Spy on Your Phone with a Stingray Device," The Daily Dot, Sept. 3, 2015; Fenton, "Maryland Appellate Court: Warrant Required for 'Stingray' Phone Tracking,"详见注释 18。

68. Martinez Interview, 详见注释 2; Topic Interview,详见注释 6。

69. Letter from Patrick J. Leahy, Chairman, and Charles E. Grassley, Ranking Member, Comm. on the Judiciary, U. S. Senate, to Eric H. Holder, Attorney General, and Jeh Johnson, Sec'y of Homeland Security, Dec. 23, 2014. Political scorecards offer evidence of Senators Leahy and Grassley's ideological misalignment. Compare, e. g., Heritage Action Scorecard: Sen. Charles Grassley, with Heritage Action Scorecard: Sen. Patrick Leahy.

70. Cyrus Farivar, "FBI Now Claims Its Stingray NDA Means the Opposite of What It Says," Ars Technica, May 15, 2015; Cyrus Farivar, "Department of Justice Will Review How It Deploys Cell Phone Snooping Tech," Ars Technica, May 3, 2015; Cyrus Farivar, "FBI, DEA and Others Will Now Have to Get a Warrant to Use Stingrays," Ars Technica, Sept. 3, 2015.

第二章　不立法的立法机构

1. Scarlata Dep. at 1, 8, 13, 92, 141, Calvo v. Maryland, CAL09 – 18584, 2011 WL 2437307 (Md. Cir. Ct. Jan. 1, 2011); Doug Donovan, "Prince George's Raid Prompts Call for Probe," Balt. Sun, Aug. 8, 2008.

2. Scarlata Dep. at 14, 16 – 17, 88, 92, 130; Martini Dep. at 153, Calvo v. Maryland; Yarbrough Dep. at 176, Calvo v. Maryland; April Witt, "Deadly Force," Wash. Post, Feb. 1, 2009.

3. Sagin Dep. at 79, Calvo v. Maryland; Yarbrough Dep. at 78; Scarlata Dep. at 103; Martini Dep. at 61.

4. Martini Dep. at 78 – 79, 82, 87; Sagin Dep. at 82, 86 – 87; Scarlata Dep. at 189.

5. Martini Dep. at 85 – 89, 160.

6. Yarbourgh Dep. at 79, 83, 92, 107, 114, 173; Sagin Dep. at 119, 128 – 131, 143.

7. Yarbrough Dep. at 33, 91, 179, 222; Sagin Dep. at 119, 133, 142, 147 – 148; Sagin Dep. at 153; Witt, "Deadly Force,"详见注释 2。

8. Yarbrough Dep. at 117, 127, 138; Sagin Dep. at 102, 133; Daniel Valentine, "Sheriff Says Deputies Were Justified in Shooting Mayor's Dogs," The Gazette, June 19, 2009; Witt, "Deadly Force,"详见注释 2; Donovan, "Prince George's Raid Prompts Call for Probe,"详见注释 1。

9. Sagin Dep. at 134, 135, 179.兽医的报告得出结论,蔡斯中了两枪,一枪在胸部,一枪在后腿,而打中后腿的子弹是从蔡斯后面射出的。蔡斯胸部中枪,失血过多而死。Witt,"Deadly Force,"详见注释 2。

10. New Hampshire Liberty Alliance, "Cheye Calvo Speaks on the Mundane Nature of State Violence," YouTube, July 16, 2012, at11:23 - 16:30 (hereinafter "Calvo Liberty Alliance Speech").

11. Witt, "Deadly Force,"详见注释 2;Sagin Dep. at 192 - 93.

12. Donovan, "Prince George's Raid Prompts Call for Probe,"详见注释 1(被捆绑两个小时);"Calvo Liberty Alliance Speech,"详见注释 10, at 11:23 - 16:30(在房子里追踪狗的血迹);Witt, "Deadly Force,"详见注释 2(在可看见死狗的视线范围之内);Scarlata Dep. at 157, 170 - 75(情绪不稳定);Martini Dep. at 169 - 171(太镇静)。

13. Witt, "Deadly Force,"详见注释 2。

14. 马蒂尼还在突击行动后的案情汇报会上与其他警官讨论了这个问题。See Scarlata Dep. at 100 - 105, 161;Martini Dep. at 63 - 64, 65, 133.

15. Witt, "Deadly Force,"详见注释 2;Scarlata Dep. at 188.

16. Scarlata Dep. at 68, 72 - 73, 75, 77, 87.

17. Witt, "Deadly Force,"详见注释 2。卧底探员最终将包裹送到了卡尔沃-汤姆斯克的住所。Scarlata Dep. at 68 - 69.

18. 同上;Scarlata Dep. at 227 - 28.

19. "Calvo Liberty Alliance Speech,"详见注释 10, at 18:00 - 23:00;Witt, "Deadly Force,"详见注释 2。

20. "Calvo Liberty Alliance Speech,"详见注释 10, at 15:00 - 16:30, 19:00 - 20:10, 27:00 - 39:00.

21. Radley Balko, Overkill: The Rise of Paramilitary Police Raids in America (2006), 4, 6 - 8(特警的起源及在 20 世纪 80 年代后期的兴起);Karan R. Singh, "Treading the Thin Blue Line: Military Special-Operations Trained Police Swat Teams and the Constitution," Wm. & Mary Bill Rts. J. 9 (2001): 676 (特警的起源);"Oversight of Federal Programs for Equipping State and Local Law Enforcement Agencies," Hearing Before the S. Comm. on Homeland Security and Governmental Affairs, 113th Cong. 36 (2014) (statement of Peter B. Kraska, Ph. D., Professor, School of Justice Studies, University of Eastern Kentucky);ACLU, Excessive Militarization of American Policing (2015), 1;ACLU, War Comes Home: The Excessive Militarization of American Policing (2014), 19;Scarlata Dep. at 122.

22. Michelle Alexander, The New Jim Crow: Mass Incarceration in the Age of Colorblindness (2012), 73 - 75(描述了特警队主要是用来执行缉毒令的);Balko, Overkill, supra note 21 详见注释 21 第 1、6、25 页, at 1, 6, 25;ACLU, Excessive Militarization,详见注释 21 第 1 页, at 1;Radley Balko, "Shedding Light on the Use of SWAT Teams," Wash. Post, Feb. 17, 2014;Matthew Harwood, "One Nation Under SWAT: How America's Police Became an Occupying Force," Salon, Aug. 14, 2014;Maryland Statistical Analysis Center, Governor's Office of Crime Control & Prevention, Maryland Fiscal Year 2014 SWAT Team Deployment Data Analysis (2014), 6;Scarlata Dep. at 44 - 47;Radley Balko, Rise of the Warrior Cop: The Militarization of America's Police Forces (2014), 319;Witt, "Deadly Force,"详见注释 2。

23. Yarbrough Dep. at 12 - 13, 16, 35, 44, 46, 248 - 49;Sagin Dep. at 53 - 54;Martini Dep. at 77.

24. Martini Dep. at 52, 86 - 88;Sagin Dep. at 66, 81, 119, 149 - 51;Yarbrough Dep. at 122, 123, 127, 144.

25. Balko, Overkill,详见注释 21 第 22 页 (Reverend Williams);"Botched Paramilitary

Police Raids：An Epidemic of 'Isolated Incidents,'" Cato Institute, (Agee, Cohn)；ACLU, War Comes Home,详见注释21第9、17页(祖父、老兵)。

26. Scarlata Dep. at 60 - 61, 64；Sagin Dep. at 166, 237.

27. Balko, Overkill, supra note 21, at 4；Cato Institute, "Cheye Calvo Explores the Money Behind SWAT Raids," YouTube, Aug. 4, 2009, at 5：35 - 5：40.

28. Calvo Liberty Alliance Speech,详见注释10。

29. 同上。

30. Mass. Const. pt. 1, art. XXX；S. B. Benjamin, "The Significance of the Massachusetts Constitution of 1780," Temp. L. Rev. 70 (1997)：885；Thomas Paine, Common Sense (1776), in Rights of Man, Common Sense, and Other Political Writings, ed. Mark Philp, Oxford World's Classics ed. (1998), 34.

See, e. g., Declaration of Independence para. 2 (U. S. 1776)("为了保障这些权利,人类才在他们之间建立政府,而政府之正当权力,是经被治理者的同意而产生的")；John Milton, "The Tenure of Kings and Magistrates," 1643, in The Works of John Milton, Historical, Political and Miscellaneous, ed. A. Millar (1753), Univ. of Mich. digitized ed. (2011), 345(国王和地方法官的权力……只是……由人民托付给他们,为了所有人的共同利益。)

31. 这只是如何将美国民主的两个基本要求,民主问责制和法治付诸实施。民主问责制的基本理念是政府官员对我们(人民)负责,我们反过来负责如何对他们进行监督。See e. g., Jeremy Waldron, "Accountability and Insolence"(利用委托代理模型描述民主问责制), in Political Political Theory：Essays on Institutions (2016), 167. See generally Democracy, Accountability, and Representation, eds. Adam Przeworski et al. (1999)(描述了民主问责制的各种模式)。关于法治最著名的阐述(尽管有很多)可能来自朗·富勒(Lon Fuller),他认为"法治必须公开颁布规则,事先制定,并至少遵守一些自然法的价值观"。Richard H. Fallon, Jr., "'The Rule of Law' as a Concept in Constitutional Discourse," Colum. L. Rev. 97 (1997)：2 (citing Lon L. Fuller, The Morality of Law, rev. ed. (1964), 42 - 44).

32. 28 U. S. C. §§ 531, 533(1) (2012)；New York City, N. Y., Charter § 435.

33. See Sagin Dep. at 63, 71, 81, 92, 116 - 18(解释了向犬只喷洒胡椒喷雾是临时应对,但没有解释为什么他在特警队突袭时没有携带警棍)；Yarbrough Dep. at 61 - 65(描述了泰瑟枪、警棍和胡椒喷雾是例行执行任务时的"常规装备",但没有解释为什么他在特警突袭中没有携带这些装备)。

34. See, e. g., Sagin Dep. at 63, 11, 117 - 18, 120 - 26(这表明,并没有任何正式的培训或指导训练萨金在被居民发现时不理会"敲门并宣布"搜查令的敲门要求)；Scarlatta Dep. at 20 - 21；Yarbrough Dep. at 61 - 65, 116 - 17, 236 - 37, 242.

35. See Daniel A. Farber and Philip P. Frickey, Law and Public Choice：A Critical Introduction (1991), 14 - 24；William J. Stuntz, "The Pathological Politics of Criminal Law," Mich. L. Rev. 100 (2001)：505, 530 - 36, 545. ("推进警察和检察官的目标通常也意味着推进立法者的目标。")

36. See William N. Eskridge, Jr., et al., Cases and Materials on Legislation, Statutes and the Creation of Public Policy, 4th ed. (2007), 49 - 50.

37. Donald A. Dripps, "Criminal Procedure, Footnote Four, and the Theory of Public Choice；or, Why Don't Legislatures Give a Damn About the Rights of the Accused?," Syracuse L. Rev. 44 (1993)：1081, 1091 - 92 (1993)(解释了执法游说团体的能量,德利普斯说这些团体包括当地警察工会在内,"这种能量可以从其与美国步枪协会(NRA)的相对平衡中看出,后者被华盛顿的许多人视为美国退休人员协会(AARP)方最有效的施压团体")；Radley Balko, "Militarized Police Overreach：'Oh, God, I Thought They Were Going to Shoot Me Next,'"

Salon，July 10，2013（指出马里兰州的一项法律提案遭到执法团体的强烈反对，但最终在"该州所有警察组织"的反对下获得通过）；Stuntz，"The Pathological Politics of Criminal Law，"详见注释 36 第 539 页。

38. See，e. g. ，Dripps，"Criminal Procedure，"详见注释 38 第 1089—1091 页（"即使立法机关授权了广泛的执法权力，警察和检察官也面临强大的激励，以限制这些权力适用于社会中政治影响力最小的群体"）有关歧视和警察执法的详细讨论，见下文第八章。

39. See，e. g. ，Dripps，"Criminal Procedure，"详见注释 38 第 1089 页；Jonathan Simon，Governing Through Crime：How the War on Crime Transformed American Democracy and Created a Culture of Fear（2007），3 - 12；Rachel E. Barkow，"Administering Crime，"UCLA L. Rev. 52（2005）：751（"政客们对因媒体宣传和耸人听闻的案件所造成的犯罪率上升的感知做出回应……他们必须表现出对感知到的犯罪问题采取直接行动，而从严的判决营造了立即反应的假象"）；Rachel E. Barkow，"Institutional Design and the Policing of Prosecutors：Lessons from Administrative Law，"Stan. L. Rev. 61（2009）：880；William J. Stuntz，"The Political Constitution of Criminal Justice，"Harv. L. Rev. 119（2006）：807.

40. 即使在今天，"威廉·霍顿……这个名字也足以让一个政治家感到羞愧"。Beth Schwartzapfel and Bill Keller，"Willie Horton Revisited，"The Marshall Project，May 13，2015. 威廉·霍顿是一名非裔美国人，就职于马萨诸塞州监狱，休假期间犯下了强奸案。1988 年总统竞选期间，马萨诸塞州州长迈克尔·杜卡基斯的竞选对手在宣传中以霍顿案为武器，把杜卡基斯描绘成一个在打击犯罪方面软弱的人。Eleanor Randolph，Op-Ed，"The Political Legacy of Baaad Boy Atwater，"N. Y. Times，Sept. 19，2008. 对霍顿案的宣传可能是杜卡基斯惨败的原因之一。Barkow，"Administering Crime，"详见注释 40 第 747 页。

41. See Debra Livingston，"Police Discretion and the Quality of Life in Public Places：Courts，Communities，and the New Policing，"Colum. L. Rev. 97（1997）：657.（"警察执法是一项有风险的工作，当政客和警察陷入争议时，政客和警察之间的距离有助于前者避免受到指责。"）

42. Act of May 19，2009，ch. 542，2009 Md. Laws 3034（abrogated 2014）（要求执法机构每 6 个月报告一次特警队部署的数量、地点、理由和法律权限，以及部署的结果）；Phillip Smith，"Reining in SWAT—Towards Effective Oversight of Paramilitary Police Units，"Drug War Chronicle，May 27，2010（quoting Eric Sterling）；Justin George，"Police Agencies No Longer Need to Report Race，SWAT Deployments，"Balt. Sun，July 5，2014.

43. See Constitutionality of Legislation Extending the Term of the FBI Director，2011 WL 2566125，at ＊4（O. L. C. June 20，2011）.

44. See Stuntz，"The Pathological Politics of Criminal Law，"supra note 36，at 529 - 30 详见注释 36 第 529—530 页（"犯罪都是大多数选民关心的问题之一。今天，它是各级政府选举中的一个重要话题，也是一个多世纪以来地方选举中的一个重要问题。如果存在某个领域仅仅为了政客取悦选民，那就是刑法"）；同上第 532 页（不断上升的犯罪率促使选民要求采取立法行动，而在短期内行之有效的立法行动往往很少）；Herman Goldstein，Policing a Free Society（1977），135（指出"市长们常常煞费苦心地与有争议的警察行动所依据的决策撇清关系"，结果警察往往"比其他行使权力小得多的政府机构拥有更大的自主权"）；Samuel Walker，The New World of Police Accountability，1st ed.（2005），8（认为大多数民选官员对警察事务并不十分了解，而且不愿向执法官员提供指导）；Livingston，"Police Discretion，"详见注释 42 第 657 页（解释了通过与警察管理保持距离，政客们能够使自己远离有争议的警察行为）。

45. Michael Barbaro and David W. Chen，"De Blasio Is Elected New York City Mayor in Landslide，"N. Y. Times，Nov. 5，2013；Rebecca Kaplan，"Bill de Blasio Wins New York City Mayoral Race in Landslide，"CBS News，Nov. 6，2013；Adam Gabbatt，"Bill de Blasio Wins by

a Landslide to Become New York City Mayor," The Guardian, Nov. 6, 2013; J. David Goodman and Kirk Semple, "Another Silent Protest of Mayor de Blasio as Officer Liu Is Laid to Rest," N. Y. Times, Jan. 4, 2015; Dean Schabner, "Hundreds Turn Their Back on de Blasio at NYPD Officer's Funeral," ABC News, Dec. 27, 2014.

46. John F. Manning and Matthew C. Stephenson, Legislation and Regulation, 2nd ed. (2013), 351; Richard J. Pierce, Administrative Law Treatise, 5th ed. (2010), 1; § 8. 1; Rachel A. Harmon, "The Problem of Policing," Mich. L. Rev. 110 (2012): 763; Christopher Slobogin, "Panvasive Surveillance, Political Process Theory, and the Nondelegation Doctrine," Geo. L. J. 102 (2014): 1721; Richard B. Stewart, "The Reformation of American Administrative Law," Harv. L. Rev. 88 (1975): 1671 – 76.

47. Tracey Maclin, "The Central Meaning of the Fourth Amendment," Wm. & Mary L. Rev. 35 (1993): 248 – 49; Carl McGowan, "Rulemaking and the Police," Mich. L. Rev. 70 (1972): 673(半军事化传统).

48. Samuel Walker, "Origins of the Contemporary Criminal Justice Paradigm: The American Bar Foundation Survey, 1953 – 1969," Just. Q. 9 (1992): 50 – 52, 57 – 59 (1992).

49. Id. at 56 – 58, 64 – 65; The Challenge of Crime in a Free Society: A Report by the President's Commission on Law Enforcement and Administration of Justice (1967), 103 – 06.

50. The Challenge of Crime in a Free Society,详见注释 50 第 94、104 页。

51. See Kenneth Culp Davis, Police Discretion (1975), 98 – 120(认为制定规则对限制警察的自由裁量权是必要的); Anthony G. Amsterdam, "Perspectives on the Fourth Amendment," Minn. L. Rev. 58 (1974): 416 – 28(支持警方制定搜查和扣押规定); Sheldon Krantz et al., Police Policymaking: The Boston Experience (1979); Model Rules: Warrantless Searches of Persons and Places (Project on Law Enforcement and Rulemaking 1974) (Arizona State University); A Model Code of Pre-Arraignment Procedure (Am. Law. Inst. 1975); Standards Relating to the Administration of Criminal Justice (Am. Bar Ass'n 1974); Symposium, "The American Bar Association Standards Relating to the Administration of Criminal Justice," Am. Crim. L. Rev. 12 (1974): 251.

52. See, e. g., Samuel Walker, "Controlling the Cops: A Legislative Approach to Police Rulemaking," U. Det. L. Rev. 63 (1986): 361 – 63(详细介绍了警察管理的历史,并指出"尽管人们对所制定的行政法规的潜在有效性达成了广泛共识,但在这个方向上的进展只是零星的"); David A. Sklansky, "Quasi-Affirmative Rights in Constitutional Criminal Procedure," Va. L. Rev. 88 (2002): 1272 – 73 (注意到在制定行政或立法规则方面进展有限).

53. See, e. g., Samuel Walker, "The New Paradigm of Police Accountability: The U. S. Justice Department 'Pattern or Practice' Suits in Context," St. Louis U. Pub. L. Rev. 22 (2003): 17(警务工作的许多关键领域仍然不受规章制度的约束(例如,使用线人、卧底策略、警犬队的部署等等)。与此同时,许多部门在使用武力方面的规定并不完善……"); ACLU of N. Cal., Stun Gun Fallacy: How the Lack of Taser Regulation Endangers Lives (2005), (指出了使用泰瑟枪的规定在各个警察部门存在差距); John Rappaport, "Second-Order Regulation of Law Enforcement," Calif. L. Rev. 103 (2015): 214(指出了 84% 的执法机构缺乏列队辨认犯罪嫌疑人程序的有关规定)。例如,芝加哥警察局制定了一系列的指导方针,包括致命和非致命武力的使用,实施抓捕时对车辆、船只和飞机的扣押和没收,以及对被捕者的脱衣搜查(这需要合理的怀疑)。See Chi. Police Dep't, General Order Nos. G03 – 02 to G03 – 02 – 07, (last visited Aug. 16, 2015) (use of force)(武力使用); Chi. Police Dep't, Special Order No. S07 – 03 – 06 (2014), (财产没收); Chi. Police Dep't, General Order No. G06 – 01 – 03 (2012) (对被捕者的脱衣搜查)。然而,芝加哥警察局对使用线人几乎没有任何限制,对无人机或空中监视也没有

任何政策,而且在日常交通或行人拦截时根据部门规章制度取消了搜查同意。See Chi. Police Dep't, General Order No. G02‐01‐01 (1989)(线人); Chi. Police Dep't, Special Order No. S04‐19‐01 (2015)(搜查同意)。值得关注的是,伊利诺斯州最近通过了一项法规来规范无人机的使用。Freedom from Drone Surveillance Act, 2013 Ill. Legis. Serv. 3930 (West)(codified at 725 Ill. Comp. Stat. Ann. 167/1 (West 2008 & Supp. 2015))。

54. Int'l Assoc. of Chiefs of Police, Recommended Guidelines for the Use of Unmanned Aircraft (2012).

55. Adam Liptak, "A Ticket, 3 Taser Jolts and, Perhaps, a Trip to the Supreme Court," N. Y. Times, May 14, 2012; 2011 Electronic Control Weapon Guidelines (Police Executive Research Forum & Office of Community Oriented Policing Services, U. S. Dep't of Justice, 2011), 20; ACLU of Nebraska, Dangerously Out of Bounds: Taser Use in Nebraska (2014), 5.

56. U. S. Dep't of Justice, The Attorney General's Guidelines for Domestic FBI Operations (2008), 8 (hereinafter 2008 AG Guidelines); Fed. Bureau of Investigations, Domestic Investigations and Operations Guide (DIOG), Nov. 7, 2011.

57. See Office of the Inspector General, U. S. Dep't of Justice, A Review of the FBI's Investigations of Certain Domestic Advocacy Groups (2010), 30, 34 (describing the memo on "Pittsburgh anti-war activity") (hereinafter OIG, Review); FBI Oversight: Hearing Before the S. Comm. on the Judiciary, 109th Cong. (2006) (statement of Sen. Patrick J. Leahy); John O'Neil, "F. B. I. Director Is Bombarded by Stinging Questions at Senate Hearing," N. Y. Times, May 3, 2006.

58. OIG, Review,详见注释 58 第 46—47 页。

59. 同上第 31 页。

60. 同上第 36—38、42—47 页。

61. 同上第 189—190 页; Eric Lichtblau, "Justice Dept. Completes Revision of F. B. I. Guidelines for Terrorism Investigations," N. Y. Times, Oct. 3, 2008; 2008 AG Guidelines,详见注释 57 第 16 页(重要信息)。在公布 2008 年《指南》时,公众参与程度有限。早些时候的草案已被传阅,但遭到了公民自由团体的反对。作为回应,司法部最终规定"限制特工在处理大规模示威和民间骚乱时可以使用的战术",并要求将此类调查限制在 30 天内。民权组织仍然反对这一最终规定,草案和最终指导方针之间有争议的条款保持不变。Lichtblau, "Justice Dept. Completes Revision," supra.

62. See generally 2008 AG Guidelines,详见注释 57 第 17 页; Emily Berman, Brennan Ctr. for Justice, Domestic Intelligence: New Powers, New Risks (2011), 2, 17, 22, 28. On the episode in Orange County, see Berman, Domestic Intelligence, supra, at 4; Victoria Kim, "Federal Judge Throws Out Lawsuit Over Spying on O. C. Muslims," L. A. Times, Aug. 15, 2012; Paul Harris, "The Ex-FBI Informant with a Change Of Heart: 'There Is No Real Hunt. It's Fixed,'" The Guardian, Mar. 20, 2012.

63. First Amendment Rights and Police Standards Act of 2004, 52 D. C. Reg. 2296 (2005); Mary M. Cheh, "Legislative Oversight of Police: Lessons Learned from an Investigation of Police Handling of Demonstrations in Washington, D. C. ," J. Legis. 32 (2005): 4; Emily Berman, "Regulating Domestic Intelligence Collection," Wash & Lee L. Rev. 71 (2014): 25 (DIOG); Berman, Domestic Intelligence,详见注释 63 第 24 页(洛杉矶警察局)。

64. 《联邦行政程序法》(APA)授权法院搁置"武断、反复无常"的行政行为——而不是理性决策的产物。5 U. S. C. § 706(2)(A); see also Manning and Stephenson, Legislation and Regulation,详见注释 47 第 669 页。

65. 2008 AG Guidelines,详见注释 57 第 17 页。从旧规定向新规定的转变, see Berman,

Domestic Intelligence，详见注释 63 第 22 页；OIG，Review，详见注释 57 第 8—9 页（发现和阻止犯罪活动）。

66. Berman，Domestic Intelligence，详见注释 63 第 21 页。关于缺乏重点的反恐策略是否能够保证我们的安全，参阅第十二章。

67. See，e. g.，ACLU，Excessive Militarization，supra note 21，at 1；Harwood，"One Nation Under SWAT，" supra note 22；"Paramilitary Police：Cops or Soldiers？：America's Police Have Become Too Militarised，" The Economist，Mar. 22，2014.

68. See Carl Matthies，Vera Inst. of Justice，Advancing the Quality of Cost-Benefit Analysis for Justice Programs (2014)，40；ACLU，War Comes Home，详见注释 21 第 27 页（"最好的情况是，特警的情报收集和报告是零星的，最坏的情况是这些都不存在"）；Joanna Schwartz，"Police Indemnification，" N. Y. U. L. Rev. 89 (2014)：903 - 904（详细说明作者在收集有关警察安置和赔偿政策的数据时遇到的问题）。

69. ACLU，War Comes Home，详见注释 21 第 23 页（敲门等待）；Wilson v. Arkansas，514 U. S. 927，930，933 (1997) (same)；Kevin Flynn and Lou Kilzer，"No-Knocks Net Little Jail Time，" Rocky Mountain News，March 12，2000 (on file with author).

70. Balko，Overkill，详见注释 21 第 27 页；Smith，"Reining in SWAT，"详见注释 43（遏制还是呼叫出门）。

71. Gerald M. Caplan，"The Case for Rulemaking by Law Enforcement Agencies，" Law & Contemp. Probs. 36 (1971)：509.

第三章　不能判决的法庭

1. Thomas ex rel. Thomas v. Roberts，261 F. 3d 1160，1163 (11th Cir. 2001).

2. 同上第 1164 页。

3. 同上第 1168—1169 页。然而，一名法官确实指出，这项搜查"可能太过了"，并敦促学校解释宪法保护的范围过于宽泛时要谨慎。同上第 1177 页(Roney，J.，意见一致)（添加重点）。

4. Id. at 1170 - 77 (majority opinion) 同上第 1170—1177 页（多数派意见）；Jenkins ex rel. Hall v. Talladega City Bd. of Educ.，115 F. 3d 821，825 - 26 (11th Cir. 1997)（"在没有详细指导的情况下，任何理智的学校管理人员都无法确定……足以构成宪法合理搜查的违规行为，或者相反，不足以构成违规行为，以认定对财产或人身进行搜查"）。

5. D. H. ex rel. Dawson v. Clayton Cty. Sch. Dist.，904 F. Supp. 2d 1301，1304 (N. D. Ga. 2012)；Complaint at paras. 11，13，15，D. H. ex rel. Dawson，904 F. Supp. 2d 1301 (No. 1：12 - CV - 00478 - AT).

6. 比林斯利最终被解雇了，虽然不是因为搜查，而是因为他在接受当地报纸采访时声称自己的行为没有受到惩罚。Thomas v. Clayton Cty. Bd. of Educ.，94 F. Supp. 2d 1290，1298 (N. D. Ga. 1999). 调查人员发现，比林斯利违反了警局政策和现行法律，在没有合理理由的情况下进行搜查，其行为不具备专业素养。Id. at 1297，n. 9.

7. Hearring v. Sliwowski，806 F. 3d 864，865 (6th Cir. 2015) (first grade)；Phaneuf v. Fraikin，448 F. 3d 591 (2d Cir. 2006)（十二年级）；Dubbs v. Head Start，Inc.，336 F. 3d 1194，1200 (10th Cir. 2003)（小学前）；Tenenbaum v. Williams，193 F. 3d 581 (2d Cir. 1999)（幼儿园）；S. S. ex rel. Sandidge v. Turner Unified Sch. Dist. ♯ 202，12-CV-02346-CM，2012 WL 6561525，at *1 (D. Kan. Dec. 14，2012)（两名学校工作人员进行的脱衣搜查）；Bellnier v. Lund，438 F. Supp. 47，50 (N. D. N. Y. 1977)（为了寻找丢失的 3 美元，多名学校工作人员当着其他学生的面进行脱衣搜身）；Cornfield ex rel. Lewis v. Consol. High Sch. Dist. No. 230，991 F. 2d 1316，1319 (7th Cir. 1993).

8. Safford Unified Sch. Dist. No. 1 v. Redding, 557 U. S. 364, 368 – 69, 378 – 79 (2009); id. at 380 (Stevens, J., 部分同意,部分反对) (quoting N. J. v. T. L. O., 469 U. S. 325, 382n25 (1985) (Stevens, J. 部分同意,部分反对)。

9. Barry Friedman, The Will of the People: How Public Opinion Has Influenced the Supreme Court and Shaped the Meaning of the Constitution (2009), 270 – 77.

10. Herbert L. Packer, "Policing the Police: Nine Men Are Not Enough," New Republic, Sept. 4, 1965, at 19.

11. See John Hart Ely, Democracy and Distrust: A Theory of Judicial Review (1980), 73 – 75(说明了沃伦法庭很大程度上是出于纠正种族不公正的考虑); Burt Neuborne, "The Gravitational Pull of Race on the Warren Court," Sup. Ct. Rev., 2010: 85 – 86(沃伦法庭在执行刑法过程中对种族歧视问题的关注表达了一种迫切感,这一点怎么说都不为过)。

12. Friedman, The Will of the People,详见注释 9 第 271—275 页(引用了佛罗里达州州长法里斯·布莱恩特的论断,并描述了沃伦法庭一些具有重大影响的刑事诉讼程序在同一时期的受欢迎程度); Corinna Barrett Lain, "Countermajoritarian Hero or Zero? Rethinking the Warren Court's Role in the Criminal Procedure Revolution," U. Pa. L. Rev. 152 (2004): 1383, 1389 – 99(引用了安东尼·刘易斯的论断,讨论了吉迪恩案)。

13. Friedman, The Will of the People,详见注释 9 第 276 页。

14. 同上第 276—277 页。

15. 同上第 283 页。

16. See Daryl J. Levinson, "Rights Essentialism," Colum. L. Rev. 99 (1999): 904 – 905(至少从法律现实主义开始,没有人会忽视这样一点,即权利的价值是当权利被侵犯时产生后果所起的作用); Barry Friedman, "When Rights Encounter Reality: Enforcing Federal Remedies," S. Cal. L. Rev. 65 (1992): 735 – 36(描述了法律现实主义者的观点,即"如果没有切实可用的解决办法,一项权利可能只是一个好主意")。

17. Ann Woolhandler, "Patterns of Official Immunity and Accountability," Case W. Res. L. Rev. 37 (1987): 414 – 16(描述了整个 19 世纪和 20 世纪早期国家代理人损害赔偿诉讼的盛行,包括诚信在抵消惩罚性损害赔偿方面的作用); Coryell v. Colbaugh, 1 N. J. L. 77, 77 (1791)(将惩罚性或惩戒性损害赔偿描述为"为了防止将来发生此类侵权行为而造成的损害赔偿")。

18. Little v. Barreme, 6 U. S. (2 Cranch) 170, 170 – 72, 175 – 79 (1804). For the model used to calculate present value, see Robert C. Sahr, Consumer Price Index (CPI) Conversion Factors for Years 1774 to Estimated 2026 to Convert to Dollars of 2015 (2016).

19. Katharine A. Wagner, "Little v. Barreme: The Little Case Caught in the Middle of a Big War Powers Debate," J. L. Soc'y 10 (2008): 78; Thomas Y. Davies, "Recovering the Original Fourth Amendment," Mich. L. Rev. 98 (1999): 588 – 89(解释了如果一名治安官员是某个特定搜查令的原告,则其负有责任,而如果是通用搜查令,则地方行政官员或治安官都可能负有责任)。

20. David E. Engdahl, "Immunity and Accountability for Positive Government Wrongs," U. Colo. L. Rev. 44 (1972): 21 – 56(描述了在针对国家行为体的诉讼中,有效的补救措施逐渐消失,并认为这种崩溃是"务实的逐案裁决"的"无意"结果); Mapp v. Ohio, 367 U. S. 643, 651 – 52 (1961) 描述了各州"其他补救措施完全无法确保符合宪法规定"的经验 (quoting People v. Cahan, 282 P. 2d 905, 911 (1955))); Cahan, 282 P. 2d at 906(讨论了警方证词"坦白承认了强行进入和扣押")。

21. Mapp, 367 U. S at 644; Carolyn Long, Mapp v. Ohio: Guarding Against Unreasonable Searches and Seizures (2006), 2, 7("狡猾的"和"鲁莽的")。

22. Long，Mapp v. Ohio，详见注释 21 第 5—6 页；Mapp，367 U. S at 667，669 (Douglas, J.，concurring).

23. Long，Mapp v. Ohio，详见注释 21 第 6—8 页，66 页。政府在整个诉讼过程中仍然坚称确实持有搜查令，只是没有涵盖所获得的证据。Supplemental Brief of Appellee on the Merits，Mapp v. Ohio，367 U. S. 643 (No. 60 - 236)，1961 WL 101784，at ＊3.然而，20 年后，德劳承认根本没有搜查证。Long，Mapp v. Ohio，详见注释 21 第 13 页。

24. Long，Mapp v. Ohio，详见注释 21 第 8、15 页。

25. 同上，第 9、13、21 页。

26. 同上，第 29、63、68 页。

27. Weeks v. United States，232 U. S. 383，393 (1914)(采用证据排除法则)；Wolf v. Colorado，338 U. S 25 (1949).

28. Mapp，367 U. S at 654 - 55.

29. Akhil Reed Amar，"Fourth Amendment First Principles," Harv. L. Rev. 107 (1994)：785 - 800(将证据排除法则描述为"尴尬的补救措施")；Richard A. Posner，"Rethinking the Fourth Amendment," Sup. Ct. Rev. 1981：49(批评排除机制往往是笨拙的威慑机制)；Potter Stewart，"The Road to Mapp v. Ohio and Beyond：The Origins, Development and Future of the Exclusionary Rule in Search-and-Seizure Cases," Colum. L. Rev. 83 (1983)：1393("技术性的").

30. Michael J. Murphy，"Judicial Review of Police Methods in Law Enforcement：The Problem of Compliance by Police Departments," Tex. L. Rev. 44 (1966)：941；Sidney E. Zion，"Detectives Get a Course in Law," N. Y. Times，Apr. 28 1965，at A50 (Riesman).

31. See, e. g., Herring v. United States，555 U. S. 135，139 (2009)"(证据排除法则)的目的是通过其威慑作用来维护第四修正案的权利"。(quoting United States v. Calandra，414 U. S. 338，348 (1974))；Mapp，367 U. S at 656"证据排除法则的目的是'引发人们重视宪法保障——以唯一有效的方式强迫人们尊重宪法保障.'"(quoting Elkins v. United States，364 U.S. 206，217 (1960)).

32. Oren Bar-Gill and Barry Friedman，"Taking Warrants Seriously," Nw. U. L. Rev. 106 (2012)：1623.

33. 同上第 1623—1624 页(描述了带有偏见样本的一般问题)；Murray v. United States，487 U. S. 533，535 - 36 (1988).斯卡利亚法官写道，由于警察没有向签发搜查令的地方法官汇报他们已经闯入室内并搜查到毒品，搜查令仍然有效，这种扭曲的逻辑损害了律师的名声。Murray，487 U. S. at 542 - 43.

34. Murray，487 U. S. at 544(Marshall, J. 持异议).

35. Tia Mitchell，"Drug Agents Prowl City Bus Stations," Fla. Times-Union，Oct. 20，2002.

36. See Nix v. Williams，467 U. S. 431 (1984)(宣布证据排除法则的例外："必然发现"证据)；Herring，555 U. S. at 147(认为只是因为诚信而信赖警察部门的另一个错误意味着证据被承认)；United States v. Leon，468 U. S. 897，926 (1984)(认为在没有充分正当理由的情况下，因为诚信而相信签发的搜查令意味着证据被接受)；Davis v. United States，564 U. S. 229，237 (2011) (citation omitted).

37. See, e. g., Amar，"Fourth Amendment First Principles,"详见注释 29 第 785—800 页("从效率的角度来看，金钱赔偿远远优于证据排除。金钱收益是可以无限分配的；证据排除是呆板笨拙的")；Posner，"Rethinking the Fourth Amendment,"详见注释 29(主张金钱损害赔偿是一种更自然、更有效的补救办法).

38. See Bivens v. Six Unknown Named Agents of Fed. Bureau of Narcotics，403 U. S. 388

(1971)（认为根据《第四修正案》，直接可以起诉联邦官员赔偿损失）；Monroe v. Pape, 365 U. S. 167 (1961)（将《美国法典》第 42 条 1983 款解释为官员以州法律的名义侵犯宪法权利提供了诉讼理由）。

39. See Bar-Gill and Friedman, "Taking Warrants Seriously,"详见注释 32 第 1626—1634 页（描述了正确衡量金钱损失的困难）。

40. See Harlow v. Fitzgerald, 457 U. S. 800, 818 - 19 (1982)（"履行自由裁量职能的政府官员，只要他们的行为没有违反一个理性的人应该知道的明确确立的法定或宪法权利，一般可以免于承担民事损害赔偿责任"）。

41. Mattos v. Agarano, 661 F. 3d 433, 448 (9th Cir. 2011) (internal quotation marks o-mitted) (Malaika Brooks); Miller v. Idaho State Patrol, 252 P. 3d 1274, 1279 (Idaho 2011); Steen v. City of Pensacola, 809 F. Supp. 2d 1342, 1344 - 45, 1353 (N. D. Fla. 2011) (internal quotation marks omitted); S. S. ex rel. Sandidge, 2012 WL 6561525, at ＊1, ＊4 (Kansas).

42. Alden v. Maine, 527 U. S. 706 (1999)（禁止国会在州法院废除州主权豁免）；Semi-nole Tribe of Florida v. Florida, 517 U. S. 44 (1996)（禁止国会在联邦法院废除州主权豁免）；Hans v. Louisiana, 134 U. S. 1 (1890)（解释了《第十一修正案》，禁止一个州的公民向联邦法院起诉任何一个州）；Monell v. Dep't of Soc. Servs. , 436 U. S. 658, 690 (1978)（要求出台官方政策，促使地方政府或警方承担法律责任）.

43. Maryland v. Wilson, 519 U. S. 408 (1997)（命令所有人下车）；Atwater v. Lago Vis-ta, 532 U. S. 318 (2001)（逮捕了司机）；United States v. Robinson, 414 U. S. 218 (1973)（对被逮捕者进行了搜查）；Florence v. Board of Chosen Freeholders 132 S. Ct. 1510 (2012)（在将人安置在固定设施内进行脱衣搜查和体腔搜查）.

44. New York v. Belton, 453 U. S. 454, 458 (1981) (quoting Dunaway v. New York, 442 U. S. 200, 213 - 14 (1979))；参阅同上第 458 页 "错综复杂的系列规定，被各种各样的'如果''和''但是'限制，差别微乎其微，需要仔细区分，可能是头脑简单的律师和法官渴望得到的那种喜出望外的规定，但实际上，这些东西不太可能被现场的执法人员应用。"(quoting Wayne R. LaFave, "'Case-by-Case Adjudication' Versus 'Standardized Procedures'：The Robinson Dilemma," Sup. Ct. Rev. 1974：141))；Florence, 132 S. Ct. at 1522 ("与涉嫌违法的人打交道的警官'更看重管理条例的易实施性'。"[quoting Atwater, 532 U. S. at 347])；Atwater, 532 U. S. at 347("如果一时冲动，必须使用《第四修正案》保持理性，其目的是制定简单明确的标准，以便在实施逮捕或搜查后的数月或数年里能够经受住司法评价。")

45. Schneckloth v. Bustamonte, 412 U. S. 218, 227 (1973)("所有情景")；Florida v. Harris, 133 S. Ct. 1050, 1055 (2013)（考虑所有因素的方法）.

46. Ohio v. Robinette, 519 U. S. 33, 48 (1996) (Stevens, J. , 持异议)。

47. See, e. g. , Virginia v. Moore, 553 U. S. 164 (2008)（驳回了弗吉尼亚最高法院的裁决，逮捕后的搜查既违反了州法律，也违反了《第四修正案》)；Robinette, 519 U. S.（推翻了俄亥俄州最高法院的裁决，即警察必须在征得司机同意进行搜查之前告知他们可以自由离开）；Cali-fornia v. Greenwood, 486 U. S. 35 (1988)（驳回加州上诉法院关于对人们的垃圾进行无证搜查违反《第四修正案》的裁决）；South Dakota v. Opperman, 428 U. S. 364 (1976)（驳回了南达科他州最高法院的裁决，即对被扣押的汽车进行无证盘查违反了《第四修正案》)；Cooper v. California 386 U. S. 58 (1967)（驳回了加州上诉法院的判决，即在没有授权的情况下对一辆被扣押的汽车进行杂物箱的搜查违反了《第四修正案》）.

48. Barry Friedman and Maria Ponomarenko, "Democratic Policing," N. Y. U. L. Rev. 90 (2015)：1871 - 75.

49. Christopher Slobogin, "Panvasive Surveillance, Political Process Theory, and the Non-delegation Doctrine," Geo. L. J. 102 (2014)：1723.

50. See, e. g. , Wyoming v. Houghton, 526 U. S. 295, 299 – 300 (1999)；Michigan Dep't of State Police v. Sitz, 496 U. S. 444, 455 (1990).

51. T. Alexander Aleinikoff, "Constitutional Law in the Age of Balancing," Yale L. J. 96 (1987)：972 – 73 (讨论了不可通约问题)；Tracey Maclin, "Constructing Fourth Amendment Principles from the Government Perspective：Whose Amendment Is It, Anyway?", Am. Crim. L. Rev. 25 (1988)：669(认为《第四修正案》的均衡考量测试倾向于保护政府利益).

52. Christopher Slobogin and Joseph E. Schumacher, "Reasonable Expectations of Privacy and Autonomy in Fourth Amendment Cases：An Empirical Look at Understandings Recognized and Permitted by Society," Duke L. J. 42 (1993)：733 – 42；United States v. Place, 462 U. S. 696, 707 (1983) (dog sniff)；Bd. of Educ. v. Earls, 536 U. S. 822, 833 (2002) (quoting 引自 Vernonia School District 47J v. Acton, 515 U. S. 646, 658 (1995)) (compelled urine test).

53. Earls, 536 U. S. at 837 – 38；Pieter S. de Ganon, Note, "Noticing Crisis," N. Y. U. L. Rev. 86 (2001)：573, 598(讨论学区提交给联邦政府的文件). 唯一的证据就是老师们说他们听过学生谈论毒品，或者据说看到过学生吸毒。有一次，警察在"美国未来农民"成员驾驶的汽车上发现了毒品或毒品用具"，还有一次,在学校停车场附近发现了"大麻烟",而他们根本不知道这些烟是怎么来的。Earls, 536 U. S. at 835. 为此,所有参加课外活动的学生都必须接受药检。同上。

54. Earls, 536 U. S. at 834(学校内的毒品检验)；Sitz, 496 U. S. at 451 – 52(查酒驾路障)。

55. United States v. White, 401 U. S. 745, 756 (1971)(Douglas, J. , 持异议)。

56. Bill Status：SB – 914 Search warrants：portable electronic devices；Bill Status：AB – 1327 Unmanned aircraft systems.

第四章　促进民主的警察执法

1. See, e. g. , Wesley Lowery, Ferguson：Three Minutes That Changed America (2015)；Jessica Lussenhop, "Ferguson：The Other Young Black Lives Laid to Rest in Michael Brown's Cemetery," BBC News, Aug. 7, 2015；John Eligon, "A Year After Ferguson, Housing Segregation Defies Tools to Erase It," N. Y. Times, Aug. 8, 2015；Jake Halpern, "The Cop," New Yorker, Aug. 10 & 17, 2015；Kelsey Proud, "Ferguson, One Year Later：What Others Are Reporting," St. Louis Public Radio, Aug. 9, 2015.

2. "Michael Brown's Shooting and Its Immediate Aftermath in Ferguson," N. Y. Times, Aug. 25, 2014.

3. Jamelle Bouie, "The Militarization of the Police," Slate, Aug. 13, 2014；see also Bradley Campbell and Nina Porzucki, "Why Are Police Using Military Gear in Ferguson and How Did They Get It?," PRI, Aug. 14, 2014；Jay Caspian Kang, "A Militarized Night in Ferguson," New Yorker, Aug. 12, 2015；Paul D. Shinkman, "Ferguson and the Militarization of Police," U. S. News & World Rep. , Aug. 14, 2014；Francesca Trianni, "Watch：Protesters Hit With Tear Gas and Rubber Bullets During Ferguson Unrest," Time, Aug. 14, 2014.

4. Julie Bosman and Matt Apuzzo, "In Wake of Clashes, Calls to Demilitarize Police," N. Y. Times, Aug. 14, 2014("东欧的混乱角落")；Jake Grovum, "Can States Slow the Flow of Military Equipment to Police?," Stateline, Mar. 24, 2015 (quoting Branden Peters)；John Schwartz, Michael D. Shear, and Michael Paulson, "New Tack on Unrest Eases Tension in Missouri," N. Y. Times, Aug. 14, 2014 (quoting Rand Paul). Those "voices in the wilderness" included the CATO Institute's Radley Balko, author of Overkill：The Rise of Paramilitary

Police Raids in America (2006)；the ACLU with its damning report，War Comes Home：The Excessive Militarization of American Policing (2014)；the civil rights advocate Michelle Alexander in her important book The New Jim Crow：Mass Incarceration in the Age of Colorblindness (2012)，73 - 75；and a few members of Congress，such as Hank Johnson of Georgia；Hank Johnson and Michael Shank，Opinion，"Small Town America Shouldn't Resemble War Zone，" USA Today，Mar. 10，2014.

5. Benjamin Bell，"Missouri Gov. Jay Nixon 'Thunderstruck' by Images of Ferguson Police，" ABCNews，Aug. 17，2014；Everett Rosenfeld，"Where Ferguson's 'Military' Police Get Their Gear，" CNBC，Aug. 14，2014 (MRAP/BearCat)；David Nakamura and Wesley Lowery，"Obama Administration Bans Some Military-Style Assault Gear from Local Police Departments，" Wash. Post，May 18，2015 (quoting Wm. Lacy Clay)；Burgess Everett，"Claire McCaskill：'We Need to Demilitarize，'" Politico，Aug. 14，2014；Bosman and Apuzzo，"In Wake of Clashes，Calls to Demilitarize Police，" supra note 4 (quoting Eric Holder)；Zeke J. Miller，"Obama：'No Excuse' for Ferguson Violence，" Time，Aug. 14，2014.

6. Bosman and Apuzzo，"In Wake of Clashes，Calls to Demilitarize Police，" supra note 4 (quoting Nick Gragnani). 联邦政府到国内警务机构的各种资金和物资转移，see Executive Office of the President，Review：Federal Support for Local Law Enforcement Equipment Acquisition (2014)，3，7 - 19 (2014) (hereinafter Review：Federal Support for Local Law Enforcement)；ACLU，War Comes Home，supra note 4，at 17，24；Balko，Overkill，supra note 4，at 7 - 8.

7. Review：Federal Support for Local Law Enforcement，详见注释 6 第 3、7—9 页(介绍了 "严控设备")；Jeff Schogol，"Can You Use the .50-Caliber on Human Targets?，" Stars and Stripes，Feb. 9，2011；Law Enforcement Equipment Working Group，Recommendations Pursuant to Executive Order 13688：Federal Support for Local Law Enforcement Equipment Acquisition (2015)，13 ("这种武器通常用于军事行动，具有很强的破坏性，能够穿透建筑物和轻型装甲车辆"). (hereinafter Recommendations Pursuant to E. O. 13688)；ACLU，War Comes Home，详见注释 4 第 13 页(50 口径的机关枪……射出的子弹威力足以穿透多个街区的建筑物). The President's Working Group ultimately put bayonets on their "Prohibited Equipment List." Recommendations Pursuant to E. O. 13688，同上第 13 页。

8. Grovum，详见注释 4 (North Carolina，Tennessee，Florida)；Molly Knefel，"Why Are Police Using Military-Grade Weapons in High Schools?，" Rolling Stone，Oct. 8，2014 (Texas，California)；Niraj Chokshi，"School Police Across the Country Receive Excess Military Weapons and Gear，" Wash. Post，Sept. 16，2014 (grenade launchers，Mississippi Hinds Community College，University of Central Florida).

9. Review：Federal Support for Local Law Enforcement，详见注释 6 第 3 页。

10. 同上第 2、4、7 页。

11. 同上第 7 页(通过 1033 计划获得的资产必须在收到之日起一年内投入使用)。

12. Troy Carter，"Obama's Anti-Police Militarization Order Slightly Overlaps New Montana Law，" Bozeman Daily Chronicle，May 22，2015.

13. Nia H. Gill Esq. (D)，New Jersey Legislature；Nia Gill，New Jersey Council of Teaching Hospitals；interview by Barry Friedman with Nia Gill，Aug. 6，2015 (hereinafter Gill Interview).

14. Gill Interview，详见注释 13。

15. "ACLU - NJ Lauds NJ's First-in-the-Nation Police Militarization Law，" ACLU - NJ，Mar. 19，2015；Michael Symons，"Lawmakers Want More Scrutiny of Police Military Gear，"

Asbury Park Press, Jan. 12, 2015; N. J. Stat. Ann. § 40A:5 - 30. 1 (2016); Gill Interview, 详见注释 13。

16. Bob Adelmann, "Montana Is Second State to Slow Police Militarization," The New American, Apr. 27, 2015; Nicholas Schwaderer (R), Montana Legislature; Mont. Code Ann. § § 7 - 32 - 401 to-402 (2015).

17. Adam Nagourney, "Police Armored Vehicle Is Unwelcome in California College Town," N. Y. Times, Sept. 13, 2014 (Davis); Susan Shroder, "SD Unified to Return Armored Vehicle: Military Appearance of the Federal Surplus Vehicle Created Uneasiness," San Diego Union-Tribune, Sept. 18, 2014; Nick Henderson, "Town Board Declares It Will Never Accept Any Defense Weapons," Woodstock Times, Aug. 22, 2014 (on file with author).

18. Grovum,详见注释 4(在红州和蓝州都有民主党和共和党的支持); "ACLU - NJ Lauds NJ's First-in-the-Nation Police Militarization Law,"详见注释 15; interview by Barry Friedman with Ari Rosmarin, Aug. 6, 2015 (hereinafter Rosmarin Interview); Mike Maharrey, "Montana Law Taking on Federal Militarization of Police Now in Effect," Tenth Amendment Ctr., Oct. 1, 2015; Mike Maharrey, "First in the Country: New Jersey Law a First Step to Stop Federal Militarization of Local Police," Tenth Amendment Ctr., Mar. 18, 2015; Monica Davey and Shaila Dewan, "Law Enforcement Concerns Create Unlikely Alliances in Missouri and Beyond," N. Y. Times, Feb. 13, 2015 (quoting Bill Hennessy).

19. Rick Anderson, "Game of Drones: How LAPD Quietly Acquired the Spy Birds Shunned by Seattle," L. A. Weekly, June 19, 2014.

20. Katherine Hafner, "Coalition Continues Protest of LAPD's New Drone Policy with Downtown LA Town Hall," NBC L. A. , Nov. 8, 2014 (quoting Chief Beck and noting the formation of Drone-Free LAPD No Drones, LA!); Melissa Pamer and Mark Mester, "LAPD's 2 Drones Will Remain Grounded During Policy Review, Police Commission Says Amid Protest," KTLA 5, Sept. 15, 2014(并指出无人机已被移交给监察长,并上报到洛杉矶警察委员会的推特); see also Jim Newton, Opinion, "Drones and the LAPD," L. A. Times, Nov. 16, 2014. 2014. 2014 年 6 月,洛杉矶警察局宣布,如果没有进一步公众意见的参与,不会对无人机采取任何行动。2014 年 9 月,洛杉矶警察局局长将无人机移交给司法部检察长,截至 2015 年 10 月,对无人机的处理没有任何进展。See Shawn Musgrave, "Los Angeles Police Have Spent a Year Figuring Out How to Use Their Drones," Vice, Oct. 1, 2015.

21. See Robert Salonga, "San Jose: Police Apologize for Drone Secrecy, Promise Transparency," Mercury News, Aug. 5, 2014; Robert Salonga, "San Jose: Drone Debate Continues as SJPD Details Proposed Use Guidelines," Mercury News, Dec. 6, 2014; Robert Salonga, "San Jose: Commission to Endorse One-Year Pilot for Police Drone," Mercury News, Apr. 9, 2015.

22. Bonnie Eslinger, "Menlo Park: Council Approves Ordinance Regulating Police Use of Surveillance Data," Mercury News, May 14, 2014; Richard A. Oppel, Jr. , "Activists Wield Search Data to Challenge and Change Police Policy," N. Y. Times, Nov. 20, 2014 (Durham).

23. Gill Interview, supra note 13; Chokshi, "School Police Across the Country Receive Excess Military Weapons and Gear," supra note 8 (quoting 引自 Michael Heidingsfield); Recommendations Pursuant to E. O. 13688, 详见注释 7 第 17 页("紧急救援")。关于在极端天气下使用军用车辆进行救援,see, for example, "NJ Shore Town Receives 5 Surplus Military Vehicles," AP, Aug. 6, 2015; Ken Baker, "Armored Vehicles Credited to Saving Flood Victims," WMBF News, Oct. 14, 2015.

24. Gill Interview, supra note 13; Nagourney, "Police Armored Vehicle Is Unwelcome in

California College Town," supra note 17X (Davis); John Reynolds, "Sangamon County Gets Rid of MRAP Military Vehicle," State Journal-Register, Feb. 24, 2016; Jessica Mendoza, "Obama Moves to Curb 'Militarization' of Police: A Shift in Law Enforcement's Role?," Christian Sci. Monitor, May 18, 2015 (Edinburg); Ben Kesling, Miguel Bustillo, and Tamara Audi, "Federal Program Supplies Surplus Military Gear to Schools," Wall St. J., Sept. 17, 2014 (Edinburg, Los Angeles, Utah); Tami Abdollah, "L. A. School District to Give Up Three Grenade Launchers, Keep 60 M16 Rifles," Mercury News, Sep. 18, 2014 (Los Angeles, Utah, Nevada); Aaron Mendelson, "LAUSD Cuts Ties to Military Weapons Program," 89. 3 KPCC, July 30, 2015 (Los Angeles); Knefel, "Why Are Police Using Military-Grade Weapons in High Schools?,"详见注释 8 (Aledo)。

25. Chokshi, "School Police Across the Country Receive Excess Military Weapons and Gear,"详见注释 8。

26. Cyrus Farivar, "Cops Must Now Get a Warrant to Use Stingrays in Washington State," Ars Technica, May 12, 2015; Jacob Sullum, "Texas Legislators Vote to Ban Roadside Sexual Assaults by Police," Reason, Apr. 30, 2015.

27. See Barry Friedman and Maria Ponomarenko, "Democratic Policing," N. Y. U. L. Rev. 90 (2015): 1843 - 48(找出警务政策缺失的领域)。

28. Rosmarin Interview,详见注释 18。

29. 同上。

30. See Donald A. Dripps, "Criminal Procedure, Footnote Four, and the Theory of Public Choice; Or, Why Don't Legislatures Give a Damn About the Rights of the Accused?," Syracuse L. Rev. 44 (1993): 1081, 1085 - 86("警察心血来潮随意安装(记录笔或追踪装置),所产生的费用及带来的不便引起电话公司的强烈不满。电话公司加入美国公民自由联盟,敦促在巡逻警察和电话公司之间建立一定的审查机制,以免浪费电话公司的时间或给电话公司带来不必要的麻烦"); 132 Cong. Rec. H4045 - 46 (daily ed. June 23, 1986) (statement of Rep. Kastenmeier)(称得到了"企业、政府和公民自由团体联盟"的支持); H. R. Rep. No. 99 - 647, at 29 - 30 (1986)(列出支持该法案的组织和公司). For more on the Electronic Communications Privacy Act, see infra Chapter 10.

31. See, e. g., letter from ACT et al. to Robert W. Goodlatte, Chairman, and John Conyers, Jr., Ranking Member, House Judiciary Committee, Jan. 22, 2015; letter from Mary Jo White, Chair, Securities and Exchange Commission, to Patrick J. Leahy, Chairman, Senate Judiciary Committee, Apr. 24, 2013. 最近,众议院一致通过了《电子邮件隐私法》,该法案要求政府官员在获得授权后才能访问用户的电子邮件,但该项立法可能会在参议院遇到困难。See Andrea Noble, "Email Privacy Act May Face Hurdles in Senate After Unanimous House Passage," Wash. Times, Apr. 28, 2016 (参议院司法委员会主席格拉斯利说,这个委员会的两党成员都对改革的细节表示担忧,以及改革是否不偏不倚地反映了执法部门提出的问题)。

32. Rosmarin Interview,详见注释 18。

33. 同上。

34. Gill Interview,详见注释 13。

35. Daniel Justin Solove, GW Law; Orin S. Kerr, GW Law.

36. See Orin S. Kerr, "The Fourth Amendment and New Technologies: Constitutional Myths and the Case for Caution," Mich. L. Rev. 102 (2004): 858 - 59 (2004); Daniel J. Solove, "Fourth Amendment Codification and Professor Kerr's Misguided Call for Judicial Deference," Fordham L. Rev. 74 (2005): 747.

37. See Stuart Elliott, "A Campaign for Miller Lite Goes Back to Basics and Beyond the

Appeal to Younger Consumers," N. Y. Times, Mar. 5, 1999.

38. Olmstead v. United States, 277 U. S. 438, 466 (1928); Berger v. New York, 388 U. S. 41, 51 (1967).

39. Berger, 388 U. S. at 44; S. Rep. No. 90 - 1097, at 2155 - 56("最高法院已经成功地避免使用联邦和州法院利用窃听截获的证据……但这样做,为国会和州议会制定电话窃听和电子设备窃听的法规提供了指导方针……甚至……现有法规……必须依照最高法院在伯杰案中制定的电子监控宪法标准进行修改");see also Erin Murphy, "The Politics of Privacy in the Criminal Justice System: Information Disclosure, the Fourth Amendment, and Statutory Law Enforcement Exemptions," Mich. L. Rev. 111 (2013):538("伯杰案的意见……说明了一个过程,通过这个过程,最高法院宣布案件调查手段涉及《第四修正案》所保护的利益,然后概述了规范调查活动的宪法法规");Donald A. Dripps, "Justice Harlan on Criminal Procedure: Two Cheers for the Legal Process School," Ohio St. J. Crim. L. 3 (2005):148("那些同情警察执法的人担心,伯杰诉纽约案和卡茨诉美国案意味着电子监控的终结。宪法第三章支持者的目标是提供程序保障,使其在最高法院经受住来自宪法的挑战……")。

40. See Olmstead, 277 U. S. at 466; Berger, 388 U. S. at 44.

41. See Dripps,详见注释30 第 1091 - 1092 页 William J. Stuntz, "The Pathological Politics of Criminal Law," Mich. L. Rev. 100 (2001):539.

42. See, e. g. , Mich. Dep't of State Police v. Sitz, 496 U. S. 444, 453 - 54 (1990).关于这一点的更多信息,请参阅上文第 3 章。

43. 事实叙述取自报告结果 in Utah v. Sims (Sims I), 808 P. 2d 141 (Utah Ct. App. 1991), and Sims v. Collection Division of the Utah State Tax Commission (Sims II), 841 P. 2d 6 (Utah 1992).

44. Sims I, 808 P. 2d at 142 - 46.

45. 同上第 147—148 页(西姆斯认为,根据犹他州宪法,没有法律授权,警方设置无理由路障是错误的); Sims II, 841 P. 2d at 9("其他州则从法定的警察权力中推断出立法机关有权设置路障")。

46. Sims I, 808 P. 2d at 147 - 49; see also Sims II, 841 P. 2d at 7, 9n4.

47. Sims II, 841 P. 2d at 9; Sims I, 808 P. 2d at 141, 142 - 43, 148, 149.

48. R. v. Spencer, 2014 S. C. C. 432, 68 (Can.).

49. 对于这些广泛授予的权力,参阅"引言"及"第二章"。

50. Kent v. Dulles, 357 U. S. 116, 128 - 129 (1958).

51. Spencer, 2014 S. C. C. at 36, 62, 71.

52. U. S. Const. amend. IV("人民保障其人身、房屋、文件和财产不受无理搜查和扣押的权利不受侵犯"); Virginia v. Moore, 553 U. S. 167, 168 (2008).

53. E. g. , California v. Greenwood, 486 U. S. 35, 43 - 44 (1988)("我们拒绝……格林伍德的观点……他期望获得垃圾的隐私权,在联邦宪法层面应该被视为合理的,因为加州法律不允许非法搜查和扣押他的垃圾……我们从未暗示正在发生的搜查是否符合《第四修正案》的规定,取决于搜查发生地的州法律"); see also, e. g. , Moore, 553 U. S. at 176 (2008)("虽然各州可以按照自己的意愿自由控制此类逮捕,但各州的限制并不改变《第四修正案》所涉及的权利保护"); Katz v. United States, 389 U. S. 347, 360 (1967)(确立"隐私的合理期望"标准); William Baude and James Y. Stern, "The Positive Law Model of the Fourth Amendment," Harv. L. Rev. 129 (2016):1823("《第四修正案》的保护应该依赖于……立法……法规,以及一般适用于私人行为的其他法律条款,而不是由忙碌的法庭形成的独立的隐私原则")。搜查的构成将在第九章中进一步讨论。

54. Berger, 388 U. S. at 58 - 62; United States v. United States Dist. Ct. (Keith), 407

U. S. 297, 322; see also Samuel J. Rascoff, "Domesticating Intelligence," S. Cal. L. Rev. 83 (2010): 589 - 90. ("在基斯案中,最高法院表示,《第四修正案》确实'保护国家免受国内组织攻击,避免颠覆现有政府结构的现象。'但是……法院……表示,对于总统对外国势力的活动监控范围,无论在国内还是国外,都没有做出判决。"作为一个实际问题,国会在 1978 年通过了《外国情报监听法》……部分填补了这一空白。"(quoting Keith, 407 U. S. at 308, 309 (1972)).

55. See H. R. 4952—Electronic Communications Privacy Act of 1986, List of Sponsors , (last visited Apr. 25, 2016) (showing a mix of Republican and Democratic cosponsors); To Pass H. R. 5037, After Substituting for Its Text the Language of S. 917 as Amended (参议院以 72 票对 4 票通过了 1968 年的《综合犯罪控制和安全街道法案》).

56. On deference, see supra Introduction, Chapter 3. 关于"遵从",参阅"引言"及第三章。

57. Ornelas v. United States, 517 U. S. 690, 699 (1996).

58. United States. v. Perry, 449 F. 2d 1026, 1037 (D. C. Cir. 1971), quoted in Gerald M. Caplan, "The Case for Rulemaking by Law Enforcement Agencies," Law & Contemp. Probs. 36 (1971): 504.

59. Gill Interview, 详见注释 13。

60. Id. ; see also, e. g. , Sandra M. Stevenson, Antieau on Local Government Law, 2nd ed. (2015), § 1. 01 ("The term 'local government' ... refers to local entities that have been organized to exercise governing authority, delegated by the state through charter, state constitution or statute."). ("'地方政府'一词……是指由国家通过宪章、州宪法或法规授予的、被组织起来行使管理权力的地方实体。")

第五章　无搜查令的搜查

1. Frunz v. City of Tacoma, 468 F. 3d 1141, 1142 (9th Cir. 2006).

2. See Transcript of Trial at 20:24 - 21:2; 37:6 - 39:25, 40:16 - 17, 184:22 - 185:6, Frunz, 468 F. 3d 1141 (No. 05 - 35302); Frunz, 468 F. 3d at 1142.

3. See Transcript of Trial at 19:14 - 17, 75:18 - 21, 76:13 - 15, 76:18 - 77:12, 357:4 - 13, Frunz, 468 F. 3d 1141 (No. 05 - 35302); Frunz, 468 F. 3d at 1142 - 43.

4. See Transcript of Trial at 185:9 - 11, 186:15 - 18, 187:2 - 12, 308:7 - 24, 338:10 - 15, 343:11 - 14, Frunz, 468 F. 3d 1141 (No. 05 - 35302).

5. Transcript of Trial at 190:22 - 191 - 25, 192:7 - 17, 193:10 - 194:2, Frunz, 468 F. 3d 1141 (No. 05 - 35302).

6. Transcript of Trial at 195:7 - 18, 197:18 - 25, Frunz, 468 F. 3d 1141 (No. 05 - 35302).

7. Frunz, 468 F. 3d at 1146.

8. Frunz, 468 F. 3d at 1146.

9. Frunz, 468 F. 3d at 1144, 1147(损害,"塔科马的市民"); Transcript of Oral Argument at 11:09, Frunz, 468 F. 3d 1141 (No. 05 - 35302)(你有一个陪审团,对我来说,这听起来就像陪审团因你的客户的所作所为而给其一个拥抱和亲吻。这真是个吝啬的陪审团。你应该感谢他们。) Frunz v. City of Tacoma, 476 F. 3d 661, 665 (9th Cir. 2007).

10. Oren Bar-Gill and Barry Friedman, "Taking Warrants Seriously," Nw. U. L. Rev. 106 (2012): 1664 - 66(研究表明,警方很少在搜查前获得搜查令); Richard Van Duizend et al. , The Search Warrant Process: Preconceptions, Perceptions, Practices (1985), 17; Craig D. Uchida and Timothy S. Bynum, "Search Warrants, Motions to Suppress and 'Lost Cases': The Effects of the Exclusionary Rule in Seven Jurisdictions," J. Crim. L. & Criminology 81

(1991)：1051；Jon B. Gould and Stephen D. Mastrofski，"Suspect Searches：Assessing Police Behavior Under the U. S. Constitution，" Criminology & Pub. Pol'y 3 (2004)：334.（"值得注意的是，在 115 个样本中没有一次搜查申请了搜查令。尽管搜查令在其他司法管辖区很少见……但（被研究的城市）的这种模式似乎很罕见。"）无搜查令而入室搜查，see，for example，Mitchell v. City of Henderson，No. 13 – 01154，2015 WL 427835，at ＊17 (D. Nev. Feb. 2，2015)（否认了被告驳回原告 1983 年提出的指控，即警察在没有搜查令的情况下强行进入并搜查原告的住所，而原告在警察入户时就在家）；Carlos Miller，"Watch New York Cops Force Way into Woman's Home Without Warrant，" PINAC，Apr. 10，2015（描述了警察强行进入一名妇女的家中，寻找一名重犯，但并未发现任何犯罪嫌疑人，现场拍摄了视频片段）；"Video：Man Refuses to Let. Cops Search House Without Warrant，" RT，Sept. 3，2014.

11. The Maltese Falcon (Warner Bros.，1941).

12. Ex parte Jackson，96 U. S. 727，733 (1877).

13. Johnson v. United States，333 U. S. 10，14 (1948).

14. United States v. Lefkowitz，285 U. S. 452，465 (1932).

15. See Bar-Gill and Friedman，"Taking Warrants Seriously，" supra note 10，at 1643 & 1643n136（引用了关于责任感和信念毅力的研究）；Linda Babcock et al.，"Creating Convergence：Debiasing Biased Litigants，" Law & Soc. Inquiry 22 (1997)：918 (settlement). Similarly，deliberation，which requires individuals to convince each other，filters out bias，prejudice，and irrational motives. See Bar-Gill and Friedman，"Taking Warrants Seriously，" supra note 10，at 1643 & 1643 n137.

16. Katz v. United States，389 U. S. 347，357 (1967).

17. See Christopher Slobogin，"Why Liberals Should Chuck the Exclusionary Rule，" Ill. L. Rev. 1999：375（"现在的瑞士奶酪排除规则只是它未来版本的一个缩影"）.

18. See，e. g.，Frunz，468 F. 3d at 1145（"在这种紧急情况下，警察有权立即进入，使用一切适当的武力"）.

19. See Thomas Y. Davies，"Recovering the Original Fourth Amendment，" Mich. L. Rev. 98 (1999)：628 – 34（讨论了 1791 年普通法中关于无逮捕令实施逮捕的三个理由：(1) 当着警察的面犯罪/犯罪未遂；(2) 被逮捕的人犯有重罪；(3) 警官有合理的理由相信被捕的人犯下了已知的罪行）；People v. Chiagles，237 N. Y. 193，195 (1923) (Cardozo，J.)（"《第四修正案》有一个例外，就像修正案本身一样坚不可摧。在依法实施抓捕时，可以对被逮捕人进行搜查，以发现并没收犯罪收益或者犯罪证据" (quoting Weeks v. United States，232 U. S. 383，392 (1914)))；id. at 196（"毫无疑问，这个权利可以追溯到在街头抓捕罪犯的那个年代，那时，小偷人赃并获，但给予其短暂忏悔时间。"(internal quotation marks omitted)).

20. 关于《第四修正案》特例的量化，see，for example，David C. Behar，"An Exception to an Exception：Officer Inadvertence as a Requirement to Plain View Seizures in the Computer Context，" U. Miami L. Rev. 66 (2012)：472（"对于是否以及何时需要搜查令，最高法院也总结了大量例外情况……因为这些例外，人们肯定会想，《第四修正案》的人权保护到底是规则，还是例外"）；Thomas Y. Davies，"The Supreme Court Giveth and the Supreme Court Taketh Away：The Century of Fourth Amendment 'Search and Seizure' Doctrine，" J. Crim. L. & Criminology 100 (2010)：939（"打击犯罪的法官……通过大量教条的限制和例外情况，扩大了执法部门的搜查权，使得早期的人权保护在实践中基本上毫无意义"）；California v. Acevedo，500 U. S. 565，582 – 83 (1991) (Scalia，J.，concurring in judgment)（总结了 22 个例外情况）. 这些例外情况可查阅 see United States v. Martinez-Fuerte，428 U. S. 543 (1976)（批准边境巡逻队在距离墨西哥边境 43 航空英里的检查站进行毫无根据的搜查）；United States v. Biswell，406 U. S. 311 (1972)（作为授权检查的一部分，允许对枪支经销商上锁的储藏室进行搜查而不需要

搜查令）；Wyman v. James，400 U. S. 309（1971）（依法对享受福利的家庭进行突击家访不属于《第四修正案》的搜查范围）；New Jersey v. T. L. O. ，469 U. S. 325，340（1985）（"学校管理人员搜查在校学生不需要获得搜查令"）；United States v. Knights，534 U. S. 112（2001）（批准了对缓刑犯的公寓进行无证搜查）；City of Ontario v. Quon，560 U. S. 746（2010）（允许在没有搜查证的情况下搜查城市雇员的手机）；South Dakota v. Opperman，428 U. S. 364（1976）（对被告上锁的但被扣押的车进行库存搜查符合《第四修正案》的规定）；Carroll v. United States，267 U. S. 312（1925）（批准对车辆进行无搜查令的搜查）；Acevedo，500 U. S. 565（如果警察拥有合理理由，可在没有搜查令的情况下搜查汽车内的集装箱）；Michigan v. Tyler，436 U. S. 499（1978）（允许未经许可进入建筑物灭火，并允许警员留在建筑物内调查火灾）。

21. Cardwell v. Lewis，417 U. S. 583，587 - 88（1974）。

22. See id. at 590（解释了机动车特例的部分原因是：（1）"行驶在公共交通道路上的汽车，其乘客和装载物是显而易见的"；（2）"机动车的功能是运输，很少作为个人的住所或个人物品的仓库"）；United States v. Chadwick，433 U. S. 1，12 - 13（1977）（认为，越来越无法保有"汽车隐私"的部分原因是"所有州都要求车辆进行注册，经营者必须获得执照"）。

23. U. S. Const. amend. IV.

24. Joint Comm. on Continuing Legal Educ. of the Am. Law Inst. and the Am. Bar Ass'n，Trial Manual for the Defense of Criminal Cases（Preliminary Draft No. 1，Sept. 29，1966），28，quoted in Telford Taylor，Two Studies in Constitutional Interpretation（1969），23 & 182n12.

25. See Taylor，Two Studies in Constitutional Interpretation，详见注释 24 第 21、43 页；Akhil Reed Amar，"Fourth Amendment First Principles，" Harv. L. Rev. 107（1994）：761.

26. See Taylor，Two Studies in Constitutional Interpretation，详见注释 24 第 41—43 页；Amar，"Fourth Amendment First Principles，"详见注释 25 第 774、778、798 页。

27. See William J. Cuddihy，The Fourth Amendment：Origins and Original Meaning 602 - 1791（2009），232 - 52（讨论了在殖民地使用搜查令并特别提到不加区别地签发搜查令）；Leonard Levy，"Origins of the Fourth Amendment，" Pol. Sci. Q. 114（1999）：92（quoting "The Rights of the Colonies，" 1772，reprinted in The Bill of Rights：A Documentary History，ed. Bernard Schwartz（1971），1：206）（Boston Town Meeting）.

28. Acevedo，500 U. S. at 581（Scalia，J. ，concurring in judgment）.

29. Wyoming v. Houghton，526 U. S. 295，299 - 300（1999）（citations omitted）.

30. United States v. Davis，785 F. 3d 498，516 - 17（11th Cir. 2015）（蜂窝基站数据搜查）；Maryland v. King，133 S. Ct. 1958，1970（2013）（逮捕犯罪嫌疑人后对其进行体腔检查）；Reynolds v. City of Anchorage，379 F. 3d 358，367（6th Cir. 2004）（搜查教养院的未成年人）。

31. See Amar，"Fourth Amendment First Principles，"详见注释 25 第 772 页（对威尔克斯和其他人的镇压）；Levy，"Origins of the Fourth Amendment，"详见注释 27 第 87 页（威尔克斯和自由）；Akhil Reed Amar，"The Fourth Amendment，Boston，and the Writs of Assistance，" Suffolk U. L. Rev. 30（1997）：65 - 66（威尔克斯特案件的重要性）。

32. George Rudé，Wilkes and Liberty：A Social Study of 1763 to 1774（1962），xiii，17 - 19.

33. 同上第 20—22 页（介绍了《北不列颠人》）；George Nobbe，The North Briton：A Study in Political Propaganda（1939），206（"我不知道，但我想知道"）。

34. Rudé，Wilkes and Liberty：A Social Study of 1763 to 1774，详见注释 32 第 22—23 页（介绍了对第 45 期的反击）；Nobbe，The North Briton：A Study in Political Propaganda，详见注释 33 第 214 页（quoting Lord Halifax）。

35. Cuddihy, The Fourth Amendment: Origins and Original Meaning 602 - 1791,详见注释 27 第441—443 页(介绍了搜查令和扣押令);Rudé, Wilkes and Liberty: A Social Study of 1763 to 1774,详见注释 32 第 24—26 页(登上伦敦塔,成为政治明星)。

36. Levy, "Origins of the Fourth Amendment,"详见注释 27 第 88 页。据估计,诉讼和审判的次数超过 46 次。Cuddihy, The Fourth Amendment: Origins and Original Meaning 602 - 1791,详见注释 27 第 443 页。

37. Rudé, Wilkes and Liberty: A Social Study of 1763 to 1774,详见注释第 29 页(非同寻常);Wilkes v. Wood, 98 Eng. Rep. 489, 498 (C. B. 1763)(完全颠覆)。

38. 他们特别小心,不是因为通用搜查令非常重要——它没那么重要——而是因为威尔克斯本人是国会议员,享有这样的特权。See Rudé, Wilkes and Liberty: A Social Study of 1763 to 1774,详见注释 32 第 24 页。因此,搜查令的常用形式被修改成任务,包括"叛国"活动的检查,以绕过议会特权。Nobbe, The North Briton: A Study in Political Propaganda,详见注释 33 第 214 页。

39. M. H. Smith, The Writs of Assistance Case (1978), 336(讨论了在威尔克斯特案发生前的 150 年内通用搜查令的使用);Wood, 98 Eng. Rep. at 498(解释了律师们对之前授权通用搜查令的先例的依赖);Rudé, Wilkes and Liberty: A Social Study of 1763 to 1774,详见注释 32 第 29 页(引用了 1763 年 5 月 2 日纽卡斯尔公爵写给德文郡的信);Money v. Leach, 1 Black W. 555, 558 (1765);Cuddihy, The Fourth Amendment: Origins and Original Meaning 602 - 1791,详见注释 27 第 449 页(解释了普拉特签发过通用搜查令)。

40. Leach, 1 Black W. at 562 (Mansfield); id. at 558 (Yates); Wood, 98 Eng. Rep. at 498 (Pratt).

41. See Joseph Story, "Codification of the Common Law," in Miscellaneous Writings of Joseph Story, ed. William Story (1852), 701 - 02(解释了普通法法律规范"具有如此古老的历史,如果不启用,就无法确定它们制定时间",而另一些普通法法律规范"是随着社会的逐步进步而发展起来的")。For a framing-era view, see Zachariah Swift, A System of the Laws of Connecticut (1795 - 1796), 1:41("然而,法院并不完全受权威判例的约束。如果一项规定所依据的原则是错误的,或者它所采用的规范使用困难或与法律的一般要旨相抵触,则后任法院有权修订或否定该决定"), quoted in Charles W. Wolfram, "The Constitutional History of the Seventh Amendment," Minn. L. Rev. 57 (1973): 736n289. See also Morton J. Horwitz, The Transformation of American Law 1780 - 1860 (1977), 23 ("从理论上讲,法院不制定法律……但事实上,他们是立法者……怎么能说(普通法法律规范)自古就有呢,其起源是声名狼藉的。"(quoting the 1813 instructions of Judges Trapping Reeve and James Gould at Litchfield Law School))。这种观点早在 17 世纪就被马修·黑尔所理解,他承认普通法的恒常性和可变性:"总的来说,它们现在是相同的英国法律,它们是 600 年前的英国法律。"阿尔戈英雄之船回家和离开时都是同样一条船;尽管在那次漫长的航行中,它不断地进行修改,几乎没有带回起初造船时的任何材料。Matthew Hale, The History of the Common Law of England, 6th ed. (1820), 84.

42. Story, "Codification of the Common Law,"详见注释 41 第 702 页;Frederick Pollock, "The Genius of the Common Law," Colum. L. Rev. 12 (1912): 291(发展的能力)。

43. Riley v. California, 134 S. Ct. 2473, 2484 (2014); Amar, "Fourth Amendment First Principles,"详见注释 25 第 818 页。

44. Leach, 3 Burr. 1743, 1766, 97 Eng. Rep. 1075, 1088 (1765)(缩小了普拉特法官对上诉的裁决范围);Cuddihy, The Fourth Amendment: Origins and Original Meaning 602 - 1791,详见注释 27 第 475 页(除非是议会法案规定的情况)(quoting Procs. , 25 Apr. 1766, C. J. , vol. 30 (1765 - 66)). See generally Cuddihy, The Fourth Amendment: Origins and Original

Meaning 602 - 1791，详见注释 27 第 469—476 页（介绍了议会在通用搜查证授权上的争论）。

45.　William Blackstone, Commentaries, 1：＊91，＊161.

46.　See Nelson Lasson, The History and Development of the Fourth Amendment of the U-nited States Constitution（1937），51（介绍了援助令状的使用）。

47.　Thomas Hutchinson, The History of the Colony of Massachusetts-Bay, 92 - 93（1764）；Smith, The Writs of Assistance Case，详见注释 39 第 97 页；Cuddihy, The Fourth Amendment：Origins and Original Meaning 602 - 1791，详见注释 27 第 381 页。在之后的几年里，当在位的国王去世时，最高法院签发令状的权力也随之失效。在新君主恢复权力之前，商人们就提起了诉讼。See Cuddihy, The Fourth Amendment：Origins and Original Meaning 602 - 1791，详见注释 27 第 380—381 页；Smith, The Writs of Assistance Case，详见注释 39 第 130 页。

48.　Hutchinson, The History of the Colony of Massachusetts-Bay，详见注释 47 第 93—94 页；Smith, The Writs of Assistance Case，详见注释 39 第 332、551—555 页（奥蒂斯）。

49.　Smith, The Writs of Assistance Case，详见注释 39 第 555 页（internal quotation marks omitted）（再版了亚当斯后来对奥蒂斯演讲的描述）。关于美国殖民地宪法至上这一具有革命性的概念，see, for example, Barry Friedman, The Will of the People：How Public Opinion Has Influenced the Supreme Court and Shaped the Meaning of the Constitution（2009），391n17；Gordon S. Wood, The Creation of the American Republic 1776 - 1787（1969），266（"美国人下定决心保护……基本权利……并将宪法定义有别于政府并高于政府"）；Larry D. Kramer, "The Supreme Court 2000 Term, Foreword：We the Court," Harv. L. Rev. 115（2001）：73（"反抗国王和议会的殖民经验是建国者们构建他们的理论模型，而革命本身……提供了他们反对超越宪法权力的政府的蓝图"）；Samuel Adams, Massachusetts Circular Letter of 1768, quoted in Wood, The Creation of the American Republic 1776 - 1787，同上第 266 页（在所有自由州，宪法都是固定的；由于最高立法机关的权力和权威来自宪法，它无法做到超越宪法的界限而不破坏自己的基础）（internal quotation marks omitted）。

50.　Smith, The Writs of Assistance Case，详见注释 39 第 253 页（引自约翰·亚当斯 1817 年 3 月 29 日写给威廉·都铎的信）；Cuddihy, The Fourth Amendment：Origins and Original Meaning 602 - 1791，详见注释 27 第 490—501 页（讨论"解放"和其他反抗事件）；同上第 438—464、503—507 页（《汤森税收法案》）；Lasson, The History and Development of the Fourth Amendment of the United States Constitution，详见注释 46 第 75 页（emphasis added）（大陆会议）。有一种说法是，在案件发生 56 年后，"亚当斯的记忆可能是错误的，他沉迷于一种情有可原的晚年浪漫主义，" see Kramer, "The Supreme Court 2000 Term, Foreword：We the Court,"详见注释 49 第 30 页。

51.　Cuddihy, The Fourth Amendment：Origins and Original Meaning 602 - 1791，详见注释 27 第 522 页。

52.　Hutchinson, The History of the Colony of Massachusetts-Bay，详见注释 47 第 93 页（总结奥蒂斯关于"特定搜查令"的演讲）；Smith, The Writs of Assistance Case，详见注释 39 第 336 页（引用奥蒂斯的话，根据亚当斯后来的叙述，他说"只有特定搜查令才是合法的"）。

53.　See generally Cuddihy, The Fourth Amendment：Origins and Original Meaning 602 - 1791，详见注释 27 第 634—658 页（指出革命后大多数州依法转向使用特定搜查令）。

54.　Cuddihy, The Fourth Amendment：Origins and Original Meaning 602 - 1791，详见注释 27 第 176—190、192、356—363 页。

55.　Cuddihy, The Fourth Amendment：Origins and Original Meaning 602 - 1791，详见注释 27 第 520 页（西夫特案）。关于殖民地法院对这些令状的抵制和以特定形式发布它们的意愿，参阅同上第 513—526 页；Lasson, The History and Development of the Fourth Amendment of the United States Constitution,详见注释 46 第 73—76 页；Levy，"Origins of the Fourth Amendment,"详见注释 27 第 90—91 页。

56. Cuddihy，The Fourth Amendment：Origins and Original Meaning 602‑1791，详见注释 27 第 633—668 页（美国独立战争后各州的特定搜查令）；see also Davies，"Recovering the Original Fourth Amendment,"详见注释 19 第 577—579 页（认为《第四修正案》的批准者强烈谴责无证搜查，这在很大程度上是因为他们厌恶"普通警察的性格及其对案件的判断"）。从通用搜查令向特定搜查令的转换，马萨诸塞州是一个典型的例证。"在马萨诸塞州，进行革命的三年多时间里，搜查令是日常生活的一部分。"虽然马萨诸塞作为殖民地废除了通用搜查令，但作为一个州，它恢复了通用搜查令的使用。1777 年，为了没收保皇党的武器，该州允许其议会"公布任何对国家有危险的人，并向治安官签发搜查令，可以破门而入任何他们怀疑危险人物藏身的住宅或建筑"。1778 年，国会备注中有 12 次提到通用搜查令。通用搜查令被用来搜查和逮捕政治异见人士，但即使在国家颁布宪法之前，针对土地的通用搜查令"远不如特定搜查令和逮捕特定人员的搜查令常见"。约翰·亚当斯随后起草了 1780 年的马萨诸塞州宪法，以保护人们免受不合理的搜查和扣押。1781 年，"州法律恢复了签发对逃兵的多重特定搜查令"。Cuddihy，The Fourth Amendment：Origins and Original Meaning 602‑1791，详见注释 27 第 613—616 页。同样，在新罕布什尔州，1777 年颁布的通用搜查令只持续了 11 个星期，就被常设法院的一次会议替换为特定搜查令。1778 年，立法机关允许无搜查令的搜查，但城镇"几乎从未任命专职负责搜查的官员"。1784 年，免受无合理理由搜查和扣押的权利确立 5 年后，新罕布什尔州的立法机关未通过任何允许官员搜查民宅的法律。1791 年，州法律制定的下一个搜查令是特定搜查令。同上第 638—639 页。

57. See Cuddihy，The Fourth Amendment：Origins and Original Meaning 602‑1791，详见注释 27 第 602—668 页（详细讨论了从美国独立战争到 1791 年期间普遍对特定搜查证的偏好，以及值得注意的特例）。

58. 同上第 670—672 页（介绍了制定联邦宪法的行程中如何导致了对特定搜查令越来越多的偏好）；Levy，"Origins of the Fourth Amendment,"详见注释 27 第 96—97 页（same）；George C. Thomas III，"Time Travel，Hovercrafts，and the Framers：James Madison Sees the Future and Rewrites the Fourth Amendment,"Notre Dame L. Rev. 80（2005）：1767n126（引用了帕特里克·亨利 1788 年 6 月 14 日在弗吉尼亚批准宪法时的言论，该言论发表在 1787 年由费城大会建议通过联邦宪法的一些州大会辩论中，ed. Jonathan Elliot，J. B. Lippincott Co.，2nd ed.（1836），265）。公平地说，联邦政府的反对者们并没有完全热衷于消费税搜查。Cuddihy，The Fourth Amendment：Origins and Original Meaning 602‑1791，详见注释 27 第 742 页（此外，在批准《宪法》的时候，许多作者反对没有搜查令的一般消费税搜查，还有大量几乎同样的人反对签有搜查令的类似搜索）。

59. St. George Tucker，Blackstone's Commentaries with Notes of Reference，to the Constitution and Laws of the Federal Government of United States and of the Commonwealth of Virginia（1803），302（emphasis added）；David T. Hardy，"The Lecture Notes of St. George Tucker：A Framing Era View of the Bill of Rights,"Nw. U. L. Rev. 103（2008）：1535（emphasis added）（从塔克 1791—1792 年的原始课堂笔记中抄录下来，这些笔记保存在威廉和玛丽学院的厄尔·格雷格·斯威姆图书馆的塔克-科尔曼书集中，塔克从 1790—1804 年在那里担任法学教授）。塔克的一些讲稿和其他法律论文后来被编辑并发表在圣乔治塔克的法律报告和论文选集上，St. George Tucker's Law Reports and Selected Papers 1782‑1825，ed. Charles F. Hobson（2013）。

60. William Rawle，A View of the Constitution，2nd ed.（1829），127（emphasis added）。

61. 有两位历史学家发展了大法官斯卡利亚-阿希尔·阿玛尔提出的论点，其中一位的回答是：搜查令是非必要的，但非法搜查的人要承担责任，没有豁免权。阿玛尔认为，"没有证据"

表明早期美国人"鼓吹'搜查证优先'或'搜查证是必须的'"。Amar，"The Fourth Amendment，Boston，and the Writs of Assistance，"详见注释31第73页。但他无法解释以上所有的证据，如圣乔治塔克的论述。塔克笔记的编纂者恰当地指出："阿克希尔·里德·阿玛尔教授认为……无搜查令则必须符合'合理理由'……[但]塔克的讨论似乎与此相反，将合理理由和搜查令视为合理性的组成部分。" Hardy，"The Lecture Notes of St. George Tucker：A Framing Era View of the Bill of Rights，"详见注释59第1535页。更糟糕的是，从某种意义上说，阿玛尔已经被打败了。斯卡利亚法官只采纳了他对《第四修正案》的一半观点，即允许警官在没有搜查令的情况下自由行动。但是斯卡利亚和他的同事们从来没有采纳阿玛尔的观点，即对未经批准的非法搜查应给予严格的金钱赔偿。相反，正如第三章解释的那样，法官们避免了强加这种责任。没有搜查令及所造成损害的赔偿，对非法搜查没有任何限制。

62. Davies，"Recovering the Original Fourth Amendment，" supra note 19，at 552. 详见注释19第552页。

63. Gouled v. United States，255 U. S. 298，308 (1921) (emphasis added).

64. See generally Bar-Gill and Friedman，"Taking Warrants Seriously，"详见注释10第1638—1648页(讨论了搜查令的优势)。

65. See，e. g. ，Note，"Police Practices and the Threatened Destruction of Tangible Evidence，" Harv. L. Rev. 84 (1971)：1478‑79 and 1478‑79nn61‑63(获得搜查令的时间，在丹佛需要一个半小时，在洛杉矶需要六个小时，某些情况下在农村社区需要超过一天的时间)。

66. Frunz，468 F. 3d at 1146；Cal. Penal Code § 1526(b) (West 1970) ("法官可利用记录下来的宣誓后的口供，代替书面宣誓书")；People v. Peck，113 Cal. Rptr. 806，810 (Ct. App. 1974)("我们认为，电话搜查令法令规定了充分的司法监督和控制以及充分的保护措施，以应对宪法的质疑")。1977年修订的《联邦刑事诉讼制度》允许"以电话或其他适当方式传递的宣誓口头证词为基础"签发搜查令。Fed. R. Crim. P. 41(c)(2)(A) (1977). 2011年，咨询委员会将管理电子搜查令的程序转移到一项新规则中，"支持将这些程序扩展到逮捕令、投诉和传票"。Fed. R. Crim. P. 4. 1 committee's notes to 2011 amendment.

67. Sarah Lundy，"Palm Bay Police Use Skype to Obtain Warrants，" Orlando Sentinel，Mar. 28，2011；Ken Thomas，"Agency Urges 'No-Refusal' DWI Policies，AP，Dec. 13，2010 (Louisiana)；Press Release，Michael Ramsey，Butte County District Attorney，"Butte County Law Enforcement First in State to Use Digital Signature on Search Warrant，" Apr. 2，2012；Missouri v. McNeely，133 S. Ct. 1552，1562 (2013).

68. See McNeely，133 S. Ct. at 1556，1562‑63 以酒后驾驶为背景来讨论科技的变化；Riley，134 S. Ct. at 2482 (Roberts，C. J.) (alterations in original) (quoting Vernonia School Dist. 47J v. Acton，515 U. S. 646，653 (1995)).

第六章　无合理理由的搜查

1. Interview by Barry Friedman with Nicholas Peart，Apr. 5，2012(皮尔特访谈)。

2. Nicholas K. Peart，"Why Is the N. Y. P. D. After Me?，" N. Y. Times，Dec. 18，2011，at SR6.

3. Id. ；see also Floyd v. City of New York，959 F. Supp. 2d 540，633‑37 (S. D. N. Y. 2013)(对尼古拉斯·皮尔特的违宪拦截和搜身在事实和法律上都有不同程度的发现)。

4. Floyd，959 F. Supp. 2d at 573(指出440万次拦停中有220万次搜身，其中的1.5%找到了枪支)；Rachel A. Harmon，"The Problem of Policing，" Mich. L. Rev. 110 (2012)：779 (记录了400万次拦停)；Al Baker and J. David Goodman，"Police Are Undercounting Street Stops，U. S. Monitor Finds，" N. Y. Times，July 10，2015，at A22(未记录的拦停)；Floyd v.

City of New York，283 F. R. D. 153，166n68（S. D. N. Y. 2012）（引用了纽约警局主管的记录）。

5. Compare Floyd，283 F. R. D. at 164（确认了纽约警局拒绝将其拦停搜身计划定性为完成配额），with id. at 163n40（引用的雷·凯利的话）。

6. 虽然没有一个全国性的数据库追踪美国数千家警察机构的拦停搜身统计数据，但其他主要城市的政策实施显示了与纽约类似的趋势，从 2004 年 1 月到 2012 年 6 月，纽约记录了 440 万次拦截。Floyd，959 F. Supp. 2d at 573. 2012 年，费城警方在 6 个月的时间里拦停了超过 21.5 万名行人，只发现了 3 把枪。同上。同年，波士顿警方拦停了 12.3 万人，发现了 9 支枪和一把刀。NAACP, Born Suspect：Stop-and-Frisk Abuses & the Continued Fight to End Racial Profiling in America（2014），24.

7. Peart Interview, supra note 1；see also City of Indianapolis v. Edmond，531 U. S. 32，56（2000）（Thomas, J.，持异议）（我相当怀疑《第四修正案》的制定者会认为一个不加选择地拦停没有犯罪嫌疑的个人的计划是"合理的"）。

8. Sir Anthony Ashley's Case（1611）77 Eng. Rep. 1366，1367 – 68（KB）.

9. Henry v. United States，361 U. S. 98，104（1959）（"在我们的制度下，警察对公民执法，仅凭怀疑是不够的。正如《第四修正案》所教导的那样，有时与能够轻松抓捕公民相比，罪犯能够获得自由更好"）；William Blackstone, Commentaries，4：* 290（合理怀疑）；id. at 4：* 287（"怀疑某方的原因和可能性"）；Nathan Dane, A General Abridgment and Digest of Law（1824），5：588（合理理由）。

10. Brinegar v. United States，338 U. S. 160，162 – 64，169，175 – 76（1949）（quoting Carroll v. United States，267 U. S. 132，162（1925）.有关布林加尔对"可能理由"定义的持续生命力，see, for example, Green v. Missouri，734 F. Supp. 2d 814，832（2010）.

11. Terry v. Ohio，392 U. S. 1，5（1968）（指出麦克法登经常穿着便衣巡逻）；"State of Ohio v. Richard D. Chilton and State of Ohio v. John W. Terry：Suppression Hearing and Trial Transcripts," ed. John Q. Barrett, St. John's L. Rev. 72（1998）：app. B at 1420（转载麦克法登侦探的证据禁止听证证词）（以下简称"特里笔录"）。

12. "Terry Transcripts,"详见注释 11 第 1456 页。

13. 同上第 1418、1456 页。

14. 同上第 1411、1418 页。

15. 同上第 1413 页。

16. 同上第 1416、1429、1444 页。

17. See Barry Friedman, The Will of the People：How Public Opinion Has Influenced the Supreme Court and Shaped the Meaning of the Constitution（2009），275 – 78；Risa Goluboff, Vagrant Nation（2016），216 – 17；Earl C. Dudley, Jr.，"Terry v. Ohio, the Warren Court, and the Fourth Amendment：A Law Clerk's Perspective," St. John's L. Rev. 72（1998）：892.

18. Goluboff, Vagrant Nation，详见注释 17 第 216 页（介绍了导致特里案的政治局势）；Lewis R. Katz, "Terry v. Ohio at Thirty-Five：A Revisionist View," Miss. L. J. 74（2004）：438（指出这一决定与肯尼迪遇刺事件密切相关）；Terry，392 U. S. at 10（"人们经常认为，在处理城市街道上发展迅速、危险重重的警情时，警察需要灵活的分级反应机制，根据所掌握的信息的数量而逐步升级应对级别"）；The Challenge of Crime in a Free Society：A Report by the President's Commission on Law Enforcement and Administration of Justice（1967）；The Kerner Report：The 1968 Report of the National Advisory Commission on Civil Disorders（1968）.

19. "Terry Transcripts,"详见注释 11 第 1444 页。

20. Terry，392 U. S. at 17（quoting L. L. Priar and T. F. Martin, "Searching and Disarming Criminals," J. Crim. L. Criminology & Police Sci. 45（1954）：481）.

21. 同上第 24 页;同上第 36 页(Douglas, J.,持异议)。

22. 同上第 20 页(多数意见)。

23. 同上第 15 页(进一步强调)。

24. 同上第 27、30 页;同上第 31—32 页(Harlan, J.,持异议)。

25. See generally Kimberly J. Winbush, Annotation, "Propriety of Stop and Search by Law Enforcement Officers Based Solely on Drug Courier Profile," A. L. R. 5th 37 (1996): 1.

26. United States v. Condelee, 915 F. 2d 1206, 1208‑09 (8th Cir. 1990).

27. 同上第 1209—1210 页。

28. 同上第 1209 页;同上第 1211 页(Gibson, J.,持异议)。

29. United States v. Weaver, 966 F. 2d 391, 397 (8th Cir. 1992) (Arnold, J.,持异议)。另一个涉及希克斯探员的"毒品快递员"案,see United States v. McKines, 933 F. 2d 1412 (8th Cir. 1991).

30. United States v. Hooper, 935 F. 2d 484, 499 (2d Cir. 1991)(Pratt, J.,持异议)。

31. 同上第 499—500 页。

32. 同上第 500 页。

33. Floyd, 959 F. Supp. 2d at 558‑59.

34. Navarette v. California, 134 S. Ct. 1683, 1686‑87 (2014).

35. Compare Williams v. Adams, 436 F. 2d 30, 38 (2d Cir. 1970) (Friendly, J.,持异议)。("这里太危险了,拦停不是目标,安全搜查不是意外,而是相反,安全搜查是目标,拦停是意外。") rev'd en banc, 441 F. 2d 394 (2d Cir. 1971), rev'd, 407 U. S. 143 (1972), with David M. Dorsen, Henry Friendly (2012), 214‑15, 219(凸显了在人身保护调查中弗里德曼法官相对保守地强调被调查人事实上平白无辜的影响), Henry J. Friendly, "Is Innocence Irrelevant? Collateral Attack on Criminal Judgments," U. Chi. L. Rev. 38 (1970): 142(在人身保护令审查上采取更保守的立场), Henry Friendly, "The Fifth Amendment Tomorrow: The Case for Constitutional Change," U. Cin. L. Rev. 37 (1968): 671(批评沃伦法院对反对自证其罪的权利的新式解释), and Yale Kamisar, "The Warren Court and Criminal Justice: A Quarter-Century Retrospective," Tulsa L. J. 31 (1995): 1(称弗里德曼法官"可能是沃伦法院刑事诉讼案件中最令人生畏的批评者")。

36. David A. Harris, "Frisking Every Suspect: The Withering of Terry," U. C. Davis L. Rev. 28 (1994): 24‑26(介绍了法院批准对涉嫌毒品交易的武器进行搜身的理由,并列举了大量的例子); United States v. Clark, 24 F. 3d 299, 301 (D. C. Cir. 1994).

37. 同上第 302—304 页。

38. N. Y. Penal Law § 221.05 (McKinney)(对持有大麻仅处以罚款,累犯可处以监禁); N. Y. Penal Law § 221.10 (McKinney)(在公众面前持有大麻或持有大麻量超过 25 克的,将被视为 B 类轻罪)。Editorial, "No Crime, Real Punishment," N. Y. Times, June 5, 2012 (介绍了大麻"公开"的做法)。

39. Plaintiff's Third Report to Court and Monitor on Stop and Frisk Practices at 9, Bailey v. City of Philadelphia, No. 10-cv-5952 (E. D. Pa. Mar. 19, 2013)(2012 年上半年,费城警方拦停 21.5 万起,其中 1.57% 缴获了违禁品,0.16% 的拦停中缴获了枪支,总共只有 3 件); ACLU of Massachusetts, Black Brown and Targeted (2014), 1‑2 (针对 2007 年至 2010 年间波士顿 20 万次拦停搜身的研究;只有 2.5% 查获了违禁品); Ian Ayres and Jonathan Borowsky, A Study of Racially Disparate Outcomes in the Los Angeles Police Department (2008), i (记录了拦停的黑人比白人 127% 的可能被搜身,但是搜身后,减少了 42.3% 的可能性发现武器,减少了 25% 的可能性发现毒品,减少了 33% 的可能性发现其他违禁品,西班牙裔与报告的研究发现类似)。

40. See, e. g. , Anthony G. Amsterdam, "Perspectives on the Fourth Amendment," Minn. L. Rev. 58 (1974):356 - 60(指出卡茨案之前《第四修正案》的相对稳定性,并讨论了特里案拦停的要求)。

41. See, e. g. , id. at 413 同上第 413 页(指出搜查令要求的例外情况仍应以确定逮捕时的合理理由为根据)。

42. Terry, 392 U. S. at 26 - 27.

43. See Goluboff, Vagrant Nation, 详见注释 17 第 186—188 页(指出传统观点认为特里是对流浪法终结的回应,但又认为流浪法实际上一直延续到 20 世纪 60 年代);David A. Harris, "Factors for Reasonable Suspicion:When Black and Poor Means Stopped and Frisked," Ind. L. J. 69 (1994):659, 683(表明在当时的最高法院法官中,只有斯卡利亚法官会接受特里案之前的法律);David A. Harris, "Frisking Every Suspect:The Withering of Terry," U. C. Davis L. Rev. 28 (1994):39 - 40(解释了该学说更有可能走向另外一个方向,也就是说,特里案对自动搜身的限制可能很快就会被取消);Terry, 392 U. S. at 10("人们经常认为,在处理城市街道上发展迅速、危险重重的警情时,警察需要灵活的分级反应机制,根据所掌握的信息的数量而逐步升级应对级别")。Jeffrey Fagan and Amanda Geller, "Following the Script:Narratives of Suspicion in Terry Stops in Street Policing," U. Chi. L. Rev. 82 (2015):51(20 世纪六七十年代警察行为调查研究);Craig S. Lerner, "Reasonable Suspicion and Mere Hunches," Vand. L. Rev. 59 (2006):427 - 28(介绍了美国历史上留给政府官员的退路)。New York and Rhode Island legislatures passed stop-and-frisk laws in 1964 and 1956, respectively. Goluboff, Vagrant Nation, 详见注释 17 第 202—203 页。

44. Terry, 392 U. S. at 14, 20(确认了法律"无力阻止对其他宪法保障的权利的侵犯,如果警察对起诉没有兴趣或者为了服务其他目标而愿意放弃成功的起诉");see also Harris, "Frisking Every Suspect,"详见注释 36 第 13—14 页(认为特里案实际上是在马普诉俄亥俄州案 (Mapp v. Ohio, 367 U. S. 643,655(1961))之后,把权力交还给警察作为一种妥协。马普案将《第四修正案》的排除规则——"通过违宪搜查和扣押获得的所有证据都是不可接受的"——扩展到了各州)。

45. See Sherry Colb, "The Qualitative Dimension of Fourth Amendment Reasonableness," Colum. L. Rev. 98 (1998):1691 - 93 (认为严格按照特里案执法将使原先宣布的拦停理由再次发挥作用,即预防犯罪、保护危险情况下的警察、防止轻罪发展成重罪、微不足道的过错);David Keenan and Tina M. Thomas, Note, "An Offense-Severity Model for Stop-and-Frisks," Yale L. J. 123 (2014):1452 - 53(表明特里因轻微过失而被拦停应该推定为无效);Harris, "Frisking Every Suspect,"详见注释 36 第 48—49 页(建议特里式拦停只适用于涉及使用武力、暴力或武器的情况);Memorandum Submitting Consensus Seattle Police Department Policies and Order Approving Same at 3 - 5, United States v. City of Seattle, No. C12 - 1282JLR (W. D. Wash. , Jan. 17, 2014) (在司法部调查后批准了一项同意令,根据该令,警方不能对有合理嫌疑的轻罪进行拦停搜身,除非有理由认为嫌疑人构成公共安全风险,并且必须保存每一次拦停的详细记录,包括人口统计信息);Commonwealth v. Cruz, 945 N. E. 2d 899, 908 (Md. 2011)(认为警察不能在没有刑事犯罪嫌疑的情况下命令一个人下车——而不是民事犯罪);Consent Decree at 20, United States v. City of Newark, No. 16-cv-01731 (D. N. J. May. 5, 2016)(规定纽瓦克警察必须收集并分析"年龄、种族、民族、性别、拦停地点、拦停时间、拦停原因、拦停后的活动、拦停持续时间以及每一个拦停的结果或成果");David A. Harris, "How Accountability-Based Policing Can Reinforce—or Replace—the Fourth Amendment Exclusionary Rule," Ohio St. J. Crim. L. 7 (2009):166 - 68, 173 - 75(鼓励加强对市民的投诉进行检讨,并改善部门政策和程序);Andrew Guthrie Ferguson, "Policing 'Stop and Frisk' with 'Stop and Track' Policing," Huffington Post, Aug. 17, 2014(建议"对被拦下的人进行随机审查……将报告的情绪

与实际情绪进行比较");"America's Police on Trial,"Economist，Dec. 13，2014（更容易解雇坏警察）。根据一项研究，90％的美国人支持使用执法记录仪，奥巴马总统最近为此划拨了7400万美元。Justin T. Ready and Jacob T. N. Young,"A Tale of Two Cities,"Slate，Dec. 10，2014. 正如YouTube上无数的视频所证明的那样，摄像头并不是警察不良行为的解毒剂，但它们确实有助于收集数据，并在警察行为受到质疑时解决事实争议。See id.；David A. Harris,"Picture This：Body-Worn Video Devices（Head Cams）as Tools for Ensuring Fourth Amendment Compliance by Police,"Tex. Tech L. Rev. 43（2010）：369－70(讨论了摄像头如何改进警官执法行为）。

46. Terry，392 U. S. at 6，21，23.

47. Floyd，959 F. Supp. 2d at 559.

48. 同上第575、614页。

49. Terry，392 U. S. at 22. 对基于嫌疑人描述或特征的调查实施严格审查，包括嫌疑人分类，将解决这一问题，因为这将要求警官准确解释为什么如此分类。Cf. Brown v. City of Oneonta，235 F. 3d 769，774，777（2d Cir. 2000）（Walker，J.，赞成拒绝全体法庭复审）（解释了如果平等保护原则扩展到警察执法，"警察将被迫为他们的"不可言说的预感……直觉和感觉印象"辩护，但发现这种方法"行不通"）。

50. Terry，392 U. S. at 22，24. See generally Harris,"Frisking Every Suspect,"详见注释36第24—26页。

51. 法院对自动拦停采用"合理怀疑"标准，see, for example, United States v. Jenkins，452 F. 3d 207，212（2d Cir. 2006）；United States v. Cortez-Galaviz，495 F. 3d 1203，1206（10th Cir. 2007）；Weaver v. Shadoan，340 F. 3d 398，407（6th Cir. 2003）.

52. Jeffrey Toobin，The Nine：Inside the Secret World of the Supreme Court（2007），79.

53. Weaver，966 F. 2d at 397（Arnold，J.，dissenting）.

54. 同上。

第七章　通用搜查令

1. Bruce v. Beary，498 F. 3d 1232，1236（11th Cir. 2007）；Root Dep. at 27，36－38，92－93，Bruce v. Beary，No. 6：04-cv-1595-Orl-22DAB slip op. at 37（M. D. Fla. Aug. 16，2006），vacated 498 F. 3d 1232（2007）（Bloomberg Law, Litigation and Dockets）；Bass Dep. at 3，6 Bruce，（M. D. Fla. Aug. 16，2006）.

2. Bass Dep. at 2－3，5－6.

3. Root Dep. at 44，60－68.

4. Root Dep. at 33，95－96；Bruce Dep. at 84，Bruce，（M. D. Fla. Aug. 16，2006）. 最初指控布鲁斯的依据是违反了佛罗里达州禁止零散使用车辆识别码的法律。But see Fla. Stat. § 319.30(5)(c)(免除对任何"在修理车辆过程中移除、持有或更换制造商或国家指定的识别号牌"的人的起诉）。

5. Bruce，498 F. 3d at 1238. 唯一的例外是一名前雇员的汽车，以及另一辆未能找到相关文件的汽车。

6. Bruce，498 F. 3d at 1238("3月，奥兰治县检察官撤销了对布鲁斯的所有刑事指控。然而，贝尔里并没有归还布鲁斯的财产")；Bruce Dep. at 86－87.

7. Bruce，498 F. 3d at 1245，1250.

8. Id. at 1235－36.

9. Bruce Dep. at 53－57，163－66，167－68.

10. Root Dep. at 23，25；Bruce，498 F. 3d at 1242.

11. Root Dep. at 21 – 23.

12. Bruce, 498 F. 3d at 1250(Carnes, J.，意见一致)。

13. Id. at 1241，1248（多数意见）。

14. See generally Edwin J. Butterfoss, "A Suspicionless Search and Seizure Quagmire: The Supreme Court Revives the Pretext Doctrine and Creates Another Fine Fourth Amendment Mess," Creighton L. Rev. 40 (2007): 419(详细说明了法院在毫无疑点的搜查案件中的含有破绽的判例)。

15. Terry v. Ohio, 392 U. S. 1, 27 (1968).

16. Terry, 392 U. S. at 21 (quoting Camara v. Mun. Ct. of S. F. , 387 U. S. 523, 534 – 535, 536 – 537 (1967) (balancing)); United States v. Martinez-Fuerte, 428 U. S. 543, 557, 559 (1976) (roadblocks).

17. New Jersey v. T. L. O. , 469 U. S. 325, 327 – 28, 336, 338 (1985).

18. Board of Education v. Earls, 536 U. S. 822, 828 (2002) (emphasis added)("公立学校管理人员的搜查,比如收集尿样,涉及《第四修正案》所保护的权益")。

19. See, e. g. , Mich. Dep't of State Police v. Sitz, 496 U. S. 444, 455 (1990)(批准使用拦停酒后驾车路障)；New York v. Burger, 482 U. S. 691, 703 (1987)维护拆车企业无证检查的合法性；In re Sealed Case, 310 F. 3d 717, 745 – 46 (FISA Ct. Rev. 2002)(消除根据《外国情报监听法》收集数据时的特别疑点,因为《外国情报监听法》的总体规划目的"是收集外国情报,有别于"普通犯罪控制")；United States v. Duka, 671 F. 3d 329, 340 – 46 (3d Cir. 2011)("鉴于政府在收集外国情报信息方面的特殊利益",维护无疑点电子监控的合宪性)；Haskell v. Harris, 669 F. 3d 1049, 1056 – 57 (9th Cir. 2012)(支持加州 DNA 检测法规,因为检测是"程序性的,适用于所有重罪被捕者",而不是"单独针对某一个人")。On Earls, see Earls, 536 U. S. at 826；David Shipler, The Rights of the People: How Our Search for Safety Invades Our Liberties (2012)，190("自命清高的人")。

20. Measuring Community Building Involving the Police: The Final Research Report of the Police-Community Interaction Project (2001)，5. 7.

21. Rodger Birchfield, "Roadblocks Will Feature Drug Dogs," Indianapolis Star, Sept. 22, 1995, at E1；R. Joseph Gelarden, "19 Suspects Nabbed in I-65 Drug Roadblock," Indianapolis Star, Aug. 14, 1998, at A1.

22. Birchfield, "Roadblocks Will Feature Drug Dogs,"详见注释 21(记者招待会)；Office of Juvenile Justice & Delinquency Prevention, U. S. Dept. of Justice, Promising Strategies to Reduce Gun Violence (1999)，53 (记录了 1000 多次拦停和 100 多次逮捕)；Gelarden, "19 Suspects Nabbed in I-65 Drug Roadblock,"详见注释 21(大麻)。

23. Birchfield, "Roadblocks Will Feature Drug Dogs,"详见注释 21(打消人们的念头)；Stephen Beaver, "IPD Roadblock Draws Big Crowd, Mixed Reviews," Indianapolis Star, Oct. 16, 1998, at C1；("这不仅仅是统计数字。""这是一个信息。""发表了一个声明。") Stephen Beaver, "Police Roadblock Results in 29 Arrests," Indianapolis Star, Sept. 30, 1998, at B5("不会感到安全的")。关于警察执法从调查到威慑的转变,see Barry Friedman and Maria Ponomarenko, "Democratic Policing," N. Y. U. L. Rev. 90 (2015): 1871 – 75.

24. R. Joseph Gelarden, "ICLU's Roadblock Sparks Lawsuit," Indianapolis Star, Oct. 21, 1998, at B1.

25. Sitz, 496 U. S. at 449 – 52, 455(权衡了对"普通司机"权益的侵犯与"酒后驾车问题的严重程度以及各州根除这个问题的利益"之间的关系)。

26. City of Indianapolis v. Edmond, 531 U. S. 32, 42, 52 (2000)("客观上,这是合理的扣押,因为每次扣押平均持续两到三分钟,并不涉及搜查。")。Compare id. at 35, 41 – 42(认为拦

停路障是不合理的,尽管拦停路障打击毒品犯罪的总体比例约为 4.7%,打击所有犯罪的比例约为 9%),with Sitz,496 U.S. at 454-55(认为拦停路障是合理的,逮捕酒后驾车的成功率是 1.6%)。

27.　Edmond,531 U.S. at 37,41-42.

28.　Compare Ferguson v. City of Charleston,532 U.S. 67,83-84 (2001)("虽然该方案的最终目标很可能是让这些妇女接受药物滥用治疗,不再吸毒,但搜查的直接目标是为执法提供证据"),同上第 86—87 页(Kennedy,J.,意见一致)(不同意大多数人在解释埃德蒙时对"直接"和"最终"执法目标的区别)。

29.　Compare Davis v. State,788 So. 2d 1064,1065-66 (Fla. Dist. Ct. App. 2001)(在坦帕的一个涉及驾照检查点的案件中,将用来逮捕人的检查点和用来改善道路安全的检查点区别开来),with United States v. Funaro,253 F. Supp. 2d 286,296-97 (D. Conn. 2003)("如果行政检查是得到授权的,是合法的,美国食品药品管理局的代理人可以同时因行政和刑事目的收集证据而进行行政检查。"). There has been rampant confusion among the lower courts. See, e.g., Mills v. District of Columbia,584 F. Supp. 2d 47,56-57 (D.D.C. 2008)(批准在高犯罪率社区外围设立检查点,目的是威慑,而不是"逮捕"或"发现普通犯罪行为的证据"。),rev'd,571 F. 3d 1304,1311-12 (D.C. Cir. 2009)(认为普通执法和特殊需要之间的区别不在于为了收集证据还是为了威慑,而在于目标是是犯罪分子还是监管对象);People v. Jackson,782 N.E. 2d 67,71-72 & n. 2 (N.Y. 2002)(反对以一般犯罪控制等目的、但缺乏明确目标地设置路障,应该避免做出具体决定:设置路障的主要目的是防止而不是调查劫车和出租车抢劫是否合法);cf. City of Overland Park v. Rhodes,257 P. 3d 864,871,875 (Kan. Ct. App. 2011) (Atcheson,J.,持异议)(认为旨在"教育公众"的酒后驾车检查点是不允许的,因为虽然其主要目的不是普通执法,但与普通执法也相差不多). For scholarship challenging the logic of Edmond's distinction,see Barry Friedman and Cynthia Benin Stein,"Redefining What's 'Reasonable':The Protections for Policing," Geo. Wash. L. Rev. 84 (2016):293-97.

30.　Camera,387 U.S. at 536-38.

31.　Delaware v. Prouse,440 U.S. 648,650-51 (1979).

32.　同上第 657—659 页(考虑到国家在道路安全方面的权益与抽查相冲突)。

33.　同上第 659—660 页。

34.　同上第 657、659—660 页(认为根据《第四修正案》,拦停"对公路安全与日俱增的贡献"不足以证明其是正确的)。

35.　同上第 663 页(强调)。

36.　同上第 664 页(Rehnquist,J.,持异议);Leo Sheep Co. v. United States,440 U.S. 668 (1979).

37.　Prouse,440 U.S. at 653-54 (footnote omitted) (quoting Marshall v. Barlow's Inc.,436 U.S. 307,312 (1978));Camara,387 U.S. at 528 (1967)("《第四修正案》的基本目的……是保护个人的隐私和安全,不受任何政府官员的任意侵犯")。

38.　James Otis,"Speech Against the Writs of Assistance," Feb. 24,1761,reprinted in John Wesley Hall,Jr.,Search and Seizure,2nd ed. (1991),1:8;Wilkes v. Wood,(1763) 98 Eng. Rep. 489,498 (K.B.);see, e.g.,Skinner,489 U.S. at 621-22("要求申请搜查令的一个根本目的是通过向受搜查或扣押的公民保证此类侵扰不是政府工作人员随机或任意的行为来保护公民的隐私利益");United States v. Cannon,29 F. 3d 472,475 (9th Cir. 1994)("法院早就认识到……根据《第四修正案》,任意性是不合理的");United States v. Guzman,864 F. 2d 1512,1516 (10th Cir. 1988)("需要限制随意行使警察的酌处权,这是法院禁止不受客观审查的警察做法的决定背后的驱动力");Anthony G. Amsterdam,"Perspectives on the Fourth Amendment," Minn. L. Rev. 58 (1974):417("《第四修正案》的主要目的是禁止任意的以及不

正当的搜查和扣押")；Monrad G. Paulsen, "The Exclusionary Rule and Misconduct by the Police," J. Crim. L. & Criminology 52 (1961)：264("所有其他自由,言论自由、集会自由、宗教自由、政治活动自由,都以限制武断的和反复无常的警察行动为前提")；M. Blane Michael, Lecture, "Reading the Fourth Amendment：Guidance from the Mischief That Gave It Birth," N. Y. U. L. Rev. 85 (2010)：921("导致《第四修正案》诞生的恶意行为是通过使用援助令状和通用搜查令执行的令人难以忍受的大搜查。这些恶义行为的教训是,给予海关人员和警察无限的自由裁量权不可避免地会导致侵犯隐私和自由的行为")。

39. Camara, 387 U. S. at 532；Prouse, 440 U. S. at 661.

40. Camara, 387 U. S. at 535("该机构进行区域视察的决定是基于其对整个区域条件的评估,而不是基于其对每一特定建筑物条件的了解")；同上第538—539页("检查标准可以根据时间的推移、建筑物的性质(例如,多户公寓)或整个地区的情况而定。这种方法最好地实现了宪法赋予公民免受政府无理侵犯隐私的权利背后的历史目的")。同上第533—534页(认为安全检查计划仍然需要法官的"个别审查",以充分保障免受《第四修正案》的干扰)。

41. Prouse, 440 U. S. at 657("他不太可能被打扰或害怕")。

42. Cf. Kimberlianne Podlas, "Guilty on All Accounts：Law & Order's Impact on Public Perception of Law and Order," Seton Hall J. Sports & Ent. L. 18 (2008)：1(讨论了犯罪片对观众认识不断的影响)。

43. See Randy W. Elder et al., Effectiveness of Sobriety Checkpoints for Reducing Alcohol-Involved Crashes (2002), 266 - 67("虽然检查点会让一些酒后驾车的司机离开道路,但他们的主要目标是通过增加被逮捕的风险来阻止酒后驾车")；Office of Nat'l Drug Control Policy, Measuring the Deterrent Effect of Enforcement Operations on Drug Smuggling, 1991 - 1999 (2001), 1 - 3.

44. 还有其他种类的监管目标,警察获得进一步行动的允许。例如,警察可以要求司机从他们汽车中出来,以确保警察的安全。See Pennsylvania v. Mimms, 434 U. S. 106, 111 (1977)("不顾'对警察的安全进行合理关注',证明法院裁决是合理的")。

45. See Camara, 387 U. S. at 532 - 33(解释了要求申请搜查令提供的保护)；Brinegar v. United States, 338 U. S. 160, 175 - 76 (1949)(解释了合理理由提供的保护)。对于《第四修正案》未做要求的搜查令所引起的争论,以及合理理由并不总是适当的标准,参阅上文第五章和第六章。

46. Burger, 482 U. S. at 691, 693 - 96.

47. 同上第696、710页("如果旨在解决这一主要社会问题的监管方案要真正发挥作用,那么'意外'是至关重要的")。

48. 同上第703、711—712页(认为监管法规必须通过"适当界定范围"和"限制检查人员的自由裁量权"来"充分替代搜查令")。

49. 同上第694页；同上第725—726页(Brennan, J., 持异议)("搜查的目的是发现受到行政处罚的不法行为,事实上是不可能的")。

50. Brinegar, 338 U. S. at 181 (Jackson, J., 持异议)。

51. See, e. g., Thomas K. Clancy, "The Role of Individualized Suspicion in Assessing the Reasonableness of Searches and Seizures," U. Mem. L. Rev. 25 (1995)：517 - 20, 626 - 32(就像法兰克福法官所表述的那样,对搜查证和合理理由的偏好)。

52. Prouse, 440 U. S. at 663(允许"在路障拦停点对所有迎面而来的车辆进行询问",作为一项不受个人自由裁量权的措施)。

53. 同上第663—664页(Blackmun, J., 意见一致)(指出多数意见并没有取消"不涉及自由裁量权不受限制的"抽查)。

54. Cf. Max Minzner, "Putting Probability Back into Probable Cause," Tex. L. Rev. 87

（2009）：913（对根据授权进行搜查的高命中率和无授权搜查的低命中率）。正如埃德蒙市市长所说，如果有关该项目宣传成功，他们可能只会在路障旁抓到少数人，因为这些路障正在阻止被禁止的活动。Birchfield, "Roadblocks Will Feature Drug Dogs," supra note 21（引用前市长斯蒂芬·戈德史密斯的话说，路障可能抓不到很多罪犯，但它们可能"阻止人们从事可能让他们入狱的活动"）。

55. See Christopher Slobogin, "Panvasive Surveillance, Political Process Theory, and the Nondelegation Doctrine," Geo. L. J. 102（2014）：1733 - 45（解释政治过程理论及其在搜查和扣押方面的适用性，这些搜查和扣押影响到有权进入立法机关的较大的群体）；William J. Stuntz, "Implicit Bargains, Government Power, and the Fourth Amendment," Stan. L. Rev. 44（1992）：588（"涉及大量受影响的当事人时，《第四修正案》的规定通常是不必要的。公民可以保护自己，就像他们保护自己不受大多数政府不当行为的伤害一样——他们可以把流氓赶出去"）；Richard C. Worf, "The Case for Rational Basis Review of General Suspicionless Searches and Seizures," Touro L. Rev. 23（2007）：93, 115（认为法院应该遵从关于涉及全社会范围内的群体搜查和扣押的立法判决，"只要成本得到有效分摊……不同偏好、集中成本和集体行动问题在理论上的可能性并不足以证明司法审查成本的合理性……"）；Tracey L. Meares and Dan M. Kahan, "The Wages of Antiquated Procedural Thinking: A Critique of Chicago v Morales," U. Chi. Legal F. 1998：209 - 10（结论认为，政府在各个社区内化了执法技术负担的情况下，应由政治进程来决定）。

56. See FAA Modernization and Reform Act of 2012, § 826, 49 U. S. C. § 44901（2012）（禁止运输安全管理局使用没有包含隐私过滤器的身体扫描仪）；Ron Nixon, "Unpopular Full-Body Scanners to Be Removed from Airports," N. Y. Times, Jan. 18, 2013（报道称运输安全管理局将从机场移除备受争议的全身扫描仪）。

57. Affidavit of Marshall DePew at ? 3, Edmond v. Goldsmith, 38 F. Supp. 2d 1016（S. D. Ind. 1998）；Drug Checkpoint Contact Officer Directives by Order of the Chief of Police at 8 - 9, Stipulation of the Parties, Edmond v. Goldsmith, 38 F. Supp. 2d 1016（S. D. Ind. 1998）。

第八章　带有歧视的搜查

1. Samuel R. Gross and Debra Livingston, "Racial Profiling Under Attack," Colum. L. Rev. 102（2002）：1415（"种族定性往往发生在当执法人员对某个人进行调查时，仅仅因为他们认为这个人的种族或民族比一般人更有可能犯下他们正在调查的那种罪行"）。

2. Interview by Barry Friedman with Linda Sarsour, Nov. 3, 2014（hereinafter Sarsour Interview）；Champions of Change, The White House（last visited Feb. 22, 2016）。

3. Sarsour Interview, 详见注释2。

4. See, e. g. , Matt Apuzzo and Adam Goldman, "Inside the Spy Unit that NYPD Says Doesn't Exist," AP, Aug. 31, 2011（"mapping"）（"绘制地图"）；Adam Goldman and Matt Apuzzo, "With Cameras, Informants, NYPD Eyed Mosques," AP, Feb. 23, 2012；Matt Apuzzo and Adam Goldman, "Documents Show NY Police Watched Devout Muslims," AP, Sept. 6, 2011；NYPD Intelligence Division, Intelligence Collection Coordinator, "Deputy Commissioner's Briefing," Apr. 25, 2008（描述了举报人的活动及报告）；Muslim American Civil Liberties Coalition et al. , Mapping Muslims: NYPD Spying and Its Impact on American Muslims（2013），12 - 15, 39 - 40（介绍了对清真寺活动和学生团体的影响）（以下映射穆斯林）。

5. Sarsour Interview, supra note 2；NYPD Intelligence Division, Debriefing Initiative: CI

Profiles (2009)，2（指出"纽约阿拉伯裔美国人协会董事会希望拥有一个秘密线人的愿望"）。

6. Sarsour Interview, supra note 2；Mitchell D. Silber and Arvin Bhatt, NYPD Intelligence Division, Radicalization in the West：The Homegrown Threat (2007). Pursuant to the settlement in Raza v. City of New York, the materials have been removed from the NYPD's website. Settlement Stipulation and Order at Ex. A, Raza v. City of New York, No. 13—3448 (S. D. N. Y. 2016).

7. For a discussion of FBI and CIA spying in the 1960s and 1970s, see infra Chapter 12.

8. Al Baker and Kate Taylor, "Bloomberg Defends Police's Monitoring of Muslim Students on Web," N. Y. Times, Feb. 21, 2012；Hina Shamsi, "Landmark Settlement in Challenge to NYPD Surveillance of New York Muslims：What You Need to Know," ACLU：Speak Freely, Jan 7. 2016（描述了在拉扎达成的和解协议,其中包括任命一名独立的民事监督员和限制使用便衣警察,但须获得法庭批准）；Settlement Stipulation and Order at Ex. A, Raza v. City of New York, No. 13—3448 (S. D. N. Y. 2016)；Paul J. Browne, "NYPD's 'Muslim Mapping' Saved Lives," N. Y. Post, Apr. 20, 2014（认为人口统计部门在挫败某些"恐怖分子希望于"911"事件后再次以纽约为目标的恐怖袭击"中发挥了重要作用）；Charles Krauthammer, "The Case for Profiling," Time, Mar. 10, 2002；Michael Kinsley, "When Is Racial Profiling Okay?," Wash. Post, Sept. 30, 2001.

9. Krauthammer, "The Case for Profiling,"详见注释 8。

10. National Institute of Justice, DNA Sample Collection from Arrestees (last visited Apr. 8, 2016).

11. Drug Testing for Welfare Recipients and Public Assistance, National Conference of State Legislatures(指出自 2010 年以来,已经有超过 12 个州批准了某种福利形式的毒品检测)；Marc Lacey, "U. S. Finds Pervasive Bias Against Latinos by Arizona Sheriff," N. Y. Times, Dec. 15, 2011；Matt Apuzzo and Michael S. Schmidt, "U. S. to Continue Racial, Ethnic Profiling in Border Policy," N. Y. Times, Dec. 5, 2014；National Institute of Justice, DNA Sample Collection from Arrestees.

12. United States v. Brignoni-Ponce, 422 U. S. 873 (1973)；Maryland v. King, 133 S. Ct. 1958, 1967 (2013)（支持马里兰州从那些因严重犯罪被捕的人身上采集 DNA,并将此测试归类为一种鉴定程序）；Bd. of Educ. of Independent School District No. 92 v. Earls, 536 U. S. 822, 826 (2002)（批准对参加课外活动的学生进行毒品测试,尽管没有证据表明这一人群有独特的毒品问题,并将测试归类为特殊需要）。

13. 关于《第四修正案》的目的是如何防止警察任意执法的讨论,请参阅上文第六章。

14. Chisun Lee, "In Search of a Right," Village Voice, July 26, 2005.

15. Brown v. City of Oneonta, 221 F. 3d 329, 334 (2d Cir. 1999)；Diana Jean Schemo, "College Town in Uproar Over 'Black List' Search," N. Y. Times, Sept. 27, 1992；Lee, "In Search of a Right," 详见注释 13(宿舍,招生负责人). Other sources vary on the exact numbers involved. See, e. g., Bob Herbert, In America；Breathing While Black, Nov. 4, 1999 (14,000 residents, fewer than 500 black residents, and around 150 black students)；Lee, "In Search of a Right," supra note 13 (400 black students and several hundred black residents).

16. Lee, "In Search of a Right,"详见注释 13。

17. City of Oneonta, 221 F. 3d at 337, 339.

18. See, e. g., id. at 337 - 39. Compare United States v. Avery, 137 F. 3d 343, 354 (6th Cir. 1997)（认为平等保护条款禁止完全基于种族的"调查监视"），with United States v. Travis, 62 F. 3d 170, 176 (6th Cir. 1995) (Batchelder, J., concurring in judgment)（认为平等保护条款与两相情愿的不期而遇"根本不相关"）。

19. See Erwin Chemerinsky, Constitutional Law: Principles and Policies, 5th ed. (2015), 697.

20. See, e. g. , NYC Transit Auth. v. Beazer, 440 U. S. 568, 592 – 93 (1979)(支持纽约市交通管理局的招聘政策，该政策区分了经常使用麻醉剂（包括主要用于治疗的美沙酮）的人和不使用麻醉剂的人）; Ry. Express Agency v. New York, 336 U. S. 106, 109 – 110 (1949)(支持纽约的一项法律，区分送货卡车上的广告和其他车辆上的广告）。

21. See, e. g. , Beazer, 440 U. S. at 594("仅仅因为接受美沙酮治疗而拒绝雇佣个体洗车工、轨道修理工或公交车司机，无论他/她如此做有多么不明智，宪法也没有授权联邦法院干涉这一政策决定"); Ry. Express Agency, 336 U. S. at 110(按照政府的结论，快递车辆上的广告很少带来交通问题，因为"只有无所不知，这也是我们所缺乏的，才能说情况并非如此"）。

22. Korematsu v. United States, 323 U. S. 214, 216 (1944)(指出种族分类会导致"立即受到怀疑"，并受到"最严格的审查"); City of Richmond v. J. A. Croson Co. , 488 U. S. 469, 493 (1989)("严格审查的目的是'查出'种族分类的非法使用。……该测试还确保所选择的方法与目标切实吻合，以至于很少或根本不可能出现对种族进行分类的动机是非法的种族偏见或刻板印象"）。

23. See, e. g. , Craig v. Boren, 429 U. S. 190, 201 – 202 (1976)(提供第三方审查并解释说，将18—20岁的"男性……作为酒后驾车的典型"是一种"过于牵强的吻合"，在这个年龄段中只有2%的男性因这一罪行而被捕）。See generally Chemerinsky, Constitutional Law: Principles and Policies, supra note 19, at 699; Joseph Tussman and Jacobus tenBroek, "The Equal Protection of the Laws," Calif. L. Rev. 37 (1949): 348 – 53.

24. See, e. g. , City of Oneonta, 221 F. 3d at 337(根据受害者的描述，被告没有进行可能会招致严格审查的种族分类); Monroe v. City of Charlottesville, 579 F. 3d 380, 388 (4th Cir. 2009)(支持借助DNA查捕犯罪嫌疑人，因为尽管平等保护条款在"政府基于种族对公民进行区分"时起了作用，但在这种情况下，"任何描述性的分类都来自强奸受害者对攻击者的描述"）。

25. Brothers of the Blacklist (Whatnot Productions 2014)("我唯一想上的名单就是院长名单"); Lee, "In Search of a Right," 详见注释13 (quoting Eliot Spitzer)。

26. Peter Verniero and Paul H. Zoubek, Interim Report of the State Police Review Team Regarding Allegations of Racial Profiling (1999), 4, 24 – 25.

27. State v. Soto, 734 A. 2d 350, 353, 355, 360 (N. J. Super. Ct. Law Div. 1996).

28. Report of the New Jersey Senate Judiciary Committee's Investigation of Racial Profiling and the New Jersey State Police (2001), 17 – 18("参与索托上诉的少数族裔警察的被捕率分别为:63%、80%、79%、84%、100%、90%、84%和92%"); Imani Perry, More Beautiful and More Terrible: The Embrace and Transcendence of Racial Inequality in the United States (2011), 102 (quoting Colonel Carl Williams); Robert D. McFadden, "Whitman Dismisses State Police Chief for Race Remarks," N. Y. Times, Mar. 1, 1999. 为了讨论司法部的调查和州官员隐藏数据的问题,see Report of the New Jersey Senate Judiciary Committee's Investigation, supra, at 19 – 32. 继续指出,"白人被捕率相对较低的事实并不意味着白人司机不太可能运输毒品，而是他们一开始就不太可能被怀疑是毒贩，因此，不太可能受到旨在确认犯罪活动嫌疑的调查策略的影响。" Verniero and Zoubek, Interim Report,详见注释26 第36页。

29. Verniero and Zoubek, Interim Report,详见注释26 第33—34页。

30. Report of John Lamberth, Ph. D. at 5, Wilkins v. Md. State Police, No. CCB-93-483 (D. Md. 1993); Albert J. Meehan and Michael C. Ponder, "Race and Place: The Ecology of Racial Profiling African American Motorists," Just. Q. 19 (2002): 422 (Michigan); David A. Harris, Profiles in Injustice: Why Racial Profiling Cannot Work (2002), 70, 81 (Michigan and

North Carolina）；David A. Harris, ACLU, Driving While Black: Racial Profiling on Our Nation's Highways (1999) (Colorado).

31. Ian Ayres and Jonathan Borowsky, A Study of Racially Disparate Outcomes in the Los Angeles Police Department (2008), 5, 8; Floyd v. City of New York, 959 F. Supp. 2d 540, 573, 584 (S. D. N. Y. 2013); Jeffrey Fagan et al., Final Report: An Analysis of Race and Ethnicity in Boston Police Department Field Interrogation, Observation, Frisk, and/or Search Reports (2015), 2; Travis Anderson, "Boston Police Release New Data on FIO stops," Bos. Globe, Jan. 9, 2016.

32. L. Song Richardson, "Arrest Efficiency and the Fourth Amendment," Minn. L. Rev. 95 (2011): 2037 – 38 (hit rates); Harris, "Profiles in Injustice,"详见注释 30 第 79—84 页(讨论了不同场景、不同州的命中率的差异,包括北卡罗来纳州); Illinois Dep't of Transp., Illinois Traffic Stop Study: 2014 Annual Report (2015), 11 – 12; Ayres and Borowsky, "A Study of Racially Disparate Outcomes in the Los Angeles Police Department,"详见注释 31 第 i 页;Verniero and Zoubek, Interim Report,详见注释 26 第 66 页。

33. See Harris, Profiles in Injustice,详见注释 30 第 76—78 页; Richardson, "Arrest Efficiency and the Fourth Amendment,"详见注释 32 第 2039 页("隐性的种族刻板印象可能导致一个无种族仇恨、不会基于种族特征判断犯罪嫌疑人的警察,无意中只基于外貌不同而区别对待每个人")。

34. Verniero and Zoubek, "Interim Report of the State Police Review Team Regarding Allegations of Racial Profiling," supra note 26, at 68.

35. Albert W. Alschuler, "Racial Profiling and the Constitution," U. Chi. Legal F. 2002: 163 (noting widespread condemnation of racial profiling prior to the terrorist attacks of September 11, 2001); Gross and Livingston, "Racial Profiling Under Attack," supra note 1, at 1413 – 14 (same); End Racial Profiling Act of 2001, S. 989, 107th Cong. (2001); Frank Newport, "Racial Profiling Is Seen as Widespread, Particularly Among Young Black Men," Gallup, Dec. 9, 1999.

36. Kathy Barrett Carter, "Some See New Need for Racial Profiling—Threats to Security Alter State National Debate," Star-Ledger, Sept. 20, 2001, at 21(介绍了法默 2001 年 9 月 11 日的经历,以及"911"事件对种族形象定性的最初影响); John Farmer, Jr., "Rethinking Racial Profiling," Star-Ledger, Sept. 23, 2001 (Perspective), at 1.

37. See, e. g., Village of Arlington Heights v. Metro. Hous. Dev. Corp., 429 U. S. 252, 265 – 66 (1977).

38. Weaver v. United States, 966 F. 2d 391, 392 – 93 (8th Cir. 1992).

39. Weaver, 966 F. 2d at 394 n. 2; see also, e. g., Michelle Alexander, The New Jim Crow: Mass Incarceration in the Age of Colorblindness (2012), 128 – 30(介绍了"单独"测试是如何彻底贯彻执行种族形象定性的)。

40. Tussman and tenBroek, "The Equal Protection of the Laws,"详见注释 23 第 348—353 页。

41. Weaver, 966 F. 2d at 397 (Arnold, J., 持异议)。

42. See, e. g., United States v. Jennings, No. 91 – 5942, 1993 WL 5927, at * 4 (6th Cir. Jan. 13, 1993)(介绍了一位缉毒局官员承认,在辛辛那提机场停留的乘客中,有一半是西班牙裔美国人或黑人,尽管"在辛辛那提机场的乘客中,黑人和西班牙裔美国人占比远低于50％")。詹宁斯还提到了第六巡回法庭的其他案件,其中两起案件涉及同一名警官,"涉及机场缉毒人员,他们声称自己的行为符合缉毒员手册,却拦停了比例太大的有色人种"。Id. at * 14n3.

43. J. A. Croson Co. , 488 U. S. at 493("严格审查的目的是'查出'种族分类的非法使用。……该测试还确保所选择的方法与目标切实吻合,以至于很少或根本不可能出现对种族进行分类的动机是非法的种族偏见或刻板印象")。The figure for Muslims is from Besheer Mohamed, "A New Estimate of the U. S. Muslim Population," Pew Research Ctr. , Jan. 6, 2016. 阿拉伯裔美国人的人口一直是争论的焦点:美国人口普查估计有 180 万阿拉伯裔美国人,而阿拉伯裔美国人研究所基金会估计有近 370 万阿拉伯裔美国人在美国。Jens Manuel Krogstad, "Census Bureau Explores New Middle East/North Africa Ethnic Category," Pew Research Ctr. , Mar. 24, 2014.

44. Vernonia School District 47J v. Acton, 515 U. S. 646 (1995)(药检); Michelle Hibbert, "DNA Databanks: Law Enforcement's Greatest Surveillance Tool?," Wake Forest L. Rev. 34 (1999): 771 n. 12(DNA 检测)。

45. See, e. g. , Griffin v. Wisconsin, 483 U. S. 868, 876 (1987)(允许搜查缓刑犯的住所,贯彻执行缓刑制度的同时,平衡了侵犯被告保护隐私的期望和政府查案的需要之间的关系); New Jersey v. T. L. O. , 469 U. S. 325, 337-42 (1985)(允许学校管理人员搜查学生的财产,平衡了轻微侵犯孩子对隐私的期望和学校管理者对维持纪律需要之间的关系); Bell v. Wolfish, 441 U. S. 520, 558-60 (1979)(允许对审前在押人员进行体腔搜查,平衡了严重侵犯审前在押人员的隐私期望和政府的重大安全利益之间的关系)。

46. Von Raab, 489 U. S. at 660.

47. 同上第 660、673 页;同上第 682—684 页(Scalia, J. ,持异议)。

48. 同上第 671 页(大多数意见)。

49. 同上。

50. 同上第 686 页(Scalia, J. ,持异议)。

51. Skinner v. Ry. Labor Execs. ' Ass'n, 489 U. S. 602, 610-11 (1989).

52. 同上第 607、628—629 页。虽然政府满足了平等保护条款所强加的负担,但最高法院没有对《第十四修正案》进行分析。相反,最高法院依赖于《第四修正案》的平衡分析。同上第 624 页。大法官史蒂文斯观点一致,认为没有证据表明,当对事故的担心未起作用时,身体障碍测试会使员工退缩。同上第 634 页(Stevens, J. ,部分观点一致,同意判决)。但似乎很明显,一个人在发生事故后立即被解雇或起诉的可能性——而且确实要将责任完全归咎于自己——增加了一个人要为自己行为的后果负责的风险,因此,增加了威慑力。

53. 有人可能会说,这里的分析是循环的:问题的关键在于《第四修正案》的权利是否被侵犯了,所以不能依靠侵犯的事实来设定何种程度的法律审查。《第四修正案》只禁止"不合理"的搜查和扣押,在正式实施审查之前,并不存在什么是不合理的结论。这一论点证明太多,因为审查的程度通常被设定为潜在的被侵犯的利益或权利的功能。当政府以种族为基础在人群中进行选择时,并不一定违反了平等保护条款。这是我们试图回答的问题——就像在《第四修正案》的背景下一样。但因为我们担心种族歧视,我们把审查的程度设得很高。当人们担心政府在治安方面独断专行时,情况也是如此。

54. District of Columbia v. Heller, 554 U. S. 570, 628n27 (2008); Plyler v. Doe, 457 U. S. 202, 223 (1982). 有关教育是一项基本权利并且已经得到承认这个观点,see Barry Friedman and Sara Solow, "The Federal Right to an Adequate Education," Geo. Wash. L. Rev. 81 (2013): 92.

55. Wolf v. Colorado, 338 U. S. 25, 27 (1949), overruled on other grounds by Mapp v. Ohio, 367 U. S. 643 (1961); see also Nadine Strossen, "The Fourth Amendment in the Balance: Accurately Setting the Scales Through the Least Intrusive Alternative Analysis," N. Y. U. L. Rev. 63 (1988): 1187-91(认为对侵犯《第四修正案》所保护的自由的行为应该进行更严格的审查,因为这些自由至关重要,这种侵犯行为通常会伤害警察不喜欢的社区,执法机构并

不是民主的机构）；Wayne D. Holly, "The Fourth Amendment Hangs in the Balance：Resurrecting the Warrant Requirement Through Strict Scrutiny," N. Y. L. Sch. J. Hum. Rts. 13 (1997)：562 – 66(主张对无证搜查进行严格的审查,因为《第四修正案》所保护的权利"毫无疑问是至关重要的")；Cynthia Lee, "Package Bombs, Footlockers, and Laptops：What the Disappearing Container Doctrine Can Tell Us About the Fourth Amendment," J. Crim. L. & Criminology 100 (2010)：1482 – 83(主张对未经授权搜查集装箱的合理性进行"针对性的调查",因为这种搜查一定程度上伤害了贫穷的有色人种社区)。

56. Matt Apuzzo and Joseph Goldstein, "New York Drops Unit That Spied on Muslims," N. Y. Times, Apr. 15, 2014; Mapping Muslims, supra note 4, at 9, 12, 20(帮助阻止)；Galati Dep. at 128 – 29, June 28, 2012, Handschu v. Special Servs. Div. , 727 F. Supp. 2d 239 (S. D. N. Y. 2010) 71 Civ. 2203 ("从 2006 年起我就在这里了,从来没有从人口统计部门的报告中得到过线索")。

第九章 监视技术

1. P. D. Eastman, Are You My Mother? (1998).

2. Interview by Barry Friedman with Abdo Alwareeth, Mar. 17, 2015.

3. 同上。

4. 同上。

5. 同上。

6. 同上。

7. 同上。

8. United States v. Pineda-Moreno, 591 F. 3d 1212, 1216 (9th Cir. 2010).

9. 同上第 1121、1124、1126 页(Kozinski, J. ,持异议)。

10. Lindsay Miller et al. , Implementing a Body-Worn Camera Program：Recommendations and Lessons Learned (2014), 1 (quoting Charles Ramsey); Kyllo v. United States, 533 U. S. 27, 37 n. 3 (2001) (citing National Law Enforcement and Correction Technology Center) (radar flashlights); Jay Stanley and Catherine Crump, ACLU, Protecting Privacy from Aerial Surveillance：Recommendations for Government Use of Drone Aircraft (2011), 68; Conor Friedersdorf, "Eyes Over Compton：How Police Spied on a Whole City," The Atlantic, Apr. 21, 2014 ("We literally watched all of Compton during the times that we were flying. " (quoting Ross McNutt of Persistence Surveillance Systems)); Ted Bridis, "FBI Is Building a 'Magic Lantern,'" Wash. Post, Nov. 23, 2001, at A15; John Schwartz, "Privacy Debate Focuses on F. B. I. Use of an Internet Wiretap," N. Y. Times, Oct. 13, 2001; Craig Timberg and Ellen Nakashima, "FBI's Search for 'Mo,' Suspect in Bomb Threats, Highlights Use of Malware for Surveillance," Wash. Post, Dec. 6, 2013; Christopher Soghoian, "Caught in the Cloud：Privacy, Encryption, and Government Back Doors in the Web 2. 0 Era," J. on Telecomm. & High Tech. L. 8 (2010)：401 – 402 (cell phone microphone); Pineda-Moreno, 617 F. 3d at 1121 (Kozinski, J. ,持异议).

11. See United States v. Jones, 132 S. Ct. 945, 957 (2012) (Sotomayor, J. , 意见一致)；同上第 962 页(Alito, J. ,裁决意见一致)。

12. 同上第 964 页(Alito, J. ,裁决意见一致)。

13. Olmstead v. United States, 277 U. S. 438, 456 (1928).

14. John Kobler, Ardent Spirits：The Rise and Fall of Prohibition (1993), 329(婴儿中尉)；Phillip Metcalfe, Whispering Wires：The Tragic Tale of an American Bootlegger (2007),

8，19（quoting Mayor Doc Brown）.

15. Kobler, Ardent Spirits, 详见注释 14 第 329—330 页；Metcalfe, Whispering Wires, 详见注释 14 第 52—53 页；Olmstead, 277 U. S. at 457.

16. Kobler, Ardent Spirits, 详见注释 14 第 331 页；Metcalfe, Whispering Wires, 详见注释 14 第 94 页。这个名字可能源于 1918 年出版的一部侦探小说，小说改编自《周六晚报》的一个故事。这本书的核心谜题是一个"低沉而浑厚的低语声音"的秘密人物的身份。Henry Leverage, Whispering Wires (1918), 120. 奥尔姆斯泰德一案的辩护律师也使用了这句话。Metcalfe, Whispering Wires, 详见注释 14 第 206 页。

17. Olmstead, 277 U. S. at 464 - 65；Robert Post, "Federalism, Positive Law, and the Emergence of the American Administrative State: Prohibition in the Taft Court Era," Wm. & Mary L. Rev. 48 (2006): 42("毫无疑问，塔夫特法庭被视为一个'干瘪'的机构，冷酷地致力于禁酒令的实施")。

18. Olmstead, 277 U. S. at 464 - 66.

19. Olmstead, 277 U. S. at 473 - 74, 476, 479 (Brandeis, J., 持异议)("发明创造使政府有可能通过比严刑逼供更有效的方式，在法庭上公开那些在密室里说过的话")。一位评论家认为，尽管布兰代斯致力于执行禁酒令，但他同样对"维护执法行为的完整性"反应强烈。Post, "Federalism, Positive Law, and the Emergence of the American Administrative State," 详见注释 17 第 138、142 页。

20. Olmstead, 277 U. S. at 474 (Brandeis, J., 持异议)；Eric Lichtblau, "Police Are Using Phone Tracking as a Routine Tool," N. Y. Times, Mar. 21, 2012 (介绍了加利福尼亚培训手册)。

21. Goldman v. United States, 316 U. S. 129, 135 (1942)(支持使用"窃听器")；id. at 139, 141(Murphy, J., 持异议)；Silverman v. United States, 365 U. S. 505, 506, 512 (1961) (quoting Silverman v. United States, 275 F. 2d 173, 178 (D. C. Cir. 1960))。

22. Harvey A. Schneider, "Katz v. United States: The Untold Story," McGeorge L. Rev. 40 (2009): 13.

23. 同上第 13—14 页。

24. Katz v. United States, 389 U. S. 347, 351 - 53 (1967)("政府以电子方式聆听和记录上诉人言论的活动侵犯了其合理合法的隐私……")；see also Jed Rubenfeld, "The End of Privacy," Stan. L. Rev. 61 (2008): 105(《第四修正案》原则始于"卡茨诉美国"案)。

25. See Orin Kerr, "Four Models of Fourth Amendment Protection," Stan. L. Rev. 60 (2007): 504(自从哈兰大法官在"卡茨诉美国"案中同意引入这一测试以来，40 年过去了，"隐私合理期待"的含义仍然非常模糊；Sherry F. Colb, "What Is a Search? Two Conceptual Flaws in Fourth Amendment Doctrine and Some Hints of a Remedy," Stan. L. Rev. 55 (2002): 123 (指出法院必须处理《第四修正案》原则未贯彻执行的问题)。

26. Katz, 389 U. S. at 351. "隐私合理期待"这一标志性术语实际上来自 Justice John Marshall Harlan II. 同上第 360 页 (Harlan, J., 意见一致)。

27. See Colb, "What Is a Search?", 详见注释 25 第 122 页(认为最高法院将暴露的风险"等同于对故意公开暴露"，并将"小范围暴露在道德上等同于暴露给整个世界")；California v. Ciraolo, 476 U. S. 207, 209, 211 - 14 (1986)；同上第 224 页 (Powell, J., 持异议)。

28. California v. Greenwood, 486 U. S. 35, 38, 40 - 41 (1988).

29. United States v. Knotts, 460 U. S. 276, 278, 281 - 82 (1983).

30. Dow Chemical Co. v. United States, 476 U. S. 227, 229 - 31 (1986) (emphasis added)；同上第 242 页 n4 (Powell, J., 部分意见一致，部分持异议) (quoting Dow Chemical Co. v. United States, 536 F. Supp. 1355, 1357n2 (E. D. Mich. 1982))。

31. Knotts，460 U. S. at 284 - 85.

32. See id. at 288 (Stevens，J.，concurring in judgment) (Stevens，J.，裁决意见一致) (大多数法官认为，《第四修正案》并没有禁止警方"利用科学和技术增强他们出生时被赋予的自然感官能力。但法院在"卡茨诉美国"一案中持相反意见(内部引号省略)(引文省略)。

33. Kyllo，533 U. S. at 29(热探测器)；id. at 43(Stevens，J.，持异议)。

34. 同上第 34 页(大多数意见)。

35. 同上第 40 页。

36. See Jeffrey W. Childers，"Kyllo v. United States：A Temporary Repreive from Tech-nology-Enhanced Surveillance of the Home," N. C. L. Rev. 81 (2003)：759 - 62(认为凯洛案中涉及的热成像设备的使用越来越普遍，价格也越来越合理，如果这种情况继续下去，"'非公共通用'标准可能很快就会损害据凯洛案所提倡的《第四修正案》所保护的权利")；Peter Swire，"Proportionality for High-Tech Searches," Ohio St. J. Crim. L. 6 (2009)：752 (reviewing Christopher Slobogin, Privacy at Risk：The New Government Surveillance and the Fourth A-mendment (2007)(解释了斯洛博金把"公共通用"测试称为"沃尔玛测试"，因为"一年前的尖端技术在下一年就已摆在沃尔玛的折扣货架上了")；Rhett Allain，"The Seek Thermal Infrared Camera for iPhone and Android," Wired, Oct. 17, 2014；Kyllo, 533 U. S. at 37 n. 3 (quoting National Law Enforcement and Correction Technology Center)；Melanie Reid, "Grounding Drones：Big Brother's Tool Box Needs Regulation Not Elimination," Rich. J. L. & Tech. 20, art. 9 (2014)：3(列举了国内无人机的多种使用方式)；see also William Baude and James Y. Stern, "The Positive Law Model of the Fourth Amendment," Harv. L. Rev. 129 (2016)：1831 (认为《第四修正案》是否适用于政府对热成像摄像机的使用应该取决于"一个普通公民在相同的情况下试图做同样的事情是否会违反任何法律义务")；Laura Sydell, "As Drones Fly in Cit-ies and Yards, So Do Complaints," NPR, May 12, 2014 (讨论无人机在旧金山的流行)。

37. Jones, 132 S. Ct. at 948.

38. See id. at 952n6(像 24 小时不间断监视这样的"拉网式执法"是否符合宪性的问题仍然存在)；同上第 956 页(Sotomayor, J.，意见一致)(认为 GPS 监测的长度与 GPS 捕获数据的稳定性是相关的，但没有指出多长时间算太长或多少数据算太多)；同上第 964 页(Alito, J.，在裁决上意见一致)(认为长期 GPS 跟踪跨越了底线，但并没有说明多长时间的 GPS 跟踪算长期跟踪)。

39. 同上第 940—951 页(大多数意见)。

40. See, e. g., Matt Taibbi, "Apocalypse, New Jersey：A Dispatch from America's Most Desperate Town," Rolling Stone, Dec. 11, 2013 (121 个摄像头几乎覆盖了(新泽西州卡姆登)人行道的每一英寸……在新巡警车队的后面安装了电影《少数派报告》式的扫描仪，可以读取车牌并自动生成警告信……)；William M. Bulkeley, "Business Technology：Chicago's Camera Network Is Everywhere," Wall St. J., Nov. 17, 2009(解释了芝加哥警察局将自己的 1500 个摄像头与全市其他政府机构和私营部门安装的成千上万个摄像头连接起来)；Chris Woodyard and Jayne O'Donnell, "Your Car May Be Invading Your Privacy," USA Today, Mar. 25, 2013.

41. Jones, 132 S. Ct. at 964 (Alito, J.，裁决上意见一致)("我们不需要精确地确定何时跟踪机动车的时间成为搜查的开始点")，阿利托法官的建议同样神秘，对"搜查"的检查可能因犯罪行为的不同而不同，这是一个完全新奇的命题。同上。琼斯案之后，下级法院对此的不理解需要得到重视。Compare, e. g., United States v. Skinner, 690 F. 3d 772, 779 - 80 (6th Cir. 2012)(认为三天的手机定位数据追踪不是搜查，也不需要搜查令)，and United States v. Davis, 785 F. 3d 498, 513, 515 - 16 (11th Cir. 2015)(认为公布小区历史数据不是搜查，也不需要搜查令)，with Tracey v. State, 152 So. 3d 504, 525 - 26 (Fla. 2014) (holding that the use of cell

phone location data is a search and that a warrant required), and United States v. Graham, No. 12 - 4659, 2015 WL 4637931, at ＊11 - 12 (4th Cir. 2015)(认为公布超过 200 天的历史基站位置数据构成搜查,需要搜查令)。

42. Jones, 132 S. Ct. at 963 - 64 (Alito, J., concurring in judgment); W. H. Parker, "Surveillance by Wiretap or Dictograph: Threat or Protection?: A Police Chief's Opinion," Calif. L. Rev. 42 (1954): 734.

43. Katz, 389 U. S. at 361 (Harlan, J., 意见一致); see also Rubenfeld, "The End of Privacy," 详见注释 24 第 107 页(认为最高法院通过"将个人的隐私期望根植于'《第四修正案》规定之外'的社会规范中",从而避免了卡茨测试的循环性),(quoting Rakas v. Illinois, 439 U. S. 128, 143n12 (1978)); David Alan Sklansky, "Too Much Information: How Not to Think About Privacy and the Fourth Amendment," Calif. L. Rev. 102 (2014): 1119 - 20(认为理解卡茨案的合理期待测试的最佳方式是,将隐私理解为对社会构建的"个人主权领域"的尊重,并将"什么是对该领域的不尊重"定义为"在很大程度上,这是一种惯例")。See generally, Robert C. Post, "The Social Foundations of Privacy," Calif. L. Rev. 77 (1989): 962(认为普通法反对侵犯隐私权是保护了社会规范); Lior Jacob Strahilevitz, "A Social Networks Theory of Privacy," U. Chi. L. Rev. 72 (2005): 930 - 31(认为在侵权法的背景下,广而告之的社会规范让法院了解了其所考虑的"对一个理性人的极大侵犯"是违反隐私侵权法的标准)。

44. See Katherine J. Strandburg, "Home, Home on the Web and Other Fourth Amendment Implications of Technosocial Change," Md. L. Rev. 70 (2011): 114 - 16(认为卡茨案和奥尔姆斯泰德案之间的区别在于,卡茨案法院认识到"有必要采用《第四修正案》的保护措施来保护由技术引起的社会变革",比如电话的无处不在,以及电话在私人对话中的使用,而后者法院没有这样做); Ric Simmons, "Why 2007 Is Not Like 1984: A Broader Perspective on Technology's Effect on Privacy and Fourth Amendment Jurisprudence," J. Crim. L & Criminology 97 (2007): 535 (party lines); Susan W. Brenner, "The Fourth Amendment in an Era of Ubiquitous Technology," Miss. L. J. 75 (2005): 20 (quoting Arthur Woods, "Police Espionage in a Democracy," The Outlook, May 31, 1916, 113: 235); Katz, 389 U. S. at 352.

45. State v. Rose, 909 P. 2d 280, 282, 285 - 86 (Wash. 1996); id. at 288 - 89 (Johnson, J., 持异议)。

46. Greenwood, 486 U. S. at 40n4 (alteration in original) (quoting Editorial, "Trash," Wash. Post, July 10, 1975, at A18); id. at 52 (Brennan, J., dissenting) (second alteration in original) (quoting Howard Flieger, "Investigative Trash," U. S. News & World Rep., July 28, 1975, at 72; Editorial, "Trash," supra); see also, e. g., Florida v. Riley, 488 U. S. 445, 450 (1989)(认为这不是搜查,而是一名警官乘坐直升机,从被告的温室上空 400 英尺处飞过,定位在他的资产上); United States v. Anderson-Bagshaw, 509 Fed. App'x 396, 404 - 405 (6th Cir. 2012)(认为安装在电线杆上的摄像头俯瞰巴格肖的后院在宪法允许的范围内,因为这个摄像头安装位置可见,公众易于接近); United States v. Brooks, 911 F. Supp. 2d 836, 843 (D. Ariz. 2012)(拒绝了证据无效的动议,因为政府获准安装摄像头,而摄像头的作用只是"增强他们的视觉能力"); People v. Lieng, 119 Cal. Rptr. 3d 200, 211 (Ct. App. 2010)(认为夜视镜"不能穿透墙壁,不能探测到隐形的东西,也无法提供实体侵入民宅的信息"); United States v. Vogel, 428 N. W. 2d 272, 275 (S. D. 1998)(认为州警带着变焦镜头摄像机飞越被告的圆顶房屋是合法的)。But see, e. g., United States v. Houston, No. 13 - 09, 2014 WL 259085, at ＊3 (E. D. Tenn., Jan. 23, 2014)(认为摄像头对休斯敦房车后的监控不合理,因为监控持续了 10 周)。

47. Chris Lydgate and Nick Budnick, "RUBBISH! Portland's Top Brass Said It Was OK to Swipe Your Garbage—So We Grabbed Theirs," Willamette Week, Dec. 24, 2002; State v.

Galloway,109 P. 3d 383,383 - 84（Or. App. 2005）（认为波特兰警察局搜查并没收吉娜·玛丽·霍斯利警官的垃圾违反了俄勒冈州宪法第 1 条第 9 款）。

48. Noam Cohen,"Law Students Teach Scalia About Privacy and the Web,"N. Y. Times, May 17,2009；Kashmir Hill,"Justice Scalia Responds to Fordham Privacy Invasion!,"Above the Law,Apr. 29,2009,9:52 a. m.（quoting Justice Scalia）。

49. See Colb,"What Is a Search?,"supra note 25,at 126（2002）（critiquing Smayda v. United States,352 F. 2d 251（9th Cir. 1965）（该案件将公共厕所隔间视为"公共空间",并据此认定公园管理员在每个隔间上挖洞并拍摄顾客而获得的证据是可以接受的）；Pineda-Moreno, 617 F. 3d at 1123（Kozinski,J.,持异议）。

50. Jones,132 S. Ct. at 948；Rose,909 P. 2d at 282。

51. See Reid,"Grounding Drones,"详见注释 36 第 3—5 页。

52. David J. Roberts and Meghann Casanova,Int'l Ass'n of Chiefs of Police,Automated License Plate Recognition Systems:Policy and Operational Guidance for Law Enforcement （2012），5,23；ACLU,You Are Being Tracked:How License Plate Readers Are Being Used to Record Americans' Movements（2013），7。

53. International Association of Chiefs of Police,Privacy Impact Assessment Report for the Utilization of License Plate Readers（2009），21；Jon Campbell,"License Plate Recognition Logs Our Lives Long Before We Sin,"L. A. Weekly,June 21,2012。

54. Jones,132 S. Ct. at 964（Alito J.,concurring）；Timberg and Nakashima,"FBI's Search for 'Mo,'"supra note 10（quoting Christopher Soghoian）。

55. Timberg and Nakashima,"FBI's Search for 'Mo,'"supra note 10（quoting Christopher Soghoian）；Jones,132 S. Ct. at 964（Alito,J. concurring in judgment）.（Alito,J. 在裁决上意见一致）。

56. Greenwood,486 U. S. at 43（citing People v. Krivda,486 P. 2d 1262（Cal. 1971））； United States v. Dunn,480 U. S. 294,297 - 98,303（1987）。

57. Guido Calabresi,A Common Law for the Age of Statutes（1982），91 - 119。

58. Roberts and Casanova,Automated License Plate Recognition Systems:Policy and Operational Guidance for Law Enforcement,supra note 52,at 28 & 45nn66 - 67（citing Me. Rev. Stat. Ann. tit. 29 - A,§ 2117 - A[5]（2009）；Paula T. Dow,N. J. Att'y Gen.,Attorney General Guidelines for the Use of Automated License Plate Readers [ALPRs] and Stored ALPR Data（2010）（effective Jan. 18,2011））；Jeffery Rosen,The Naked Crowd:Reclaiming Security and Freedom in an Anxious Age（2005），57 - 59（讨论了华盛顿警察局拟议的规章制度）；Joint Hearing on Video Technology in Police Surveillance and Traffic Control Before the Council of the District of Columbia Comm. on the Judiciary and Comm. on Public Works and the Env't（2002） （statement of Margret Kellems,Deputy Mayor for Public Safety & Justice），（"关于区内主警司运作闭路电视的规定我们已在拟稿,现正征求公众意见及议会批准"）。

59. City of Ontario v. Quon,560 U. S. 746,759 - 60（2010）（判决依据无法令人信服,部分原因是"鉴于沟通和信息传输的迅速变化","法院难以预测……社会将在何种程度上愿意承认[员工隐私]期望是合理的"）。

第十章 第三方信息与"云"

1. 本章讨论了几个相互关联的问题,关于这些问题有大量的学术研究。以下是部分参考文献。

Subpoenas:Christopher Slobogin,"Subpoenas and Privacy,"DePaul L. Rev. 54（2005）:

805；William J. Stuntz, Commentary, "O. J. Simpson, Bill Clinton, and the Trans-Substantive Fourth Amendment," Harv. L. Rev. 114 (2001)：842.

Electronic Communications Privacy Act (ECPA)：Patricia L. Bellia, "Surveillance Law Through Cyberlaw's Lens," Geo. Wash. L. Rev. 72 (2004)：1375；Orin S. Kerr, "A User's Guide to the Stored Communications Act, and a Legislator's Guide to Amending It," Geo. Wash. L. Rev. 72 (2004)：1208；Orin S. Kerr, "Lifting the 'Fog' of Internet Surveillance：How a Suppression Remedy Would Change Computer Crime Law," Hastings L. J. 54 (2003)：805；Dierdre K. Mulligan, "Reasonable Expectations in Electronic Communications：A Critical Perspective on the Electronic Communications Privacy Act," Geo. Wash. L. Rev. 72 (2004)：1557.

Cell phone location tracking：Brian L. Owsley, "The Fourth Amendment Implications of the Government's Use of Cell Tower Dumps in Its Electronic Surveillance," U. Pa. J. Const. L. 16 (2013)：1；Haley Plourde-Cole, "Back to Katz：Reasonable Expectation of Privacy in the Facebook Age," Fordham Urb. L. J. 38 (2010)：571；Ian James Samuel, Note, "Warrantless Location Tracking," N. Y. U. L. Rev. 83 (2008)：1324.

National Security Letters (NSLs)：Andrew E. Nieland, Note, "National Security Letters and the Amended Patriot Act," Cornell L. Rev. 92 (2007)：1208.

Encryption：Steven M. Bellovin, Matt Blaze, Sandy Clark, and Susan Landau, "Lawful Hacking：Using Existing Vulnerabilities for Wiretapping on the Internet," Nw. J. Tech. & Intell. Prop. 12 (2014)：1；Christopher Soghoian, "Caught in the Cloud：Privacy, Encryption, and Government Back Doors in the Web 2. 0 Era," J. Telecomm. & High Tech. L. 8 (2010)：359；Steven M. Bellovin, Matt Blaze, Sandy Clark, and Susan Landau, "Going Bright：Wiretapping Without Weakening Communications Infrastructure," IEEE Security & Privacy, Jan. / Feb. 2013, at 62.

2. See Sogohian, "Caught in the Cloud：Privacy, Encryption, and Government Back Doors in the Web 2.0 Era,"详见注释1第424页(指出第三方原则和云计算服务的广泛采用使执法部门非常容易获得数字数据)。

3. In re § 2703(d) Order, 787 F. Supp. 2d 430 (E. D. Va. 2011)；In re Application of the United States of America for an Order Pursuant to 18 U. S. C. § 2703(d), 830 F. Supp. 2d 114, 121 (E. D. Va. 2011). The government's order also sought account information for each account registered to or associated with WikiLeaks；Julian Assange；and Bradley Manning. Only Appelbaum, Gonggrijp, and Jonsdottir fought the D-order in this case.

4. See "Who Has Your Back?", Elec. Frontier Found. , 2011(以保护消费者隐私不受政府侵犯为由,对科技公司进行评级)；Interview by Barry Friedman with Ben Lee, June 2, 2015 (hereafter Lee Interview).

5. In re § 2703(d) Order, 787 F. Supp. 2d at 43(秘密法庭文件)；In re Application, 830 F. Supp. 2d at 139(因为个人不知道某项命令,所以很难反对它")；Scott Shane and John F. Burns, "Twitter Records in Wikileaks Case Are Subpoenaed," N. Y. Times, Jan. 9, 2011, at A1 (front-page news)；Barton Gellman, "Twitter, Wikileaks and the Broken Market for Consumer Privacy," Time, Jan. 14, 2011. Twitter 的政策是通知用户相关执法请求,但这并不常见；大多数执法请求都是保密的。Somini Sengupta, "Twitter's Free Speech Defender," N. Y. Times, Sept. 3, 2012, at B1(剖析了 Twitter 前首席律师,介绍了 Twitter 把用户隐私作为一项商业政策进行保护；与其他侵犯用户隐私的社交网络和科技巨头形成鲜明对比的是,它们都是按照政府的要求行事的)；Declan McCullagh, "DOJ Sends Order to Twitter for WikiLeaks-Related Account Info," CNET, Jan. 7, 2011(详细介绍了与 Twitter 不同的是,其他公司在不通知

用户的情况下，会悄悄地满足执法要求）。

6. In re § 2703(d), 787 F. Supp. 2d at 435, 437, 439.

7. In re Application, 830 F. Supp. 2d at 129(裁决 Twitter 没有此法律地位)；Lee Interview, supra note 4；Memorandum in Support of Non-Party Twitter, Inc. 's Motion to Quash § 2703(d) Order at 1, People v. Harris, No. 2011NY080152 (N. Y. Crim. Ct., May 7, 2012), 2012 WL 1644956(Twitter 通常对未露出水面的事实知之甚少或一无所知······)；Naomi Gilens, ACLU Speech, Privacy and Technology Project, "Twitter Forced to Hand Over Occupy Wall Street Protester Info," Sept. 14, 2012, 5:28 p. m. (在另一起案件中，作为第三方，Twitter 被迫提供一名抗议者的推文，以帮助警方对其进行起诉）。

8. 也就是说，Twitter 在阿拉伯之春、美国的占领运动以及许多与警察有关的枪击抗议活动中发挥了关键作用。2011 年埃及革命初期，社交网络和群发短信的深远意义导致政府试图通过关闭互联网来破坏抗议活动，但最终以失败告终。See, e. g., Matt Richtel, "Egypt Halts Most Internet and Cell Service, and Scale of Shutdown Surprises Experts," N. Y. Times, Jan. 29, 2011, at A13.

9. In re Application, 830 F. Supp. 2d at 133.

10. See Alex Kozinski and Eric S. Nguyen, "Has Technology Killed the Fourth Amendment?" Cato Sup. Ct. Rev. 2011 - 2012：18 - 19；Soghoian, "Caught in the Cloud," supra note 1, at 424. Some privacy advocates have noted the potentially invasive use of energy data. See, e. g., Matthew Cagle, ACLU Blog, "Call Logs? Try Kilowatts：Reports Reveal Demands for California Energy Data," June 18, 2013, 4:34 p. m. (记录了加州公用事业公司根据法律要求披露的数千份客户能源使用数据请求）。

11. In re Application, 830 F. Supp. 2d at 117("刑事调查的目的是查明是否已经发生了犯罪行为")；People v. Harris, 945 N. Y. S. 2d 505, 512 (Crim. Ct. 2012)(签发传票的法律门槛很低)；James B. Comey, Director, Federal Bureau of Investigation, Remarks at the Brookings Inst., Oct. 16, 2014 (hereinafter Comey Remarks).

12. Sengupta, "Twitter's Free Speech Defender," supra note 5；Interview by Barry Friedman with Marc Rotenberg, Sept. 18, 2015 (hereinafter Rotenberg Interview).

13. Hoffa v. United States, 385 U. S. 293, 302 - 303 (1966). ("被窃听者偷听或被告密者出卖或被交易对象的身份所骗的风险，很可能是人类社会条件所固有的。只要我们说话，我们都必须承担这种风险。") (quoting Lopez v. United States, 373 U. S. 427, 465 (1963) (Brennan, J., dissenting))；see also United States v. White, 401 U. S. 745, 764 - 65, (1971) (Douglas, J., dissenting)("我能想象没有什么比这更能让人们在重要的事情上表达自己的想法和观点了。该政权的倡导者应该花些时间去那些国家，亲身学习他们创建的那种政权")。

14. United States v. Miller, 425 U. S. 435, 436 - 37, 442 - 43 (1976).

15. 同上第 438 页。

16. Smith v. Maryland, 442 U. S. 735, 737 (1979).

17. 同上第 744—745 页。

18. Smith, 442 U. S. at 748(Stewart, J., 持异议). On Katz v. United States, 389 U. S. 347 (1967), 参阅第九章。

19. See In re Application of the United States of America for Historical Cell Site Data, 724 F. 3d 600, 611 - 13 (5th Cir. 2013)(使用 Smith 作为位置跟踪的基础)；Liberty and Security in a Changing World：Report and Recommendations of the President's Review Group on Intelligence and Communications Technologies (2013), 83 (指出了国会依赖史密斯案授权外国情报监视法庭向电话服务提供商下令对电话信息进行跟踪，但是同时也承认"现在还存在一些问题，史密斯案是否仍然是一个好先例")；Memorandum from Jack L. Goldsmith, III, Ass't Att'y

Gen. , for the Att'y Gen. , Review of the Legality of the STELLAR WIND Program, May 6, 2004, at 101, 106 - 107 (citing Smith in justification of NSA collection of email metadata); Eric Lichtblau, "More Demands on Cell Carriers in Surveillance," N. Y. Times, July 9, 2012, at A1 (cell phone companies); Michael Isikoff, "FBI Tracks Suspects' Cell Phones Without a War-rant," Newsweek, Feb. 18, 2010, 7:00 p. m. (quoting Sprint Nextel's "manager of electronic surveillance").

20. Miller, 425 U. S. at 437 (emphasis added).

21. United States v. Morton Salt Co. , 338 U. S. 632, 642 - 43 (1950)(仅仅是怀疑); Branzburg v. Hayes, 408 U. S. 665, 701 (1972) (quoting United States v. Stone, 429 F. 2d 138, 140 (2d Cir. 1970) ("没有得到完全执行")); United States v. R. Enterprises, Inc. , 498 U. S. 292, 297 (1991) ("broad brush"); In re Application, 830 F. Supp. 2d at 117("刑事调查的目的是为了查明是否发生了犯罪行为"). On the history of grand juries, see generally Mark Kadish, "Behind the Locked Door of an American Grand Jury: Its History, Its Secrecy, and Its Process," Fla. St. U. L. Rev. 24 (1996): 5 - 6; Roger Roots, "If It's Not a Runaway, It's Not a Real Grand Jury," Creighton L. Rev. 33 (2000): 830.

22. Roots, "If It's Not a Runaway, It's Not a Real Grand Jury," supra note 21, at 822; Hale v. Henkel, 201 U. S. 43, 59 (1906)("最有价值的功能").

23. Kadish, "Behind the Locked Door of an American Grand Jury,"详见注释 21 第 11 页 (Zenger); Kevin K. Washburn, "Restoring the Grand Jury," Fordham L. Rev. 76 (2008): 2344 (Stamp Act); Roots, "If It's Not a Runaway, It's Not a Real Grand Jury," 详见注释 21 第 833 页 (Boss Tweed).

24. See United States v. Dionisio, 410 U. S. 19, 23 (1973) (Douglas, J. , dissenting) (Douglas, J. , 持异议)("事实上,大家都知道,大陪审团曾经被认为是公民和政府之间的壁垒,现在却成了执行者的工具"); Roots, "If It's Not a Runaway, It's Not a Real Grand Jury,"详见注释 21 第 823—827 页(大陪审团逐渐丧失独立性); Stuntz, "O. J. Simpson, Bill Clinton, and the Trans-Substantive Fourth Amendment," supra note 1, at 864n81. The "ham sandwich" say-ing originates with Chief Judge Sol Wachtler of the New York Court of Appeals, and was first quoted in Marcia Kramer and Frank Lombardi, "New Top State Judge: Abolish Grand Juries and Let Us Decide," N. Y. Daily News, Jan. 31, 1985, at 3("本月早些时候,瓦赫特勒成为州最高法官,他说,地方检察官现在对大陪审团的影响力如此之大,'总的来说',他们可以让大陪审团'起诉一个火腿三明治'").

25. Slobogin, "Subpoenas and Privacy,"详见注释 1 第 814—816 页(解释了作为允许监管机构执行商业法律的一种手段的行政传票的发展); Stuntz, "O. J. Simpson, Bill Clinton, and the Trans-Substantive Fourth Amendment," 详见注释 1 第 859—860 页(指出传统要求行政官员必须具有合理理由才可以进行调查); 18 U. S. C. § 3486 (2012) 授权行政传票; Doe v. U-nited States, 253 F. 3d 256, 260 - 61 (6th Cir. 2001)(财务记录、病人病历、曾阅读过的杂志和期刊清单、他们所上的课程信息,以及他们孩子的财务记录); In re Subpoena Duces Tecum 228 F. 3d 341, 347 (4th Cir. 2000)(搜查令与传票之间的比较).

26. See Nieland, "National Security Letters and the Amended Patriot Act,"详见注释 1 第 1209—1212、1214 页(介绍了国家安全函的签发需要通过国会各个签发程序,并强调了联邦调查局在每个阶段所获得的范围不断扩大的许可); Electronic Communications Privacy Act of 1986, Pub. L. No. 99—508, § 201, 100 Stat. 1848, 1867 (1986)("具体而明确的事实"); 18 U. S. C. § 2709(a)-(b) (2012)(列明有关签发国家安全函的现行规定); Office of the Inspec-tor Gen. , U. S. Dep't of Justice, A Review of the Federal Bureau of Investigation's Use of Na-tional Security Letters (2007), xvi - xvii(记录了国家安全函的数量); Office of the Inspector

Gen. , U. S. Dep't. of Justice, A Review of the Federal Bureau of Investigation's Use of Exigent Letters and Other Informal Requests for Telephone Records (2010), 2; Liberty and Security in a Changing World, supra note 19, at 92(讨论了"紧急发函")。

27. Liberty and Security in a Changing World,详见注释 19 第 91、93 页; see also Nieland, "National Security Letters and the Amended Patriot Act,"详见注释 1 第 1202 页。

28. See, e. g. , Doe v. Gonzales, 500 F. Supp. 2d 379, 409 (S. D. N. Y. 2007) aff'd in part, rev'd in part, and remanded sub nom. John Doe, Inc. v. Mukasey, 549 F. 3d 861 (2d Cir. 2008), as modified (Mar. 26, 2009)("为防止联邦调查局在证明不公开信息时滥用自由裁量权,最佳措施是确保这种自由裁量权受到严肃认真且合理迅速的司法审查")。

29. See, e. g. , Morton Salt Co. , 338 U. S. at 652(只要查询是在代理的权限之内,要求明确,所要求的信息是合理相关的,就足够了); Stuntz, "O. J. Simpson, Bill Clinton, and the Trans-Substantive Fourth Amendment,"详见注释 1 第 864 页("空白支票")。

30. In re Search Warrant for [Redacted]@hotmail. com, 74 F. Supp. 3d 1184, 1185 (N. D. Cal. 2014). For laws with such "gag" provisions, see, for example, 18 U. S. C. §§ 2703 (d), 2709(c) (2012).

31. Nieland, "National Security Letters and the Amended Patriot Act,"详见注释 1 第 1209 页(介绍了对立法重要性的早期认识); Mulligan, "Reasonable Expectations in Electronic Communications,"详见注释 1 第 1561—1562 页(指出颁布《电子通信隐私法》前,电话窃听必须申请"超级搜查令",电子邮件及其他电子通信则不做要求,两者之间严重不对称); H. R. Rep. No. 99—647, at 26 - 27 (1986)("在州一级,一些州对州和地方执法机构获取电话号码记录进行了限制。科罗拉多州、加利福尼亚州、宾夕法尼亚州和新泽西州都要求在获得法院命令后才能获得办理电话开通的交易信息。") (citations omitted); 132 Cong. Rec. H4045 - 46 (daily ed. June 23, 1986) (statement of Rep. Kastenmeier)(列举了从"企业、政府和公民自由团体联盟"获得的支持)。

32. Electronic Communication Privacy Act of 1986, Pub. L. No. 99 - 508 § 201, 100 Stat. 1848, 1867 (1986)(在《美国法典》第 18 章的零散章节中进行了修订); Orin S. Kerr, "Internet Surveillance Law After the USA Patriot Act: The Big Brother That Isn't," Nw. U. L. Rev. 97 (2003): 611 - 12, 620, 662; 18 U. S. C. § 2703(d)(要求提供"具体、明确的事实",表明所要求信息可能与刑事调查"有重大相关性")。

33. Mulligan, "Reasonable Expectations in Electronic Communications,"详见注释 1 第 1584 页。

34. 非通信类信息,如存储在云中的照片、日记和文档,属于《电子通信隐私法》对其保护较弱的"远程计算服务",而不是"电子通信服务"。See, e. g. , Kerr, "A User's Guide to the Stored Communications Act, and a Legislator's Guide to Amending It,"详见注释 1 第 1214 页; Theodoric Meyer, "No Warrant, No Problem: How the Government Can Still Get Your Digital Data," ProPublica, June 27, 2014 (指出了未发送的电子邮件草稿,以及 Dropbox 和 SkyDrive 等网络服务商上的文件和照片,只需要传票或法庭命令即可)。

35. Rotenberg Interview, 详见注释 12。

36. Editorial, "The End of Privacy," N. Y. Times, July 15, 2012, at SR10. 政府要求提供手机定位数据,see, for example, In re Search Warrant, 74 F. Supp. 3d at 1185 - 86.

37. The Mosaic Web browser was released in 1993. See J. Beckwith Burr, "The Electronic Communications Privacy Act of 1986: Principles for Reform," at 8 n. 30 (2010).

38. Mulligan, "Reasonable Expectations in Electronic Communications,"详见注释 1 第 1560 页(个人电脑); J. Beckwith Burr, "The Electronic Communications Privacy Act of 1986: Principles for Reform," Mar. 30, 2010, at 8(web 浏览器); In re Application, 747 F. Supp. 2d

at 832(手机网站)。

39. Paul Ohm，"Probably Probable Cause，" Minn. L. Rev. 94（2010）：1551n182（"大篇幅对其进行修订"）；Who We Are，Digital Due Process；Our Principles，Digital Due Process.

40. Comey Remarks，详见注释 11。

41. 同上。

42. 同上。

43. 同上。

44. Privacy Built In，Apple；Comey Remarks，详见注释 11。

45. See Eric Lichtblau，"Judge Tells Apple to Help Unlock iPhone Used by San Bernardino Gunman，" N. Y. Times，Feb. 16，2016；Eric Lichtblau and Kate Brenner，"Apple Fights Order to Unlock San Bernardino Gunman's iPhone，" N. Y. Times，Feb. 17，2016；Kate Brenner and Eric Lichtblau，"U. S. Says It Has Unlocked iPhone Without Apple，" N. Y. Times，Mar. 28，2016.

46. Comey Remarks，详见注释 11。

47. 所有人都认识到了这件事情荒谬之极，但之后政府仍然坚持认为，在未申请搜查令或没有合理理由的情况下，其能够获取存储在服务器上超过 6 个月的电子邮件。政府辩称，在电子邮件被打开的那一刻，可以按照 D 指令而不是搜查令进行收集。Kerr，"User's Guide，"详见注释 1 第 1219 页。即使在 2015 年，几乎人人同意《电子通信隐私法》的电子邮件规则与实际使用极度不同步，联邦执法机构如美国证券交易委员会和司法部坚持不懈，希望对《电子通信隐私法》进行修改，从而通过申请传票就可以收集电子邮件的通信内容。

48. Comey Remarks，详见注释 11（emphasis added）；Going Dark：Encryption, Technology, and the Balance Between Public Safety and Privacy, Hearing Before the S. Comm. on the Judiciary, 114th Cong. （2015），at 1，3，5（joint statement of James B. Comey, Dir. , Fed. Bureau of investigation, and Sally Quillian Yates, Dep. Att'y Gen. , U. S. Dep't of Justice）（emphasis added）（hereinafter Comey-Yates Joint Statement）.

49. Reforming the Electronic Communications Privacy Act, Hearing Before the S. Comm. on the Judiciary, 114th Cong. （2015），at 2（statement of Elana Tyrangiel, Principal Dep. Ass't Att'y Gen. , U. S. Dep't of Justice）（hereinafter Tyrangiel Statement）.

50. 同上第 2—3 页；Jack Gillum and Eric Tucker，"Do Cases FBI Cites Support Encryption Worries?" AP，Oct. 18，2014（举例说明，犯罪者手机上的内容"充其量只是补充"执法部门的调查）；Marcy Wheeler，"Jim Comey's Confused Defense of Front Door Back Doors and Storage Intercepts，" Emptywheel，Oct. 16，2014(指出科米所述奇闻轶事提到的执法部门并不要求获取电话信息，执法部门可以通过服务提供商获取大多数电子证据)；Mike Masnick，"Everybody Knows FBI Director James Comey Is Wrong About Encryption, Even the FBI，" Techdirt，Oct. 20，2014（same）；Mike Masnick，"FUD：Former FBI Guy Lies, Claiming New Mobile Encryption Would Have Resulted in Dead Kidnap Subject，" Techdirt，Sept. 24，2014(反驳了一名官员在一起案件中所谓加密会妨碍执法，因为传输的相关信息为服务商可用的内容，而不仅限于客户物理设备上的存储内容)；Mike Masnick，"Manhattan District Attorney Ratchets Up the 'Going Dark' FUD；Leaves Out Its Connection to Shady Hacking Team，" Techdirt，Aug. 12，2015(排除了智能手机默认加密设置是执法部门无法解决谋杀案原因之一的可能性)。

51. Scott Shane and Colin Moynihan，"Drug Agents Use Vast Phone Trove, Eclipsing N. S. A. 's，" N. Y. Times，Sept. 2，2013，at A1.

52. Compare "Who Has Your Back?，" Elec. Frontier Found. , with "Who Has Your Back?，" Elec. Frontier Found. , 2011.

53. Lee Interview，详见注释 4。

54. United States v. Skinner, 690 F. 3d 772, 777 (6th Cir. 2012).

55. Katherine J. Strandburg, "Home, Home on the Web and Other Fourth Amendment Implications of Technosocial Change," Md. L. Rev. 70 (2011)：614, 629 - 30, 639.

56. Comey-Yates Joint Statement，详见注释 48 第 3 页；United States v. Warshak, 631 F. 3d 266, 288 (6th Cir. 2010). 指出即使房东同意，政府也不能搜查你的出租屋。See Chapman v. United States, 365 U. S. 610, 616 - 17, (1961)("这种房东同意的无搜查令的入户搜查和扣押'将使《第四修正案》的权利保护失效'，租户的房屋安全完全置于房东的一念之间")，(quoting Johnson v. United States, 333 U. S. 10, 14 [1948]).

57. Tyrangiel Statement，详见注释 49 第 7 页。

58. Riley v. California, 134 S. Ct. 2473, 2490 (2014).

59. 例如，在裁定宪法要求有正当理由和搜查令政府才能从网络空间收集我们的电子邮件时，第六巡回上诉法院认为，电子邮件不像银行对账单和流水单那样可以提交给法庭，详见注释 14—15 和附带文本，因为"米勒案中的银行储户将个人信息留给银行，银行才能够利用这些信息开展日常业务"。相比之下，沃沙克通过 NuVox 收到邮件。NuVox 是中转站，而不是邮件的预定接收者。Warshak, 631 F. 3d at 288 (internal quotation marks omitted) (citations omitted)：see also Patricia L. Bellia and Susan Freiwald, "Fourth Amendment Protection for Stored E-Mail," U. Chi. Legal F. 2008：165("如果可以类比的话，我们认为这种情况就如同第三方为其他地方携带、运输或储存资产。在这种情况下，与电子邮件的存储类似，客户授予网络服务提供商访问权，因为这对客户的利益至关重要")，quoted in Warshak, 631 F. 3d at 288.

60. Richard Posner, Not a Suicide Pact：The Constitution in a Time of National Emergency (2006), 140；Helen Nissenbaum, "Protecting Privacy in an Information Age：The Problem of Privacy in Public," L. & Phil. 17 (1998)：581 - 82.

61. See, e. g., Chapman, 365 U. S. at 616 - 17 (1961)("这种房东同意的无搜查令的入户搜查和扣押'将使《第四修正案》的权利保护失效'，租户的房屋安全完全置于房东的一念之间。")(quoting Johnson v. United States, 333 U. S. 10, 14 [1948])；Strandburg, "Home, Home on the Web," supra no. te 55, at 650；Bellia, "Surveillance Law Through Cyberlaw's Lens,"详见注释 1 第 1450 页。

62. Miller, 425 U. S. at 440；En Banc Brief of the United States of America, United States v. Davis, 785 F. 3d 498 (11th Cir. 2015) No. 12 - 12928, 2014 WL 7232613, at ＊21 - 22(就像米勒案中的银行客户和史密斯案中的电话客户一样，对于其所试图查禁的第三方记录，戴维斯既不能声称自己具有所有权，也不能声称自己具有持有权。相反，这些记录由摩托罗拉公司制作，存储在其自己的经营场所，并受其控制。手机信号塔记录不是用户的私人文件；实际上，客户"通常无法访问这些记录"。)(citations omitted).

63. See, e. g., Claire Cain Miller, "N. S. A. Spying Imposing Cost on Tech Firms," N. Y. Times, Mar. 22, 2014, at A1(记录了美国科技公司在斯诺登事件后遭受的重大损失，而更加注重隐私的欧洲公司正在持续获利).

64. Michael V. Hayden, Opinion, "Getting Past the Zero-Sum Game Online," Wash. Post，Apr. 2, 2015.

第十一章　政府数据库

1. Abe Mashal, No Spy No Fly (2011), 150 - 51.

2. 同上第 151 页。

3. 同上第 151—152 页。

4. 同上第 27、32、34、49、57—60 页。

5. 同上第 74—76、79 页。

6. 同上第 114、137—138、146 页 Interview by Barry Friedman with Abe Mashal，Jan. 9，2014 (hereinafter Mashal Interview).

7. Mashal，No Spy No Fly，详见注释 1 第 152 页。

8. 同上第 161—162 页。

9. Mashal，No Spy No Fly，详见注释 1 第 162 页；Mashal Interview，详见注释 6。

10. Mashal，No Spy No Fly，详见注释 1 第 10—12、140—146、161 页。

11. Susan Stellin，"Security Check Now Starts Long Before You Fly，" N. Y Times，Oct. 22，2013，at A1.

12. Susan N. Herman，Taking Liberties：The War on Terror and the Erosion of American Democracy (2011)，66；Sara Kehaulani Goo，"Sen. Kennedy Flagged by No-Fly List，" Wash. Post，Aug. 20，2004；Rick Bowmer，"Terror List Snag Nearly Grounded Ted Kennedy，" USA Today，Aug. 19，2004 8：27 p. m. (quoting Senator Kennedy).

13. Simon Chesterman，One Nation Under Surveillance：A New Social Contract to Defend Freedom Without Sacrificing Liberty (2011)，231 ("link government databases""连接政府数据库"(citing Charles Sykes，The End of Privacy：The Attack on Personal Rights at Home，at Work，On-Line，and in Court (1999))；Stellin，"Security Check Now Starts Long Before You Fly，" supra note 11 (EPIC lawyer). 详见注释 11。

14. Stellin，"Security Check Now Starts Long Before You Fly，" supra note 11 详见注释 11；Erin Murphy，"The Politics of Privacy in the Criminal Justice System：Information Disclosure，the Fourth Amendment，and Statutory Law Enforcement Exemptions，" Mich. L. Rev. 111 (2013)：504.

15. Integrated Automated Fingerprint Identification System，FBI；James B. Jacobs，The Eternal Criminal Record (2015)，39；Leon Neyfakh，"The Future of Getting Arrested，" The Atlantic，Dec. 28，2014，7：43 p. m. Much of this account comes from my colleague Erin Murphy's article "Databases，Doctrine and Constitutional Criminal Procedure，" Fordham Urb. L. J. 37 (2010)：806-808.

16. Data Mining：Federal Efforts Cover a Wide Range of Uses，GAO-04-548 (2004) (database revolution)；Thomas Friedman，"Moore's Law Turns 50，" N. Y. Times，May 13，2015 (Intel)；James Bamford，"The NSA Is Building the Country's Biggest Spy Center (Watch What You Say)，" Wired，Mar. 15，2015，7：24 p. m.；Lucas Mearian，"By 2020 There Will Be 5，200 GB of Data for Every Person on Earth，" Computerworld，Dec. 11，2012，5：29 a. m.；"What Is Big Data？，" IBM；Sebastian Anthony，"Samsung Unveils 2. 5-inch 16TB SSD：The World's Largest Hard Drive，" Ars Technica，Aug. 13，2015，9：14 a. m.；"What's a Byte？".

17. National Crime Information Center，FBI；Terrorism Identities Datasmart Environment (TIDE) (2014)；Karen DeYoung，"Terror Database Has Quadrupled in Four Years，" Wash. Post，Mar. 25，2007.

18. Stellin，"Security Check Now Starts Long Before You Fly，"详见注释 11；see also Ryan Singel，"U. S. Airport Screeners Are Watching What You Read，" Wired，Sept. 20，2007；Automated Targeting System，Electronic Privacy Information Center.

19. Permanent Subcomm. on Investigations of the S. Comm. on Homeland Sec. & Gov't Aff. ，Federal Support for and Involvement in State and Local Fusion Centers (2012)，5 (hereafter Federal Support for State and Local Fusion Centers)；National Commission on Terrorist Attacks upon the United States，The 9/11 Commission Report (2004)，416-19；Homeland Secur-

ity Act of 2002，Pub. L. No. 107 - 296，§ § 111 - 113，116 Stat. 2135，2142 - 45（codified at 6 U. S. C. § § 111 - 113（2006））（establishing the Department of Homeland Security）；John D. Negroponte，Dir. Nat'l Intelligence，"Remarks to the FBI National Academy，" Oct. 3，2006 and Interviews/20061003_speech. pdf.

20. Danielle Keats Citron and Frank Pasquale，"Network Accountability for the Domestic Intelligence Apparatus，" Hastings L. J. 62（2011）：1458（"所有危险，所有犯罪，所有威胁"）；Michael Price，Brennan Ctr. for Justice，National Security and Local Police（2013），20（"技能会萎缩"）；John W. Whitehead，A Government of Wolves：The Emerging American Police State（2013），118；James B. Perrine，Verne H. Speirs，and Jonah J. Horwitz，Fusion Centers and the Fourth Amendment：Application of the Exclusionary Rule in the Post-9/11 Age of Information Sharing，Cap. U. L. Rev. 38（2010）：735；Alice Lipowicz，Boeing to Staff FBI Fusion Center，Wash. Tech. ，June 1，2007；Colin Wood，"New Partnership to Help Fusion Centers Streamline Intelligence Gathering，Dissemination，" Gov't Tech. ，July 16，2015.

21. Michael German and Jay Stanley，ACLU，What's Wrong with Fusion Centers?（2007），16（Bill Harris）；Citron and Pasquale，"Network Accountability for the Domestic Intelligence Apparatus，" supra note 20，at 1451（R. I. State Patrol）.

22. Information Sharing Environment Functional Standard Suspicious Activity Reporting Version 1. 5. 5 42 - 51，55；Mike German and Jay Stanley，ACLU，Fusion Center Update（2008），2（LAPD）.

23. Reed Elsevier to Acquire Choicepoint for 3. 6 billion，N. Y. Times，Feb. 21，2008；RELX Group，Annual Reports and Financial Statements（2014），5；Steve Kroft，"The Data Brokers：Selling Your Personal Information，" CBS News，Mar. 9，2014；Ryan Gallagher，"Defense Giant Builds 'Google for Spies' to Track Social Networking Users，" The Guardian，Feb. 11，2013，at p. 1；Brian Urch，"How Raytheon Software Tracks You Online—Video，" The Guardian，Feb. 10，2013.

24. Jacob Goodwin，"Intrado Accesses Personal Data Quickly to Assist Law Enforcement，" Gov't Sec. News，Oct. 15，2012，10：46 a. m. ；Daniel J. Steinbock，"Data Matching，Data Mining，and Due Process，" Ga. L. Rev. 40（2005）：13 - 16（citing Data Mining，supra note 16）；Walter L. Perry et al. ，Predictive Policing：The Role of Crime Forecasting in Law Enforcement Operations（2013），36 - 41；Brent Skorup，"Cops Scan Social Media to Help Assess Your 'Threat Rating，'" Reuters，Dec. 12，2014.

25. Matt Stroud，"The Minority Report：Chicago's New Police Computer Predicts Crimes，but Is It Racist?，" The Verge，Feb. 19，2014，9：31 a. m. ；David Smiley，"Not Science Fiction：Miami Wants to Predict When and Where Crime Will Occur，" Miami Herald，Apr. 23，2015，8：21 a. m. .

26. Urch，"How Raytheon Software Tracks You Online—Video，"详见注释 23。

27. Goodwin，"Intrado Accesses Personal Data Quickly to Assist Law Enforcement，"详见注释 24。

28. DeYoung，"Terror Database Has Quadrupled in Four Years，"详见注释 17。

29. Jacobs，The Eternal Criminal Record，详见注释 15 第 25 页。Doreen Carvajal，"O. C. Girl Challenges Police Photo Policy：Lawsuit：Attorneys Contend Youths' Attire，Race Made Them Targets of Mug Shots for Gang File，" L. A. Times，May 20，1994（"如果你对此有意见，那就不要来我的城市"）；Emily Thode，"San Diegans Say Police Wrongly Documented Them as Gang Members Because of Neighborhood，" ABC10 News，May 3，2015.

30. Citron and Pasquale，"Network Accountability for the Domestic Intelligence Appara-

tus," supra note 20，at 1444 - 45，1458 - 59（Bob Barr and Ron Paul）；Brandon Ellington Patterson，"Black Lives Matter Organizers Labeled as Threat Actors," Mother Jones，Aug. 3，2015；George Joseph，"Feds Regularly Monitored Black Lives Matter," The Intercept，July 24，2015.

31. Audit Division，Office of the Inspector General，U. S. Dep't of Justice，Follow-Up Audit of the Terrorist Screening Center（2007），xiii（"individuals could present an immediate threat"）；Terrorist Watchlist：Routinely Assessing Impacts of Agency Actions Since the December 25，2009，Attempted Attack Could Help Inform Future Efforts，GAO - 12 - 476（2012），15.

32. Amy B. Zegart，Eyes on Spies：Congress and the United States Intelligence Community（2011），2；see also DeYoung，"Terror Database Has Quadrupled in Four Years," supra note 17；Mark Hosenball，"Information-Sharing Guru Becomes Chief Leak Plugger," Reuters，Dec. 2，2010.

33. Paul Ohm，"Probably Probable Cause：The Diminishing Importance of Justification Standards," Minn. L. Rev. 95（2010）：1548（"完全不受监管"）；Murphy，"The Politics of Privacy in the Criminal Justice System,"详见注释 14 第 495 页（"综合性的隐私法"（quoting Paul M. Schwartz，"Privacy and Democracy in Cyberspace," Vand. L. Rev. 52（1999）：1632））.

34. Herring v. U. S.，555 U. S. 135，136 - 37，146，155（2009）.

35. Id. at 153 - 54.同上第 153—154 页。

36. Stewart A. Baker，Skating on Stilts：Why We Aren't Stopping Tomorrow's Terrorism（2010），326，332，334.

37. Id. at 336；see also Murphy，"Databases，Doctrine，and Constitutional Criminal Procedure,"详见注释 15 第 829 页。

38. 详见注释 20 第 1470—1474 页。

39. Alvaro M. Bedoya，"Big Data and the Underground Railroad," Slate，Nov. 7，2014，10：10 a. m. .

40. Douglas J. Sylvester and Sharon Lohr，"Counting on Confidentiality：Legal and Statistical Approaches to Federal Privacy Law After the USA PATRIOT Act," Wis. L. Rev. 2005：1043（citing Lynette Clementson，"Homeland Security Given Data on Arab-Americans," N. Y. Times，July 30，2004，at A14）.

41. Federal Support for State and Local Fusion Centers，supra note 19，at 5；Colo. Rev. State. § 24 - 33. 5 - 1604(8)（2013），cited in Christopher Slobogin，"Panvasive Surveillance，Political Process Theory，and the Nondelegation Doctrine," Geo. L. J. 102（2014）：1766 - 67（2014）；Price，National Security and Local Police,详见注释 20 第 3—4 页。

42. Federal Support for State and Local Fusion Centers,详见注释 19 第 27、85 页。

43. 同上第 1、35、38 页。

44. 同上第 1、94 页。

45. German and Stanley，Fusion Center Update,详见注释 22 第 7 页（"单向镜子"）；Slobogin，"Panvasive Surveillance，Political Process Theory，and the Nondelegation Doctrine," supra note 41，at 1750 "大发雷霆"[quoting Torin Monahan and Neal A. Palmer，"The Emerging Politics of DHS Fusion Centers," Sec. Dialogue 40（2009）：625]）. German and Stanley，"What's Wrong with Fusion Centers?,"详见注释 21 第 9 页。（citing Adena Schulzberg，"MetaCarta Users Tap Unstructured Data for New Geographic Uses," Directions Magazine，May 30，2007（"Wild West"）.

46. Maryland DNA Collection Act，2010 Maryland Code，§ 2 - 504.

47. Maryland v. King，133 S. Ct. 1958，1962，1965－66（2013）（quoting Dist. Att'y's Office for the Third Judicial Dist. v. Osborne，557 U. S. 52，55（2009）.

48. 同上第 1976 页;同上第 1980—1990 页（Scalia，J.，持异议）。

49. Id. at 1985 同上第 1985 页（quoting Md. Code § 2－505(a)(2)；Jean Marbella，"Supreme Court Will Review Md. DNA Law，"Balt. Sun，Nov. 9，2012.

50. Haskell v. Brown，677 F. Supp. 2d 1187，1191－92（N. D. Cal. 2009），aff'd sub nom. Haskell v. Harris，745 F. 3d 1269（9th. Cir. 2014）；see also People v. Buza，342 P. 3d 415（Cal. 2015）；Haskell v. Harris，ACLU of Northern California（Dec. 13 2014）.

51. See Christine Rosen，"Liberty，Privacy，and DNA Databases，"The New Atlantis，Spring 2003，at 43（military）；Susan Essoyan，"2 Marines Challenge Pentagon Order to Give DNA Samples：Defense Dept. Says Its Goal Is to Identify Bodies in Wartime. But Enlisted Men Tell Court Their Privacy Is Being Violated，"L. A. Times，Dec. 27，1995；Amato v. Dist. Att'y for Cape & Islands Dist. ，80 Mass. App. Ct. 230，231－34（2011）；Amy Anthony，"DBA Deal Reached in Christa Worthington Murder Case，"Cape Cod Times，May 6，2014；D. H. Kaye and Michael E. Smith，"DNA Identification Databases：Legality，Legitimacy，and the Case for Population-Wide Coverage，"Wis. L. Rev. 2003：435；People v. Thomas，200 Cal. App. 4th 338，340（2011）；State v. Buckman，613 N. W. 3d 463，474（Neb. 2000）.

52. Akhil Reed Amar，Op-Ed，"A Search for Justice in Our Genes，"N. Y. Times，May 8，2002；Rosen，"Liberty，Privacy，and DNA Databases，"详见注释 51 第 44 页（quoting Alec Jeffreys）.

53. Kevin Lapp and Joy Radice，"A Better Balancing：Reconsidering Pre-Conviction DNA Extraction from Federal Arrestees，"N. C. L. Rev. Addendum 90（2012）：163.

54. Erin Murphy，"Relative Doubt：Familial Searches of DNA Databases，"Mich. L. Rev. 109（2010）：316，321－23（2010）（citing Gautam Naik，"To Sketch a Thief，"Wall St. J. ，Mar. 27，2009）；Jeffrey Rosen，"Genetic Surveillance for All?，"Slate，Mar. 17，2009，4：52 p. m. ；Rosen，"Liberty，Privacy，and DNA Databases，"（quoting Alec Jeffreys）. 详见注释 51 第 41 页。

55. Kaye and Smith，"DNA Identification Databases，"详见注释 51 第 436 页 "Frequently Asked Questions（FAQs）on the CODIS Program and National DNA Index System，"FBI；Nat' l Ctr. for Victims of Crime，Evidence Retention Laws：A State by State Comparison（2013）.

56. See Murphy，"Relative Doubt，"详见注释 54 第 293、297—300、314—315、346 页（"疑云"）；Ellen Nakashima，"From DNA of Family，a Tool to Make Arrests，"Wash. Post，Apr. 21，2008；Rosen，"Genetic Surveillance for All?，"详见注释第 54 页。

57. "基因研究……揭示了基因与暴力倾向和其他反社会行为之间日益增长的联系"。Rosen，"Genetic Surveillance for All?，"详见注释 54。

58. Rosen，"Liberty，Privacy，and DNA Databases，"详见注释 51 第 44 页（Iceland）；King，133 S. Ct. at 1989（Scalia，J. ，dissenting）.

59. Matthew R. Durose，Alexia D. Cooper，and Howard N. Snyder，Bureau of Justice Statistics，Recidivism of Prisoners Released in 30 States in 2005：Patterns from 2005 to 2010（2014）；U. S. v. Kriesel，508 F. 3d 941，957（9th Cir. 2007）（Fletcher，J. ，dissenting）（citing U. S. Sentencing Comm'n，Measuring Recidivism：The Criminal History and Computation of the Federal Sentencing Guidelines（2004），13；William J. Sabol et al. ，Bureau of Justice Statistics，Offenders Returning to Federal Prison，1986－97（2000），1，3；Rosen，"Liberty，Privacy，and DNA Databases，"详见注释 51 第 40 页（quoting Benjamin Keehn）.

60. Jeremiah Goulka，Carl Matthies，Emma Disley，and Paul Steinberg，RAND Center，

Toward a Comparison of DNA Profiling and Databases in the United States and England（2010），8，18，20。

61. Erin E. Murphy, Inside the Cell: The Dark Side of Forensic DNA（2015），65 - 67；Martin Kaste, "'Great Pause' Among Prosecutors as DNA Proves Fallible," NPR, Oct. 9, 2015, 5:30 p. m. .

62. Latif v. Holder, No. 3:10 - CV - 00750 - BR, 2015 WL 1883890（D. Or. Apr. 24, 2015）；Mashal Interview, 详见注释 6。

63. Hina Shamsi, "The U. S. Government Is Putting Americans on Its No-Fly List on a Hunch," Slate, Aug. 12, 2015, 4:19 p. m.

64. Spencer S. Hsu, "FBI Notifies Crime Labs of Errors Used in DNA Match Calculations Since 1999," Wash. Post, May 29, 2015；Louis Brandeis, Other People's Money and How the Bankers Use It（1913），92。

65. Mashal Interview, 详见注释 6。

第十二章　反恐与国家安全

1. This account is taken from the video of The Daily Show, "Good News! You're Not Paranoid," Comedy Central, June 10, 2013.

2. See Ron Wyden, "DNI Clapper Tells Wyden the NSA Does Not Collect Data on Millions of Americans," YouTube；letter from James R. Clapper, Dir. Nat'l Intelligence, to Senator Diane Feinstein, Chairwoman, Senate Comm. on Intelligence, Jun 21, 2013（quoting Senator Wyden's question and Director Clapper's answer）.

3. Glenn Greenwald, "NSA Collecting Phone Records of Millions of Verizon Customers Daily," The Guardian, June 6, 2013；Barton Gellman and Laura Poitras, "U. S., British Intelligence Mining Data from Nine U. S. Internet Companies in Broad Secret Program," Wash. Post, June 7, 2013；Glenn Greenwald and Ewen MacAskill, "NSA Prism Program Taps in to User Data of Apple, Google and Others," The Guardian, June 7, 2013；Paul Szoldra, "SNOWDEN: Here's Everything We've Learned in One Year of Unprecedented Top-Secret Leaks," Bus. Insider, June 7, 2014（描述这些程序的泄露）。"肌肉""侵入并复制了雅虎和谷歌海外数据中心流出的数据"；"邪恶""收集并存储了美国人大量互联网元数据"；"皇家礼宾部"监控了 350 家高端酒店的预订系统。"快乐足"监控应用程序,这些应用程序"将它们的实时位置传输给谷歌和其他互联网公司……以[发现]移动设备的精确地理位置"。"阿什坎·索尔塔尼""美国国家安全局利用谷歌的信息记录程序（cookie）精确定位黑客的攻击目标"。Wash. Post, Dec. 10, 2013. On Snowden, see, for example, Mirren Gidda, "Edward Snowden and the NSA Files—Timeline," The Guardian, Aug. 21, 2013.

4. See Janet Reitman, "Q&A: Senator Ron Wyden on NSA Surveillance and Government Transparency," Rolling Stone, Aug. 15, 2013（interviewing Senator Wyden about his thoughts on NSA surveillance）；Zoe Carpenter, "Can Congress Oversee the NSA?," The Nation, Jan. 30, 2014, 1:19 p. m. ET（quoting Senator Wyden in describing how difficult it will be to fix the "culture of misinformation" surrounding NSA programs）；157 Cong Rec. S3386（daily ed. May 26, 2011）（statement of Sen. Wyden）（hereinafter Wyden Statement）.

5. Reitman, supra note 4（"从根本上不相符合"）；Wyden Statement 详见注释 4 第 S3388 页。

6. Lecture of Senator Wyden at First Congressional Church, Portland, Oregon, March 18, 2014, at 15.

7. Gregory Moore, "A History of U. S. Intelligence," in Homeland Security and Intelligence, ed. Keith Gregory Logan (2010), 5, 10, 13.

8. See The National Security Agency and Fourth Amendment Rights: Hearing on S. R. 21 Before the S. Select Comm. to Study Governmental Operations with Respect to Intelligence Activities, 94th Cong. (1975), 6(解释了美国在独立战争期间是如何"拦截、分析、解码"外国通信以获取情报的，在内战和一战期间是如何使用电报实现国外通信的，在二战期间是如何依靠无线电电报解码信息的); President Barack Obama, "Remarks by the President on Review of Signals Intelligence," January 17, 2014 (描述了美国内战中的"联邦气球侦察"和二战中的"密码破译者")。

9. James B. Bruce, "The Missing Link: The Analyst-Collector Relationship," in Analyzing Intelligence: Origins, Obstacles, and Innovations, eds. Roger Z. George and James B. Bruce (2008), 19(解释了导致珍珠港情报失败的"信噪比"问题); National Commission on Terrorist Attacks upon the United States, The 9/11 Commission Report (2004), 255 - 63(详细介绍了政府在 2001 年获得的情报) (hereinafter 9/11 Commission Report); S. Rep No. 108 - 301 at 14 - 35 (2004)(讨论了导致伊拉克战争的情报失误源由)。

10. Seymour M. Hersh, "Huge C. I. A. Operation Reported in U. S. Against Antiwar Forces, Other Dissidents in Nixon Years," N. Y. Times, Dec. 22, 1974.

11. Intelligence Activities and the Rights of Americans: Final Report of the Select Committee to Study Governmental Operations with Respect to Intelligence Activities, S. Rep. No. 94 - 755, at 4 - 20, 100 - 102, 167, 170, 172, 174 - 75, 180 - 82 (2d Sess. 1976) (hereinafter Church Committee Report).

12. 同上第 14, 177 页(witness, head of FBI Intelligence Division); Frederick A. O. Schwarz, Jr., "The Church Committee and a New Era of Intelligence Oversight," Intel. & Nat'l. Sec. 22 (2007): 277 (Phillip Hart).

13. Church Committee Report, 详见注释 11 第 20 页; Schwarz, Jr., "The Church Committee," supra note 12, at 291 - 92. 详见注释 12 第 291—292 页("政府的自然倾向""保密范围扩大了")。

14. "The Church Committee," supra note 12, at 279 - 88 详见注释 12 第 279—288 页(讨论了随后几届政府针对窃听的政策变化，包括罗斯福总统和艾森豪威尔总统时期提出的限制窃听的议案，这些议案最终没有通过)。

15. United States v. U. S. District Court (Keith), 407 U. S. 297 (1972).

16. Christopher Zbrozek, "The Bombing of the A2 CIA Office," Mich. Daily, Oct. 24, 2006; "Ten Most Wanted Fugitives" Program Frequently Asked Questions, FBI; Keith, 407 U. S. at 300 - 301.

17. Keith, 407 U. S. at 300 - 301; Peter P. Swire, "The System of Foreign Intelligence Surveillance Law," Geo. Wash. L. Rev. 72 (2004): 1314.

18. Keith, 407 U. S. at 299, 308 - 309, 317(讨论了总统对可疑外国势力活动的监视权，并指出"很可能，在本案中，政府对普拉蒙登谈话的监听是合理的，很容易获得事先司法批准")。

19. Id. at 318 - 19 ("We are told further that these surveillances are directed primarily to the collecting and maintaining of intelligence with respect to subversive forces, and are not an attempt to gather evidence for specific criminal prosecutions.")同上第 318—319 页("我们还被告知，这些监视主要是为了收集与颠覆势力有关的情报，并对其进行维护，而不是试图收集证据以进行特定的刑事起诉"); Administration White Paper: Bulk Collection of Telephony Metadata under Section 215 of the USA PATRIOT Act (2013), 12(将政府的大规模元数据收集项目描述为"防止对国家安全的威胁"，而不是民事或刑事调查)。

20. 同上第 320 页。

21. 同上第 315—316 页。

22. 同上第 321—323 页（"考虑到第三条针对犯罪分子的监视与维护国内安全的监视之间可能的区别，国会希望考虑针对后者监视的保护标准，这有别于第三章对特定违法犯罪所规定的保护标准……例如，国会可能判定，持有合理理由的申请和宣誓书不必遵循§2518 的切实要求，但应该指出其他更适合国内安全案件的不同情形"）。

23. ACLU v. Clapper, 785 F. 3d 787, 793（2d Cir. 2015），staying mandate, 2015 WL 4196833, lifting stay, 804 F. 3d 617（解释了基思和教会委员会在《外国情报监听法》诞生过程中所扮演的角色）；50 U. S. C. §§ 1801(b), 1803(a)（2012）；see also Legal Standards for the Intelligence Community in Conducting Electronic Surveillance, Federation of American Scientists (2000)（解释《外国情报监听法》对电子监控的要求）。

24. Daniel J. Solove, "Reconstructing Electronic Surveillance Law," Geo. Wash. L. Rev. 72 (2004)：1716（"The [USA Patriot] Act was … actually a DOJ wish list from before September 11"）。

25. David S. Kris, "The Rise and Fall of the FISA Wall" Stan. L. & Pol'y Rev. 17 (2006)：501 - 508（讨论了"关于《外国情报监听法》所监视的目标不是任何一个第三条规定的目标（或者无法得到第三条规定强有力支持的目标），由此所产生的司法问题令人担忧，其理论依据是政府之所以诉诸《外国情报监听法》，是因为它不能满足第三条规定的要求"）。当情报人员有理由认为已经、正在或可能发生重大违法犯罪行为时，司法部制定的指导方针确实允许情报人员共享信息，同时须经情报政策与审查办公室（Office of intelligence Policy and Review）批准。同上。

26. Stewart A. Baker, Skating on Stilts：Why We Aren't Stopping Tomorrow's Terrorism, 66 - 69, 74 - 75 (2010)（FBI）；9/11 Commission Report, 详见注释 9 第 158、181—182、239 页（中央情报局）。

27. 50 U. S. C. § 1804(a)(6)(B)（要求"监控的一个重要目的是获取外国情报信息"）；Kris, 详见注释 25 第 508—509 页（quoting 50 U. S. C. §§ 1806[k], 1825[k]）（规定"为'获取外国情报信息'而进行电子监控或人身搜查的'联邦官员'可'与联邦执法官员磋商，协力调查或防范'外国情报信息定义中所述的'国家安全威胁'"）。

28. In re Sealed Case, 310 F. 3d 717, 735, 746（FISA Ct. Rev. 2002）。

29. 同上第 737—742 页。

30. Ryan Lizza, "State of Deception," New Yorker, Dec. 16, 2013, at 48, 53（Total Information Awareness）；Shane Harris, The Watchers：The Rise of America's Surveillance State (2010), 27 - 28（Reagan's National Security Advisor）；9/11 Commission Report, supra note 9, at 99（Iran-Contra）；William Safire, "You Are a Suspect," N. Y. Times, Nov. 14, 2002（Information Awareness Office）。

31. See Gina Marie Stevens, Cong. Research Serv., RL31730, Privacy：Total Information Awareness Programs and Related Information Access, Collection, and Protection Laws (2010), 2 - 3；Harris, The Watchers, 详见注释 30 第 146—148 页。

32. Safire, "You Are a Suspect," supra note 30；"Total Information Awareness," Wash. Post, Nov. 16, 2002, at A20；see also Baker, Skating on Stilts, 详见注释 26 第 191—192 页；Stevens, Privacy, 详见注释 31 第 2 页。

33. Carl Hulse, "Congress Shuts Pentagon Unit Over Privacy," N. Y. Times, Sept. 26, 2003（介绍了"全面信息识别"计划的终止）；Nicole Perlroth and John Markoff, "N. S. A. May Have Hit Internet Companies at a Weak Spot," N. Y. Times, Nov. 25, 2013（解释了国安局的计划与已被取消的"全面信息识别"计划的相似之处）；Nomination of General Michael V. Hay-

den, USAF to be Director of the Central Intelligence Agency: Hearing Before the S. Select Comm. on Intelligence, 109th Cong. （2006），88（"工作有些偏离了底线"）；"Fareed Zakaria GPS: Beyond the Manhunts: How to Stop Terror"（CNN television broadcast, May 24, 2013）（"我们将在罚球线内打球，但我们的球鞋上会沾上粉笔灰"）。

34. Lizza, "State of Deception,"详见注释 30 第 51—52 页（"海登指出了《外国情报监视法》的局限性，该法禁止国安局不加选择地收集美国人的电子通信信息"）。

35. 同上。

36. 同上（将"商业记录命令"（Business Records Order）描述为国安局和元数据项目的胜利，并解释称"《外国情报监听法》法庭发布了一项秘密意见，同意了国安局的论点"，即国安局应该能够"迫使电话公司定期交出整个数据库"）；Perlroth and Markoff, "N. S. A. May Have Hit Internet Companies at a Weak Spot,"详见注释 33。

37. Lizza, "State of Deception,"详见注释 30 第 50 页（"互联网元数据包括电子邮件、I. P. 地址、登录位置信息、曾访问的互联网网站，以及人们上网时留下的其他许多电子痕迹"）；同上第 60 页（解释了国安局向情报委员会通报"将会无限期暂停该项目"，但对其改变主意"几乎没有提供任何解释"）；"John Inglis Explains Why（US-Based Collection of）Internet Metadata Doesn't Work," emptywheel, Jan. 10, 2014（"国安局无法做到法院的最低要求，即不要对路由信息内容进行收集，因为被收集数据的电信公司，只能访问国安局想要的内容级别的数据"）。

38. See, e. g. James Ball, "NSA Stores Metadata of Millions of Web Users for up to a Year, Secret Files Show," The Guardian, Sept. 30, 2013。

39. Glenn Greenwald et al. , "Microsoft Handed the NSA Access to Encrypted Messages," The Guardian, July 11, 2013。

40. See, e. g. , James Ball and Spencer Ackerman, "NSA Loophole Allows Warrantless Search for US Citizens' Emails and Phone Calls," The Guardian, August 9, 2013（引用了政府官员的说法，美国人不是 702 计划的目标，该计划主要针对外国人）；Privacy and Civil Liberties Oversight Board, Report on the Surveillance Program Operated Pursuant to Section 702（2014），7，82 - 83（介绍了这种"偶然的"收集美国人信息的行为是"国会在起草相关文件时明确考虑的"，而不是"偶然的，或……无意的"），（hereinafter PCLOB, 702 Report）；［Redacted］, 2011 WL 10945618, at ＊1（FISA Ct. Oct. 3, 2011）（批准了最小化程序，"只限于'针对非美国国籍人员，并有理由相信这些人员不在美国国境'"［quoting Certification（redacted）]）；Brett Logiurato, "John Oliver's First Night Hosting 'The Daily Show' Was Brilliant," Bus. Insider, Jun. 11，2013，8:53 a. m. . Several sources indicate that the NSA applies this standard in a 51 percent foreignness test. See, e. g. , Joshua A. T. Fairfield and Erik Luna, "Digital Innocence," Cornell L. Rev. 99（2014）：1024. ("据报道，美国国家安全局的分析人员使用专门的关键词进行搜索，对目标"外国性"的确定至少持有 51％把握——这个标准并不严格，几乎确保可以收集任何国内通信信息。")（footnote omitted）（quoting Barton Gellman and Laura Poitras, "U. S. , British Intelligence Mining Data from Nine U. S. Internet Companies in Broad Secret Program," supra note 3）. But see Kenneth Anderson, "Readings: NSA Report on the 702 Program," Lawfare, April 19, 2014（"这并不是确认'外国人'的测试，是达到 51％或达到 49％的正确率。相反，国安局的分析员将检查若干信息来源，并根据所有收集到的信息做出决定"）。

41. Laura K. Donohue, "Section 702 and the Collection of International Telephone and Internet Data," Harv. J. L. & Pub. Pol'y 38（2015）：144 - 46（介绍了 E. O. 12333 的审批程序）；Nate Raymond and Aruna Viswanatha, "New Documents Show Legal Basis for NSA Surveillance Programs," Reuters, Sept. 29, 2014（解释了 12333 行政命令"旨在赋予政府监视国际目标的广泛权力"）；John Napier Tye, "Meet Executive Order 12333: The Reagan Rule That Lets the NSA Spy on Americans," Wash. Post, July 18, 2014（"不需要搜查令或法庭批准，这

种收集也不需要向国会报告"）；Charlie Savage,"Reagan-Era Order on Surveillance Violates Rights，Says Departing Aide," N. Y. Times，Aug. 13，2014.（与第 215 条不同的是，该行政命令授权收集通信内容，而不仅仅是元数据，甚至对美国人也是如此。如果没有法院的授权，这些美国人不能成为 12333 行政命令的目标。然而，如果美国人的通信内容在合法的海国国外情报调查过程中"偶然"被收集（国安局的辞令），则行政令第 2.3（c）条明确授权可以保留这些信息。此行政令并没有要求被收集信息的美国人必须涉嫌不法行为，也没有对可能被收集并存储的美国人的通信数量做出限制。) see also id.（"了解如何构成泄密的指控……（泰伊）已经花了 1.3 万美元请律师，以确保自己没有违规"）。

42. PCLOB, 702 Report，详见注释 40 第 137—138、159 页（介绍了联邦调查局在刑事诉讼中使用 702 号数据的情况，并建议限制联邦调查局对根据 702 号数据截取的信息的处理）；Liberty and Security in a Changing World：Report and Recommendations of the President's Review Group on Intelligence and Communications Technologies (2013)，145－50，（为保护被截获的美国人通信的隐私提供建议）；letter from Hon. John D. Bates, Dir. , Admin. Office of the U. S. Courts, to Sen. Dianne Feinstein, Chairman, U. S. Senate Select Comm. on Intelligence, Jan. 13，2014, at 2.

43. See, e. g. , James Ball, "NSA Stores Metadata of Millions of Web Users for up to a Year, Secret Files Show," The Guardian, Sept. 30, 2013; James Risen, "N. S. A. Gathers Data on Social Connections of U. S. Citizens," N. Y. Times, Sept. 28, 2013（讨论了使用"银行代码、保险信息、脸书个人资料、乘客名单、选民登记册、GPS 定位信息、财产记录和未指明的税务数据"创建的"社交网络图表"，并引用了美国国家安全局官员的话）。

44. Barton Gellman and Ashkan Soltani, "NSA Collects Millions of E-mail Address Books Globally," Wash. Post, Oct. 14, 2013.

45. See Unclassified Report on the President's Surveillance Program (2009), 19－30；Lizza, "State of Deception,"详见注释 30 第 53 页。

46. Unclassified Report on the President's Surveillance Program，详见注释 45 第 10、13 页；Lizza, "State of Deception," supra note 30, at 53; Office of the Inspector General，National Security Agency, ST－09－0002 Working Draft (2009), 25.

47. See Jack Goldsmith, The Terror Presidency (2007), 85－90（介绍了切尼和他的法律顾问大卫·艾丁顿关于需要恢复总统权力的观点）；Preserving the Rule of Law in the Fight Against Terrorism：Hearing Before the S. Comm. on the Judiciary, 110th Cong. 60 (2007) (statement of Jack Landman Goldsmith)（"奥巴马政府没有与国会商议太多的原因之一是政府认为如果如此做，则意味着在某些特定问题上政府会因缺乏固有的或独特的行政权力而可能导致国会对总统做出限制，从而无法挫败恐怖分子"）。总统应该按照要求向国会通报政府的情报行动，50 U. S. C. § 3091(a)(1) (2012). 如果总统确定国会要求的简报信息非常敏感，他可能要求报告只通报给"国会情报委员会的主席和少数高级别成员、众议院议长和少数党领袖、参议院的多数党和少数党领袖", id. § 3093(c)(2), a group informally called the "Gang of Eight"; Kathleen Clark, "The Architecture of Accountability：A Case Study of the Warrantless Surveillance Program" B. Y. U. L. Rev. 2010：395n173.

48. Unclassified Report on the President's Surveillance Program，详见注释 45 第 12、19—20 页。

49. 同上第 11 页。

50. Youngstown Sheet & Tube Co. v. Sawyer, 343 U. S. 579, 582－84, 587, 590－91 (1952); id. at 635－38, 645－46 (Jackson, J. concurring)（如果总统未得到国会授权或被国会拒绝授权的情况下开展行动，只能依靠自己独立的权力，但实际存在一个模糊地带，总统和国会可能同时拥有权力，或者权力的分配是不确定的）。

51. "Preserving the Rule of Law in the Fight Against Terrorism,"详见注释 47 第 57—58 页。

52. 同上第 59 页。

53. 同上第 63 页(表明了法院缺乏情报专业知识,缺少获取信息的渠道,以及缺乏对现代反恐政策进行"艰难权衡"所需的政治责任)。

54. See, e. g., [Redacted], No. PR/TT, slip op. at 2 - 4, 28 (FISA Ct. 2004).

55. 同上第 21 页 (quoting FISA, 50 U. S. C. § 1842[d][2][A][ii]); Lizza, "State of Deception,"详见注释 30 第 50 页。

56. PCLOB, 702 Report,详见注释 40 第 9 页(解释了"这是第一份司法意见书,解释了《外国情报监视法》法庭授权政府收集大量记录的法律理由")。

57. 50 U. S. C. § 1851(b)(2)(A) (2012)(要求"提供一份事实陈述,表明具有合理理由相信所查找的实物与根据[a][2]款进行的授权调查(威胁评估除外)有关,目的是获取与美国公民无关的外国情报,或保护其免受国际恐怖主义或秘密情报活动的侵害");In re Application of the F. B. I. for an Order Requiring Prod. of Tangible Things from [Redacted], No. BR 13 - 109, 2013 WL 5741573, at 7 (FISA Ct. Aug. 29, 2013) (alteration in original) (internal quotation marks omitted)("位于元数据的某个地方"); Jim Sensenbrenner, "How Obama Has Abused the Patriot Act," L. A. Times, Aug. 19, 2013.

58. In re Application, 2013 WL 5741573, at 8 - 9(因为国会获得了一份报告,该报告描述了"《外国情报监视法》法院批准实施第 215 条款关于大量电话元数据的性质和范围");ACLU v. Clapper, 959 F. Supp. 2d 724, 743 - 46 (S. D. N. Y. 2013), aff'd in part, vacating in part, 785 F. 3d 787 staying mandate, 2015 WL 4196833, lifting stay, 804 F. 3d 617(认为国会在重新授权第 215 条之前有权查阅该文件,从而批准了该条法律解释)。

59. In re Application, 2013 WL 5741573, at 9.

60. 同上。

61. [Redacted], slip op. at 22, 62.

62. ACLU v. Clapper, 785 F. 3d 787, 822 - 25 (2d Cir. 2015)(讨论了由大量元数据引发的"重大宪法问题",但未确定是否会将收集转化为搜查);Klayman v. Obama, 957 F. Supp. 2d 1, 31 - 32, 35n57 (D. D. C. 2013)("史密斯案法庭并没有机会面对国安局的大规模电话元数据收集计划。1979 年的最高法院也想象不出 2013 年的公民会如何使用手机。由于随后即将讨论的多种原因,我确信,我现在所面对的监视计划与一个功能简单的笔式记录是如此不同,以至于史密斯案在评估批量电话元数据计划是否构成《第四修正案》所列的搜查方面没有什么借鉴价值"), vacated and remanded, 800 F. 3d 559 (D. C. Cir. 2015)。

63. In re Directives Pursuant to Section 105B of Foreign Intelligence Surveillance Act, 551 F. 3d 1004, 1006, 1012, 1014 (FISA Ct. 2008) (quoting 50 U. S. C. § 1806b(a))("我们认为,出于国家安全目的而实施监控以获取外国情报,出于合理理由抗衡位于美国境外的外国势力及其特工时,则构成《第四修正案》搜查令要求的例外情况"); Keith, 407 U. S. at 317 (footnote omitted).

64. PCLOB, 702 Report,详见注释 40 第 148 页。

65. See, e. g., John R. Parkinson, "NSA: 'Over 50' Terror Plots Foiled by Data Dragnets," ABC News, June 18, 2013 ("近年来,这些计划与其他的情报收集,在全球范围内保护了美国及其盟友免受恐怖主义威胁,包括自"911"事件以来阻止了多达 50 余次潜在的恐怖事件"。[quoting General Keith Alexander's testimony during a House Committee meeting]); Justin Elliott and Theodoric Meyer, "Claim on 'Attacks Thwarted' by NSA Spreads Despite Lack of Evidence," ProPublica, Oct. 23, 2013, 8:59 a. m. (quoting Representative Rogers on the House floor stating the program prevented "fifty-four" attacks); "Obama on NSA Spying: 'We Have

Struck the Appropriate Balance' of Privacy and Security," RealClearPolitics；Clapper，959 F. Supp. 2d at 755.

66. PCLOB，702 Report，详见注释 40 第 146 页（"根据提供给隐私和公民自由监督委员会的信息，我们没有发现任何涉及威胁美国的案例，通过电话记录收集计划对反恐调查结果产生任何实质性的影响。此外，据我们所知，该计划并没有直接发现任何恐怖袭击阴谋，或对打击恐怖袭击起过直接作用"）；Liberty and Security in a Changing World，详见注释 42 第 119—120 页 n.119（将第 215 条与第 702 条进行比较，发现"第 215 条只在少数案例中分析出相关情报信息。没有任何案例可以帮助国安局夸下海口，因为第 215 条款的电话元数据计划，案件结果会截然不同"）；Unclassified Report on the President's Surveillance Program, supra note 45, at 32；Lizza，"State of Deception,"详见注释 30 第 61 页 (quoting Matt Olsen)。

67. John H. Hedley，"The Evolution of Intelligence Analysis," in Analyzing Intelligence，详见注释 9 第 26 页。

68. Richard C. Shelby, Vice Chairman, Senate Select committee on Intelligence, September 11 and the Imperative of Reform in the U. S. Intelligence Community，23－31（Dec. 10, 2002）（批评情报部门未能将"911"之前的几起事件"联系起来"）；Harris, The Watchers, supra note 30, at 5；Carmen A. Medina，"The New Analysis," in Analyzing Intelligence, supra note 9, at 240－41（讨论数据的扩散以及分析师在处理数据时遇到的困难）；Gregory F. Treverton, "Intelligence Analysis Between 'Politicization' and Irrelevance," in Analyzing Intelligence, supra note 9，at 97（讨论"数据太多无法筛选"的问题）；Barton Gellman and Ashkan Soltani, "NSA Tracking Cellphone Locations Worldwide, Snowden Documents Show," Wash. Post, Dec. 4, 2013；Keith Gregory Logan, Homeland Security and Intelligence (2010), 205（featuring a chapter titled "Drowning in Data While Starving for Wisdom"）.

69. Harris, The Watchers, supra note 30, in Jeff Jonas and Jim Harper, Effective Counterterrorism and the Limited Role of Predictive Data Mining (2006), at 1, 7－8（解释了数据挖掘"依赖于每年发生的数千欺诈案例构建的模型"）；Katherine J. Strandburg, "Freedom of Association in a Networked World：First Amendment Regulation of Relational Surveillance," Boston Coll. L. Rev. 49 (2008)：765－68；Jeffrey Rosen, The Naked Crowd：Reclaiming Security and Freedom in an Anxious Age (2013), 104（"信用卡欺诈是一种系统的、重复的、可预测的行为，符合由数以百万计的交易所总结出的一致特征。与信用卡欺诈不同的是，我们没有理由相信未来的恐怖分子会和过去的恐怖分子一样"）；Susan N. Herman, Taking Liberties：The War on Terror and the Erosion of American Democracy (2011)，98（援引 2008 年的美国国家科学院国家研究委员会的报告："总结了将现代数据挖掘技术用于恐怖主义调查并没有在科学界达成共识……［因为］由于对恐怖主义模式了解不多，我们对如何识别潜在的恐怖分子也知之甚少"）.

70. See PCLOB, 702 Report，详见注释 40 第 2、9、12—14 页；Liberty and Security in a Changing World，详见注释 42 第 146—150 页（建议"政府不得根据第 702 条或本建议涵盖的其他任何权限获取通信内容，以锁定特定美国人的通信，除非……政府持有合理理由相信这些美国人正在策划或参与国际恐怖主义行动而获得搜查令"）；Glenn Harlan Reynolds，"NSA Spying Undermines Separation of Powers," USA Today, Feb. 10, 2014.

终章　民主警务面临的挑战

1. Annys Shin, "Traffic Stop Video on YouTube Sparks Debate on Police Use of Md. Wiretap Laws," Wash. Post, June 16, 2010；"Wrongful Charges Dropped Against Motorcyclist Prosecuted for Videotaping Encounter with Police," ACLU, Sept. 27, 2010. This account also

is based on an interview by Barry Friedman with Anthony Graber.

2. Peter Hermann, "ACLU Lawyers Seek to Quash Wiretapping Charges," Balt. Sun, Sept. 3, 2010.

3. Anthony Graber, "Motorcycle Traffic Violation—Cop Pulls Out Gun (Extended No Sound)," YouTube, Mar. 12, 2010; State's Answer to Def. 's Mot. to Suppress at 11, State v. Graber, No. K - IO - 647, 2010 Md. Cir. Ct. LEXIS 7 (Md. Cir. Ct. Sept. 27, 2010).

4. Graber, 2010 Md. Cir. Ct. LEXIS 7, at * 1 - 2; Hermann, "ACLU Lawyers," 详见注释2。

5. Toni Waterman, "Boston Court Ruling Affirms Citizens' Right to Record Officials," WGBH, Sept. 23, 2011; Glik v. Cunniffe, 655 F. 3d 78 (1st Cir. 2011); James Queally, "Newark Police Settle Case with Teen Illegally Detained for Filming Cops," Star-Ledger, Nov. 28, 2012, 12:24 p. m. ; AP, "Mass. Woman Charged with Recording Her Own Arrest," WBUR, May 12, 2014 (Karen Dziewit).

6. Statement of Interest of the United States at 2, Garcia v. Montgomery County, No. 8: 12-cv-03592 (D. Md. Mar. 4, 2013).

7. Graber, 2010 Md. Cir. Ct. LEXIS 7, at * 35 - 36.

8. Statement of Interest at 6 - 7, Garcia, No. 8:12-cv-03592 (quoting Gentile v. State Bar of Nev. 501 U. S. 1030, 1034 (1991); Butterworth v. Smith, 494 U. S. 624, 632 (1990)).

9. Devlin Barrett, "U. S. Will Change Stance on Phone Tracking," Wall St. J. , May 3, 2015, 7:46 p. m. ; Office of the Inspector General, A Review of the Federal Bureau of Investigation's Use of National Security Letters (2007), 7, 31. 讨论司法部在国安局大规模监控项目保密过程中所扮演的角色,详见第12章。

10. Statement of Interest at 5, Garcia, No. 8:12-cv-03592.

11. Matt Stroud, "The Minority Report: Chicago's New Police Computer Predicts Crimes, but Is It Racist?," The Verge, Feb. 19, 2014, 9:31 a. m. .

12. Developments in the Law, "Policing, Chapter Four: Considering Police Body Cameras," Harv. L. Rev. 128 (2015): 1794 - 95.

13. See, e. g. , Michael D. White, Police Officer Body-Worn Cameras: Assessing the Evidence (2014), 17 (reviewing preliminary results of BWC studies). 尽管这些研究很全面,怀特自己也指出,引用的这些研究在方法上有很大的局限性,包括缺乏比较设计,过度依赖警察个人理解和态度的调查,以及许多研究是由执法机构自己部署的。

14. Barak Ariel et al. , "The Effect of Police Body-Worn Cameras on Use of Force and Citizens' Complaints Against the Police: A Randomized Controlled Trial," J. Quantitative Criminology 31 (2015): 509 (Rialto); Justin T. Ready and Jacob T. N. Young, "The Impact of On-Officer Video Cameras on Police - Citizen Contacts: Findings from a Controlled Experiment in Mesa, AZ," J. Experimental Criminology 11 (2015): 445 - 47(指出摄像头的存在改变了警察和平民的行为); San Diego Police Department Body Worn Camera Program Update (2015)("执法记录仪对警察和社区来说是双赢的。虽然实施的时间相对较短,但前景看好,公民投诉和指控减少,并减少武力的使用"); Barak Ariel and Tony Farrar, Self-Awareness to Being Watched and Socially-Desirable Behavior: A Field Experiment on the Effect of Body-Worn Cameras on Police Use-Of-Force (2013), 8(认为每次轮班时,未配备执法记录仪时使用武力的次数是使用执法记录仪时的两倍,每1000次身体接触中使用武力的次数减少了2.5倍)。联邦调查局局长詹姆斯·科米表示,时刻相随的摄录令一些警察不愿意积极追查违法犯罪行为。Martin Kaste, "FBI Director Connects Heightened Police Scrutiny to Violent Crime Spike," NPR, Oct. 26, 2015 4:25 p. m. ("他们描述了一种被包围的感觉,并诚实地说,我们不太想从车里出来")。See

generally Heather MacDonald, The War on Cops: How the New Attack on Law and Order Makes Everyone Less Safe (2016).

15. Lauren Miller, "Police, ACLU Draft New Body Camera Policy for Carrboro," Daily Tarheel, Mar. 25, 2015, 12:33 a. m.; Vivian Ho, "S. F. Panel Votes on Body Camera Policy," SFGate, Dec. 3, 2015, 7:06 a. m..

16. Miller, "Police, ACLU Draft New Body Camera Policy for Carrboro," supra note 15; Los Angeles Police Department, Body Worn Video Procedures (2015); letter from Peter Bibring, Director of Police Practices, ACLU, to Denise E. O'Donnell, Director, Bureau of Justice Assistance, Sep. 3, 2015.

17. Letter from Peter Bibring, supra note 16; Bob Egelko, "ACLU Sues Hayward over ＄2,938 Fee for Protest Video," SFGate, Sep. 15, 2015, 6:00 p. m., when a New York City TV station requested footage from the NYPD's body camera pilot program, they were told the editing bill would be ＄36,000. David Kravets, "Police Department Charging TV News Network ＄36,000 for Body Cam Footage," Ars Technica, Jan. 17, 2016, 12:40 p. m.; Respondents City of Hayward, Adam Perez and Diane Urban's Opposition to Petitioner's Motion for Injunctive and Declaratory Relief and Preemptory Writ of Mandate at 5 - 7, Nat'l Lawyer's Guild San Francisco Bay Area Chapter v. City of Hayward, No. RG15785743 (Cal. Super. Ct. Feb. 25, 2016)(记录了市政府为满足《禁止生物武器公约》的公共记录要求所做的努力)。

18. See, e. g., Martina Kitzmueller, "Are You Recording This? Enforcement of Police Videotaping," Conn. L. Rev. 47 (2014): 170 and 170n8("2014 年春季学期,我的学生处理了 59 起酒后驾车和家庭暴力案件,其中 10 起案件的视频丢失或被销毁,或者根本没有拍摄视频"); Ken Daley, "Cameras Not On Most of the Time When NOPD Uses Force, Monitor Finds," Times Picayune, Sept. 4, 2014, 10:05 p. m.(指出在新奥尔良的 145 次武力使用事件中,只有 34％保存了事件的视频)。例如,很难说警察在与未成年性犯罪受害者交谈时不应该关闭摄像头。

19. Beau Hodai, "The Homeland Security Apparatus: Fusion Centers, Data Mining and Private Sector Partners," PR Watch, May 22, 2013.

20. Brian A. Reaves, Census of State and Local Law Enforcement Agencies, 2008 (2011), 2 & 2tbl. 2(总共有 17985 个州和地方执法机构)。

21. Consent Decree, United States v. City of Los Angeles, No. 00-CV-11769 (C. D. Cal. June 15, 2001), "The LAPD Is Officially Suggesting a Few Things Officers Can Try to Do Before Pulling the Trigger," L. A. Times, Mar. 15, 2016, 9:34 p. m.(讨论了警察委员会对洛杉矶使用武力政策的改变); Sid Garcia, "LA Police Commission to Hold Public Hearings on LAPD Drone Use," ABC7, June 3, 2014(讨论了即将召开的无人机使用会议)。

22. Final Report of the President's Task Force on 21st Century Policing (2015), 15.

23. Boards, Commissions, Committees and Task Forces, City of Park Ridge; Meetings, Library Board of Trustees, Park Ridge Public Library.

24. See "The Conservative Case for Reform," Right on Crime(根据保守原则提倡刑罚改革)。

25. 仅 2016 年,减少毒品使用、减轻其后果的努力导致了 306 亿美元的联邦直接支出。Executive Office of the President, National Drug Control Budget FY 2017 Funding Highlights (2016), 2, 与此同时,美国国立卫生研究院(National Institutes of Health)报告称,2002 年至 2012 年间,美国人使用非法药物的人数增加了 8.3％。National Institute on Drug Abuse, Drug Facts (2015), 1. 调查毒品战争对激进警察执法的影响以及对少数族裔社区的影响,see Samuel R. Gross and Katherine Y. Barnes, "Road Work: Racial Profiling and Drug Interdiction on

the Highway," Mich. L. Rev. 101 (2002): 670 – 77.

26. Stephen A. Berrey, The Jim Crow Routine (2015), 138 – 42(讨论了密西西比和亚拉巴马州种族隔离时期警察执法中的种族问题); David A. Sklansky, "The Fourth Amendment and Common Law," Colum. L. Rev. 100 (2000): 1806(介绍了奴隶巡逻); David A. Slansky, "The Private Police," UCLA L. Rev. 46 (1999): 1213 – 16(介绍了平克顿代理公司在劳资纠纷中支持管理层的行动); James Comey, Director, FBI, "Hard Truths: Law Enforcement and Race," Address at Georgetown University, Feb. 12, 2015("所有我们执法部门人员都必须坦诚承认,我们的执法历史并不美好。美国历史上许多瞬间,执法机构都在维持现状,这种现状往往对不受欢迎的群体极其不公平")。

27. "Poll: NYC Split on Stop and Frisk," Politico, Aug. 16, 2012, 6:31 a.m. 人们有理由质疑彭博社对该计划有效性的说法。See NYCLU, Stop & Frisk During the Bloomberg Administration 2002 – 2013 (2014), 1(认为随着拦停搜身次数的减少,暴力犯罪也在减少)。

28. Joan Lowy, "AP – NCC Poll: A Third of the Public Fears Police Use of Drones for Surveillance Will Erode Their Privacy," AP – GFK, Sept. 27, 2012. Fifty-four perecent of Americans disapprove of the government's collection of telephone and Internet data as part of anti-terrorism efforts. George Gao, "What Americans Think About NSA Surveillance, National Security, and Privacy," Pew Research Center, May 29, 2015.

29. Allen E. Liska and Paul E. Bellair, "Violent Crime Rates and Racial Composition: Convergence over Time," Am. J. Soc. 101 (1995), 586 – 88(认为非白种人更有可能居住在暴力犯罪的地区); Ingrid Gould Ellen and Katherine O'Regan, "Crime and U. S. Cities: Recent Patterns and Implications," Annals Am. Acad. Pol. & Soc. Sci. 626 (2009): 26 – 27(认为少数族裔人群一定程度上从犯罪率下降中受益)。

30. Robert T. de George, "Democracy as a Social Myth," in Philosophical Perspectives on Democracy in the 21st Century, eds. Ann E. Cudd and Sally J. Scholz (2013), 43 n. 2.

31. See generally Seth Stoughton, "Policing Facts," Tulane L. Rev. 88 (2014): 847(认为法院对警察执法的理解与实际上的警务工作大相径庭,这妨碍了法院规范警察执法是否符合宪法的判断)。

32. See Jonathan Stewart, "Peel's Principles of Law Enforcement," Marron Inst. of Urban Mgmt., Sep. 18, 2013.

33. 同上。

34. See Timothy Williams, "Police Leaders Join Call to Cut Prison Rosters," N. Y. Times, Oct. 20, 2015; Radley Balko "Former Cops Speak Out About Police Militarization," Huffington Post, Aug. 1, 2013 11:09 p. m. ("年长的和退休的警察似乎不喜欢警察执法的发展方向……年轻的警察正把警察执法推向偏军事化的方向,他们自然对此毫不介意")。

后记

1. Victoria M. Massie, "What Philando Castile's Death Says About the Dangers of Driving While Black," VICE, July 11, 2016, 3:20 p. m. .

2. Aaron Rupar, "Minnesota Governor on Philando Castile's Death: He'd Still Be Alive Had He Been White," ThinkProgress, July 7, 2016, 5:11 p. m. .

3. Melanie Garunay, "President Obama on the Fatal Shootings of Alton Sterling and Philando Castile," The White House Blog, July 7, 2016, 2:12 p. m. .

致　谢

拖延了一段时间，我才写了这篇致谢。许多人、许多合作单位不遗余力，通过各种方式为本书增光添彩、助一臂之力，所以我难免怀着深深的恐惧：如果疏忽大意，忘记了重要的人，而且无论如何，我无法记住并感谢每一位为这项工作添砖加瓦的人，更不用说要着实感谢一些人了。

首先，我想感谢我的家庭。几乎每一天我都在想，我是多么幸运，能够拥有现在的生活——他们给予我的每一天。很难想象还有谁能比我妻子吉尔·安东更支持我。是她，为我创造写作的空间，是她，为我撑起整个家庭的责任。她是我的福星，时刻容忍我，真心接受我。萨马拉和西蒙，按照传统的方式，我把这本书献给你们：你们把家里搞得一片狼藉，无休无止，但是充满欢声笑语。你们精力无限、爱刨根问底、满脑子奇思怪想，令我惊叹不已，你们的爱让我每一天都幸福无比。我的岳父母，格洛丽亚和索尔·安东，是我生命中至关重要的亲人。我的母亲，莎莉·弗里德曼，从我记事起，就一直以家为荣、引以为傲。我的父亲，本杰明·弗里德曼——孩子们的爸爸——在我写这本书的时候去世了。父亲是一名训练有素的审计员，职业生涯的后期为联邦政府监察长办公室工作。这本书本应是他的兴趣所在，但我却错过了许多那些与他从未有过的对话。

我要特别感谢那些允许我在书里讲述他们的故事的人们。他们，或者某些情况下他们的律师或爱人，慷慨大方，花费了大量时间。他们整理文件，给我寄来材料，回答了大量的问题。但最重要的是，他们同意再次回忆人生中最艰难的时刻。

听了这些故事，我深深地体会到，无辜的人民受到政府的怀疑，受到监控，受到国家的武力威胁，所造成的伤害是深远的，往往是无法估量的。作为一个社会，我们需要确保人民的公共安全。但我们也必须认真对待我们的职责，尽量减少人们遭受不公平待遇所带来的身心伤害、奇耻大辱。

这是我写的第二本书。克里斯蒂·弗莱彻和埃里克·钦斯基时刻伴我左右。克里斯蒂，我的文学经纪人喜欢这本书，从一开始就对它的主题着迷。她反复阅读书稿，推动我将故事描写得更清晰、更容易理解，并提供了宝贵的建议和支持。埃里克——以及他在法勒、施特劳斯和吉鲁出版社的同事们——认为，这本书的主题过于引人注目，可能无法出版，即使在似乎没有人关心警察执法的时候（正如埃里克向我指出的那样，这一点并不可能使书的销量更高）。埃里克意志坚强；再次感谢他敏锐而质疑的目光，感谢他温柔但坚定的编辑之手。我喜欢和他谈论想法。另外还要感谢出版社的整个团队，包括莱尔德·加拉赫、苏珊·戈德法布、杰夫·瑟里和洛特陈·瑟维。

据说"日光之下无新事"。我必须向安东尼·阿姆斯特丹表达我的敬意。30多年前，从我开始教授刑事诉讼时起，他发表的——关于"《第四修正案》的观点"——的演讲正是切合本书主题的最好作品。托尼是人间奇才，措辞严谨、才华横溢、热情似火。本书的有关内容是从他的成果中衍生出来的。当别人寻求他的帮助时，他往往细致入微、慷慨大方、乐于助人。

我要感谢本专业领域的两位领军人物奥林·克尔和克里斯·斯洛博金，虽然他们并不知情，但他们的慷慨相助令我受益匪浅，我在他们的思想王国里任意驰骋，获得了他们无尽的帮助。

我要感谢奥伦·巴尔吉尔、辛西娅·斯坦因和玛丽亚·波诺马连科，与他们的交流令我文思如泉涌。非常幸运与他们合作撰写了许多文章。奥伦教了我很多东西，聪明睿达、见识不凡，一直是我努力的方向。我真的记不清欠了玛丽亚多少人情了。多年来，她一直是我研究犯罪主题的合作伙伴——至少在警察执法和刑事诉讼方面。玛丽亚曾经是我最出类拔萃的学生，她从大学一年级开始为本书做准备研究，现在她和我一起主持民主警务研讨会，并担任了警务项目的副主持人。在研讨会上一些研究理念得到了提炼升华，我们每天并肩努力将这些理念付诸行动。最重要的是，玛丽亚仔仔细细读了本书的每一个字，有时甚至读了两三遍。

我很幸运能在学校任教，这所学校拥有全国最大，如果不是全世界最大的，最有才华的刑事司法、警务、行政和宪法学专家团队。我无法衡量他们的贡献，但我要说的是，经过我们无数次的交谈，这本书得到了极大的改进。每次我请他们阅读我的书稿，他们都会不吝赐教，给出诚恳的修改意见。特别感谢达丽尔·莱文森和雷切尔·巴科，他们读完了全稿，并提出了全面的修改建议。还有（在这里我开始担心会漏掉一些人）亚当·考克斯、迈克尔·法比亚尔兹、大卫·加兰、黛布·格拉米奇奥尼、兰迪·赫兹、里克·希尔斯、丹·胡尔斯波什、吉姆·雅各布斯、迈克尔·莱文、艾琳·墨菲、伯特·纽伯恩、萨姆·拉斯科夫、亚当·萨马哈、安迪·谢弗、史蒂夫·舒尔霍弗、凯西·斯特兰堡、托尼·汤普森、杰里米·沃尔德伦，还有安德鲁·韦斯曼。

我要感谢全国各地的朋友和同事，在他们那里，我获得了相同的帮助。奥斯汀一家花了几天的时间研究拦停搜身。这本书的撰写过程中，许多人或者读了部分内容，或者和我详细地讨论了一些想法：米丽亚姆·贝尔、桑迪·巴格特、艾米莉·伯曼、基尔·布伦南·马奎兹、萨姆·布埃尔、贝萨尼·钱尼、西蒙·切斯特曼、道格·科恩、安德鲁·克雷斯波、约翰·库蒂、赫尔曼·戈尔茨坦、丽萨·戈鲁博夫、迈克尔·琼斯、南希·金、安妮·科恩豪斯、吉纳维夫·拉基尔、罗布·拉克斯，达丽娅·利特威克、玛丽·摩尔、伊芙·普里默斯、约翰·拉帕波特、达芬娜·雷南、艾琳·沙尔夫、乔安娜·施瓦茨、杰夫·史密斯、利奥·斯特拉赫利维茨、斯科特·桑德比、萨姆·沃克和丹·威廉。我一生的朋友，特南鲍姆一家阅读了这本书的手稿并发表了评论，以及作家迈克·艾斯纳，没有谁能比他更喜欢评论了。特别感谢艾伯哈特·施密特·阿斯曼，从他那里，我了解了德国的警察法律传统。

我已经在很多论坛上讨论过这些想法，不管是记载在本书中的，还是之前写的文章。除了感谢在纽约大学举办的许多研讨会，我还要感谢范德比尔特（我以前的家，永远在我心中占据着特殊的位置）的法律系，以及美国大学、芝加哥大学、西北大学、乔治敦大学和迈阿密大学。我特别喜欢早期与新加坡检察官和高级警察就此书进行的对话；感谢桑迪·巴格特。我喜欢并从著书开始时在加州大学欧文法学院的一次讲座，以及在纽约大学法学院举行的霍芬格座谈会中学到的东西。当我努力写完这本书的时候，我在纽约大学巴黎校区的一次访问令我受益匪浅。这就是写作生活，应该永远是这样的。我感谢所有安排了这次访问的人。我在海德堡的马克斯普朗克研究所待了一段时间，是集思广益、充满智慧的几个星期。这是一个伟大的地方，因为主任是阿明·冯·博格丹迪。最后，这些年来，我与许多学生讨论过这些想法——他们对我的帮助如此之多，是他们自己无法想象的。

　　这本书是在许多人的支持下写出来的。我要感谢纽约大学法学院历任院长。他们似乎对任何有助于教师研究的事情都表示赞成。我要感谢里基·由里夫斯和特雷弗·莫里森对本书的支持。我一直从菲洛门·达戈斯蒂诺和马克斯·E·格林伯格学院研究基金会的慷慨资助中获益。我们有一个令人难以置信的图书馆支持团队，达娜·鲁宾在这里得到了特别关照。一众才华横溢、兢兢业业的行政助理让研究顺利进展：耶稣·巴利维安、亚历克斯·卢、克里斯汀·斯莱特，还有现在的克莱尔·杜莱巴，他们的投入程度远远超过了我们。有无数的研究助理促成了本书的完成，从最初发现并调查各类事件的当事人，到找到为我提供资料的人，还有那些我在声明和尾注中特别提到的人。这里没有足够的篇幅感谢每一个人，在之前的法律评论文章中，我感谢了很多人，我很感谢你们。我确实想挑出几个学生给予特别感谢，因为你们的付出比我要求的要多得多。瑞贝卡·塔尔博特准备了《第一修正案》研讨会，肖恩·奇尔德斯准备了令人发狂的数据项目。研究人员：尼克·阿克塞尔罗德、汤米·班尼特、汉娜·布洛赫·韦赫巴、大卫·凯里、克里斯蒂娜·达尔曼、乔恩·丹尼尔斯、彼得·杜布罗夫斯基、凯文·弗里德尔、丹·哈伦、伊恩·赫伯特、布拉德利·马尔卡诺、尼尔·帕尔曼、兰斯·波利维、马特·罗宾逊、科林·罗斯和尼克·威廉姆斯。注释审核的工作人员：盖茨伯格、安娜·埃斯特沃、胡安·加斯康、拉尼特·帕特尔、亚历克斯·皮科克、埃里克·菲利普斯、亚历克斯·辛德勒、斯蒂芬妮·斯皮尔斯、丹尼尔·汤姆森和马克斯·约利。感谢米切尔·斯特恩把手稿带回家，确保所有的尾注（和部分文本）都井然有序。

　　像往常一样，米切尔·查拉普和亚当·斯坦拉夫鼓励我不断前行。塔马尔·

阿米泰、西内德·菲茨吉本和伊丽莎白·霍金斯也是如此。

在完成本书四分之三的时候，我开始努力把书中的想法付诸行动。在这项工作中，我有一些出色的同事，他们中的许多人完成了在这里得以发表的内容。感谢安妮·米尔格拉姆，她帮助启动了警察执法项目，并担任首席顾问。美国法律研究所推出了《法律原则：警察执法项目》；我的同行布兰登·加勒特、雷切尔·哈蒙、特雷西·米尔斯和克里斯·斯洛博金是我智力灵感的源泉。（我们也吃得很好。）感谢丽贝卡·卡迈克尔和纽约大学法学院的团队，他们的支持和创新方面都非常出色。托尔加·尔刚纳和 IT 团队取得了巨大的成就，警察执法项目的外勤人员和实习生在短时间内完成了惊人的成就，这一工作影响了项目的最终结果的完成。

世界是由那些努力改变世界的人所改变的。本书中描述的事件引发了研究，促成了各种会议、辩论的召开，还引发了来自不同意识形态的人们的抗议。我从那些在街头、在公共利益团体和政府中反对政府过度行为的人那里学到了很多东西，无论是监视还是使用武力。永远的警觉的确是自由的代价，在静思的时刻，我们都应该感谢你们的工作。它并不总是受欢迎，但它是如此重要。

感谢警察。如果在本书开始撰写的时候问我，如果预测我会在执法部门度过一生的大部分时间，我会付诸一笑。但现在我不会了。我——这本书也同样——受到了很多公仆的影响。当他们的职业生涯经历了巨大的动荡之时，他们展现出了不同寻常的卓识远见、公平公正，愿意审视自己所做的一切，感谢他们。我很幸运每天能和他们这么多人一起工作。特别感谢《民主警务原则声明》的原始签署人，他们于 2015 年 11 月出席了纽约大学的民主警务会议，并要求我们编制该声明。感谢我亲爱的朋友和顾问，卡姆登县警察局长杰·斯科特·汤姆森。